우리 역사(歷史)와 문화(文化)로
배우는 실용한자(實用漢字)

실용한자연구회 편

화산문화

책머리에

- 우리는 왜 한자 공부를 하여야 하는가!-

　우리가 일상적 생활 속에서 사용하고 있는 말이나 글, 각급 학교 학생들이 배우고 있는 교과서, 매일 접하게 되는 신문, 방송, 잡지의 각종 미디어에서 쏟아내는 실용 어휘의 대부분이 한자어(漢字語)이다. 그 속에 숨은 한자의 뜻을 알면 훨씬 이해가 쉽다. 또 한자의 뜻을 모르고는 우리 역사와 문화를 정확히 이해할 수가 없다. 라틴어나 그리스어를 모르고서는 서양의 언어와 문화를 알 수 없듯이 그래서 우리는 우리의 역사와 문화를 통해 필수 실용한자를 공부하지 않으면 안된다.
　한자는 중국 한(漢)나라 때에 이르러 해서(楷書)로서 정리되어 오늘 우리가 한자라고 부르게 되었다. 고대 중국의 전설적인 제왕 황제(黃帝) 때의 사관(史官)이었던 창힐(蒼頡)이 새나 짐승의 발자국을 본떠 최초로 한자를 창제하였다고 전하나 오랜 역사를 거슬러 올라가 보면 고대 중국과 우리 나라의 역사적 문화적 산물이라고 주장하는 학자들이 많다. 강희자전(康熙字典)에만도 4만 자(字)가 넘게 수록되어 있고, 시대가 흐르면서 그 글자 수가 점차 늘어났던 것이다.
　좋든 싫든 우리는 한자 문화 속에서 태어나고 자라고 생활해온 역사적 문화적 존재이다. 이미지와 텍스트의 조화가 강조되는 21세기에는 한자의 매력이 더욱 더해지고 있으며 한자를 통하여 문화적 식견과 통찰력 그리고 새로운 역사적 지혜(智慧)를 얻어야 할 것이다.
　우리나라의 역사와 문화의 뿌리를 정확히 알기 위해서는 한문 공부가 필수이다. 중요한 기록이 모두 한자어로 기록되었을 뿐 아니라 한자어에서 유래한 사건과 근거를 둔 내용들이 많기 때문이다.

따라서 이 책에서는 한자를 통한 역사와 문화의 공부와 옛 조상들의 생활의 지혜를, 역사를 통해 미래에 대한 새로운 사고력을 기르고 배우도록 정리하였다.

21세기 미래 사회는 보다 많은 문화적 지식과 정보를 요구하는 시대이다. 또 불가분하게 중국대륙과 맞닿아 있어 지정학적인 권역도 중요하지만 앞으로 시대는 IT산업과 문자(文字) 정보산업의 발달로 인해서 문자적 정보권역(情報圈域)이 더 중요하기 때문이다.

한자의 문자적인 매력은 무궁무진한 조어력(造語力)과 자생력(自生力)에 있다. 한자는 같은 자라도 일자다의(一字多義, 같은 자가 두가지 이상의 다른 뜻으로 쓰임)로, 또 두가지 이상의 음(音)으로 쓰이므로 중요한 한자는 *표를 하여 다른 뜻의 용례(用例)를 같이 적어 두었다.

이책에서는 우리 역사를 중심으로 꼭 익히고 배워야 할 중요한 역사적 사건(事件), 선인들의 생활의 지혜와 슬기가 담겨져 있는 한자 숙어(熟語)와 한자성어(漢字成語)와 고사성어(古事成語), 역사적 인물(人物)과 저술(著述) 등도 함께 다루어 재미있게 내용을 수록하였다.

자기 나라 말과 역사 문화도 잘 모르면서 남의 나라 말이나 문화부터 먼저 배우겠다고 하는 분들에게 먼저 꼭 이 책을 읽어보도록 권하고 싶다. 자라나는 청소년과 학생들에게도 역사와 문화를 통한 한자 공부에 올바른 내용 전달과 함께 도움이 되었으면 한다.

2011년 3월

차례

책머리에
우리는 왜 한자 공부를 하여야 하는가!

Ⅰ. 고조선(古朝鮮)시대

　1. 개천절(開天節) / 10
　2. 단군왕검(檀君王儉) / 15
　3. 천부경(天符經)과 천지인사상(天地人思想) / 19
　4. 태극기(太極旗) / 22
　5. 제정일치(祭政一致) / 27
　6. 천간(天干)과 지지(地支) / 34
　7. 치우(蚩尤) 천황(天皇) / 37
　8. 동이족(東夷族) / 44
　9. 삼족오(三足烏) / 49
　10. 이두(吏讀) 문자 / 52
　11. 지석묘(支石墓) / 54

Ⅱ. 삼국(三國)시대

　1. 건국설화(建國說話) / 58
　2. 『삼국사기』(三國史記)와 『삼국유사』(三國遺事) / 62
　3. 불교(佛敎)의 전래(傳來) / 66
　4. 을파소(乙巴素)와 진대법(賑貸法) / 70

5. 광개토대왕(廣開土大王) / 73

6. 북한산의 진흥왕순수비(眞興王巡狩碑) / 77

7. 공주의 무령왕릉(武寧王陵) / 79

8. 이사부(異斯夫)와 독도(獨島) / 82

9. 을지문덕(乙支文德) / 85

10. 통일신라시대(統一新羅時代) / 88

11. 김유신(金庾信)과 김춘추(金春秋) / 92

12. 화랑도(花郞徒)정신 / 95

13. 원효(元曉)대사와 의상(義湘)대사 / 97

14. 화가 솔거(率居)와 명필 김생(金生) / 101

15. 감은사(感恩寺)와 대왕암(大王巖) / 105

16. 석굴암(石窟庵) / 108

17. 천마도(天馬圖) / 110

18. 일본 나라(奈良)호류지(法隆寺)백제관음상(百濟觀音像) / 113

19. 낙랑공주(樂浪公主)와 호동왕자(好童王子) / 116

20. 선화공주(善花公主)와 서동요(薯童謠) / 118

21. 평강공주(平岡公主)와 온달(溫達)장군 / 121

22. 마의태자(麻衣太子) / 124

23. 발해(渤海) / 126

차례 5

Ⅲ. 고려(高麗)시대

1. 고려 태조(太祖) 왕건(王建) / 130
2. 왕건의 훈요십조(訓要十條) / 135
3. 과거제(科擧制) / 138
4. 성균관(成均館) / 142
5. 고려의 북진정책(北進政策) / 147
6. 무신정권(武臣政權) / 150
7. 삼별초(三別抄)의 난(亂) / 153
8. 봉건제도(封建制度) / 156
9. 팔만대장경(八萬大藏經) / 160
10. 고려자기(高麗磁器) / 162
11. 연등회(燃燈會)와 팔관회(八關會) / 164
12. 금속활자(金屬活字) / 166
13. 예성강(禮成江) 벽란도(碧瀾渡) / 169
14. 정동행성(征東行省) / 172
15. 공민왕(恭愍王)과 노국공주(魯國公主) / 176
16. 위화도(威化島) 회군(回軍) / 180
17. 선죽교(善竹橋) / 185
18. 두문불출(杜門不出) / 188

Ⅳ. 조선왕조(朝鮮王朝)시대
　- 태조에서 서세동점 이전까지-

　1. 이성계의 역성혁명(易姓革命) / 194
　2. 정도전(鄭道傳) / 198
　3. 경복궁(景福宮) / 203
　4. 광화문(光化門) / 210
　5. 종묘(宗廟)와 사직(社稷) / 214
　6. 한양 도성(都城)과 숭례문(崇禮門) / 218
　7. 왕자(王子)의 난(亂)과 함흥차사(咸興差使) / 221
　8. 세종대왕과 훈민정음(訓民正音) / 224
　9. 사육신(死六臣)의 충절(忠節) / 228
　10. 사림파(士林派)와 훈구파(勳舊派) / 231
　11. 폭군(暴君) 연산군(燕山君)과 중종반정(中宗反正) / 237
　12. 의적 임꺽정(林巨正) / 240
　13. 당파싸움과 임진왜란(壬辰倭亂) / 246
　14. 성웅(聖雄) 이순신(李舜臣) 장군 / 251
　15. 유성룡(柳成龍)과 징비록(懲毖錄) / 256
　16. 병자호란(丙子胡亂)과 삼전도비(三田渡碑) / 259
　17. 실사구시(實事求是) 사상 / 265
　18. 탕평책(蕩平策)과 정조(正祖)의 개혁정치(改革政治) / 268

Ⅴ. 구한말(舊韓末)시대와 그 이후
   - 서세동점 이후부터 대한민국 정부수립까지 -

 1. 서세동점(西勢東漸) / 278
 2. 안동 김씨(金氏)의 세도정치(勢道政治) / 281
 3. 대원군(大院君)과 민비(閔妃) / 284
 4. 동학란(東學亂)과 청·일전쟁(淸日戰爭) / 290
 5. 친로파에 의한 아관파천(俄館播遷) / 295
 6. 대한제국(大韓帝國)과 러·일전쟁(露日戰爭) / 298
 7. 의병(義兵)의 봉기와 의사 안중근(安重根) / 303
 8. 경술국치(庚戌國恥)와 일제 식민지(植民地) / 308
 9. 기미(己未)년 3·1독립선언(獨立宣言) / 313
10. 8·15해방(解放)과 대한민국 정부수립(政府樹立) / 316

■ 『우리 역사와 문화로 배우는 실용한자』를 엮고나서

Ⅰ. 고조선 (古朝鮮)시대

우리 민족이 언제 어떻게 살아 왔는 지는 정확히 알 수 없으나 구석기시대와 신석기시대의 혈연 중심의 원시(原始) 씨족공동체(氏族共同體) 사회를 거쳐 대략 B.C. 9세기 경부터 B.C. 4세기 경까지 송화강, 요하. 한반도에 청동으로 만든 칼이나 화살촉, 지석묘, 석관묘 등 청동기시대의 우리 문화 유적이 남아 있다.

철기문화가 전래되어 부족을 중심으로 성읍국가(城邑國家)로서의 고조선시대에는 단군왕검이 제정(祭政)을 겸하는 군장(君長)이었다. 단군, 기자, 위만 조선을 거쳐 한(漢)의 사군현(四郡縣)이 설치되어 많은 변화가 일어났으며 송화강 유역을 중심으로 부여(扶餘), 고구려(高句麗), 예맥(濊貊), 옥저(沃沮) 등이 있었다. 한강 남쪽에는 마한(馬韓), 진한(辰韓), 변한(弁韓)의 삼한이 자리잡고 있었다.

농업이 주된 산업이었고, 사람을 죽인 자는 사형에 처하고, 남의 물건을 훔친 자는 데려다 노비로 삼으며, 남에게 상해를 입힌 자는 곡물로 배상한다는 등의 팔조 금법(八條禁法)이 시행되었으며, 자연숭배의 종교적 제의(祭儀)와 추수감사제로 여러 형태의 의식이 행하여졌다.

고조선은 단군의 건국신화와 함께 우리 민족이 백두산을 중심으로 넓은 강역인 만주와 연해주 그리고 한반도에 웅거한 하늘이 보우하시는 위대한 천손민족임을 잊지 않게 해준다.

개천절(開天節)

> 開(열 개)—開國(개국), 開拓(개척), 開化(개화), 公開(공개)
> 天(하늘 천)—天地(천지), 天然(천연), 雨天(우천), 先天(선천)
> 節(마디 절)—節氣(절기), 節次(절차), 名節(명절), 調節(조절)

　기원(紀元) 전 2333년 무진(戊辰)년 10월 3일, 단군왕검(檀君王儉)께서 "널리 인간을 이롭게 한다"는 홍익인간(弘益人間)의 이념(理念)으로 백두산(白頭山) 신단수(神壇樹) 아래에 나라를 세우신 날로 우리 민족의 개국(開國) 기념일(紀念日)인 국경일(國慶日)이다.

　우리 민족은 오래토록 자연숭배(自然崇拜) 사상과 하늘에 대한 경외심(敬畏心)으로 제천의식(祭天儀式)을 거행하여 왔다. 고구려(高句麗)의 동맹(東盟), 부여(扶餘)의 영고(迎鼓), 예맥(濊貊)의 무천(舞天), 삼한(三韓)의 시월제(十月祭) 등이다.

　지금도 단군왕검이 하늘에 제사지냈던 강화도 마니산(摩尼山) 참성단(塹星壇)에서는 해마다 10월 3일에 국조(國祖) 단군할아버지에 대한 제사와 전국체전 등 나라에 큰 행사가 열릴 때에는 이곳에서 성화(聖火)를 채화(採火)하고 있다. 강원도 태백산 정상에도 천제단(天祭壇)이 있다. 단군은 고조선 사회의 하늘에 제사지내던 제사장(祭祀長)이요 군장(君長)이었다.

※ 강화도마니산(摩尼山) 참성단(塹星壇)
　마니산 산상(山上)에 위치한 단군의 제천지(祭天地)로 사적(史蹟) 제136호로 지정되어 있다. 강화도는 그 지형(地形)이 천하의 요새(要塞)로 피난지이면

고조선의 땅, 인공위성에서 내려다 본 우리 나라의 옛 강역(疆域)의 모습이다

서도 물산이 풍부하였다. 마니산은 옛부터 정결(淨潔)하고 장엄(莊嚴)한 산으로 알려졌다.

※ 강원도 태백산(太白山) 천제단(天祭壇)

강원도 태백산 정상에 우리 민족이 하늘에 제사를 지내며 신성시하던 곳(중요민속자료 제223호)으로 고조선시대 한배검과 신라의 혁거세가 천제를 올렸다고 『한단고기』와 『삼국사기』에 전하고 있다.

위), 강화도 마니산 참성단, 아래), 강원도 태백산 천제단으로 축성과 양식이 비슷하다

활용(活用)

● 紀(벼리 기) : 벼리는 그물을 오므렸다 폈다 하며 그물의 중심을 잡아주는 줄 즉, 벼릿줄이다. 紀綱(기강), 紀律(기율), 官紀(관기), 군기〔軍紀, 군기를 確立(확립)하다〕]
* (기록할 기) : 紀元(기원), 紀年(기년), 紀行(기행, 紀行文), 紀念(기념=記念), 世紀(세), 創世紀(창세기), 本紀(본기)
* 서기(西紀) · 단기(檀紀) · 불기(佛紀) 등
기년법(紀年法)과 연호(年號)는 연대(年代)를 기록하는 방법을 말한다. 서기(西紀)는 서양식의 서력(西曆) 기년(紀年)이다. 예수가 태어난 해를 원년(元年)으로 삼아 그 전을 기원 전(紀元前, B.C.) 그후를 기원 후(A.D.)로 하였다. 예수는 실제로는 1월 1일~14일 사이에 태어났다고 하는데 그의 탄생일을 태양의 생일인 그 전 해 동지(해가 제일 짧았다가 새로 길어지는 날인 새해 원단으로 생각하였다)를 유리우스역(曆)으로 12월 25일로 하였다고 한다.

우리나라도 1950년까지만 해도 단기(檀紀) 즉, 단군(檀君) 기원(紀元)을 사용했다. 서기 2011년은 단기 4344년이다.

부처님 오신날에 불기(佛紀) 몇년이라고 쓴 것을 볼 수 있다. 불기는 북방 불교는 석가의 탄신(誕辰)을, 남방불교는 석가의 열반(涅槃)을 기준으로 하던 것을 1956년 카트만두 제4차 불교도대회에서 1956년을 불멸(佛滅) 2500년으로 정해 즉, 부처님 열반을 기준으로 통일하였다.
고구려의 광개토대왕은 영락(永樂), 신라 법흥왕은 건원(建元)이란 연호(年號)를 썼으며, 조선조에서는 주로 중국 연호나 육십갑자(六十甲子)의 간지(干支)로 임진왜란, 병자호란, 임오군란, 갑신정변 등이다. 1897년 고종황제가 대한제국을 선포하고는 광무(光武), 순종황제는 융희(隆熙)의 연호를 썼다. 일제 치하에서는 대정(大正)과 소화(昭和)라는 일본 천황의 연호를 썼다. 지금은 평성(平成)이라 쓰고 있으며, 북한도 주체(主體)라는 연호를 쓰고 있다.

● 元(으뜸 원) : 元旦(원단, 설날 아침), 元老(원로), 元氣(원기), 元兇(원흉), 元標(원표, 거리를 잴 때 기준점, 서울 광화문 4거리에 우리나라의 도로 원표가 있다), 諸元(제원, 모든 도량형의 수치), 還元(환원)
● 弘(넓을 홍) : 弘報(홍보), 弘濟(홍제, 널리 구제함), 弘文館(홍문관)

※ 백미(白眉)와 두각(頭角)
백미(白眉)는 여럿 가운데 군계일학(群鷄一鶴)처럼 가장 뛰어난 사람이나 훌륭한 작품을 가리키는 말. 『삼국지』의 유비(劉備)가 어진 선비를 구할 때 "형양 땅의 마량(馬良) 5형제가 모두 지혜롭고 학문이 높습니다. 그 중에서도 이마에 흰 눈썹(白眉)이 난 맏아들 마량이 뛰어납니다" 하여 그는 시중(侍中)의 자리에까지 올라 유비를 도와 큰 공을 세운다.
제갈공명(諸葛孔明)이 재능이 뛰어나 늘 중용(重用)하며 친아들처럼 생각하고 아꼈던 장수지만 군령(軍令)을 어기고 북방 위(魏)의 사마중달(司馬仲達)에 패한 마속(馬謖)을 눈물을 머금고 군률(軍律)에 따라 목을 벤 읍참마속(泣斬馬謖)의 주인공이 마량의 아우이다.
두각(頭角)은 머리 위의 뿔로 많은 사람 중에 학업이나 기예가 뛰어남을 뜻한다. 당송팔대가인 한유(韓愈)가 친구인 유종원(柳宗元)의 묘지명(墓誌銘)에 "진사시에 합격하여 그의 학문과 재능을 단연 출중하게 뛰어나 두각을 보였다〔현두각(見頭角)〕"이라고 적은 데서 유래한다.

- 益(더할 익) : 國益(국익, national interest), 公益(공익), 私益(사익), 多多益善(다다익선), 益鳥〔익조(이로운 새)↔害鳥,해조)〕, 益蟲(익충↔害蟲(해충), 損益〔손익, 損益分岐點(손익분기점)〕
- 白(흰 백) : 白日場(백일장), 白骨難忘(백골난망), 白紙(백지), 白晝〔백주↔白夜(백야)〕, 空白(공백), 餘白(여백), 告白(고백), 純白色(순백색), 白眉〔백미, 眉(눈썹 미)〕

* 白자에는 또 '아뢰다, 말하다'의 뜻이 있어 '主人 白', '社長 白'이라고 씀. 또 흰백(白)자가 들어가 있는 재미있는 한자 숙어들이 많다. 예를 들어 남을 업수이 여기거나 곁눈질하며 흘겨보는데서 따온 백안시(白眼視)하다는 말이나, 백안시의 반대말은 흑안시하다가 아니고 남을 존경한다는 의미로는 청안시(靑眼視)하다라고 쓴다.
백의종군(白衣從君)할 때 백의와 같이 머리에 아무 직급에 따른 관(冠)이 없이 흰수건만 둘렀다고 하여 놀고 있는 사람을 백수(白首)라 한다. 근래 정치 경제의 불안으로 청년실업자가 늘어나면서 '이십대의 태반이 백수'라면서 '이태백(二殆白)'이란 말이 유행되고 있다.
율곡(栗谷) 이이(李珥) 선생은 그의 자경문(自警文)에서 책만 읽고 세상물정을 모르는 백면서생(白面書生)이라 하며 스스로를 경계하였다.

- 頭(머리 두) : 頭痛(두통), 頭緒(두서), 頭巾(두건, 黑頭巾), 頭領(두령), 頭角(두각)
- 理(다스릴 리) : 理論(이론), 理想(이상), 道理(도리), 管理(관리)
- 念(생각 념) : 念慮(염려), 念珠(염주), 槪念(개념), 信念(신념)
- 敬(공경 경) : 敬拜(경배), 敬老(경노), 敬遠(경원), 尊敬(존경)
- 畏(두려워할 외) : 畏敬(외경), 畏兄(외형, 친구를 높혀 부르는 말)
- 崇〔높을 숭=嵩(숭)〕: 崇尙(숭상), 崇仰(숭앙), 崇高(숭고), 崇拜(숭배)
- 儀(의례 의, 거동 의) : 儀禮(의례, 禮儀凡節), 儀典(의전), 儀軌(의궤), 儀仗隊〔의장대, 儀仗兵(의장병)〕
- 盟(맹세 맹) : 盟誓(맹서), 盟邦(맹방), 盟約(맹약), 聯盟(연맹),
- 扶(도울 부) : 부조(扶助), 부양(扶養), 부액(扶掖, 곁에서 부축)

- 餘(남을 여) : 餘韻(여운, 餘白), 餘裕(여유), 殘餘(잔여)
- 迎(맞을 영) : 迎接(영접), 歡迎(환영), 送舊迎新(송구영신)
- 鼓(북 고) : 鼓手(고수), 鼓笛隊(고적대), 鼓吹(고취), 鼓動(고동, 뱃고동, 고동소리)
  * 推敲〔퇴고, 글이나 문장을 다듬고 고치는 일, 이때는 밀 퇴(推)자, 두드릴(敲)자로 제3장 고려태조 왕건편 가릴 추(推)자에서 상세히 설명〕
- 舞(춤출 무) : 舞臺(무대), 舞姬(무희), 舞踊(무용), 群舞(군무), 歌舞音曲(가무음곡)
- 摩〔(손으로 문지르고 가는)갈 마〕 : 摩擦(마찰), 撫摩(무마)
  * 摩天樓(마천루, 이 摩자는 '닿다'는 뜻으로 하늘에 닿은 고층 건물),
  * 磨〔(돌)갈 마〕자는 磨滅(마멸), 磨崖佛(마애불), 硏磨(연마), 琢磨(탁마)
- 塹(구덩이 참) : 塹壕(참호)
- 星(별 성) : 星霜(성상, 세월), 星座(성좌), 將星(장성), 衛星(위성)
- 壇(단 단) : 壇上(단상), 論壇(논단), 講壇(강단), 花壇(화단), 畵壇(화단), 文壇(문단), 登壇(등단)
- 採(캘 채) : 採點(채점), 採掘(채굴), 採擇(채택), 採用(채용), 採集(채집), 特採(특채)
- 火(불 화)) : 火災〔화재↔水災(수재)〕, 火急(화급), 燈火(등화), 熱火(열화), 火星(화성)
- 罪(허물 죄) : 罪囚(죄수), 罪過(죄과), 罪質(죄질), 罪責感(죄책감), 罪惡(죄악), 贖罪(속죄), 有罪〔유죄↔無罪(무죄)〕, 免罪符(면죄부)

  * 謝罪(사죄)는 지은 죄에 대해 용서를 비는 것이고 百拜謝罪(백배사죄)하다'에서와 같이 쓰이고, 赦罪(사죄)는 죄를 용서해 주는 사면(赦免)의 뜻이고, 死罪(사죄)는 죽어 마땅한 죽을 죄이다.

단군왕검(檀君王儉)

> 檀(박달나무 단)―檀君(단군), 檀紀(단기), 檀木(단목)
> 君(임금 군)―君主(군주), 君臨(군림), 賢君(현군), 郎君(낭군)
> 王(임금 왕)―王命(왕명), 帝王(제왕, 女王),王道政治(왕도정치)
> 儉(검소할 검)―儉素(검소), 검박(儉朴), 勤儉節約(근검절약)

　단군의 옛 기록에는 천제(天帝)의 아들인 환웅(桓雄)과 지신족(地神族, 고마족)의 딸 웅녀(熊女) 사이에 태어난 군장(君長)이 곧 단군이다. 그는 나중에 평양성을 도읍으로 정하고 나라 이름을 조선이라 했는데 그 나라가 바로 지금 우리가 말하는 고조선이요, 단군조선이다. 왕검(王儉)은 제정일치(祭政一致)시대에 군장 겸 제사장(祭祀長)의 칭호(稱號)이다. 신단 중심의 도시를 신시(神市)라 하였으며 뒤에 아사달(阿斯達)이라 불렀다.

　고려 때 일연(一然)의 『삼국유사』(三國遺事)에는 환웅(桓雄)이 인간을 다스리기 위하여 풍백(風伯)과 우사(雨師), 운사(雲師)를 거느리고 백두산 신단수 아래로 내려왔다고 되어 있다. 즉 자연 현상을 다스리고 백성을 먹여 살리는 생육적(生育的)인 천자의 교화(敎化)를 강조하였다. 이 책에는 곰(熊)과 호랑이(虎)가 환웅에게 사람되기를 빌어 환웅이 쑥(蓬)과 마늘(蒜)을 주어 이를 먹고 100일 동안 굴 속에서 기도하라고 일렀으나 호랑이는 참지 못해 뛰어나오고 곰은 참고 기다려 사람이 되어(熊女), 환웅의 아들 단군을 낳았다고 기록되어 있다.

활용(活用)

- 長(긴 장) : 長短(장단), 長文(장문), 長蛇陣(장사진), 成長(성장), 助長(조장)

※ 왕도정치(王道政治)와 패도정치(覇道政治)
　왕도정치(moral politics)는 임금은 인의(仁義)와 덕(德)으로 백성을 다스려야 한다는 정치 사상을 말하며, 패도정치(power politics)는 무력(武力)과 권모술수(權謀術數)로 공리(功利)를 일삼는 정치로 왕도정치와 비교된다.

단군왕검

　　* (어른 장) : 長幼有序(장유유서), 家長〔가장, 長子(장자)〕, 社長(사장)
● 神(귀신 신) : 神秘(신비), 神出鬼沒(신출귀몰), 神聖(신성), 神話(신화), 精神(정신), 火神(화신), 守護神(수호신), 天神(천신), 惡神(악신)
● 市(저자 시) : 市場(시장), 市民(시민), 市街地(시가지), 옛날 저자(市場)가 물길으던 우물가〔市井(시정)〕에서 이루졌다. 市井雜輩(시정잡배, 거리의 장사치 패거리들)
● 雄(수컷 웅) : 雌雄〔자웅, 암컷과 수컷, 승부에서 이김과 짐을(자웅을 겨루다) 말한다〕
　　* (영웅 웅) : 雄志(웅지), 雄辯(웅변), 雄飛(웅비), 雄壯(웅장), 英雄豪傑(영웅호걸)
● 祭(제사 제) : 祭禮(제례), 祭典(제전), 墓祭(묘제), 時祭(시제), 祝祭(축제), 記念祭(기념제), 告由祭(고유제), 始山祭(시산제)
● 稱(일컬을 칭) : 稱病(칭병), 呼稱(호칭), 名稱(명칭), 愛稱(애칭), 別稱(별칭), 假稱(가칭), 尊稱(존칭)
　　* (칭찬할 칭) : 稱頌(칭송), 稱讚(칭찬)
● 阿(아부할 아) : 阿諂(아첨), 阿世(아세), 曲學阿世(곡학아세)
　　* '阿'자는 불교에서 산스크리트어의 음역으로 '우주 최초의 생명, 만유의 존재를 가능케 하는 최초의 원인자'를 말하는데 阿彌陀(아미타), 阿鼻叫喚(아비규환), 阿修羅場(아수라장) 등 많이 쓰임
● 達(통달 달) : 達觀(달관), 達人(달인), 四通八達(사통팔달)
● 遺(남길 유) : 遺命(유명, 임종 시에 남긴 말), 遺產(유산, 遺言), 遺訓統治(북한의 죽은 김일성의 유훈을 업고 하는 통치), 遺稿(유고), 遺留品(유류품), 遺腹子(유복자, 어미 뱃속에 아이를 두고 아비가 죽은 후 태어난 아이)
　　* (버릴 유) : 遺棄〔유기, 屍體遺棄(시체유기)〕
● 事(일 사) : 事件(사건), 事事件件(사사건건), 事故(사고), 日常事(일

상사), 事必歸正(사필귀정),
* (섬길 사) : 事大主義(사대주의), 事君以忠(사군이충), 事親以孝(사친이효)

민족의 영산(靈山)인 백두산과 그 정상의 천지(天池)

● 風(바람 풍) : 風光(풍광), 風紀(풍기), 풍속(風俗), 풍조(風潮), 家風(가풍), 整風(정풍), 古風(고풍), 계절에 따라 春風(춘풍), 秋風(추풍), 불어오는 방향에 따라 南風(남풍), 北風(북풍), 바람의 성질에 따라 미풍(微風), 순풍(順風), 훈풍(薰風), 설한풍(雪寒風), 삭풍(朔風), 또 광풍(狂風), 질풍(疾風), 폭풍(暴風), 돌풍(突風) 등이다. 또 인생살이와 관련되서 앞으로 닥칠 위기를 風雨(풍우, 바람과 비가 몰아치다), 風前燈火(풍전등화, 바람 앞의 등불같은 신세), 편안한 집 밖에서의 갖은 고생을 風餐露宿(풍찬노숙), 덧없이 지나온 험난했던 오랜 세월을 萬古風霜(만고풍상)이라 한다

● 伯(맏 백) : 伯仲之間[백중지간, 伯仲之勢, 누가 伯(첫째)인지 누가 仲(둘째)인지 優劣(우열)을 가릴 수 없음, 難兄難弟(난형난제, 누가 형인지 누가 아우인지 가릴 수 없을 때)], 伯仲叔季(백중숙계, 형제간의 차례로 맏이, 둘째, 셋째, 막내)
* (벼슬 백) : 守令方伯[수령방백, 郡守와 縣令(縣監) 그리고 道伯(觀察使, 監事, 지금의 도지사)], 伯爵(백작), 關伯(관백)

● 雨(비 우) : 雨天(우천), 雨期[우기↔乾期(건기)], 暴雨(폭우),

● 雲(구름 운) : 雲集(운집), 雲霧(운무), 靑雲(청운의 꿈), 浮雲(부운, 뜬 구름), 白雲[백운, 흰구름, 북한산의 白雲臺(백운대, 흰구름이 걸려 있는 臺)]

신석기시대 토기, 빗살무늬토기[즐목문토(櫛目文土器, 櫛文土器)]가 대표적이다

고조선(古朝鮮)시대 17

- 樹(나무 수) : 樹種(수종), 樹林(수림), 樹齡〔수령, 나무의 나이, 나이를 뜻하는 齡자는 동물의 앞니를 보고 나이를 알았으므로 年齡(연령)〕, 樹脂(수지), 街路樹(가로수), 常綠樹(상록수), 果樹園(과수원)
  * (세울 수) : 樹立(수립, 政府樹立), 樹勳(수훈, 공훈을 세움)
- 蓬(쑥 봉, 더부룩할 봉) : 蓬萊山(봉래산, 三神山의 하나), 蓬頭亂髮(봉두난발, 쑥대머리로 헐크러진 머리 모양)

※ 觀察使(관찰사)와 守令(수령)

조선시대 상위 지방 행정구역은 8도(道)이며 각도에 행정을 총괄하고 예하(隸下) 수령을 감독하는 종이품(從二品) 벼슬로 관찰사(감사)가 있다. 관찰사는 행정, 사법, 군권을 가지고 있었다. 관찰사 아래 부목군현(府牧郡縣)제를 두어 수령은 부윤(府尹), 목사(牧使), 군수(郡守), 현감(縣監)까지의 지방관(地方官)을 말한다. 자기 지방인은 그 지방 수령이 될 수 없었다.

향리(鄕吏)는 수령이 중앙에서 임명되어 내려오므로 각기 지방의 사무와 형편에 생소하기 때문에 지방 징세와 균역 등 업무는 토착(土着) 향리에 일임하였다. 이를 위해 이, 호, 예, 병, 형, 공(吏, 戶, 禮 兵, 刑, 工) 6방(房)이 있었다. 이들 향리의 부정과 횡포 등 작폐(作弊)가 큰 사회문제였다. 이들 향리 밑에 아전(衙前, 서리)이 있었다.

※ 백두대간(白頭大幹)

민족의 성산(聖山)으로 받드는 백두산에서 뻗어내린 큰 산줄기로 우리나라 큰 강이 모두 백두대간에서 발원(發源)한다. 금강산, 설악산, 태백산, 소백산을 거쳐 지리산(智異山)까지 이어지는 거대한 우리 국토의 대동맥이다. 백두산은 우리 민족의 많은 왕업(王業)을 이루게 했으며 지리산은 백두산이 흘러(流) 맺힌 산으로 다른 이름이 두류산(頭流山)이다. 그래서 백(白)두(頭) 대간이다.
18세기 영조 때 실학자인 신경준(申景濬)이 작성한 『산경표』(山經表)에 의하면 우리나라의 산세(山勢)는 백두산을 중심으로 14개의 정간(正幹) 정맥(正脈으로 구성되어 있다. 지금의 산맥(山脈)은 한말 일본인들에 의하여 붙여졌다. 백두대간의 산과 골짜기에는 많은 민족의 애환(哀歡)과 함께 역사와 문화가 살아 숨쉬고 있다. 원래 산은 강을 건너지 못하고 강은 산을 넘지 못한다.

천부경(天符經)과 천지인(天地人)사상

> 天(하늘 천)―天性(천성), 天運(천운), 至誠感天(지성감천)
> 符(부호 부, 부적 부)―符號(부호), 符籍(부적), 符合(부합)
> 經(날 경, 글 경, 지날 경)―經緯(경위), 經典(경전), 經過(경과)
> 地(땅 지)―地價(지가), 地面(지면), 垈地(대지), 綠地, 濕地
> 人(사람 인)―人性(인성), 人和(인화), 知人(지인), 名人(명인)

　천부경은 단군왕검께서 환웅으로부터 천부인(天符印)을 가지고 강림(降臨)하여 천하 만민을 교화하는 데 있어 '조화의 원리' 즉, 우주 창조의 이치를 天一一 地一二 人一三 등 81자로 풀이한 천서(天書)이다. 여기서 천부인은 단군의 개국이념과 밀접한 관련이 있는 천(天), 지(地), 인(人) 천부삼인(天符三印)의 표상(表象)으로 추정된다.

　천부경에 나오는 천부인(天符印)이 하늘(天)을 뜻하는 ○(圓), 지구(地)를 뜻하는 □(方), 사람(人)을 뜻하는 △이다. 사람과 사람, 사람과 하늘, 사람과 땅과의 관계를 설명하는 한국 사상의 원천이다. 태양이 밝게 빛나는 가운데 사람 안에서 하늘과 땅이 하나로 되는 회삼귀일(會三歸一), 삼신일체(三神一體)의 정신으로 하늘이 세상을 밝게하고 사람을 이롭게 한다는 광명이세(光明理世) 홍익인간(弘益人間)의 단군의 건국이념이 생겨난 것이다. 최근 천부경을 연구하는 학자들이 크게 늘고 있다고 한다.

활용(活用)

- 印(도장 인) : 印章(인장), 印象(인상), 印刷(인쇄), 刻印(각인), 捺印(날인), 手印〔수인, 手決, 옛사람의 sign, 掌印(장인, 손바닥 도장)〕
- 降(내릴 강) : 昇降機(승강기), 下降(하강), 降等(강등), 降雨(강우)
  * (항복할 항) : 降伏(항복=降服), 降將〔항장=敗將(패장)〕
- 書(글 서) : 書信(서신=書翰(서한)=書簡(서간), 書類(서류, 書面), 親書(친서), 白書(백서, 白은 모든 것을 희게 가감없이 밝힌다는 뜻으로

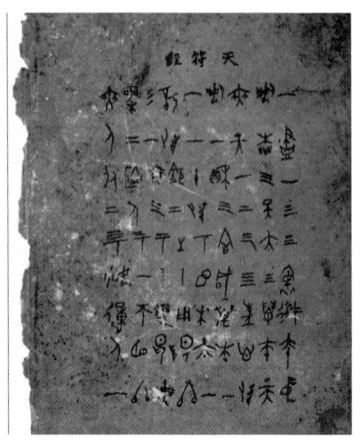

천부경(天符經)갑골문(甲骨文) 81자(字)

정부가 국민의 대표기관인 의회에 그동안의 국정을 상세히 밝혀 보내는 報告書의 표지를 희게 한데서 유래했다.

그에 반해 앞날의 計劃書는 靑자를 써 靑書 또는 靑寫眞이라 하였다.

* 身言書判(신언서판, 옛날 사람을 평가하는 기준으로 신체가 건장하고(인물이 반듯하고), 말이 분명하고, 글씨(학문)를 바로 잘 쓰고, 사물에 대한 판단과 사리분별력 4가지를 들었다)

● 臨(임할 림) : 臨時(임시), 臨機應變(임기응변), 臨政(임정, 임시정부), 臨戰無退(임전무퇴), 臨終(임종), 君臨(군림), 親臨(친임, 직접 참석)

● 表(표할 표) : 表現(표현), 表面(표면), 表紙(표지), 代表(대표), 徵表(징표), 表意文字〔표의문자, 表音文字(표음문자)〕

* 表裏不同(표리부동)

표리(表裏, 겉과 속)는 옛날 임금이 신하나 백성들에게 비단옷을 하사(下賜)할 때 비단옷의 겉감과 안감을 똑같은 재질로 하여 표리(表裏)가 같게 하였다. 그래서 두 글자에 모두 옷 衣자가 들어 있다. 그러나 겉감(表)과 안감(裏)이 틀릴 경우에는 표리부동이라 하였다.

● 象(코끼리 상) : 象牙〔상아, 상아탑(象牙塔, 대학 또는 대학의 연구실), 금자탑(金字塔)은 金자 모양(피라미드)의 탑으로 빛나는 업적을 말한다.

* (모양 상) : 象徵(상징), 象形文字(상형문자), 對象(대상), 物象(물상), 抽象(추상→具象(구상), 氣象(기상, 기후의 변화 현상)이고, 또 모양 상(像)자가 붙은 氣像은 늠름한 자세와 기개로 고구려인의 氣像 등.

* 像(모양 상)자와 구별, 佛像(불상), 銅像(동상), 立像〔입상, 坐像(좌상)〕, 映像〔영상, 映像物(영상물)〕, 肖像〔초상, 肖像畵(초상화)〕

● 圓(둥글 원) : 圓熟(원숙), 圓滿(원만), 圓滑(원활), 半圓(반원), 楕圓(타원, 길죽할 타(楕)자로 길죽한 원이다), 또 화폐단위로서 圓(원), 元

(원)이 있다.
- 方(모 방) : 方法(방법), 方途(방도), 方物〔방물(지방 특산물), 방물장수〕向方(향방), 處方(처방), 秘方(비방)
- 會(모을 회) : 會議(회의), 會社(회사), 會談(회담), 會見(회견), 密會(밀회), 開會〔개회, 閉會(폐회)〕, 再會(재회)
  * 會者定離〔회자정리, 만나면 반드시 이별한다는 인생의 무상을 가르치는 말로 生者必滅(생자필멸, 산 자는 꼭 죽는다)과 같이 쓴다〕.
- 歸(돌아갈 귀) : 歸家(귀가, 歸國), 歸路(귀로), 歸依(귀의). 歸結(귀결), 歸鄕〔귀향↔出鄕(출향)〕, 歸省(귀성, 歸省車輛, 歸省人波),
  * 歸去來辭(귀거래사) : 중국 동진(晉)의 유명한 시인 도연명〔陶淵明, 호는 오류선생(五柳先生)〕이 남긴 사(辭, 시문의 한 형식). 41세에 벼슬을 그만두고 고향으로 돌아가 자연을 벗삼아 유유자적(悠悠自適)하는 전원생활을 그린 내용이다.
- 光(빛 광) : 光彩(광채), 光復(광복), 脚光(각광), 瑞光(서광)
- 明(밝을 명) : 明堂(명당), 明確(명확), 黎明期(여명기), 失明(실명), 幽明(유명, 어둠과 밝음, 저승과 이승)을 달리하다(죽음을 뜻하기도 함)
- 世(인간 세) : 世間(세간), 世態(세태), 俗世(속세), 亂世(난세, 治世)
- 間(사이 간) : 間 接〔간접↔直 接(직접)〕, 間諜(간첩), 間歇的(간헐적), 間隔(간격), 間隙(간극), 時間〔시간, 空間(공간)〕

※ 부합(符合)과 야합(野合)

부합(符合)의 符자는 어떤 일의 근거가 되는 서류나 물건이다. 왕조시대 병력을 동원할 때 용맹의 상징인 호랑이 모습의 호부(虎符)를 청동기로 만들어 군왕이 오른쪽 반(右符), 장수가 왼쪽의 반(左符)를 가져 이 두 조각을 부신(符信) 또는 부절(符節)이라 하였으며 이 부신이 서로 꼭 맞아야, 즉 符合되어야 군권(軍權)을 발동할 수 있었다.

야합(野合)은 떳떳하지 못한 야망(野望)을 위하여 불법 부당하게 어울리거나 합치는 것을 말한다. 정식 결혼 절차를 밟지 않고 (들에서) 부적절하게 합쳐 통정하거나 같이 사는 것에서 유래하였다. 사마천의 『사기』에 기원 전 551년 60이 넘은 숙량흘이 20살의 안징제와 야합하여 낳은 아이가 공자(孔子)라고 하였다. 그래서 어려서 '공자 빈차천'(孔子貧且賤, 가난하고 또 천하였다)고 하였다.

태극기(太極旗)

> 太(클 태)─太陽(태양), 太古(태고), 太初(태초), 明太(명태)
> 極(다할 극)─極樂(극락), 極致(극치), 北極(북극), 極盛(극성)
> 旗(깃발 기)─旗幟(기치), 旗艦(기함), 弔旗(조기), 校旗(교기)

세계의 모든 나라는 그 나라를 표상(表象)하는 국기(國旗)가 있다. 그 외에 나라를 상징(象徵)하는 것으로는 국화(國花)와 국가(國歌)도 있다. 올림픽 때 금메달을 따면 태극기가 올라가고 애국가가 장내에 울려퍼진다. 나라마다 국명(國名, 大韓民國)이 있듯이 국기에도 이름이 있다. 우리 국기는 태극기(太極旗), 미국 국기는 성조기(星條旗, Stars & Stripes), 일본은 일장기(日章旗, 닛쇼키) 혹은 히노마루(日の丸), 영국은 유니언기(Union flag 혹은 Union Jack), 중국은 오성홍기(五星紅旗), 대만은 청천백일기(靑天白日旗), 북한의 인공기(人共旗) 등이다.

우리 국기의 태극 문양(紋樣, 文樣이라고도 한다)은 주역(周易)의 음(陰, 靑)과 양(陽, 赤)으로 각각 하늘과 땅을 상징하며 그 사이에 인간이 살아간다는 천지인(天地人) 사상을 담고 있다. 태극기에는 흰색 바탕 위에 사괘(四卦)가 있는데 왼쪽 윗편의 건(乾, 하늘)괘에서 시계 방향으로 감(坎, 물)괘, 곤(坤, 땅)괘, 이(離, 불)괘 즉, 하늘과 땅, 물, 불의 사괘를 배열하였다.

1883년(고종 20년) 박영효(朴泳孝)가 수신사[修信使, 통신사(通信使), 보빙사(報聘使) 등 모두 外交使節 또는 親善使節 이름이다]로 일본에 갈 때 국기로 태극기를 사용하였으며 또 1888년 조선정부는 미국에 공사(公使)를 파견하고 워싱턴에 공사관을 설치하니 조선의 국기인 태극기가 미국 땅에 처음으로 게양(揭揚)되었다고 전한다. 일제 36년간 우리는 태극기를 마음껏 흔들어 볼 것을 얼마나 갈망했던가! 국경일(國慶日)만이라도 꼭 국기를 게양하여 나라의 위상(位相)을 바로 하고 국민된 긍지(矜持)를 가져야 할 것이다.

> 활용(活用)

- 徵(부를 징) : 徵兵(징병), 徵發(징발), 徵集(징집, 徵用), 徵收(징수)
  * (징험할 징) : 徵候(징후), 徵兆(징조), 徵表(징표), 特徵(특징), 徵驗(징험)
- 花(꽃 화) : 花信(화신), 花郎(화랑), 野生花〔야생화, 野生草(야생초)〕, 錦上添花(금상첨화)
- 歌(노래 가) : 歌謠(가요), 歌手(가수), 歌曲(가곡), 歌劇(가극), 祝歌(축가), 哀歌(애가), 歌辭〔가사, 조선조 중엽의 詩歌(시가)와 散文(산문)형태의 문학, 松江歌辭(송강가사 등), 歌詞(가사)는 노랫말이다〕

1882년 미국 해군성의 세계 국기 요람에 실린 태극기, COREA와 Ensign(깃발)이 적혀 있다

* 四面楚歌(사면초가)는, 사방에서 초나라 노래가 들려오는 고립무원의 처지로 중국 楚漢戰(초한전) 말엽, 항우의 군대가 한나라 한신의 군대에 포위되고 장량의 계략에 따라 밤마다 한나라에 포로가 된 초의 병사들로 초나라 노래를 부르게 해 사방에서 초나라의 노래소리가 구슬프게 들려오자 항우의 군사들이 향수에 젖어 사기가 꺾이고 탈영병이 늘어난다. 이 때 항우의 애첩 虞美人(우미인)이 "한나라 군대가 이미 땅을 찾이했고 들리는 건 四面楚歌일 뿐" 하며 자결한다. 항우 역시 이튿날 敗軍之將(패군지장)은 고향에 돌아가기 부끄럽다며 烏江(오강)에 몸을 던져 자살한다.

- 名(이름 명) : 名分(명분), 名聲(명성), 名譽(명예), 名匠(명장), 名品(명품), 命名(명명), 呼名(호명), 指名(지명)
  이름 名은 어두운 밤(夕)에 서로를 알아보기 어려워 입(口)으로 상대를 불렀는데서 유래한다. 安重根의 이름을 행여 가볍게 처신을 하지 않게

그의 아버지가 무거울 重자를 넣었다고 하며, 鄧少平은 야심에 차서 앞서나가지 못하게 항상 작은 것에 평범하게 조심하라고 지어주었다고 한다.

* 유명〔留名, 이름을 남김, 인사유명(人死留名, 사람은 죽어 이름을 남긴다)〕, 양명〔揚名, 이름을 떨침, 양명후세(揚名後世, 뒷 세상에 이름을 떨침)〕, 익명(匿名, 이름을 숨김, 착한 일을 하거나 떳떳히 못하거나 할 때 이름을 숨김), 오명(汚名, 이름을 더럽힘, 더러운 이름, 오명을 남기다. 누명(陋名, 불명예스러운 이름, 누명을 덮어쓰다), 매명(賣名, 함부로 이름을 팔다), 악명(惡名, 악하기로 소문난 이름)이 높다, 미명(美名, 훌륭하게 내세운 이름)하에 저질러지다.

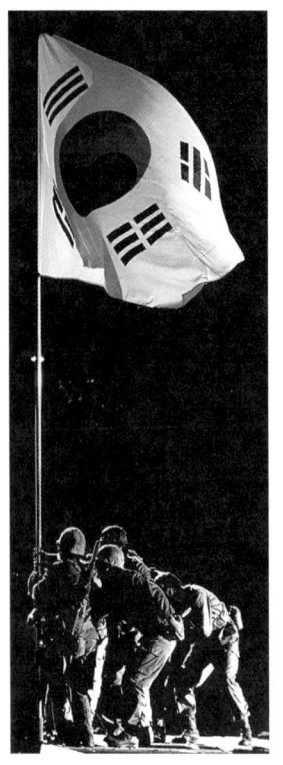

6·25한국전쟁 때 9·28 수도 서울을 되찾은 수복기념일날 다시 올려지는 우리의 태극기

● 條(가지 조) : 條約(조약), 條件(조건), 條目(조목), 信條(신조), 禁條〔금조, 禁止條項(금지조항)〕, 前條(전조, 앞의 조문)
* (조리 조) : 條理(조리), 條例(조례, 지자체가 법령의 범위 안에서 만든 규칙)
● 紋(무늬 문) : 紋章(문장), 花紋席〔화문석, 蓮花紋(연화문), 太極紋(태극문)〕
● 樣(모양 양) : 樣式(양식), 多樣(다양), 各樣各色(각양각색)
● 周(나라 주) : 夏殷周(하은주), 周易(주역), 周文王(주문왕, 그의 아들 周武王)
* (두루 주) : 周密(주밀, 周到綿密(주도면밀), 用意周到(용의주도), 周遊天下(주유천하)
● 易(바꿀 역) : 易學(역학), 易經(역경), 貿易(무역), 易地思之(역지사지, 서로가 처해 있는 입장을 바꾸어 생각함), 易姓革命(역성혁명)
* (쉬울 이) : 簡易(간이, 簡易驛), 容易(용이), 平易(평이), 難易度(난이도)

* 先易後難(선이후난) : 회의체나 국제관계 문제를 협의할 때 쉬운 것을 먼저 합의로 해결하고 다음에 어려운 문제를 해결하는 것을 말한다. 시험문제를 풀 때도 이 원칙이 적용된다. 또 비슷한 말로 求同存異(구동존이)라는 말이 있다. 서로 이해 관계가 같은 점을 찾아 먼저 해결하고 상호간에 이견(異見)이 있는 부분은 일단 그대로 남겨두고 차차 해결해 나가는 방식이다. 역사나 문화가 다른 민족 간의 국제문제에 잘 활용되는 방식으로 1960년대 중국의 유명한 저우언라이(周恩來)외상이 국제회의에서 자주 인용한 말로 후진타오[胡錦濤(호금도)] 중국 국가주석이 2011년 초 백악관에서 미·중정상회담 석상에서 인용(引用)한 말이다.

* 少年易老學難成(소년이노학난성) : 당나라 시인 白居易(백거이, 자는 樂天)의 명시(名詩) 한 구절로 자주 인용된다.

　　少年易老學難成(소년이노학난성)
　　一寸光陰不可輕(일촌광음불가경)

소년은 늙기 쉽고 학문은 이루기 어려우므로 잠시도 가벼이 보내서는 안 된다는 말로 모름지기 배우는 젊은 학생들은 시간을 아껴 열심히 공부하고 노력하여야 한다.

● 陰(그늘 음) : 陰德(음덕=蔭德, 조상의 그늘, 조상의 공덕), 陰刻(음각,↔陽刻(양각), 陰凶(음흉), 陰陽五行(음양오행), 陰曆[음력, 달의의 운행을 기초로 만든 冊曆(책력)], 陽曆은 해를 기초로 한 것이다.
● 陽(볕 양) : 陽地(양지↔陰地), 陽氣(양기), 夕陽(석양), 斜陽(사양)
● 乾(하늘 건) : 乾坤(건곤,하늘과 땅), 乾坤一擲(건곤일척), 乾卦(건괘)
　* (마를 건) : 乾燥(건조), 乾杯(건배), 乾魚物(건어물), 乾草(건초)
● 離(떠놓을 리) : 離間(이간), 離婚(이혼), 隔離(격리), 距離(거리)
　* 離散[이산, 離散家族(이산가족)은 戰亂(전란)이나 虐政(학정) 또는 가난 등으로 가족이 흩어지는 것이 가장 큰 슬픈 일로 妻離子散(처리자

산, 아내와는 이별하고 자식들은 흩어지고)이라는 말에서 유래한다. 우리도 60년 전 6·25同族相殘(동족상잔)으로 남북으로 1000만 이산가족이 애를 끊는 斷腸(단장)의 아픔을 안고 살아가고 있다〕.

● 正(바를 정) : 正直(정직), 正道(정도), 不正(부정, 是正), 公正(공정)
 * 正氣(정기)는 바르고 정대한 힘찬 기운으로 民族正氣(민족정기)이고, 精氣(정기)는 생명의 원천이 되는 정력 또는 원기로 백두산 精氣를 타고났다 등이다.
● 義(옳을 의) : 義擧(의거), 定義(정의), 講義(강의), 信義(신의)
● 光(빛 광) : 光景(광경), 光彩(광채), 日光(일광), 瑞光(서광)
● 明(밝을 명) : 明確(명확), 明鏡止水(명경지수), 明若觀火(명약관화), 分明(분명), 鮮明(선명), 先見之明(선견지명)
● 豊(풍년 풍) : 豊富(풍부), 豊凶(풍흉), 豊足(풍족), 豊漁〔풍어, 豊漁祭(풍어제)〕, 大豊(대풍)
● 智(지혜 지) : 智略(지략), 智謀(지모), 仁義禮智(인의예지), 叡智(예지), 機智(기지)
 * 知〔알 지, 知識(지식), 知性(지성), 認知(인지), 通知(통지)와 구별〕
● 揭(들 게) : 揭載(게재), 揭示板(게시판)
● 共(함께 공) : 共同(공동), 共通(공통), 共有(공유), 共存(공존), 共感(공감), 公共(공공), 共産主義〔공산주의, 容共(용공), 親共(친공), 滅共(멸공)〕
 * 共營(공영)은 공동 經營(경영)이고 公營(공영)은 국가 또는 공공단체가 경영함을 말하고, 共用(공용)은 공동으로 쓰는 男女共用(남녀공용)이고 公用(공용)은 私用(사용, 사적인 사용)에 반대되는 公的(공적) 用務(용무)나 공적 使用(사용)을 말한다.

제정일치(祭政一致)

祭(제사 제)—祭禮(제례), 祭需(제수), 告由祭(고유제, 始山祭)
政(정사 정)—政治(정치), 政府(정부), 家政(가정), 執政(집정)
一(한 일)——致(일치), 一貫(일관), 統一(통일), 合一(합일)
致(이를 치)—致死(치사), 致賀(치하), 韻致(운치), 極致(극치)

 삼국시대 이전 고조선(古朝鮮)의 성읍국가(城邑國家)시대는 제정일치의 정치형태로 군장(君長)이 모두 맡아 처리하였으나 점차 정치권력이 성장하면서 제정(祭政)이 분리되어 종교적 제의(祭儀)만 제사장(祭祀長)이 별도로 수행하였다.
 우리나라 고대사회에 제사장은 종교적 성역(聖域)으로 큰 나무를 새우고 소도(蘇塗)를 두어 이 소도 안에는 죄인이 들어와도 잡아가지를 못하였다. 근래 명동성당(明洞聖堂)이나 조계사(曹溪寺)가 이와 비슷하게 이용되기도 한다. 중요한 종교의식 행사는 주민이 다같이 참여하여 노래와 춤을 추고 하는 축제(祝祭)를 겸한 제천의식(祭天儀式)이다.
 우리 조상들은 태고(太古) 때부터 풍류(風流, 바람의 흐름) 즉, 신바람을 좋아했다. 신바람은 우리 민족의 생활정서가 되었다. 제천의식과 농악, 굿거리에서 보는 가무(歌舞)와 유희(遊戲)가 그 원형이다. 신바람은 혼자가 아니라 모두를 하나로 합치게 하는 기운이다. 우리 조상들은 풍류를 따라 농경시대에 모두 하늘을 숭배하고 대자연에 순응(順應)하며 살았다.
 중국 문헌(文獻)인 『삼국지』(三國志)「위지동이전」(魏志東夷傳)에는 "나라 가운데 크게 모여 연일 마시고 먹고 노래하고 춤춘다(國中大會 連日 飮食歌舞)"고 하였다.
 청교도들이 메이플라워호를 타고 미지의 신대륙에 정착하여 거둔 첫 수확(收穫)을 하느님께 감사의 기도를 올린데서 유래한다는 Thanksgiving Day 즉 추수감사절(秋收感謝節) 의식도 같은 맥락(脈絡)이다.

위) 솟대의 난(鸞)새
가운데) 왕릉의 홍살문
아래) 일본으로 건너가
신사의 도리이가 된 솟대

※ 솟대(蘇塗)의 난(鸞)새. 홍살문(紅箭門), 하마비(下馬碑),
 일본 신사(神社)의 도리이(鳥居) 등

고대 사회에는 종교적인 성지(聖地)로 소도(蘇塗, 솟대)가 있었다. 이러한 성소(聖所)에는 나무를 높이 세운 솟대가 있고 그 솟대 위에는 새가 앉아 있다. 고대인들에게 이 새는 영적(靈的)인 메신저였다. 죽은 조상의 영혼이 다시 살아서 철새가 되어 고향으로 다시 돌아오는, 또는 자기들의 염원을 담아 하늘에 있는 조상신들에게 전달해주는 전달자로 여겼다. 이 새를 난(鸞)새라고 하였는데 즉, 이 새는 하늘의 뜻을 인간세상에 전해주고 천기(天機)와 천시(天時)를 알려주는 현조(玄鳥)로 보았다.

북부여의 시조 해모수가 머리에 꼽고 다닌 까마귀 깃털은 세 발 달린 삼족오(三足烏) 금까마귀(金烏)의 것이다. 우리 한민족은 난새를 금까마귀, 봉황, 붕새, 기러기, 제비, 천둥오리 등 하느님의 사명조(使命鳥)인 현조로 여겨 왔다.

일본에는 야스쿠니신사(靖國神社, 2차대전 시 태평양전쟁 전범자의 위패(位牌))를 안치한 신사)를 비롯해 크고 작은 신사가 약 80만 개가 있다. 이런 신사의 초입에 元자 모양의 문을 '도리이(鳥居)'라고 하는데 우리말로 하면 "새가 하늘로 올라가다 쉬어가는 곳"이다. 역시 새가 신과 인간과의 연락을 담당하는 신조(神鳥)라고 믿었기 때문이다.

티베트의 우화 중에서도 "새가 하늘의 복음을 인간에게 전해준다"고 하였다. 사람이 죽으면 인도와 티베트에서 높은 산에 조장(鳥葬)의 풍습은 독수리나 까마귀가 시신을 쪼아먹고 영혼을 하늘나라로 인도한다고 믿었다. 이와 비슷한 뜻의 홍살문(紅箭門)이 있다.

왕능(王陵)이나 대묘(大墓), 사당(祠堂)의 입구에 세운 것으로 두개의 붉은 둥근 기둥을 올리고 지붕은 없이 붉은 살을 쭉 박은 문이다. 붉은 칠을 하여 잡귀를 쫓고 그 안에 신위가 모셔져 있는 신성한 지역이므로 경건한 마음으로 참배하도록 한 것이다. 그 앞에는 하마비(下馬碑)가 있어 누구든지 말에서 내려야 한다. 종묘와 큰 사당 앞에는 지금도 하마비가 서 있다.

※ 차례(茶禮)와 제사(祭祀)

차례는 추석(秋夕)이나 명절(名節) 또는 조상의 생신(生辰) 등에 간단히 지내는 제사를 보통 차례라 하였는데 일부 지방에서는 차사(茶祀)라고도 하였다. 차(茶)를 올리는 예(禮)에서 유래된 말이다. 다(茶, Tea)를 마실 때 갖추는 예의범절(禮儀凡節)을 뜻하는 다례(茶禮)와는 구분하여야 한다.

『동국세시기(東國歲時記)』에 보면, "정월(正月)의 원일(元日)에 사당에 제사지내는 것을 차례라 한다"고 하였다. 우리나라는 관습적으로 설과 추석 등 민속명절에 조상에게 올리는 제사를 차례라고 하고 술잔을 올리지 않고 차를 정성들여 준비하여 찻잔을 올렸다고 한다. 그리하여 설에 일가나 이웃 어른들께 세배를 가면 "차례는 잘 모셨는가?" 하고 인사를 하였으며, 지금도 매년 4월 28일에는 충남 아산의 이충무공 사당 현충사(顯忠祠)에서 충무공 탄신 다례가, 5월 15일에는 경기 여주 영릉(英陵)에서 세종대왕 탄신 다례가 행해지고 있다.

제사(祭祀)는 돌아가신 조상신을 추모하며 그 은덕을 기리는 예로서 목욕재계하고 매우 경건하고 엄격하게 시행해 왔다. 제사는 만물의 영장인 사람만이 지내는 것으로 천지신명과 자연신 그리고 조상신에 대한 제사가 주였다. 제사를 의식절차와 형식에 따라 몇가지로 나누어 볼 수도 있겠으나 주로 기제사(忌祭祀)는 조상이 돌아가신 기일(忌日)에 제사를 올리는 기일제사로 자정이 지나고 기

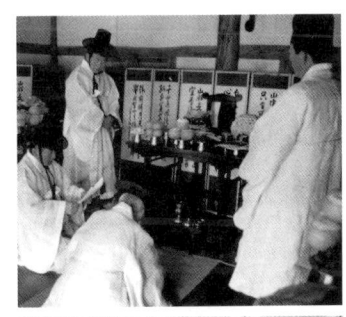

자손들의 정성을 다한 제사와 제사상차림

일(忌日) 첫새벽 새날이 밝아오는 시각인 축시(丑時) 일각(一刻)에 행한다. 우리 조상들은 무슨 큰일을 할 적에는 꼭 축시를 기준으로 삼았다. 제사가 드는 전날은 입제일(入祭日)이라 하여 모든 제사준비를 하는 날이다. 제사를 지낸 당일은 파제일(罷祭日)이라고 하여 준비한 음식들을 일가와 친척 친지들이 나누어 먹었다. 제사는 우리 조상들이 오랫동안 지켜온 전통문화이다. 거기에는 자손들의 마음과 정성이 깃들여 있는 것으로 현대적인 종교의 의미를 떠나서 아름다운 조상숭배 의식의 하나이다.

　보통 4대조까지 모시는 기제사와 그 이외에 4대조 이상의 조상에 대해서는 묘사(墓祀)를 지냈으며 시향(時享), 시제(時祭)라고도 했다. 제수(祭需)의 준비와 진설(陳設)은 지방마다 문중마다 특징이 있으며 조금씩 달랐다.

※ 제사 상차림(陳設)의 규범
　상차림은 지방마다 문중마다 다소 차이가 있으나 전통적인 일반적인 규범으로 신위(神位)를 중심으로 봐서 조율이시(棗栗梨柿, 대추·밤·배·감)의 과일들은 홍동백서(紅東白西, 붉은 것은 동쪽에 흰 과일은 서쪽에)로 차려야 하며, 어동육서(魚東肉西, 생선고기 반찬인 어찬(魚饌)은 동쪽에 쇠고기 등 육찬(肉饌)은 서쪽에)를 동두서미(東頭西尾)로 머리는 동쪽에 꼬리는 서쪽을 향하도록 하고, 좌포우혜(左脯右醯)로 육포(肉脯)는 왼쪽에 식혜(食醯)는 오른쪽에 놓도록 하였다.

활용(活用)

● 朝(아침 조) : 朝夕(조석), 朝刊(조간), 朝會(조회), 朝飯(조반)
　* 朝三暮四(조삼모사, 당장 눈앞의 차이는 알고 결과가 같음을 모르는 어리석음을 비유한 말. 宋나라의 狙公이 기르는 원숭이들에게 먹이를 아침에 3개 주고 저녁에 4개 주겠다 하니 원숭이들이 성내다가 그러면 아침에 4개 주고 저녁에 3개를 주겠다고 하니 원숭이가 크게 기뻐하드라는 우

화(寓話)에서 나온 말), 같은 뜻으로 朝令暮改(조령모개), 朝變夕改(조변석개) 등
  * (조정 조) : 朝廷(조정), 朝服(조복), 朝野(조야), 王朝(왕조)시대
● 鮮(밝을 선) : 鮮明(선명), 鮮血(선혈), 朝鮮(조선)
  * (신선 선) : 新鮮(신선), 鮮度(선도)
● 城(재 성) : 城廓(성곽), 城隍堂(성황당), 城下之盟(성하지맹)
  * 萬里長城(만리장성)
  세계 7대 불가사의(不可思議)에 단골 메뉴이고 인공위성에서 가장 잘 보이는 지구상 건축물이 만리장성이다. 동쪽 발해(渤海) 산해관(山海關)에서 북경과 황하를 지나 실크로드를 따라 감숙성 가욕관(嘉峪關)까지의 장성으로 전국시대부터 쌓은 것을 진시황이 모두 연결, 증축하여 붙인 이름이다. 그 뒤 명(明) 태조 주원장(朱元章)이 전벽돌로 증축하였다. 중국의 역사는 바로 이 만리장성의 역사다. 북쪽의 흉노(匈奴), 금(金), 원(元), 청(淸) 등 기마민족과 남쪽의 한족(漢族)간의 무수한 전쟁과 평화를 통해 축조(築造)와 증축(增築)의 역사이다. 이 과정의 희생된 백성들의 숨은 이야기를 만리장성만큼이나 길게 간직하고 있는 역사적 유적(遺蹟)이다.
  * 干城(간성)
  방패(干)는 적의 공격으로부터 개개인의 생명을 지키는 무기이고 성곽(城)은 도읍과 국토(나라)를 지켜주는 것이므로 간성은 곧 나라를 지키는 군인을 말하며 干戈(간과)는 방패와 창이 맞붙는 곧 전쟁을 말한다.

● 邑(도읍 읍) : 都邑(도읍), 定都(정도), 遷都(천도)
  * (고을 읍) : 邑城(읍성), 邑誌(읍지), 邑村(읍촌), 邑內(읍내)
● 國(나라 국) : 國土(국토), 國難(국난), 國是(국시), 帝國(제국)
● 家(집 가) : 家訓(가훈), 家寶(가보), 本家(본가, 親家↔外家), 家庭〔가정, 가족이 같이 살아가는 공간, 家政(가정)은 집안 살림의 효과적인 관리이다〕
  * 국가(國家)는 지금은 일정한 영토(領土)와 국민(國民) 그리고 주권(主

權)을 가진 통치조직을 이루고 있는 나라를 말하지만, 원래 옛날 중국에서 나라 국(國)자는 제후의 봉토(封土)를 말하며 그 안의 대부(大夫)들의 봉지(封地)가 곧 가(家)이다. 국(國)과 가(家)가 합쳐서 국가를 이루었다.

파키스탄, 카자흐스탄. 우즈베키스탄의 나라 이름에 stan이 붙어 있는데 페르시아어로 '나라' '지방' 'land' '國' '땅' 과 같은 뜻이다.

- 祀(제사 사) : 祭祀(제사), 奉祀孫(봉사손), 享祀(향사), 墓祀(묘사)
- 聖(성인 성) : 聖業(성업), 聖地(성지), 聖域(성역), 醫聖(의성, 詩聖)
- 域(지경 역) : 域內(역내, 境域(경역), 流域(유역), 異域(이역)
- 蘇(깨어날 소) : 蘇生(소생), 나라이름으로 구 소련(舊蘇聯)
- 塗(진흙 도) : 塗炭(도탄), 一敗塗地(일패도지)
 * (바를 도) : 塗料(도료, 顔料), 塗墨(도묵, 먹칠을 하다)
- 祝(빌 축) : 祝福(축복), 祝壽(축수), 奉祝(봉축), 慶祝(경축)
- 流(흐를 류) : 流動(유동), 流派(유파), 漂流(표류), 逆流(역류)
- 舞(춤출 무) : 舞姬(무희), 舞蹈會(무도회), 群舞(군무), 劍舞(검무)
- 遊(놀 유) : 遊覽(유람), 遊興(유흥), 交遊(교유), 外遊(외유)
- 戲(놀 희) : 戲曲(희곡), 戲畵(희화), 戲劇(희극), 遊戲(유희)
- 秋(가을 추) : 秋霜(추상), 秋毫(추호), 春秋(춘추,봄가을. 나이,한 해), 千秋(천추, 천년의 긴세월, 천추의 한 , 천추에 빛나다)
- 收(거둘 수) : 추수〔秋收, 수확(收穫)〕, 收錄(수록), 收支(수지)
 * 覆水不收〔복수불수, 뒤집힐 복(覆)자, 覆轍(복철, 넘어진 수레=前轍(전철)은 앞서가다 넘어진 수레 바퀴로 '전철을 밟지 마라' 등으로 쓰임)〕 엎질러진 물은 다시 주어담을 수 없다. 한번 저지른 실수는 다시 수습하기 어렵다. 일단 이혼한 부부는 재결합하기 어렵다는 등의 뜻이다. 낚시꾼의 대명사처럼 불리는 강태공(姜太公)이 위수(渭水)에서 세월을 낚으며 낚시줄을 디루고 있을 때 천자(天子)가 되는 꿈을 꾼 주문왕(周文王)이 지나가다 그를 수레에 태워 모시고 와 스승으로 삼는다. 주나라가 천하를 통일하고 태공은 제(齊)나라 제후(諸侯)로 봉해지자 젊었을 때

궁핍을 이기지 못하고 집을 나간 마씨(馬氏)부인이 찾아와 다시 받아달라고 애원했다. 이에 태공은 아무 말 없이 물 한동이를 마당에 엎지르면서(覆水) 다시 담아보라고 하였다. 그러나 불가능하였다(不收)
* 收用(수용)은 국가 또는 지자체가 강제징수하여 쓰는 것으로 물품이나 토지 등의 수용이고, 收容(수용)은 난민이나 포로들을 일정한 장소에 모아두는 難民(난민)이나 捕虜(포로)의 收容所(수용소)이고, 受容(수용)은 받아드린다는 남의 주장이나 요구를 수용한다의 뜻이다.

● 感(느낄 감) : 感動(감동), 感慨(감개), 豫感(예감), 好感(호감)
* 感想(감상)은 마음속에 느낀 생각이고(感想文)
  感傷(감상)은 어떤 느낌이 마음을 아프게 하는 것(感傷主義에 젖다),
  鑑賞(감상)은 예술적 작품의 감상이다.
● 謝(사례할 사) : 謝恩(사은, 은혜에 감사), 師恩(사은, 스승의 은혜), 謝絶(사절), 薄謝(박사), 陳謝(진사)
● 脈(맥박 맥) : 脈搏(맥박), 氣盡脈盡(기진맥진), 診脈(진맥)
  * (몸갈래 맥) : 脈絡(맥락), 山脈(산맥), 鑛脈(광맥), 亂脈(난맥,)
● 絡(이을 락) : 連絡(연락), 經絡(경락), 籠絡(농락)
● 忌(꺼릴 기) : 忌避(기피), 忌避者(기피자)
  * (기일 기) : 忌故(기고, 제사, 제사지내는 일, 忌祭祀), 忌日(기일).
● 罷(파할 파) : 罷職(파직), 罷業(파업), 罷場(파장), 罷市(파시)
  * 封庫罷職(봉고파직, 어사나 감사가 지방 수령의 비행을 적발하고 그를 파직하고 그 창고와 모든 곳간을 봉하던 일)
● 馬(말 마) : 馬脚(마각), 馬賊(마적), 騎馬隊(기마대), 種馬(종마), 競馬場(경마장), 大馬不死(대마불사, 바둑에서 큰 말은 약간해서 죽지 않는다는 뜻으로 영어에서 'too big to fail' 이다)
* 下馬評(하마평)은 하마비(下馬碑) 주변에는 늘 많은 사람들이 모여서 말에서 내리는 사람을 보고 다음 어느 관직(官職)에 오를 자니 하며 이러쿵 저러쿵 하는 식의 인물평을 하였는데 그것이 오늘의 하마평이다.

천간(天干)과 지지(地支)
- 십 천간(十天干)과 십이 지지(十二地支)를 간지(干支)라 한다 -

> 天(하늘 천)—天運(천운), 天機(천기), 冬天(동천), 雨天(우천)
> 干(방패 간)—干戈(간과), 干城(간성), 干涉(간섭), 干拓(간척)
> 地(땅 지)—地球(지구), 地軸(지축), 大地(대지), 番地(번지)
> 支(지탱할 지, 내줄 지)—依支(의지), 支配(지배), 支拂(지불)

천간과 지지는 甲, 乙, 丙, 丁, 戊, 己, 庚, 辛, 壬, 癸 등 10개의 천간과 子(자, 쥐), 丑(축, 소), 寅(인, 범), 卯(묘, 토끼), 辰(진, 용), 巳(사, 뱀), 午(오, 말), 未(미, 양), 申(신, 원숭이), 酉(유, 닭), 戌(술, 개), 亥(해, 돼지) 등 12개의 지지를 말한다.

이 12지지 띠의 배열에서 子(쥐)가 맨 첫자리를 차이하였을까. 그 배열에는 여러가지 설이 있으나 시간의 배열로 보는 것이 일반적이다. 자(子)시는 한밤중인 11시에서 새벽 1시 사이이므로 쥐가 가장 왕성히 활동하는 시간이며, 그다음 축(丑)시 새벽 1시에서 3시에 소가 반추(反芻, 되새김질)를 하며 호랑이(寅), 토끼(卯)의 순이다. 시간 배열과 함께 액(厄)을 막아주는 12방위의 순서이다. 12방위는 김유신 장군 묘 호석(護石)에 잘 나타나 있다. 오행(五行)사상과 함께 이 60간지에서 이뤄지는 육십갑자(六十甲子)에 의해 동양의 생활철학이 시작된다. 61세를 환갑(還甲) 회갑(回甲)이라고 하였다. 진갑(進甲)은 새로운 육갑이 시작되는 62세를 말한다. 고희(古稀)는 70세이다.

산 사람의 집터나 죽은 사람의 묘터 등을 정할 때 좌향(坐向)의 기준이나, 결혼할 때 사주단자(四柱單子)의 八字(팔자) 등이 모두 이 간지에서 근원(根源)한다.

12支와 그 방향을 가장 잘 나타내고 있는 경주 김유신장군 묘. 호석에 12지상(支像)이 새겨져 있다

※ 공자(孔子)의 학문과 인격 발전의 여섯 단계

공자는 일생을 회고하면서 15세에서 70세까지 자신의 학문 발전과 인격 수양 과정을 6단계로 나누었다. 지금도 이 과정을 배우고 따르고 있다.

15세에 '지우학'(志于學, 학문에 뜻을 두고, 이때 于는 於와 같음)하고,

30세에는 '삼십이립'(三十而立)으로 학문과 견식(見識)이 능히 자립(自立)할만한 경지(境地)에 이르고('이립'은 30세의 별칭),

40에 '불혹'(不惑)하고는 40세에 도리에 통달하여 세상 일에 미혹(迷惑)됨이 없는 경지에 이르고('불혹'은 40세의 별칭),

50에 '지천명'(知天命)하고는 50세에 하늘이 자신에게 부여한 사명을 알게 되었으며('지천명' 또는 '지명'(知命)은 50세의 별칭),

60이 되어 '이순'(耳順)하게 되었다는 사물의 이치에 통달하여 듣는 것마다 쉬이 이해할 수 있었으며('이순'은 60세의 별칭),

70은 '종심소욕 불유구'(從心所欲不踰矩)라 70세에 마음이 원하는 바를 쫓아 해도 법도를 넘지 않고 부합되는 경지를 말하였다(줄여서 나이 70을 '종심'(從心)이라고 한다)

활용(活用)

- 反(반대할 반) : 反抗(반항), 反社會的(반사회적), 反感(반감), 反則(반칙), 背反(배반), 相反(상반), 違反(위반), 離反(이반, 민심의 이반)
  * 叛(배반할 반)자의 叛逆(반역), 叛旗(반기), 叛徒(반도), 叛軍(반군)은 叛亂軍(반란군)으로 반란을 일으킨 군대이고 反軍(반군)은 反(반)軍部(군부)를 말한다.
  * 返(돌아올 반)자의 返還(반환), 返送(반송), 返納(반납) 등과 구별.
- 芻〔꼴(먹이) 추〕: 反芻動物(반추동물, 소와 같이 되새김질하는 동물)
- 卑(낮출 비) : 卑下(비하), 卑賤(비천), 直系卑屬〔직계비속, (아들과 손자 등)↔直系尊屬(직계존속, 아버지, 할아버지 등)〕
- 俗(풍속 속) : 俗談(속담), 俗世〔속세, 俗人(속인)〕, 習俗(습속)

- 還(돌아올 환) : 還國(환국), 還生(환생), 歸還(귀환), 奪還(탈환)
 * 環(고리(둥글) 환)자의 金環(금환, 금반지), 花環(화환), 環境(환경), 環視〔환시, 여러 사람이 둘러서서 봄, 환시리(環視裡)에〕와 구별
- 華(꽃 화) : 華麗(화려), 華燭〔화촉, 華婚(화혼, 혼인의 미칭)〕, 華僑(화교, 해외 중국 교포), 昇華(승화), 榮華(영화), 豪華版(호화판)
 * 華(화)자의 의미
 華자에는 十자가 6개가 들어 있고 一자 한 자를 합해서 61이 되므로 61세를 환갑(還甲, 태어난 갑자가 돌아옴, 回甲)을 지나면서 점잖게 華甲(화갑)이라 했다. 또 華는 꽃이 활짝 핀 상태(상형적)를 말하며 화이능실(華而能實)이라고 華의 상태가 돼야 열매가 능히 충실하다 하였다.

- 壽(목숨 수) : 壽福(수복), 壽衣(수의), 天壽(천수, 壽命), 鶴壽〔학수, 학이 천 년을 살므로 학과 같이 장수를 기원하며, 鶴首(학수)는 학의 머리로 학수고대(鶴首苦待, 학의 긴 목같이 목을 빼고 기다린다는 말)
- 進(나아갈 진) : 進展(진전), 進水(진수), 進步〔진보↔保守(보수)〕, 進路(진로), 進化(진화, 進化論), 急進(급진), 促進(촉진), 昇進(승진)
- 古(옛 고) : 古典(고전), 古物商(고물상), 古色蒼然(고색창연), 古今(고금), 考古學(고고학), 上古時代(상고시대)
 * 古人(고인)은 옛 사람이고 故人(고인)은 죽은 사람이다.
- 稀(드물 희) : 古稀(고희), 稀貴(희귀, 稀少가치), 稀釋(희석)

 * 古稀(고희)
 당(唐)나라의 시인 두보(杜甫)의 칠언율시(七言律詩) '곡강(曲江)'의 한 구절인 人生七十古來稀(인생칠십고래희, 인생은 70을 넘기가 고래로 드물다)에서 따온 것이다. 두보는 59세로 생을 마감한다. 70세를 보통 고희라 부른다. 희수(喜壽, 喜자의 草書가 七七로 보이므로)는 77세를, 미수(米壽, 米자를 풀면 八十八임)는 88세를, 91세를 망백(望百, 90세를 넘기고 백 세를 바라봄), 99세를 백수(白壽, 百에 위의 一이 빠졌으므로)라 하였다. 앞으로는 인간 수명을 120세까지로 보는 학자들이 많다.

치우(蚩尤) 천황(天皇)

蚩(별이름 치, 비웃을 치)―蚩笑(치소, 비웃음)
尤(더욱 우, 탓할 우)―尤甚(우심), 不怨天不尤人(불원천 불우인, 하늘을 원망하지 말고, 다른 사람을 탓하지 말라)
天(하늘 천)―天心(천심), 天倫(천륜), 天生緣分(천생연분)
皇(임금 황)―皇帝(황제), 皇恩(황은, 聖恩), 始皇帝(시황제)

사마천(司馬遷)의 『사기』(史記)에 중국 한족(漢族)의 조상인 황제(黃帝) 헌원(軒轅)과 치우 천황이 지금의 북경지역인 탁록(琢鹿) 부근에서의 전쟁장면이 나온다. 치우는 기원 전 구려(九黎)족의 임금 칭호〔君號〕라고 하고 있다. 역사 이전 시대라 정확히 상고할 수는 없으나 '배달나라의 임금이자 천황' 이라고 하였다. 치우천황은 전쟁에 나가서 한 번도 패한 적이 없는 불패(不敗)의 신화(神話)를 가진 군신(軍神)이다.

여기서 구려는 고구려를 의미한다. 고구려에서 고려로 국명이 이어져 오늘의 Korea는 여기서 유래한다. 한국(韓國)은 대한제국(大韓帝國)에서부터 유래하고 China(지나)는 중국을 최초로 통일한 시황제의 진(秦)나라의 국명에서 유래한다. 한(漢)나라에서 한자(漢字) 한문(漢文) 한시(漢詩)란 말이, 당(唐)나라에서 당악(唐樂) 당의(唐衣) 당면(唐麵) 당황(唐黃, 옛날 유황가루를 묻혀 쓰던 성냥) 등이 생겨났다.

전에는 '치우를 동이족의 영수(領袖)' 라고 하며 비하하던 중국이 최근에는 티베트민족사를 중국역사로 편입시킨 서남공정(西南工程)과 함께 동북공정(東北工程)의 이론적

위) 붉은 악마(Red Devil), 2002년 한일 월드컵 때 응원단 이름은 '붉은 악마' 였다. 이 붉은 악마의 상징은 불패(不敗)의 신화(神話)의 주인공 치우 천황이다. 아래). 뒤에 우리를 지켜주는 귀면와당(하)의 원형이 되었다

바탕을 마련하고자 치우를 자기들 조상이라고 하고 있다. 역사란 억지로 날조(捏造)한다고 해서 날조되는 것도 아니고 말살(抹殺)하려고 해서 말살되어지는 것이 아니다. 역사는 살아 있기 때문이다.

※ 사마천(司馬遷)의 『사기』(史記)

사마천은 중국 전한(前漢) 때의 사가(史家)이다. 태사공(太史公)이라 존칭된다. 한무제(漢武帝)때 역사 기록과 천문(天文)을 맡아보던 사마담(司馬談)의 아들로 어려서부터 고문(古文), 전적(典籍), 역사 기록에 대한 견문을 넓혔다. 태사령으로 태산(泰山)에서의 봉선(封禪, 황제가 하늘에 올리는 天祭)에 참여치 못해 분사(憤死)한 사마담은 아들에게 "고대로부터 지금까지 중국의 역사를 네가 대를 이어 완성하라"는 유언을 남긴다. 아버지의 뒤를 이어 태사령이 된 사마천은 역법(曆法)의 완수와 통사(通史)의 편찬에 착수한다.

그후 한나라와 흉노(匈奴, 몽골 지방의 유목민족, Hun족)와의 전쟁에서 그의 친구이자 한나라 장수인 이능(李陵)이 포로가 된다. 이능의 처결을 결정하는 자리에서 그는 끝내 이능이 세불리하여 부득이 포로가 되었으나 친구가 아닌 사관의 입장에서 볼 때 그의 전과(戰果)와 충성(忠誠)은 뛰어났다고 변호하다 황제의 분노를 사는 역린(逆鱗, 용의 앞가슴 비늘을 거스리는 즉, 황제를 분노케 한)의 죄를 범해 남자로서 치욕(恥辱)의 궁형(宮刑, 남자의 생식기를 거세당하는 형벌)에 처해진다. 한무제도 그의 학식과 능력을 알고 그를 죽이지 않고 『사기』를 완성토록 한 것이다.

이 때 사마천은 굴욕을 참지 못하고 자살을 결심하다가 부친의 분사와 유언, 포로가 된 친구 이능의 일을 생각하며 하늘을 대신하여 인간의 불합리성을 반드시 역사를 통해 밝혀 이를 기록으로 남기고저 온갖 정신력으로 고뇌를 버텨 이겨낸다. 이 때 사마천이 한 말 "여기서 내가 자살한다면 사람들은 동정은 커녕 아홉

우리말로도 많이 번역 소개되고 있는 사마천의 『사기』

마리 소(九牛)의 털 하나(一毛) 뽑혀진 것에 비유하며 나를 비웃을 것이다"하였다. 구우일모(九牛一毛)란 말이 여기서 전한다. 구우일모의 비웃음과 하루에도 아홉 번씩 뒤틀리는 창자의 아픔과 고통을 이겨내어 마침내 불후(不朽)의 명저(名著)『사기』130권을 완성한다. 오늘에 우리가 즐겨 인용하는 모든 중국 고대의 역사의 교훈과 고사성어(古事成語) 등이 모두 여기에 수록되어 있다.

이 때 그는 공자가 고난의 유랑생활을 했기에 역사서인『春秋』(춘추)를 쓸 수 있었고, 손자는 다리를 잘림으로써『兵法』(병법)을 쓰고 논할 수 있었다며 권력에 맞서는 고난의 직필(直筆)정신을 본받았던 것이다. 중국의 영화감독 장이머(張藝謀)는 2008년 베이징올림픽 개회식 식전행사 '찬란한 문명'에서 한사람 한사람이 붓을 들고 역사를 써가는 것을 이미지로 남겨 사마천의『사기』에서 전해주는 중국역사와 문화의 힘을 전인류에게 과시(誇示)했다.

전후 일본의 유명한 역사소설가 시바 료타로(司馬遼太郎)는 이『사기』를 읽고 원래 자기의 본 성을 바꾸어 사마(司馬)로 하였다고 한다.

※ 동북공정(東北工程)

최근 중국 정부가 중국 내의 55개 소수민족 중 티베트, 위글, 내몽고지역에 이어 만주지역의 조선족(朝鮮族) 등 소수 민족들에 대해 문화적 역사적 탄압을 가하면서 지리적으로나 역사적으로나 중국의 변방(邊方)의 역사라고 못박아 우리의 고조선과 고구려 역사 등을 부정하고 있는 책략을 말한다.

이는 앞으로 북한에 무슨 변고가 일어나 대규모 탈북자(脫北者)가 생겨 조선족과 함께 간도 지방의 주인이 누구냐의 문제가 생기는 것을 미리 차단하는 정책이다. 나아가 "고구려는 중국의 변방 지방정부였다"는 주장은 옛부터 고구려땅은 중국땅이라는 주장으로 고구려의 수도였던 평양도 중국땅이 될 수 있다.

우리는 중국의 동북공정의 노림수가 무엇인지 항상 생각해보아야 할 것이다. 유사시 북한 붕괴가 남북으로 갈린 민족의 통일로 이어지지 않을 수도 있다. 고구려의 옛땅이 수도인 평양을 포함 한강 이북을 아우르는 땅이다. 중국의 한반도 정책에 많은 의미를 시사(示唆)하고 있다. 역사적 현실을 직시하고 우리 민족이 정신차리지 않으면 안될 것이다.

활용(活用)

- 司(맡을 사): 司正(사정), 司直(사직, 정직을 맡다), 司法(사법)
  *사정(司正)과 개혁(改革)은 정권이 바뀔 때마다 등장하는 말이다. 전 정권의 부패와 비리를 그 정권에서는 척결(剔抉)할 수 없기 때문이다. 개혁은 갓 잡아 벗겨낸 짐승의 가죽(皮)을 서너번 두드리고 고치고 펼치고 하여 쓰기 좋은 부드러운 새 가죽(革)으로 완전히 고쳐 놓은 것을 말한다. 사정은 잘못되고 나쁜 것을 정의(正義)에 맞게 올바로 맡아 처리함을 뜻한다.
  司자와 관련된 한자어는 말을 맡아 보는 일을 사마(司馬, 그 관청을 사마시(司馬寺, 이 절 寺자는 원래 관청을 의미하는 '관청 시' 자이다. 역사에서 우리는 寺가 '시' 자로 관청으로 쓰이고 있는 것을 많이 볼 수 있다. 불교가 전래되는 과정에 관청에서 스님들이 거처하도록 내준 집이 나중에 절로 되고 '사' 자로 읽혀졌다). 신하들의 간언(諫言)을 맡아보는 일을 사간(司諫), 그 관청을 사간원(司諫院), 법의 올바른 집행을 맡는 것을 사법(司法)이라 하고, 도서를 맡아보는 것을 사서(司書), 회의 진행을 맡아 보는 것을 사회(司會)라 하고 그 사람을 사회자(司會者, M.C, master of ceremony)라 한다.

- 馬(말 마): 馬耳東風(마이동풍), 走馬燈(주마등), 競馬(경마), 野生馬(야생마), 愛馬(애마), 馬脚(마각, 무대에서 말의 탈을 쓴 사람의 다리로 馬脚을 들어내다는 本色(본색)이나 眞相(진상)을 들어낸다는 말), 暗行御史(암행어사)의 馬牌(마패)

* 馬牌(마패)

조선시대 어명을 받은 암행어사(暗行御史)의 상징, 암행어사가 지방의 어느 역참(驛站)에서든지 신속한 업무수행을 위해 말을 탈 수 있는 신표(信標)에서 유래한 것으로 말을 지방에 따라 바꿔 탈수 있는 말의 필(匹), 마소를 세는 단위, 頭)수가 마패에 찍혀 있다.

조선왕조 때의 마패(馬牌), 마패마다 말의 필(匹) 수가 그려져 있다

- 遷(옮길 천) : 遷都(천도), 遷延(천연), 改過遷善(개과천선), 變遷(변천), 左遷(좌천), 播遷(파천)
* 孟母三遷之敎(맹모삼천지교)는 맹자 어머니가 맹자의 교육을 위해 3번(장례장 옆, 시장 가, 학교 근처)이나 이사를 한 교훈을 말한다. 같은 뜻의 斷機之戒(단기지계)는 맹자가 학업을 중도에 그만두고 돌아왔을 때 맹자 어머니가 짜던 베틀의 베의 날을 칼로 자르면서 학문도 중도에 그만두면 이와같이 아무 소용이 없다며 아들을 훈계(訓戒)한 고사가 있다.

- 史(역사 사) : 史料(사료), 史蹟(사적), 史實(사실), 文化史(문화사)
- 記(기록할 기) : 記述(기술), 記者(기자), 日記(일기), 傳記(전기)
- 漢〔나라 한, 놈(丈夫의 別稱) 한〕 : 이 漢자는 중국 한나라와 많은 관련이 있다. 북방 유목민족과 흉노족은 한나라의 남성 병사들을 漢人(한인) 또는 漢(한)이라고 불렀다. 멋진 漢族(한족) 사나이는 好漢(호한), 壯漢(장한)이라 했고 나쁘게 쓰일 때는 怪漢(괴한), 無賴漢(무뢰한), 門外漢(문외한), 破廉恥漢(파렴치한), 好色漢(호색한), 醉漢(취한), 癡漢(치한, 어리석고 비겁한 사내) 등이 있다.

* (은하수 한) : 銀漢〔은한, 銀河水(은하수)〕, 은한은 三更(한밤중, 밤 11시부터 새벽 1시)인데(은하수가 한밤중의 위치에 와 있는데)

* 五更(오경), 人定(인정)과 罷漏(파루)
하루의 밤 시간을 다섯 등분하여 초경(初更)은 하오 7시부터 9시까지, 이경(二更)은 밤 9시부터 11시까지, 삼경(三更)은 한밤중으로 11시부터 그 이튿날 새벽 1시까지, 사경(四更)은 상오 1시부터 3시까지, 오경(五更)은 새벽 3시부터 5시까지다.
조선시대 종로 네거리에 종루(鐘樓)를 세워 놓고 밤 10시(二更,밤 9시~11시)에 종을 쳐 통행을 금지하였는데 이를 인정(또는 인경)이라고도 하였으며 새벽 4시(五更, 3~5시)에 해제하였는데 이를 파루라 하였다.

● 軒(난간(추녀) 헌) : 軒燈(헌등, 추녀에 거는 등), 軺軒(초헌, 수레)
 * (껄껄웃을 헌) : 軒軒丈夫(헌헌장부)
 * (집 헌) : 東軒(동헌, 지방 관아(官衙) 수령들이 정사를 살피던 집)
● 琢〔쪼을 탁〕: 琢木鳥(탁목조, 딱다구리), 琢玉(탁옥), 琢磨(탁마)
 * 切磋琢磨(절차탁마) : 옥공(玉工)이 옥을 다듬을 때 먼저 형상의 윤곽을 크게 끊어내고(切), 다음 좀더 모습을 다듬어내고(磋), 그 다음 세밀하게 쪼아내고(琢), 끝으로 바라는 모양을 윤기가 나도록 갈아 완성(磨)하는 것으로 학문도 이처럼 순서를 따라 한단계 한단계 완성시켜가는 과정을 말한다.
『詩經』에는 뼈(骨)를 잘라 다듬고(切), 상아(象牙)를 깍고(磋), 옥(玉)을 쪼으고(琢), 돌(石)을 갈고 다듬는(磨)다는 뜻으로 군자는 학문이나 인격을 이처럼 깎고, 쪼으고, 갈고, 다듬고, 딱아 연마해야 한다는 의미다.

 * 啐啄同時(졸탁동시) : 병아리가 부화(孵化)되어 알에서 깨고 나올 때 알 속에서 껍질을 깨기 위해 안에서 소리를 내며 쪼으면(啐) 어미가 그 때 그것을 알고 동시에 밖에서 알껍질을 깨주는 것(啄)으로 학문도 이처럼 배우려는 열정과 스승의 지도가 같이 맞아 떨어져야 된다는 말이다.

● 黎(새벽 여) : 黎明(여명, 黎明期 문학), 黎旦(여단, 밝아오는 아침)

● 鹿(사슴 록) : 鹿角(녹각), 鹿皮(녹비), 逐鹿〔축록=角逐戰(각축전)〕
  * 逐鹿(축록) : 각축(角逐)과 같은 말, 제위(帝位)나 정권(政權)의 천하 쟁패(天下爭覇)를 두고 하는 말로 逐자는 쫓을 축자로, 鹿자는 사슴 록 자이지만 천하를 뜻하고 황제나 왕의 자리를 말한다. 각축도 사슴(鹿)이 뿔로 서로 이겨서 상대를 쫓아내려는(逐) 데서 유래한 말이다.

  * 逐鹿者不見山(축록자불견산, 사슴을 잡기 위해 사슴 뒤만을 쫓다가 산이 깊고 험함을 못보거나, 물불을 가리지 않고 권세와 재물을 탐하다 위험을 못보거나 한가지에 열중하다 다른 일을 보지 못한다는 뜻의 경구(警句)이다. 이 쫓을 축(逐)자와 이룰 수(遂, 遂行, 完遂)자와 구별

● 號(이름 호) : 號令(호령), 號稱(호칭), 雅號(아호), 堂號(당호), 君號(군호), 諡號〔시호, 선왕(先王)이나 공신(功臣), 현신(賢臣)에게 생전의 공덕을 기려 사후에 추증(追贈)한 이름, 忠武公, 文正公 등〕
● 詩(시 시) : 詩文(시문), 詩想(시상), 詩集(시집), 唐詩(당시), 漢詩(한시), 詩的(시적), 古詩(고시), 律詩(율시), 祝詩(축시)
● 樂(풍류 악) : 風樂(풍악), 樂曲(악곡), 音樂(음악)
  * (즐길 락) : 行樂(행락), 喜喜樂樂(희희낙락), 樂觀(낙관, 樂天的), 歡樂街(환락가), 快樂(쾌락)
  * (좋아할 요) : 樂山樂水(요산요수, 산을 좋아하고 물을 좋아하다)
● 袖(소매 수) : 袖手傍觀(수수방관, 소매에 팔짱을 끼고 옆에서 보고 있음), 領袖會談(영수회담)
● 捏(만들 날, 흙이나 가루를 반죽하여 무엇을 만듦) : 捏造(날조), 捏造劇(날조극)
● 造(지을 조) : 造形(조형), 造物主(조물주), 改造(개조), 釀造(양조)
● 程(법식 정) : 程度(정도), 規程(규정), 課程〔과정, 敎科(교과) 課程(과정), curriculum〕, 程子冠(정자관)
  * (길 정) : 日程表(일정표), 過程〔과정, 路程(노정), route〕, 鵬程萬里(붕정만리)

동이족(東夷族)

> 東(동녘 동)—東方(동방), 東史(동사, 우리나라 역사,『東史綱目』)
> 夷(오랑캐 이)—夷而制夷(이이제이, 오랑캐로 오랑캐를 치다)
> 族(겨레 족)—族長(족장), 族閥(족벌), 家族(가족), 親族(친족)

우리 민족을 동방(東方)에 활을 잘 쏘는(夷), 활쏘기에 뛰어난 민족(民族)이라 해서 동이족이라고 했다. 옛날 중국에서 중국을 둘러싼 사방 이민족을 오랑캐로 잘못 해석하여 동쪽의 오랑캐라고 불려지기도 했다. 즉 이만융적(夷蠻戎狄)으로 즉, 東方曰 夷(동방왈 이) 南方曰 蠻(남방왈 만) 西方曰 戎(서방왈 융) 北方曰 狄(북방왈 적)으로 東夷(동이), 南蠻(남만), 西戎(서융), 北狄(북적)이라고 한데서 유래한다.

원래 동이의 夷자는 大人(동이족)이 弓(활)을 잘 쏘는 모습을 본따 만들었다는 글자이다. 중국 최고(最古)의 자전(字典)인『설문해자』(設文解字)에 夷는 仁자와 같은 자라고 하여 '어질다', '의롭다' 등의 뜻으로 사용되었다.

『맹자』(孟子)에도 舜 東夷之人也(순 동이지인야, 순임금은 동이족 사람이니라)라고 표현된 대목이 있다. 요(堯)임금과 순(舜)임금도 동이족이라는 고대사 연구가 지금 활발히 전개되고 있다.

우리나라가 G20세계정상회의는 물론 국력이 신장(伸張)되면서부터 아시아국가로서는 두 번째로 올림픽을 개최(開催)하였다. 올림픽 때마다 양궁(洋弓)에서 우리나라 남녀 대표선수들이 세계를 제패(制覇)하는 모습

※ 이이제이(夷而制夷)
중국이 역대로 동북 변방민족과 국가들을 상호견제시켜 자신들의 안전과 국익을 꾀하려던 외교국방의 정략(政略)으로 거란, 고구려, 말갈, 흉노족 등을 서로 이간질과 침략을 일삼도록 조정한 방책(方策)을 두고 말한다. 비슷한 말로 이열치열(以熱治熱)이 있다. "열은 열로써 다스린다"는 말로 이에는 이, 힘에는 힘, 강한 것에는 강한 것으로 대해야 된다는 뜻이다.

을 보고 역시 동이족의 후예(後裔)임을 알 수 있다고 하였다.

지금도 궁시장(弓矢匠)들이 전통의 맥을 이으며 활과 화살을 만든다

> 활용(活用)

- 弓(활 궁) : 弓術(궁술), 弓矢匠〔궁시장, 활과 화살을 만드는 匠人(장인)〕, 弓道(궁도), 弓士(궁사), 名弓(명궁, 國弓, 洋弓)
- 最(가장 최) : 最初(최초), 最後通牒(최후통첩), 最適(최적), 最高(최고, 最上)
- 字(글자 자) : 字幕(자막), 文字(문자), 點字(점자), 字典〔자전=辭典(사전)〕 字號(자호, 자와 호)

※ 字(자)와 號(호)

字는 본명 이외에 부르는 이름이다. 號도 본 이름 외에 부르는 이름으로 아호(雅號)의 준말이다. 예나 지금이나 마찬가지이지만 부모나 손 윗 사람들의 이름은 말할 것도 없이 친구지간에도 이름을 함부로 부르지 않았다. 관례(冠禮)를 치르면 집안 어른이나 부모가 아이에게 자(字)를 지어 불렀고, 혼례(婚禮)를 치르거나 성인으로 사회 성원이 되고 나서는 호(號)를 썼을 만큼 이름 석자를 중시했다. 이 호(號)는 누구나 자주 부르는 이름으로 스승이나 친구들이나 혹은 스스로도 지었는데(自號), 자기의 뜻한 바를 호로 하거나(所志以號), 자기가 어릴 때 자랐거나 살고 있는 지역의 이름을 따 호로 삼거나(所處以號), 또는 자기가 처한 경우(境遇)나 처지(處地)를 호로 삼기도 하였다(所遇以號).

퇴계(退溪) 이황(李滉)은 항상 벼슬길에 물러나 후학들을 양성할 뜻이 떠나지 않았으며, 우남(雩南) 이승만(李承晩)대통령은 어릴 적 도동서원에서 글을 읽으면서 지금의 남산 기우제 지내던 언덕 남쪽 밑에서 연날리던 시절을 생각하며 호를 기우제(祈雨祭)지낼 雩자를 써서 우남이라고 하였으며, 송강(松江) 정철(鄭澈)은 자기가 자랐던 송강을 못잊어 낙향(落鄕)하여 송강정(松江亭)을 짓고 사미인곡(思美人曲)을 집필하고, 다산(茶山) 정약용(丁若鏞)은 강진 유배지 만덕산 차나뭇골에서 유래한다. 서양 사람들의 닉 네임보다는 훨씬 의미가 깊고 뜻이 있다.

우리 국민들이 가장 존경한다는 김구(金九)선생은 초기 임시정부 내무총장 안창호에게 찾아가 임시정부 파수(把守, 문지기)를 시켜달라고 간청했다. "감옥에 갇혀 제가 훗날 독립이 되거든 정부의 뜰을 쓸고 문을 지키고 싶다는 평범한 생각으로 '백범(白凡)'이라는 별호도 지었습니다" 하며 그의 각오를 말하자 안창호는 그를 경무국장을 시켰다. 백범은 "순사 자격도 못 미치는데 웬……"하며 사양했다. 그러나 "도산은 혁명기의 인재는 그 정신이 더 중요하다"며 그대로 결정했다고 한다.

당송팔대가 중 가장 뛰어났던 한유(韓愈)의 '愈'자는 '앞서가다' '보다 낫다'의 뜻이어서 자(字)를 '물러서다'의 뜻이 담긴 '退之'로 하였다. 송(宋)나라 때 소동파(蘇東坡)는 이름이 식(軾)이고 東坡는 號다. 그는 호북성 황주(黃州)의 동파라는 곳에 유배되어서 유명한 적벽부(赤壁賦)를 짓는다.

※ 避諱(피휘)

전제군주나 왕조시대에는 천자인 황제나 임금 또는 부모와 조상, 스 승의 이름을 함부로 부를 수 없었다. 그들의 이름자와 같은 자를 이름이나 지명 등에도 사용하는 것을 꺼리고 피하였다. 이를 피휘법(避諱法)이라 하였다. 이를 범하면 불경죄(不敬罪) 또는 역모(逆謀)로 몰아 참형(斬刑)을 당하기까지 하였다.

피위의 방법으로는 공자나 황제의 경우 전국적으로 피휘하였고 조상의 이름자는 그 가문에서 피휘하였는데 글자를 바꾸어 쓰는 개자(改字)의 형식, 그 글자를 쓰지 않고 받드는 뜻으로 공란으로 두는 빈 사각형으로 처리하는 방법이다. 예를 들어 당태종의 이세민(李世民)의 이름자인 세(世)자 대신에 일세(一世, 한 제너레이션)를 말할 때 같은 의미를 지닌 대(代)자를 썼다. 이세민이 죽고 난 후 세(世)자와 대(代)자를 합쳐 세대

(世代)는 한 제너레이션을 말한다. 민(民)자 대신에 같은 뜻의 호(戶)자를 썼다. 백성들의 생활을 관장했던 민부(民部)가 호부(戶部)로 바뀌게 되었다. 경복궁내의 정문인 홍례문(興禮門)도 처음 이름은 홍례문(弘禮門)이었으나 중건 당시 청나라 건륭제(乾隆帝)의 홍력(弘曆)의 홍(弘)자를 피휘했던 것이며 대구(大邱)도 원래 대구(大丘)였는데 공자의 이름자인 丘자를 피휘하여 邱자로 바꾸었다. 세종대왕은 자기 이름자를 잘 쓰지 않는 글자인 도(祹)자로, 세조는 유(瑈)자로, 정조는 산(祘)자로 백성의 불편을 덜었다.

- 典(법 전) : 典型(전형), 典據(전거), 典當(전당), 法典(법전), 式典(식전)
- 設(배풀 설) : 設計(설계), 設立(설립), 設置(설치), 陳設(진설), 增設(증설)
- 文(글월 문) : 文人(문인, 文學), 文明(문명), 文盲(문맹), 天文(천문)
- 解(풀 해) : 解析(해석), 解夢(해몽), 溶解(용해), 和解(화해), 解弛〔해이, 활쏘기가 끝나면 활의 탄성을 보호하기 위해 시위를 풀어놓는데 (弛) 이를 해이라 하고 반대로 시위가 팽팽하도록(張) 조이는 것을 緊張 (긴장)이라 한다. 弛(이)자나 張(장)자에 모두 활 궁(弓)자가 있다〕
- 仁(어질 인) : 仁慈(인자), 仁者無敵(인자무적), 仁術(인술, 醫術)
- 洋(바다 양) : 遠洋〔원양, 遠洋漁業(원양어업)〕, 大洋〔대양, 太平洋, 大西洋), 洋은 큰 바다 즉, ocean을 말하며, 海는 沿岸(연안)의 바다 近海(근해) 즉, sea로 沿海, 沿近海, 東海, 西海, 地中海 등을 말한다〕

* (서양 양) : 洋은 바다 건너 서양의 뜻으로도 쓰여 洋裁(양재, 서양식 재봉), 洋品店(양품점, 서양 물품점), 洋行(양행, 서양 商社), 洋式(양식, 서양식), 洋食(양식, 서양 음식), 洋夷(양이, 서양 오랑캐로 근대에 서양인을 낮추어 부르던 말), 洋襪〔양말, 서양 버선, 襪(말)자는 버선 말자다〕
* 岸(안)자는 물가의 둔덕인 언덕 안자로 海岸(해안, 바닷가 언덕), 江岸(강안, 강가 언덕), 湖岸(호안, 호숫가 언덕), 沿岸(연안, 바다·강·호

숫가 언덕) 등이 있으며, 고대 이집트에서는 나일강 동쪽을 사람이 사는 此岸(차안, 이쪽 언덕), 나일강 서쪽을 彼岸(피안, 저쪽 언덕)으로 죽어서 가는 곳으로 피라미드가 있다. 또 불교에서는 고단한 현실을 此岸, 생사의 바다를 건너 깨달음의 언덕을 彼岸이라 했다. 최근 중국과 대만을 가르키는 말로 兩岸(양안, 대만 海峽의 양쪽)이라 하고 있다. 해수욕장에서 거꾸로 친 파도에 사람이 바다로 휩쓸려가 희생을 당하는 수도 있다. 이 '거꾸로 파도'는 離岸流(이안류)다.

● 制(마를 제, 법도 제) : 制服(제복), 制度(제도), 制御(제어), 制限(제한), 制空權(제공권, 制海權), 專制(전제), 體制(체제)
● 覇(으뜸 패, 패권 패) : 覇權(패권), 覇氣(패기), 覇道〔패도↔王道(왕도)〕, 覇者(패자, 전국시대 覇道를 추종한 諸侯의 우두머리를 말한다)
● 後(뒤 후) : 後日(후일), 後尾(후미), 後孫(후손), 後嗣(후사), 後繼者(후계자), 前無後無(전무후무), 落後(낙후), 食後(식후)
● 裔(옷자락 예, 후손 예) : 裔土(예토, 변방), 裔孫(예손, 먼 자손)
● 所〔바(곳) 소〕 : 所感(소감), 所懷(소회), 急所(급소), 宿所(숙소)
  * 所謂(소위, 이른바), 所爲(소위, 소위가 밉다. 所行이나 하는 짓거리), 所以(소이, 까닭)
  * 解憂所(해우소, 근심을 내려놓는(푸는) 곳으로 사찰 화장실을 말한다.
● 遇(만날 우) : 不遇(불우, 때를 못만남), 千載一遇〔천재일우, 이 때 載(재)자는 실을 재자가 아니고, 일년을 뜻하는 '해(年)' 재자로 천년에 한 번 만나는(오는) 기회다),
  遭遇(조우)는 우연히 맞닥뜨려 만남이고, 邂逅(해후)는 오랫동안 헤어졌다가 뜻밖의 만남이고, 相逢(상봉)은 서로 만남이다.
  * (대우할 우) : 待遇(대우), 禮遇(예우), 處遇(처우)

삼족오(三足烏)

> 三(석 삼)—三拜(삼배), 三神(삼신), 三顧草廬(삼고초려)
> 足(발 족)—足跡(족적), 足鎖(족쇄), 手足(수족), 濯足(탁족)
> 烏(까마귀 오)—烏合之卒(오합지졸), 烏竹軒(오죽헌), 烏石(오석)

우리나라 고대 신화와 설화에서 삼족오는 음양(陰陽)의 세계에서 양(陽), 즉 태양을 의미하는 신수(神獸)이다. 日中有烏謂三足烏也(일중유조위삼족오야, 해 가운데 새가 있으니 삼족오라 하였느니)라 태양의 흑점이 발 셋 달린 까마귀 같다고 하여 유래하였다. 달에 있는 그림자의 모습이 토끼를 닮아서 옥토끼라고 하는 것과 같다.

요동지방에서 출토된 토기(土器)와 벽화(壁畵) 등에서 삼족오가 많이 보인다. 이처럼 삼족오는 지금은 흉조(凶鳥)처럼 생각되는 까마귀가 아니고 태양 속에 있는 길조(吉鳥)인 불새이며 태양새인 것이다. 여기서 烏자의 의미는 까마귀가 아니고 자흑색(紫黑色)의 검다는 의미로 검을 오자이다. 금오(金烏)는 태양(太陽)의 이칭(異稱)이다. 오골계(烏骨鷄), 오석(烏石), 오죽(烏竹), 오수정(烏水晶) 등의 오자가 같은 뜻이다. 중국 왕실의 상징이 용(龍)이었다면 고구려의 상징이 삼족오이다. 고구려를 상징하는 깃발이 삼족오 깃발이다.

고구려 벽화고분의 삼족오(三足烏)

※ 삼고초려(三顧草廬)
 중국 삼국시대 촉(蜀)나라의 임금 유비(劉備)가 남양(南陽) 땅의 제갈량(諸葛亮)의 초가집을 세 번이나 찾아가서 그를 청하여 군사(軍師)로 삼았다는 고사(古事)에서 온 말로 인재를 등용할 때 여러 번 부탁하거나 간청(懇請)할 때 이 말을 쓴다.

활용(活用)

- 三(석 삼) : 三巴戰(삼파전), 三昧境(삼매경), 三綱五倫〔삼강오륜, 유교 사회에서 오륜 중에서도 군신, 부자, 부부 사이의 도덕의 기본이 되는 三綱(삼강)은 君爲臣綱(군위신강), 父爲子綱(부위자강), 夫爲婦綱(부위부강)을 말함〕
- 卒(군사 졸) : 卒兵(졸병), 兵卒(병졸), 軍卒(군졸), 將卒(장졸)
 * 〔죽을(마칠) 졸〕: 卒業(졸업), 卒年(졸년, 죽은 해), 卒逝(졸서, 죽음의 높임)
 * (갑작 졸) : 倉卒間(창졸간)에, 卒倒(졸도, 갑자기 넘어자다), 腦卒中〔뇌졸중, 뇌에 갑자기 풍(風, 뇌일혈로 생기는 반신불수 등의 장애)을 맞다(이 때 中은 命中(명중) 등과 같이 맞히다, 맞다의 뜻으로 中風(중풍)은 풍을 맞다), 뇌졸증(惱卒症)이란 말은 腦卒中의 잘못임〕

- 話(말씀 화) : 話題(화제), 話術(화술), 秘話(비화), 對話(대화), 童話(동화), 說話(설화)
- 太(클 태) : 太古(태고), 太平烟月(태평연월), 太不足(태부족)
- 獸(짐승 수) : 獸醫師(수의사), 獸性(수성), 禽獸(금수), 人面獸心(인면수심), 猛獸(맹수)
- 土(흙 토) : 土着(토착), 土産品(토산품), 土俗(토속), 鄕土(향토)
- 器(그릇 기) : 器具(기구), 靑銅器(청동기), 陶磁器(도자기), 器物(기물), 甕器(옹기), 大器晩成(대기만성)
- 壁(벽 벽) : 壁畵(벽화), 壁報(벽보), 壁紙(벽지), 赤壁賦(적벽부), 城壁(성벽)
- 畵(그림 화) : 畵伯(화백), 畵帖(화첩), 畵中之餠(화중지병, 그림의 떡), 漫畵(만화), 書畵骨董〔서화골동, 骨董品(골동품)〕
- 吉(길할 길) : 吉兆(길조), 吉日(길일), 吉夢〔길몽↔凶夢(흉몽)〕, 吉凶禍福(길흉화복)
- 凶(흉할 흉) : 凶惡(흉악), 凶計(흉계), 凶器(흉기), 凶年〔흉년↔豊年

(풍년)], 凶測(흉측, '흉칙'으로 쓰면 틀림)
- 紫(자색 자) : 紫色(자색), 紫外線(자외선), 紫禁城(자금성)
- 黑(검을 흑) : 黑幕(흑막), 黑字〔흑자↔赤字(적자)〕, 黑白(흑백), 暗黑(암흑시대)
- 異(다를 이) : 異見(이견), 異義(이의), 異性(이성), 驚異的(경이적), 相異(상이), 差異〔차이, 差異點(차이점)〕
- 鷄(닭 계) : 鷄肋(계륵, '닭의 갈비'로 큰 소용도 없으나 버리기는 아까운 물건), 鷄鳴(계명), 鷄卵有骨(계란유골), 鬪鷄(투계)
- 石(돌 석) : 石築(석축), 石工(석공), 盤石(반석), 礎石(초석), 一石二鳥(일석이조)
- 竹(대나무 죽) : 竹簡(죽간), 竹馬故友(죽마고우), 竹槍(죽창)
- 水(물 수) : 水分(수분), 水沒(수몰), 洪水(홍수), 生命水(생명수, 活命水), 背水陣(배수진), 背山臨水(배산임수), 雨水(우수), 降水(강수, 降水量)
- 晶(수정 정, 맑을 정) : 水晶體(수정체), 結晶(결정)
- 龍(용 룡) : 龍은 신령스러운 동물이며 권위의 상징으로 帝王(제왕)을 용에 比喩(비유)한다. 왕의 얼굴은 龍顔(용안), 왕의 자리는 龍床(용상)이다. 潛龍(잠룡)은 보통 왕이 되기 전 단계의 물에 잠겨 있는 용이 潛龍(잠룡)이고 이 잠룡이 때를 만나 제왕의 자리에 올라야 飛龍(비룡)이다. 登龍門〔등용문, 입신출세의 어려운 관문을 말하며, 일반적으로 사람을 쓰는 것은 登用(등용)이다〕, 龍虎相搏(용호상박), 靑龍(청룡, 黃龍), 飛龍瀑布(비룡폭포), 龍宮(용궁)

* 畵龍點睛〔화룡점정, 눈동자 정(睛)〕: 어떤 화가가 용을 그릴 때 마지막으로 점을 찍어 눈동자(點睛)를 그려 넣었더니 그림의 용이 살아서 그만 하늘로 올라갔다는 고사에서 나온 말로 가장 중요한 부분의 일을 마침을 뜻한다.

이두(吏讀)문자

> 吏(벼슬아치 리)―吏屬(이속), 吏房(이방), 吏判(이판), 官吏(관리)
> 讀(읽을 독,구절 두)―讀書(독서),精讀(정독↔速讀),句讀點(구둣점)

　우리말의 음(音)을 따서 한문자(漢文字)로 표기해 놓은 것을 이두라 하였다. 이두를 올바로 이해하기 위해서는 첫째 음은 같으나 한문으로 표기했을 때 뜻이 달라진다는 것을 알아야 한다. 우리말과 글을 한글이라 하고 중국 글자를 한자라고 하고 있다. 신라 때 설총(薛聰)이 만들었다고 하나 그 이전부터 우리 민족이 이두문자를 써 왔던 것을 집대성(集大成)한 것을 두고 한 말이다. 즉 우리말의 음을 한자로 옮겨 적은 것인데 한글의 모체가 되는 가림토(加臨土)문자는 양(陽)문자, 상형(象形)문자인 한문은 음(陰)문자로서 이두는 음양을 배합(配合)한 고대 우리 문자이다.
　예를 들면 바보 온달장군 할 때 溫達이라고 표기하였다. 순 우리말은 반달에 반대되는 온달(보름달) 즉, 밤에 온세상을 밝게 비추는 보름달을 생각하고 이름을 온달로 지은 것이다. 이를 문자로 적자니 따뜻할 溫, 통달할 達이지 "따뜻함이 통달한다"는 엉뚱한 애기가 된다. 또 부여왕 해부루(解浮樓)의 이름도 해쳐져 떠 있는 누각이라는 말도 되지 않는 소리가 아니고 그냥 소리나는 대로 동쪽 하늘에 떠오르는 빛나는 해를 의미하여 순수 우리말로 '해불' 이라고 했다. 예맥지방에서는 불을 '부루', 물을 '무루' (지금의 흑룡강을 아무르강으로)로 발음하였다.

활용(活用)

- 聰(귀밝을 총) : 聰明(총명), 聰氣(총기), 聖聰(성총)
- 加(더할 가) : 加護(가호),加算(가산), 加減(가감), 附加世(부가세), 追加(추가), 增加(증가), 倍加(배가)
- 臨(임할 림) : 臨政(임정), 臨時(임시), 臨席(임석), 臨機應變(임기응

변), 臨終(임종), 臨戰無退(임전무퇴), 臨席(임석), 枉臨(왕림)
● 配(짝 배): 配匹(배필)], 配偶者(배우자)
 * (나눌 배): 分配(분배), 配給(배급), 配當(배당), 配定(배정), 配慮(배려)
 * (유배갈 배): 流配(유배), 配所〔배소, 流配地(유배지)=謫所(적소)〕
● 合(합할 합): 合計(합계), 合算(합산), 合格(합격), 綜合(종합), 合當(합당, 마땅함), 合黨(합당, 당을 합침), 結合(결합), 和合(화합)
● 溫(따뜻할 온): 溫度(온도), 溫氣(온기), 寒氣(한기), 地球溫暖化(지구온난화, global warming)로 三寒四溫(삼한사온)이 없어지다, 溫故知新〔온고지신, 法古創新(법고창신)〕
● 達(통달 달): 達見(달견), 達人(달인), 達筆(달필), 達辯(달변), 達通〔달통, 通達(통달)〕
 * (도달 달): 到達(도달), 未達(미달), 欲速不達(욕속부달, 너무 빨리 도달하려고(이루려고) 서두르면 도리어 이루지 못한다)
● 解(풀 해): 解析(해석, 析자는 도끼로 나무를 잘게 쪼개 나누는 分析이고 解釋의 釋자는 얽힌 것을 풀어 정리하는 것으로 釋放, 註釋 등이다), 解夢(해몽), 見解(견해), 分解(분해), 讀解(독해), 誤解(오해), 曲解(곡해)
● 浮(뜰 부): 浮雲(부운, 뜬 구름), 浮動票(부동표), 浮浪輩(부랑배), 浮浪者(부랑자), 浮力(부력), 浮萍草(부평초), 浮沈(부침)
● 樓(다락 루): 樓閣(누각), 樓上(누상), 高樓(고루), 鐘樓(종루), 望樓(망루) 등으로 누각(樓閣)은 보통 향리를 찾은 관리나 사신들의 휴식(休息)과 연회(宴會)를 위한 공간으로 누대를 쌓아 사방이 트이게 한 층을 올려 지었다. 경회루(慶會樓), 부벽루(浮碧樓), 죽서루(竹西樓) 등이다. 중국에서는 주소를 적을 때 2층(層)을 2루(樓)라고 적는다. 정(亭, 정자 정)은 보통 명승이나 경치 좋은 곳에 수행(修行)과 강학(講學)을 위한 공간이었다. 강정(江亭), 송정(松亭) 등으로 주변 환경과 조화를 이루어 정자가 없는 지역이 없을 정도로 우리나라는 정자의 나라였다. 정조는 창덕궁에만 존덕정(尊德亭)등 13군데나 정자를 지었다.

지석묘(支石墓) - 고인돌 -

支(지탱할 지, 가를 지)—支持〔지지, 支撑(지탱)〕, 支流(지류)
石(돌 석)—石築(석축), 石材(석재), 礎石(초석), 玉石(옥석)
墓(무덤 묘)—墓地(묘지), 墓域(묘역), 墳墓(분묘), 省墓(성묘)

 선사시대 이래로 지석묘는 거석문화(巨石文化)의 한 형태로 한반도에 널리 분포되어 있는 청동기(靑銅器)시대의 우리 선조들의 무덤의 한 양식이다. 우리말로 고인돌이며 돌맨(dolmen)이라고 한다.
 몇개의 지석(支石)을 새운 뒤 그 위에 넓다란 개석(蓋石, 덥게 돌)을 올려놓은 것이다. 경기도 강화도와 전라도 영산강 유역에 많이 남아 있어 한반도의 역사를 증언해 주고 있는 돌이다. 지금은 세계문화유산으로 등재되어 있는 인류의 소중한 문화유적(文化遺蹟)이다.
 영국 솔즈베리 근교에 있는 스톤헨지(Stonehenge)도 중앙에 제단석이 있는 고대의 거석기념물로 여러 설이 있지만 장례시설로 죽은 자의 영혼이 머물고 있는 곳으로 고인돌과 매우 흡사하다.

활용(活用)

- 巨(클 거) : 巨人(거인), 巨物(거물), 巨富(거부), 巨額(거액), 巨星(거성)
- 靑(푸를 청) : 靑年(청년), 靑史(청사), 丹靑(단청), 群靑色(군청색)
- 銅(구리 동) : 銅錢(동전), 銅像(동상은 구리로 만든 像(상)이고 金賞, 銀賞, 銅賞할 때의 銅賞(동상)은 Bronze medal로 3등 상임), 金銅(금동)은 금으로 도금한 구리로 金銅佛像(금동불상), 金銅佛(금동불)이다.
- 蓋(덮을 개) : 蓋瓦(개와), 蓋世(개세, 위력이나 힘이 세상을 덮다)
  * (대개 개): 大蓋〔대개, 비슷하게 大略(대략), 大概(대개)등이 있다〕, 蓋然性(개연성)
- 蹟(사적 적): 遺蹟(유적, 遺跡地), 史蹟地〔사적지〕, 古蹟地(고적지,

옛 유적지, 古蹟) 이 적(跡)자는 자취 적자로 古跡(고적, 옛 자취이고 古蹟(고적)은 옛 사적을 말한다), 潛跡(잠적), 痕跡(흔적), 追跡(추적) 등

우리나라에 널리 분포되어 있는 고인돌 유적

※ 단일민족(單一民族)
지금까지 우리 역사는 반만년의 역사와 단일민족을 가르쳐 왔다. 물론 이는 우리 민족이 오랜 세월 동안 외세(外勢)의 침략(侵略)에 맞서 나라와 민족을 스스로 지켜낼 수 있게 한 큰 힘의 원천이었다. 그러나 20세기 후반부터 세계화(世界化, Globalization)

중앙에 제단석이 있는 스톤헨지의 모습

의 추세에 맞추어 '세계 속의 한국'이 되었다. 지금 우리나라에는 혼혈인(混血人), 코시안(Kosian, 한국인과 아시아인 2세), 하프 코리안 등의 표현에 그리 큰 거부감이 없다. 이미 국제결혼시대, 다민족국가시대. 다문화시대에 들어와 있다. 단일민족과 한국민족의 순수혈통이나 민족적 우월성 보다는 "우리는 한국인, 나는 한국인"이라는 인식을 강조할 때이다.

역사적으로 이민족(異民族)이 우리 땅에 건너와 피를 섞으며 살아온 지는 이미 오래다. 일찍이 가락국 수로왕(首露王)의 왕비인 인도 아유타국의 허황옥의 후예인 김해 김씨 허씨, 베트남의 리씨왕조가 고려 때 황해도 옹진 화산에 망명해 와서 살고 있었던 화산 이씨, 조선왕조 개국공신 여진족 장수 이지란(李芝蘭)의 청해 이씨, 임진왜란 때 귀순하여 김씨로 사성(賜姓)을 받은 일본장수 김충선(金忠善)의 후손들이 달성 우록에 살고 있으며 지금 많은 이방인들이 이땅에 한국인으로 살고 있다. 또한 한말 간도와 연해주로 갔던 많은 우리 민족이 중국에서 조선족으로, 러시아와 중앙아시아에서 카레이스키(고려인)으로 정착해 있으며 1902년 최초의 이민선을 타고 화와이로 갔던 사람들의 후손들이 미국에서 코메리칸으로,

또 멕시코의 에니깽농장에서도 열심히 살아가고 있다.

미국이나 프랑스 등의 선진국에서는 혈통을 중요시하지 않는다. 단일민족(單一民族)이나 순혈주의(純血主義)는 버려야 할 시대착오적(時代錯誤的) 생각이다.

Ⅱ. 삼국(三國)시대

　고구려(高句麗)는 기원 전 37년 부여족의 고주몽(高朱蒙)에 의하여 지금 만주의 졸본 지방에서 건국하여 한반도 북부와 만주와 연해주를 무대로 28대 보장왕까지 신라, 백제와 더불어 삼국시대를 정립하였던 거대한 왕조국가이다. 광개토대왕 때는 광대한 영토와 대제국을 형성하여 수·당의 침략을 승리로 이끌어 중국과 자웅(雌雄)을 겨루었으며 우리 민족에게 진취적(進取的)이고, 상무적(尙武的)이고 늠름한 기상(氣像)을 물려주었다.
　백제(百濟)는 한강 유역 일대의 성읍국가로서 전성기에는 중국의 요서(遼西)·산동(山東)과 일본의 구주(九州) 일대까지 영향을 미친 찬란한 문화를 꽃피웠으며 한강을 중심으로 삼국이 각축(角逐)을 벌일 때 한강을 버리고 금강유역으로 남하하게 된다. 일본에 전해진 문화에서 백제의 문화와 예술의 수준을 알 수 있으며 일본에는 백제 문화유적이 많이 남아 있다.
　신라(新羅)는 경주 일대를 지배하는 중앙집권적 귀족국가로 진흥왕 때는 지금의 서울 북한산과 한강유역을 점령하여 삼국통일(三國統一)의 기반을 마련하였다. 통일신라는 빛나는 불교문화와 함께 고려에 멸망할 때까지 천년 사직(社稷)이 이어진다.
　또 낙동강 하류에는 김수로왕(金首露王)에 의해 건국된 가야국(加耶國)이 있었으나 진흥왕 때 신라에 흡수되었으며 고구려가 멸망한 후 그 고토에는 대조영(大祚榮)이 발해(渤海)를 건국한 바 있다.

건국설화(建國說話)

> 建(세울 건)— 建物(건물), 建設(건설), 再建(재건), 封建(봉건)
> 國(나라 국)— 國是(국시, 國祖, 國父), 國境(국경), 故國(고국)
> 說(말씀 설, 달랠 세, 기쁠 열)—說明(설명), 說得(설득), 遊說(유세), 說客(세객), 說樂(열락=悅樂), 說乎(열호, 기쁘다!)
> 話(말씀 화)—話題(화제), 話法(화법), 對話(대화), 寓話(우화)

고구려(高句麗) 시조(始祖) 주몽(朱蒙)은 북부여(北扶餘) 계(系)로 그 모(母)는 하백(河伯)의 여(女) 유화(柳花)부인이며 부(父)는 천제(天帝)의 자(子)인 해모수(解慕漱)라는 천손설화(天孫說話)설과 난생설화(卵生說話) 설의 전설이 전해오고 있다.

신라(新羅) 시조 박혁거세(朴赫居世)는 신라 육촌 중 지역적으로나 혈연적으로 세력이 큰 급량(及梁, 朴氏)부, 본피(本彼, 昔氏)부, 사량(沙梁, 金氏)부의 박석금(朴昔金) 삼성이 군장으로서 박(朴)씨의 시조는 혁거세, 석씨의 시조는 탈해(脫解), 김씨의 시조는 알지(閼智)로 제일 먼저 군장으로 혁거세가 선출되어 신라 시조로 전해오고 있다.

백제(百濟) 시조는 부여에서 내려온 위례부락(慰禮部落, 지금의 하남)의 온조(溫祖)로 하늘의 아들이나 태양과 같이 세상을 따뜻하고 밝게 비춘다는 의미가 담겨 있다. 미추홀(彌鄒忽, 지금의 인천)의 비류(沸流)설도 있으나 모두 『삼국사기』나 중국 사서의 기록이다.

활용(活用)

- 高(높을 고) : 高貴(고귀), 高低(고저), 等高線(등고선), 崇高(숭고)
- 句(귀절 구) : 句節(구절), 句讀點(구둣점), 警句(경구), 對句(대구)
- 麗(빛날 려) : 麗末(여말, 고려 말), 華麗(화려), 秀麗(수려)
- 新(새 신) : 新鮮(신선), 新進(신진), 斬新(참신), 革新(혁신)
- 羅(그물 라, 벌일 라) : 羅針盤(나침반), 羅列(나열), 網羅(망라)

德業日新 網羅四方(덕업일신 망라사방, 덕업이 날로 새로워져 사방을 망라한다는 뜻으로 6세기 경 신라가 국호로 정해진다)
- 百(일백 백) : 百姓(백성, 백가지의 성씨를 가진 민중), 百科事典(백과사전), 百年偕老(백년해로), 百發百中(백발백중), 一罰百戒(일벌백계),

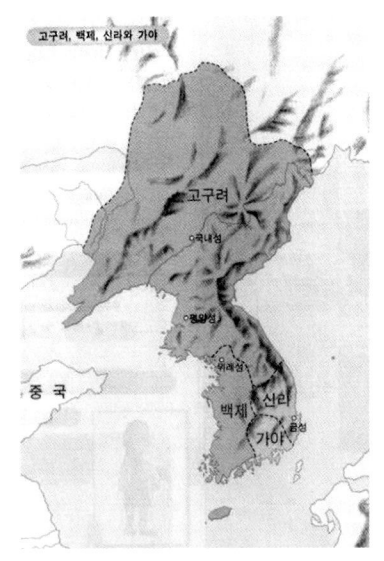

삼국시대 초기에서 중기까지 역사지도

* 百尺竿頭(백척간두, 竿자는 장대 간자로, 백자나 되는 높은 장대 끝이다)
百尺竿頭進一步(백척간두진일보)는 중국 선종(禪宗)의 큰스님의 화두(話頭)로 백척간두에 오를만큼 지극한 노력이 있었지만 거기서 한걸음 더 내디뎌 조금 더 노력하여야 참 부처의 진정한 깨달음을 얻을 수 있다는 뜻이다.
세속에서는 백자나 되는 높은 장대의 끝의 매우 위험한 죽음 직전의 지경을 두고 하는 말로 百尺竿頭進一步는 오도 가도 못해 죽을 수 밖에 없는 경우에 "죽음을 벗어날 수 있는 길은 죽음 뿐으로 새로운 세계로 개척해 나아가라"는 경구(警句)이다. 竿은 장대 간자로 당간(幢竿)은 절에 불탱화를 내다거는 큰 장대를 말하고 당간을 지탱해주는 받침대를 당간지주(幢竿持柱)라 한다.
조선 후기 인삼 장수 임상옥(林尙沃)이 중국상인들의 불매동맹(不買同盟)의 농간으로 오도가도 못하고 다 망할 지음 백척간두에서 가져온 인삼을 모두 불을 지르자 중국상인들이 모두 달려들어 말리며 서로 사가는 바람에 인삼을 톡톡히 제값을 다 처받고 거상(巨商)이 되어 가난한 백성들을 위해 구휼(救恤)사업을 벌인다.
김구(金九)선생은 스물에 "벼랑끝에서 아등바등하지 말고 손을 놓아버리는 것이 가히 장부로다〔현애살수장부아(懸崖撒手丈夫兒)〕"의 기개를 보였다. 백척간두진일보와 같은 말이다. 일본 낭인들의 국모시해에 분개

하여 일본군 장교를 손수 처단했다. 그는 감옥에서 모진 고문을 당하면서
도 "내 육신은 앗아갈망정 내 정신은 앗아갈 수 없다(不可奪)"고 하였다.

● 濟(건널 제, 구제할 제) : 濟度(제도), 經濟(경제), 經國濟民(경국제
  민), 救濟(구제), 濟世經綸(제세경륜)
  * 齋〔집 재, 정결히 할 재, purify, refine〕, 齋室(재실, 齋閣), 書齋(서
    재), 沐浴齋戒(목욕재계), 또 齋(재)는 冥福(명복)을 비는 佛供(불공)
    을 의미한다〕.
  * 齊〔가지런할 제, arrange, regular〕, 修身齊家(수신제가), 整齊(정
    제), 均齊(균제), 또 '모두'의 뜻도 있어 애국가 齊唱(제창)으로 쓴다〕
  * 劑(약지을 제, 藥劑(약제), 調劑(조제), 錠劑(정제), 湯劑(탕제)

● 始(처음 시) : 始發(시발), 始終(시종일관), 創始(창시), 開始(개시)
● 祖(할아버지 조) : 祖上崇拜(조상숭배), 祖國(조국, 母國), 始祖(시
  조), 崇祖(숭조), 鼻祖(비조=始祖)
● 朱(붉을 주) : 朱紅(주홍)글씨, 朱錫(주석), 朱子學(주자학), 朱丹(주
  단, 주단집), 紫朱色(자주색)
● 蒙(입을 몽) : 蒙利〔몽리, 蒙利畓(몽리답)〕, 蒙利面積, 蒙恩(몽은),
  * (어릴 몽) : 啓蒙(계몽, 어린이를 깨우침, 啓蒙思想), 童蒙(동몽, 장가
    들기 전의 아동),
  『童蒙先習』(동몽선습, 조선조 중종 때 朴世茂(박세무)가 쓴 한문으로
  된 책으로 미장가 아동들이 『천자문』을 떼고 『小學』(소학)을 읽기 전 먼
  저 익혀야 할 내용의 책)
  『擊蒙要訣』(격몽요결, 조선 선조 때 율곡 李珥(이이)가 어린이들을 깨
  우치기 위해 지은 책)

● 解(풀 해) : 解剖(해부), 解放(해방), 和解(화해), 誤解(오해, 曲解)
● 慕(사모할 모) : 慕情(모정)의 세월, 思慕(사모, 戀慕), 追慕(추모)
● 脫(벗을 탈) : 脫色(탈색), 脫黨(탈당), 脫落(탈락), 脫皮(탈피), 脫毛

(탈모), 脫稅(탈세), 解脫(해탈), 逸脫(일탈), 虛脫(허탈)
● 卵(알 란) : 卵子〔난자↔精子(정자)〕, 累卵〔누란의 危機(위기), 계란을 겹겹이 쌓아 한꺼번에 무너지는 위험〕, 受精卵(수정란)

※ 遊說(유세)

선거철만 되면 후보자들의 유세가 열을 뿜는다. 춘추전국(春秋戰國)시대에는 제자백가(諸子百家)들이 쏟아져 나와 지식(知識)과 지혜(智慧), 언변(言辯)과 술수(術數), 당찬 포부(抱負)를 앞세워 천하를 쟁패(爭霸)할 야욕(野慾)에 불타고 있는 제후들을 찾아 치국방책(治國方策)을 외쳤으니 이를 백가쟁명(百家爭鳴)이라 하였다.

사마천은 『사기』에서 이들이 제후의 마음을 움직여 등용(登用)의 길로 나아가 이상을 펴는 것을 유세(遊說)라 하였고 그들을 세객(說客)이라 하였다. 역사상 최초의 세객은 공자(孔子)로 그는 14년간 주유천하(周遊天下)하였지만 끝내 이상을 펴지 못했다.

모순(矛盾)이란 말로 유명한 법가(法家)인 한비자〔韓非子, 본래 이름은 韓非인데 높혀 韓非子이며 한비가 지은 책이름이 『韓非子』(한비자)이다〕는 유세에 실패해 진시황의 사약(死藥)을 받고 죽어야 했고 동문수학 했으나 자기보다 못했던 이사(李斯)는 유세로 성공해 진나라의 재상으로 명성을 얻었다.

『삼국사기』(三國史記)와 『삼국유사』(三國遺事)

三(석 삼)—三神(삼신), 三京(삼경, 三經, 三更), 三災(삼재)
國(나라 국)—國際(국제), 國格(국격), 國威(국위), 外國(외국)
史(역사 사)—史官(사관, 史觀), 史學(사학, 史學者, 東洋史)
記(기록할 기)—記事(기사), 記載(기재), 記憶(기억), 明記(명기)
遺(남길 유)—遺稿(유고), 遺言(유언, 遺訓), 遺腹子(유복자)
事(일 사, 섬길 사)—事變(사변), 事由(사유), 事親(사친, 事君)

『삼국사기』는 고려 중엽 때 사학자요 문신인 김부식(金富軾)에 의하여 왕명으로 편찬(編纂)된 최초의 정사서(正史書)로 고구려·신라·백제의 삼국을 시대별로 기록을 정리하여 전하고 있는 귀중한 역사서이다.

고구려는 『유기』(留記) 100권을 지은 바 있다고 하는데 영양왕 때 이문진(李文眞)에 의해 『신집』(新集) 5권으로 편찬했으며, 백제는 근초고왕 때 고흥(高興)에 의하여 『서기』(書記)를, 신라는 진흥왕 때 거칠부(居柒夫)가 신라의 정사인 『국사』(國史)를 편찬한 바 있다. 그러나 전하지 않는다.

『삼국유사』는 유사(遺事)라는 말 그대로 사기에 빠졌거나 자세히 드러나지 않은 것을 즉, 간과(看過)하기 쉬운 고대의 사회 풍습, 신앙, 역사자료 등을 보완하여 남긴다는 뜻으로 고려시대 승려 일연(一然)이 쓴 책이다. 우리 민족의 건국신화와 신라 향가(鄕歌) 14수의 기록과 함께 민족설화와 민속 등 『삼국사기』나 다른 역사서에 전하지 아니하는 중요한 자료를 수록하여 고대의 우리 문화와 역사의 진실된 모습에 접근할 수 있다.

이 책에 풍백(風伯), 우사(雨師), 운사(雲師)를 거느리고 신단수 아래로 내려온 환웅천황이 웅녀(熊女)에게서 아들 단군을 낳았다는 개국신화인 단군신화가 적혀 있다. 건국신화와 불교설화 등 고려 이전의 우리의 문화와 역사를 정리하여 민족문화의 전통과 원형을 찾아 민족의 자긍심(自矜心)을 일깨워 준 책이라서 더욱 소중하다.

당시 원나라의 지배를 받으며 사대주의 사상이 팽배하던 시절이라 우리나라야 말로 하늘의 아드님이신 천손(天孫)이 건국한 단군조선의 후예로 중국과 대등한 나라라는 인식을 국민들과 내외에 알린 것이다.

위)『삼국사기』와 아래)『삼국유사』

활용(活用)

- 富(부자 부) : 富國(부국), 富農(부농), 貧富(빈부)의 격차, 豊富(풍부), 富益富(부익부, 부자는 더욱 부자가 되고) 貧益貧(빈익빈, 가난한 자는 더욱 가난해지다)
- 編(엮을 편) : 編成(편성), 編修(편수), 編隊(편대), 編曲(편곡), 編入(편입), 編著(편저, 編著者).
  * 篇자는 책 편자로 第一篇, 入門篇, 文法篇 등으로 구분하여 쓴다.
- 纂(모을 찬) : 纂輯(찬집, 纂集), 纂修(찬수), 編纂(편찬)
- 正(바를 정) : 正直(정직), 正午(정오), 正誤(정오), 是正(시정=訂正),
  * 正月〔정월〕, 元旦(원단), 臘月(납월), 歲暮(세모), 除夜(제야)〕
  한 해의 시작 첫날을 원단이라 하며 차례(茶禮)를 지냈다. 그 첫달을 지난 한 해를 되돌아보고 새로운 한 해를 시작하기 위해 모든 것을 바로 세

※ 이사금(泥師今)과 마립간(麻立干)
  이사금은 신라 초기 왕의 칭호로 3대 유리이사금에서 16대 걸해이사금까지이며 마립간은 17대 내물마립간부터 21대 소지마립간까지 왕의 호칭이다. 흉노족의 추장은 선우〔單于 또는 대선우(大單于)〕, 티베트의 정치 종교적 지도자는 '달라이 라마'다. '달라이'는 몽골어로 '바다'를, '라마'는 티베트어로 '영적인 스승'을 뜻한다. 즉 '바다처럼 큰 깨달음을 얻은 스승'이라는 의미다. 또 파라오, 술탄 등 나라마다 왕이나 통치자의 호칭이 있다.

삼국(三國)시대 63

우는 달이리고 하여 정월이라 했으며 지난 해의 반성과 새해 새로운 마음가짐과 함께 새해의 계획을 세웠다.

영어도 1월을 January라고 하는데 이는 일의 끝맺음과 시작의양면의 두 얼굴을 한 로마신화의 Janus(야누스)신에서 유래한다.

또 12월을 납월(臘月), 구랍(舊臘), 년말 모임을 납회(臘會)라 하였다. 납향 납(臘)자는 12월 마지막 행사 등에 사용하였으며 12월 마지막 사냥을 한 뒤 자연신과 조상신에게 올렸던 납제(臘祭)에서 유래한다. 섣달 그믐날을 제석(除夕), 제야(除夜)라고 불을 밝히고 한해를 되돌아보고 새해를 맞이하였다.

● 留(머물 류) : 留宿(유숙), 留任(유임), 留學(유학은 주로 외국 유학이고, 遊學은 객지에서 큰 스승 밑에서 공부하는 경우이다). 殘留(잔류) 滯留(체류), 居留(거류, 居留地, 居留民), 停留場(정류장)
● 集(모을 집) : 集大成(집대성). 集約(집약), 集散(집산), 雲集(운집), 詩集(시집), 文集, 創作集)
● 興(일 흥) : 興亡(흥망), 興盛(흥성), 興奮(흥분), 新興(신흥), 復興(부흥)
  * (흥취 흥) : 興味(흥미), 感興(감흥), 詩興(시흥), 興盡悲來〔흥진비래, 苦盡甘來(고진감래)〕
● 居(살 거) : 去處〔거처, 居住(거주)〕, 住居(주거), 居間(거간), 居士〔거사, 벼슬하지 않고 향리에서 살아가는 선비(處士)〕, 蟄居(칩거), 穴居(혈거)
● 夫(사내 부) : 夫婦〔부부, 夫婦有別(부부유별)〕, 丈夫〔장부〕, 大丈夫(대장부), 女丈夫(여장부), 拙丈夫(졸장부)〕, 士大夫(사대부), 鑛夫(광부), 雜役夫(잡역부), 人夫(인부), 匹夫〔필부, 匹夫匹婦(필부필부)〕, 情夫(정부)
  * (지아비 부) : 夫唱婦隨(부창부수), 夫婦有別(부부유별).
  * 夫君은 남의 남편의, 夫人은 남의 아내의 존칭이다(婦人은 결혼한 여자이다). 父君은 남의 아버지에 대한 존칭이고 府君은 죽은 남자 조상에

대한 존칭이다.
* 匹夫(필부)할 때는 혼자 필(匹)자로 필마(匹馬, 한필의 말), 필부(匹婦, 한사람의 아녀자), 또 짝 필(匹)자로 배필(配匹)등으로 쓰고, 또 말을 세는 단위로 한 필, 두 필 등으로 쓴다.

● 然(그럴 연) : 然後(연후, 그러한 뒤에), 然而(연이나, 그러나), 柔然(유연), 超然(초연), 泰然(태연), 偶然(우연), 宛然(완연, 봄빛이 완연하다), 公然(공연)히, 未然(미연), 必然(필연)
* 然故(연고)는 '그러한 까닭으로'를 말하고, 緣故(연고)는 '까닭'을 뜻하는 말로 즉, '무슨 연고(까닭)로'와 같이 쓴다.
* 依然(의연)은 전과 다름 없는 舊態依然(구태의연)이고, 毅然(의연)은 의지가 굳건한 모습으로 不義(불의)에 의연히 對處(대처)하다 등이다.

● 矜(자랑 긍) : 矜持(긍지), 自矜心(자긍심), 自負心(자부심, 이 때 負는 믿을 부자임)
* (불쌍히 여길 긍) : 矜恤(긍휼)

● 心(마음 심): 心性(심성), 心境(심경), 心情(심정), 心機一轉(심기일전), 苦心(고심), 傷心(상심), 童心(동심), 私心(사심), 忠心(충심, 충성스러운 마음), 衷心〔충심, 정성 충(衷)자로 마음속에서 우러나오는 참된 마음〕
* 心卽佛(심즉불)은 불교의 禪思想(선사상)에서 말하는 "마음이 곧 부처이다"라는 깨우침이다.

● 孫(손자 손) : 孫子〔손자, 子孫萬代(자손만대)〕, 孫婦〔손부, 손자며느리, 孫壻(손서, 이 壻자는 사위 서(壻=婿)자임, 손자사위)〕, 後孫(후손) 孝孫(효손), 曾孫(증손), 玄孫(현손, 고손자).

불교(佛敎)의 전래(傳來)

佛(부처 불)—佛子(불자), 佛事(불사), 成佛(성불), 禮佛(예불)
敎(가르칠 교)—敎訓(교훈), 敎權(교권), 敎唆(교사), 殉敎(순교)
傳(전할 전,전기 전)—傳說(전설), 傳統(전통), 傳記(전기,偉人傳)
來(올 래)—來日(내일), 來歷(내력), 往來(왕래), 在來式(재래식)

역사상 우리나라 문화와 국민 생활에 가장 큰 영향을 미치고 밀접한 관계를 맺어온 종교가 불교이다. 고구려 17대 소수림왕(小獸林王) 2년(372) 전진(前秦)의 부견(符堅)이 승려 순도(順道)에게 불상(佛像)과 불경(佛經)을 보낸 것이 우리나라에 처음으로 불교가 전래된 기록이다.

신라 불교는 고구려의 중 묵호자(墨胡子)에 의하여 눌지마립간(訥祗麻立干, 417~458) 때 전해지고, 이차돈(異次頓)의 순교(法興王 14년, 527)를 통하여 귀족들의 반대를 무릅쓰고 법흥왕(法興王) 22년에 공인되기에 이르렀다. 백제는 침류왕 원년(384) 동진의 마라난타(摩羅難陀)에 의해 전해졌으며 백제에 의해 일본으로 불교와 함께 많은 문물이 전해졌다.

원효(元曉), 의상(義湘)과 함께 신라 불교의 십성(十聖) 중의 한사람인 염촉(厭觸)이 본래 이차돈의 이름이다. 신라의 국선(國仙) 낭도(郎徒)인 염촉이 어느날 왕에게 나아가 불법을 신라 땅에 뿌리내리기 위해서 자신의 목을 치게 하니 흰 피가 일장(一丈, 한 발)이나 솟아 목이 금강산에 떨어진다. 이차돈은 오랜 수행을 통한 정차(正次)를 거치지 않고 이차(異次)를 통해 원돈(圓頓)의 경지에 이른 염촉대사에 붙여진 이름이다.

묵호자는 일선군(一善郡, 경북 선산) 모례(毛禮)의 집에 숨어 불교를 선교하며 살았는데 호자(胡子)는 오랑캐를 뜻하고 묵(墨)은 인도에서 온 피부색이 검은 승려를 일컫은 말이다. 묵호자〔墨胡子, 일명 아도(阿道)〕, 마라난타(摩羅難陀) 등은 모두 호승(胡僧, 오랑캐 지방 승려)으로 불려 인도지방 출신 승려를 말한다. 또 이들과 함께 들어온 외국인들이 눈알이 파랗다고 하여 색목인(色目人)이라고 하였다.

활용(活用)

- 小(작을 소↔大) : 小人輩(소인배), 小康狀態(소강상태), 大小間(대소간)
  * 少〔적을 소↔多〕자와 구별하여야 함〕: 少時적(소시,어렸을 적), 少壯派(소장파), 少量(소량), 僅少(근소), 多少間(다소간)
- 前(앞 전) : 前後〔전후, 앞뒤〕, 戰後(전후, 전쟁이 끝난 뒤)〕, 驛前(역전), 前生(전생),前代未聞(전대미문), 前途〔전도,앞길〕, 中途(중도, 지나가는 동안, 일이 진행되는 동안)〕, 前轍(전철)의 교훈은 前轍을 밟지 말라는 뜻이다.

국보 제83호인 금동(金銅)미륵 반가사유상(半跏思惟像, 한쪽 다리를 책상다리로 하여 생각하는 모습이다)

* 前轍〔전거복철(前車覆轍)의 준 말, 앞 전(前), 수레 거(車), 뒤집힐 복(覆), 수레바퀴 철(轍)자〕은 앞서가다 뒤짚힌 수레의 바퀴자국을 가르키는 말이다. 覆車之戒(복거지계, 넘어진 수레의 교훈)라고도 함.
  춘추전국시대 위(魏)나라 공손불인(公孫不仁)이라는 사람이 약속을 한 문후(文侯)가 약속을 지키지 않자 그를 나무라며 "누가 뒤에 약속이나 규칙을 지키겠는가"하자 문후가 부끄러워 하며 벌주를 마셨다. 이때 한 말이 "前車覆轍 後車之戒(앞수레의 넘어진 자국이 뒷수레의 경계가 된다)"로 앞에 간 사람이나 과거의 행적(行跡)이 뒷사람의 교훈이 된다는 전철의 뜻으로 전철을 밟지 말라는 경구(警句)이다. 똑 같은 뜻으로 이 책 3편 고려시대 '고려의 과거제' 에 나오는 난행(亂行)에 서산대사의 답설행적(踏雪行跡, 눈을 밟고 지나간 자국)이 있다.

- 堅(굳을 견) : 堅固(견고), 堅强(견강), 堅忍不拔(견인불발)
- 異(다를 이) : 異敎徒(이교도), 異色的(이색적), 異國的(이국적), 異見(이견), 差異(차이), 驚異(경이), 特異(특이)

- 次(차례 차) : 次期(차기), 次善(차선,次上), 目次(목차), 漸次(점차)
- 頓(조아릴 돈) : 頓首〔돈수, 頓首百拜(돈수백배)〕, 整頓(정돈)
  * (갑자기 돈) : 頓絶(돈절, 갑자기 끊기다), 頓悟(돈오, 갑자기 깨닫다),
- 墨(먹 묵) : 墨香(묵향), 紙筆墨硯(지필묵연, 지(종이), 필(붓), 묵(먹), 연(벼루)을 文房四友라 함), 墨書(묵서), 詩人墨客(시인묵객)
- 胡(오랑캐 호) : 胡蝶(호접, 나비), 胡亂(호란), 胡麥(호맥, 호밀, 청국밀), 胡虜〔호로 자식, 오랑캐처럼 막되먹게 자라서 버릇없는 사람, 胡種子(호종자)라고도 함, 破虜湖(파로호, 6·25때 많은 중공군을 무찌르고 사로잡은 강원도의 호수)〕
  * 胡地(호지, 오랑캐 땅), 일반적으로 오랑캐라는 말은 중국 만리장성 넘어 흉노족과 동북지방에 살던 거란족과 여진족을 가르키는 말로 유교적 예의를 모르고 야만스런 종족을 말하고, 침략자라는 뜻으로도 쓰였다.
  * 전한(前漢)의 원제(元帝)를 망하게 한 후궁 왕소군(王昭君), 원제는 흉노와의 화친(和親)을 위해 그녀를 북녘땅으로 보낸다. 왕소군은 장안(長安)을 떠나면서 유명한 시(詩) 한 수(首)를 남긴다.

"호지무화초(胡地無花草)하니 춘래불사춘(春來不似春)이라"
(오랑캐 땅에 꽃이 피지 아니하니 봄이 와도 봄같지 아니하구나)

- 順(순할 순) : 順調(순조), 順應(순응), 柔順(유순)
  * (차례 순) : 順序(순서, 式順), 無順〔무순, 手順(수순), 逆順(역순)〕
- 道(길 도) : 道德(도덕), 道路(도로, 人道, 車道), 道理(도리), 王道(왕도), 赤道(적도), 荒淫無道(황음무도), 大道(대도, 大道無門)

* 茶馬古道(차마고도)
   최근 TV 다큐(documentary) 프로로 인기를 끌었던 작품 이름이다. 옛날 티베트의 말(馬)이 넘어오고 중국 한족의 차(茶)가 히말라야의 5,000m의 고지를 넘어다니는 설산의 험난한 길을 말하는데 그때 차는 사치품이 아닌 야크의 유제품(乳製品)을 주식(主食)으로 하는 티베트인들

에게는 식물성 비타민을 얻기 위한 생명수와 같았다. 그들의 생사를 넘나드는 교역로(交易路)인 이 차마고도는 실크로드보다 앞선다. 이 차마고도를 넘어 영국의 소설가 제임스 힐튼의『잃어버린 지평선』(Lost Horizon)에서 지상낙원으로 묘사된 마을, 신의 땅 '샹그리라'(Sangri-La)가 있다.

● 訥(말더듬을 눌) : 訥辯(눌변), 訥言(눌언), 敏於行 訥於言(민어행 눌어언, 행동은 민첩하게 하고 말은 생각해 가며 더듬어 하라는 교훈)
● 曉(새벽 효) : 曉星(효성), 曉天(효천)
● 厭(싫을 염) : 厭世(염세, 厭世主義), 厭惡〔염오＝혐오(嫌惡)〕, 厭韓(염한, 한 때 일본 젊은 이들이 한국을 싫어한데서 온 말)
● 觸(닿을 촉) : 觸覺(촉각, 觸感), 抵觸(저촉), 接觸(접촉)
● 仙(신선 선) : 仙女(선녀), 仙境(선경), 神仙(신선), 詩仙(시선),
● 丈(어른 장) : 丈人(장인), 丈夫(장부)
 * (길 장, 一丈은 十尺) : 二丈(이장), 白髮三千丈(백발삼천장)
 * 장육존상(丈六尊像), 일장(一 丈)이 십척(十尺)이므로 불상(佛像)의 높이를 말할 때 일장 육척의 큰 부처를 높혀 일컬어 부르는 말.
● 圓(둥글 원) : 圓形(원형), 圓滿(원만), 圓熟(원숙)
● 郡(고을 군) : 郡守(군수, 郡民), 郡縣制(군현제)
● 毛(털 모) : 毛織(모직), 羊毛(양모), 不毛地(불모지)
● 僧(중 승) : 僧侶(승려), 僧俗(승속), 僧房(승방), 比丘僧(비구승), 帶妻僧(대처승), 沙彌僧(사미승, 수행중인 어린 중), 破戒僧(파계승)
● 似(같을 사) : 類似(유사), 恰似(흡사), 近似(근사), 相似(상사)
 * 似而非(사이비)는 似是而非(사시이비)를 줄인 말로 옳은 것(是) 같지만(似) 그렇지 아니하다(非)의 뜻이다.
● 惟(생각할 유) : 思惟(사유)
 * (오직 유＝唯) : 惟獨(유독＝唯獨), 天上天下唯我獨尊(천상천하유아독존, 온우주에 오직 참 모습(我)만이 홀로 존귀하다는 붓다의 깨달음.

을파소(乙巴素)의 진대법(賑貸法)

> 乙(새 을, 천간 을)―乙丑(을축), 甲乙(갑을), 乙支路(을지로)
> 巴(지명 파)―蜀(촉나라)의 동쪽 지명
> 素(흴 소, 바탕 소)―素描(소묘↔彩色畵), 素服(소복), 素質(소질)
> 賑(구휼할 진)―賑恤〔진휼, 救恤(구휼)〕
> 貸(빌릴 대)―貸與(대여), 賃貸(임대), 貸借對照表(대차대조표)
> 法(법 법)―法學(법학), 法院(법원), 秘法(비법), 遵法(준법)

  중국 소설 『삼국지』(三國志)가 가장 우리의 흥미를 끄는 것은 유비(劉備)가 삼고초려(三顧草廬)로 초야(草野)의 제갈량(諸葛亮)을 찾아가는 대목이다. 한(漢)나라로부터 외침(外侵)을 물리치고 요동(遼東)을 지킨 고구려(高句麗) 고국천왕(故國川王)도 두 번, 세 번 초야의 을파소를 찾는다.

  그는 왕의 신임과 자신의 평소 소신을 바탕으로 전쟁으로 부터 피폐(疲弊)한 나라를 부국강병책(富國强兵策)을 써 반석 위에 올려놓은 명재상(名宰相)으로 역사에 남는다. 그는 부국강병의 기초를 춘궁기(春窮期)에 어려운 백성을 위해 곡식을 빌려주고 추수기에 환곡(還穀)받는 우리나라 최초의 민생법안(民生法案)인 진대법을 시행하였다. 가정의 해체(解體)를 막고 중산층의 추락(墜落)을 예방하고 계층간의 갈등(葛藤)을 미리 막았으며 안으로 문덕(文德)을 숭상(崇尙)하면서도 유비무환(有備無患)으로 국방(國防)을 강화하여 중국대륙의 침략을 막아 강대한 대제국 고구려의 기반을 이 때 닦아 놓았던 것이다.

활용(活用)

- 志(뜻 지) : 志操(지조), 志士(지사), 同志(동지), 初志一貫(초지일관)
- 備(갖출 비) : 備蓄(비축), 備忘錄(비망록), 準備(준비), 兼備(겸비)

- 野(들 야) : 野人(야인), 野性(야성), 野黨〔야당↔與黨(여당)〕, 在野〔재야, 在野勢力(재야세력)〕, 野圈(야권)〕, 荒野(황야)
- 諸(모두 제) : 諸侯(제후), 諸般(제반), 諸行無常(제행무상)
- 葛(칡 갈) : 葛根(갈근), 葛布(갈포), 葛巾野服(갈건야복)
- 遼(멀 요) : 遼遠(요원)
  * (물 요) : 遼河(요하), 遼東(요동, 遼河의 동쪽지방,↔遼西)
  * (나라 요) : 遼나라(요, 고려 초 거란족의 야율아보기가 세운 나라)
- 故(연고 고) : 故意(고의), 故障(고장), 緣故(연고, 緣故權, 緣故地)
  * (옛 고) : 故人(고인, 죽은 사람), 故鄕(고향), 故國山川(고국산천),
  * 無故(무고)는 아무 탈 없음을 뜻하고, 無辜(무고, 이 辜자는 허물 고자임)는 아무 허물이나 잘못이 없음(무고한 백성), 誣告(무고)는 없는 사실을 꾸며 남을 고소하는 것〔誣告罪(무고죄)〕을 말한다.

- 川(내 천) : 河川(하천), 川獵(천렵), 川邊(천변), 山川(산천초목)
- 疲(지칠 피) : 疲困(피곤), 疲勞(피로)
- 弊(폐단 폐) : 弊端(폐단), 弊習(폐습), 弊害(폐해), 民弊(민폐, 官弊)
- 富(부자 부) : 富國(부국), 富裕(부유), 巨富(거부), 猝富(졸부), 貧富(빈부), 淸富(청부), 富强(부강)
- 强(강할 강) : 强硬(강경), 强行(강행), 强要(강요), 增强(증강), 强奪(강탈), 强占〔강점, 강제로 점령), 强點〔강점↔弱點(약점)〕
- 兵(군사 병) : 兵役(병역), 將兵(장병), 徵兵(징병), 民兵(민병), 憲兵(헌병, 憲兵隊), 衛兵〔위병, 近衛兵), 防衛兵(방위병)〕

※ 孫子(손자)의 兵法(병법)

손자(孫子)의 『병법』 용간편(用間篇)에 지피지기(知彼知己)면 백전불태(百戰不殆)라고(적을 먼저 알고 자신을 알면 백번 싸워도 위태롭지 않다)고 했다. 그래서 적정(敵情)을 알기 위해 척후병〔斥候兵＝정보원(情報員), 間諜(간첩), 첩자(諜者), 세작(細作)〕등을 보내 정탐(偵探)을 하여 상대의 정보를 수집하지 않으면 안되었다. 지금은 정찰기(偵察機),

인공위성(人工衛星)을 띄울 정도다. 일본 전국시대에 적진에 침투하여 적을 교란하였던 닌자(忍者, 忍の者)도 같은 뜻이다.
상대방의 정보를 중시한 병법가(兵法家) 손자가 가장 위대한 장수는 백전백승(百戰百勝)을 하는 장수가 아니고 백전불태(百戰不殆)의 부전승(不戰勝)을 할 수 있는 장수라 하였다.

- 策(꾀 책) : 策略(책략), 策定(책정), 方策(방책), 妙策(묘책)
- 宰(재상 재) : 宰臣(재신), 宰相〔재상, 相公(상공)〕
- 相(서로 상) : 相互(상호), 相對(상대), 相思病(상사병), 相續(상속), 骨肉相殘(골육상잔), 相扶相助(상부상조)
  * (관상 상) : 觀相(관상), 吉相(길상), 凶相(흉상), 眞相(진상)
  * (재상 상) : 相臣(상신), 王侯將相(왕후장상)
- 窮(다할(궁할) 궁) : 窮理(궁리), 窮餘之策(궁여지책), 窮地(궁지), 窮乏(궁핍), 貧窮〔빈궁=困窮(곤궁)〕, 春窮期〔춘궁기=麥嶺期(맥령기), 햇보리가 날 때까지 견뎌넘어야 하는 봄의 보릿고개)〕
- 穀(곡식 곡) : 穀食(곡식, 穀物, 糧穀, 秋穀), 穀氣(곡기)
- 民(백성 민) : 民家(민가), 民草(민초, 民衆), 農民(농민), 常民(상민) 옛날 인민(人民)이라고 했을 때 人은 지배계급을 말하고 民은 백성과 천민, 노예 등 피지배계급을 뜻했다. 그래서 民자에는 늘 백성과 더불어 애잔함이 있다. 이재민(罹災民), 난민(難民), 유랑민(流浪民), 유민(遺民, 나라를 빼앗기고 떠도는 백성), 유목민(遊牧民), 서민(庶民) 등이다. 북한과 중국 등 공산국가에서 人民은 공산당을 지지하는 국민만을 뜻한다. 인민민주주의, 인민해방군 등. 民本思想(민본사상), 民主主義(민주주의)등의 글자가 民자에서 비롯된다.
- 生(날 생) : 生命(생명), 生疎(생소), 蘇生(소생), 長生(장생)
- 案(책상 안) : 案件(안건), 案內(안내), 案山(안산), 懸案(현안), 妙案(묘안), 法案(법안, 改正案), 書案(서안, 책상)
- 尙(오히려(아직) 상) : 尙今(상금), 尙存(상존)
  * (숭상 상) : 崇拜(숭배), 尙武(상무↔尙文), 高尙(고상), 崇尙(숭상)

광개토대왕(廣開土大王)

- 廣(넓을 광)—廣場(광장), 廣義(광의), 廣大無邊(광대무변)
- 開(열 개)—開放(개방), 開會(개회), 公開(공개), 再開(재개)
- 土(흙 토)—土壤(토양), 黑土(흑토), 凍土(동토,언 땅)
- 大(큰 대)—大使(대사, 大師), 大義名分(대의명분), 遠大(원대)
- 王(임금 왕)—王朝(왕조), 王權(왕권), 王妃(왕비)

광개토대왕(375~413)은 고구려 제19대 왕으로 선대 왕의 정치적 안정을 기반으로 요동과 만주 연해주까지 우리 역사상 최대의 영토를 넓힌 왕이다. 생존 시의 칭호는 영락대왕(永樂大王)이며 그가 쓴 영락(永樂)이란 연호(年號)는 우리나라에서 쓰여진 최초의 연호이다.

만주 지린성(吉林省) 지안현(輯安縣) 통고우(通溝)에는 광개토대왕의 능비(陵碑)가 서 있다. 비신으로는 우리나라에서 가장 크다. 비문의 내용이 상고사(上古史) 연구와 삼국의 정세, 일본과의 관계 등을 연구하는데 귀중한 자료이며, 간도(間島) 일대에 살고 있는 우리 민족의 정신적 지주(支柱)가 되어오고 있다.

일제 시대에는 일본군에 의하여 의해 이 비석이 자기들에게 유리하도록 훼손(毀損)되고 해석이 엇갈리기도 했다. 또 최근 중국에서는 한민족 관광객의 방문이 늘자 개방을 제한하고 동북공정(東北攻征)과 함께 고구려를 중국의 변방국으로 만들고 자기들의 역사유적으로 왜곡(歪曲)하고 있다.

광개토대왕 능비와 그 옆에 서 있는 한복을 입은 조선인의 모습

삼국(三國)시대

※ 광개토대왕 능비의 변조(變造)

비문 중 '辛卯年來渡海破百殘□□□羅以臣民'의 해석을 싸고 우리 학계는 신묘년에 倭가 침입해오니 바다를 건너가 쳐부셨다고 하는데, 일본은 바다를 건너가 백제와 신라를 격파하여 반도 남쪽을 경영하였다는 임라(任那, 상고시대의 가야지방) 일본부설을 주장하고 있다.

이는 일제 36년을 합리화하는 도구로 이용했으나 최근에는 상당한 수의 일본학자들조차 이는 잘못된 학설이라고 시인하고 있다.

광개토대왕 능비문과 변조된 부분(왼쪽 3째줄 하단부)

활용(活用)

● 永(길 영) : 永久(영구), 永遠(영원), 永眠(영면), 永續(영속), 永世中立(영세중립), 永劫〔영겁, 오랜 세월, 이 반대말은 刹那(찰나, 매우 짧은 시간)이다〕.

* 劫(오랜 세월 겁) : 一劫(일겁), 永劫(영겁), 또 이 겁(劫)자는 겁박할 겁 자로도 쓰여 劫迫(겁박), 劫奪(겁탈), 劫姦(겁간=强姦)

* 일겁(一劫)은 고대 인도인의 세계관으로써 한 번 개벽할 때부터 다음 개벽이 올 때까지의 기간으로 사방 십리의 정육면체 화강암괴(花崗岩塊)가 풍우에 닳아 자연적으로 없어지는 기간을 일겁이라 하며 숫자상의 계산으로는 약 4억삼천이백만 년을 가르킨다고 한다. 세계(世界)는 넓은 공간적 우(宇)와 오랜 시간적 주(宙)의 시공(時空)이다.

인도 불교에서 억 겁(億劫), 수백억 겁(數百億劫), 삼천 대천세계〔三千大千世界, 우리가 사는 소천(小千)세계 천 개가 중천(中千)세계, 중천(中千)세계 천 개가 대천세계, 대천 세계 삼천 개가 합쳐진 것이 모두 삼천대천세계다]니 하는 시공(時空)을 초월(超越)하는 불교적 수(數)의 개념은 현대인으로서 상상하기 어렵다.

여기서 우주(宇宙)의 우(宇)는 넓은 동서남북 사방세계(四方世界)의 공간을 말하며, 주(宙)는 오랜 생멸변화의 고금왕래(古今往來)의 긴 시간 세계를 말한다. 겁(劫)의 반대말은 찰나(刹那)라고 하나 얼마나 짧은 시간인지 알 수 없다. 순간(瞬間)은 눈깜박하는 사이다. 식간(息間)은 한 번 숨쉬는 호(呼)와 흡(吸)의 사이다. 순식간(瞬息間)의 몇 억만분의 일인지도 모른다.

● 年(해 년) : 年度(연도), 年年歲歲(연년세세), 年齒〔연치, 나이. 사람이나 짐승의 齒牙(치아)를 보면 나이를 알았음. 齒는 앞니를, 牙는 어금니를 가르킨다. 牙城(아성)은 어금니처럼 단단한 성을 말한다〕, 昨年〔작년＝過年(과년, 지난 해)〕, 明年〔명년＝來年(내년)＝翌年(익년, 翌(익)자는 내일 익자다, 翌日(익일)〕, 成年(성년, 未成年)은 만 20세이고, 盛年(성년)은 혈기 왕성한 한창때이다.

* 盛年不重來(성년부중래)
청춘이나 한참 일할 혈기 왕성한 청년 시절은 두번 다시 오지 않는다고 전원(田園) 시인 도연명(陶淵明)이 인생을 살아오면서 젊은이들에게 남긴 유명한 시구(詩句)이다.

盛年不重來(성년부중래, 성년은 인생에 두 번 다시 오지 아니하고)
一日難再晨(일일난재신, 하루에 새벽도 두 번 다시 오지 않는다)
及時當勉勵(급시당면려, 때가 이르면 마땅히 열심히 노력해야 하며)
歲月不待人(세월부대인, 세월은 사람을 기다려 주지 않는다)

이백(李白)을 비롯해 많은 문인들이 백발(白髮)을 보고 놀라면서 인생을 조로(朝露, 아침 이슬)에 비유했는가 하면 소동파(蘇東坡)는 일장춘몽(一場春夢)이라 했으며, 진시황은 불로장생(不老長生)을 꿈꾸며 불노초(不老草)를 구하려 했지만 실패하고 쉰 살의 나이에 죽는다. 두보(杜

甫)는 육십을 바라보며 인간이 칠십세를 살기는 어렵다고 했다(人生七十古來稀)
- 林(수풀 림) : 林野(임야), 林産物(임산물), 森林(삼림), 密林(밀림)
- 省(살필 성) : 省察(성찰), 省墓(성묘), 反省〔반성, 一日三省(일일삼성, 하루 3번 반성하다)〕
* (덜 생) : 省略(생략)
- 輯(모을 집) : 輯錄(집록), 編輯(편집, 編輯者, 編輯局, 編輯室)
- 安(편안 안) : 安息(안식처), 安樂死(안락사), 平安(평안), 慰安(위안)
* 安定(안정)은 안정된 老後(노후), 安靜(안정)은 편안하게 쉬는 것으로 병을 치료함에는 마음의 안정이 중요하다.
- 縣(고을 현) : 縣監〔현감, 縣令(현령)〕, 郡縣制(군현제)
- 通(통할 통) : 通過(통과), 通行稅, 通勤(통근), 萬事亨通(만사형통)
- 溝(개천 구) : 下水溝(하수구), 溝渠(구거, 개천과 도랑)
- 上(윗 상) : 上級(상급), 上昇(상승↔下降), 莫上莫下(막상막하)
- 北(북녘 북) : 北極(북극), 北極星(북극성), 北上(북상), 以北(이북)
* (달아날 배) : 敗北(패배)
- 攻(칠 공) : 攻擊(공격), 攻勢(공세), 攻防〔공방=攻守(공수)〕, 專攻(전공과목), 難攻不落(난공불락)
- 歪(비뚤 왜) : 歪形(왜형), 歪曲(왜곡)
- 曲(굽을 곡) : 曲線(곡선, 直線), 曲解(곡해, 誤解), 不問曲直(불문곡직), 曲學阿世(곡학아세), 懇曲〔간곡, 간절하고 정성스러움), 婉曲(완곡)은 직선적이지 않고 둘러서 부드럽게 뜻〕, 曲筆(곡필, 붓끝으로 잔꾀를 부리거나 거짓으로 꾸며 쓰는 것이고 直筆은 사실대로 진실을 기록하는 것이다.
* (곡조 곡) : 曲調(곡조), 樂曲(악곡), 歌曲(가곡), 歌謠曲(가요곡), 序曲(서곡), 葬送曲(장송곡)
- 碑(비석 비) : 碑石(비석), 碑銘(비명, 碑文), 碑閣(비각), 巡狩碑(순수비), 碑碣(비갈, 碣은 작은 비), 碑木(비목, 나무를 깎아서 세운 비), 石碑(석비), 白碑(백비, 아무것도 적지 않은 비)

북한산의 진흥왕순수비(眞興王巡狩碑)

眞(참 진)―眞意(진의), 眞率(진솔), 眞價(진가), 眞僞(진위)
興(흥할 흥)―興隆(흥륭), 興亡(흥망), 新興(신흥), 中興(중흥)
王(임금 왕)―王命〔왕명=御命(어명)〕, 王位(왕위), 王座(왕좌)
巡(돌 순)―巡察(순찰), 巡警(순경), 巡廻(순회), 巡邏(순라)
狩(사냥 수)―狩獵(수렵), 巡狩(순수),
碑(비석 비)―碑文(비문), 善政碑(선정비), 頌德碑(송덕비)

북한산(北漢山) 정상(頂上)에서 수도 서울을 감싸도는 능선(稜線)에 비봉(碑峰)이 있다. 신라 24대 진흥왕이 한산주(漢山州, 지금의 서울)까지 영토를 확장, 북한산을 순수(巡狩)하고 세운 척경비(拓境碑)가 세워져 있어 옛부터 비봉이라 불렀다. 이 비는 국보(國寶) 제3호로 지정되었으며 1972년 국립중앙박물관에 이전(移轉), 전시(展示)되어 있으며 현장(現場)에는 유허비(遺墟碑)가 세워져 있다.

조선조 순조(純祖) 16년(1816) 당대(當代)의 대학자요 서예가이며 금석문(金石文)의 대가(大家)였던 추사(秋史) 김정희(金正喜)가 북한산에 올라 실사(實査)하고 판독(判讀)한 사실을 비신(碑身)에 각자(刻字)하였는데 그 이후 이 비가 세상에 알려졌다. 이 비석에는 풍우(風雨)로 마멸(磨滅)되기는 했으나 많은 비문(碑文)이 남아 있어 금석학(金石學)의 중요자료가 될 뿐 아니라 우리나라 역사연구에 큰 도움이 된다.

많은 서울 시민들이 비봉에 올라 역사의 현장에서 감회(感懷)에 젖는다. 서울은 북한산과 한강이 있어 이처럼 많은 역사이야기를 간직한 아름다운 도시이다.

서울과 한강을 점령하여 통일신라시대의 초석을 닦은 진흥왕의 북한산 비봉능선의 순수비의 원 모습

삼국(三國)시대

> 활용(活用)

- 頂(정수리 정) : 頂上(정상), 정점(頂點), 頂門一鍼(정문일침)
- 峰(산봉우리 봉＝峯) : 山峰(산봉), 千峰萬壑(천봉만학, 수많은 산봉우리와 산골짜기), 天王峯(천왕봉)
- 墟(옛터 허) : 廢墟(폐허), 遺墟碑(유허비)
- 拓(개척 척) : 開拓(개척), 拓殖(척식, 개척과 식민, 東洋拓殖會社)
  * (박을 탁) : 拓本(탁본, 금석비문의 글씨를 박아 떠냄)
- 境(지경 경) : 境界(경계, 境內), 國境(국경, 國境守備隊)
  * (형편 경) : 仙境(선경), 恍惚境(황홀경, 無我之境), 死境(사경)
- 純(순수할 순) : 純利益(순이익), 純粹(순수), 純潔(순결), 純情(순정), 淸純(청순), 單純(단순), 不純(불순)
- 當(마땅 당) : 當番(당번), 當局(당국), 當然(당연), 擔當(담당), 該當(해당), 坪當(평당), 一當百(일당백), 日當(일당, 手當)
- 代(대신할 대) : 代身(대신), 代辯(대변), 代理(대리), 代行(대행)
  * (이을 대) : 代代孫孫(대대손손), 몇 代 祖, 몇 世 孫
- 喜(기쁠 희) : 喜悅(희열), 喜色(희색)이 滿面(만면), 喜喜樂樂(희희낙락) 喜劇〔희극↔悲劇(비극)〕
- 實(열매 실) : 實踐(실천), 實學(실학), 實事求是(실사구시), 結實(결실), 切實(절실), 虛虛實實(허허실실), 務實力行(무실역행)
  * 虛實〔허실, 不實(부실)〕과 內實(내실)
  꽃처럼 겉으로 화려한 식물은 꽃을 피우는데만 매달려 열중하다 보니 열매가 充實(충실)하지 않고(虛實), 그러나 꽃이 크거나 화려하지 않은 나무는 밤, 도토리, 사과, 배처럼 열매가 크고 충실하다, 곧 內實(내실)이다. 忠實(충실)은 忠直(충직)하고 誠實(성실)한 뜻으로 직무에 忠實하다이고, 充實(충실)은 잘 갖추어지고 꽉 찬 것으로 내용이나 열매가 充實하다이다.
- 査(살필 사) : 査察(사찰), 査定〔사정, 入學査定官(입학사정관)〕, 踏査(답사), 調査(조사), 實査(실사)

공주의 무령왕릉(武寧王陵)

武(호반 무)—武勇(무용), 武斷(무단정치), 文武兼全(문무겸전)
寧(편안할 녕)—寧日(영일), 安寧(안녕), 康寧(강녕)
王(임금 왕)—王家(왕가), 王孫(왕손), 帝王(제왕)
陵(언덕 릉)—陵寢(능침), 陵幸(능행길), 丘陵(구릉)

　무령왕은 백제 25대 동성왕(東城王)의 아들이며 성왕(聖王)의 아버지로 백제의 찬란했던 문화를 중흥(中興)시켰다. 1971년 충남 공주 송산리 고분군(古墳群)에서 그의 능이 발견, 발굴(發堀)되어 학계(學界)에 큰 관심을 불러일으켰다.
　왕비(王妃)와 합장릉(合葬陵)인 이곳에서 금관식(金冠飾)과 지석(誌石)을 비롯하여 석수(石獸), 청동제품(靑銅製品), 동전(銅錢) 등 많은 부장품(副葬品)이 발굴되어 불꽃 모양의 백제 금관의 모습과 동전을 통하여 백제와 중국과의 교류(交流)를 비롯하여 백제문화의 수준(水準)과 당시의 풍속(風俗)을 알 수 있었다.
　백제에 의하여 한문(漢文)과 유학(儒學), 불교(佛敎)와 더불어 화공(畵工), 와공(瓦工), 의사(醫師) 등이 많은 문물이 일본으로 전하여 일본 아스카(飛鳥)문화의 모체를 이루었다.

활용(活用)

● 中(가운데 중) : 中堅(중견), 途中(도중, 中途), 中産層(중산층), 空中〔공중, 水中(수중)〕, 心中(심중), 醉中〔취중, 醉中眞談(취중진담, 맨정신으로 하기 어려워 술의 힘을 빌려 마음속의 말을 하다)〕

* 五里霧中(오리무중, 오리나 되는 안개속에 묻혀 숨어 있는 바람에 뜻을 이루지 못하는 경우), 후한 때 유명한 도학자 張楷(장해)는 황제가 사람을 보내 벼슬을 권하였으나 부친의 뜻에 따라 강호에 살면서 속인들을 피

위), 공주 무령왕릉 현실(玄室) 내부의 모습과
아래), 출토된 화려한 금관장식품(金冠裝飾品)

하기 위해 사방 五里(오리)에 도술을 써 안개를 피웠다. 이때 도술로 三里(삼리)밖에 안개를 못피우는 자가 능력을 배우기 위해 장해를 찾았다. 그러나 그가 오리 안개를 피우는 바람에 장해를 찾지 못하고 그 뜻을 이루지 못했다.

- 墳(무덤 분) : 墳墓(분묘), 木廓墳(목곽분), 石室墳(석실분), 積石墳(적석분)
- 群(무리 군) : 群像(군상), 群衆(군중), 群舞(군무), 群鷄一鶴(군계일학, 닭 여러 마리 중에는 학이 한 마리 있다고 그 중 뛰어남을 일컬음), 拔群(발군, 무리 중 뛰어나다)의 실력
- 發(필 발) : 發生(발생), 發表(발표), 始發点(시발점), 不發(불발)
- 學(배울 학) : 晩學(만학), 獨學(독학), 儒學(유학), 幼學, 留學, 遊學)
- 界(지경 계) : 斯界(사계, 이 분야), 經濟界(경제계), 財界, 學界)
- 合(합할 합) : 合格(합격), 合一(합일), 競合(경합), 試合(시합)
- 葬(장사 장) : 葬禮(장례), 葬地(장지), 合葬(합장), 火葬(화장), 樹木葬(수목장)

  * 埋葬(매장)은 시체를 땅에 묻거나 사람이 사회적으로 버림받은 상태를 말하고 埋藏(매장)은 땅속에 묻혀 있거나 감추어 놓은 것을 말한다. 그 사람은 완전히 사회적으로 埋葬되었다와 埋藏文化財나 鑛物埋藏量이 상당하다고 할 때 쓴다.

- 金(쇠 금) : 金屬(금속), 金鑛(금광), 純金(순금), 拜金(배금주의)

- 冠(갓(모자) 관) : 冠帽(관모), 冠婚喪祭(관혼상제, 옛부터 인생 한 평생의 4대 通過儀禮인 冠禮, 婚禮, 喪禮, 祭禮를 말한다)
  * 弱冠〔약관, 남자 20세로 관례(요사히 성인식)를 올려 성년은 되었으나 모든 것이 부족하고 약하다는 뜻, 10세를 幼(유), 20세를 弱(약)이라 했다, 합쳐서 柔弱(유약)이라 하였다)

- 飾(꾸밀 식) : 裝飾(장식), 修飾(수식), 假飾(가식)
- 誌(기록 지) : 誌石(지석), 鄕土誌(향토지), 邑誌(읍지)
- 製(마를 제): 製品(제품), 製作(제작), 手製品(수제품, 機械製品)
- 品(품수 품) : 品位(품위), 品格(품격), 品性(품성), 逸品(일품.뛰어난 물품이고, 一品은 일등상을 뜻함)
- 錢(돈 전) : 錢主(전주, 資本主), 錢穀(전곡, 돈과 곡식), 葉錢(엽전), 銅錢(동전), 當百錢(당백전, 경복궁을 중건하기 위해 대원군이 발행한 화폐로 엽전 백푼과 맞먹던 돈), 金錢出納簿(금전출납부)
- 準(고를 준) : 準據(준거), 準備(준비). 標準(표준, 基準)
- 交(사귈 교) : 交通(교통), 交易(교역), 社交(사교), 外交(외교), 修交(수교), 交隣政策(교린정책, 이웃과 화평하게 지내는 정책)
- 流(흐를 류) : 流通(유통), 流域(유역), 流動性(유동성), 부류(部類), 一流(일류), 亞流(아류, 이때 亞(아)자는 두번째를 뜻한다)는 일류 다음의 부류, 流派〔유파, 예술의 독자적인 분파(分派)〕, 流動性(유동성), 交流(교류), 時流(시류), 漂流(표류), 物流(물류비)
  * (귀양보낼 류) : 流配(유배, 流配地), 流刑(유형, 귀양형)

이사부(異斯夫)와 독도(獨島)

> 異(다를 이)―異色(이색), 異國(이국), 異彩(이채), 特異(특이)
> 斯(이 사)―斯界(사계)의 전문가, 斯文(사문＝유교 경전의 글)
> 夫(지아비 부)―夫君(부군, 남편의 경칭), 夫婦(부부), 農夫(농부)
> 獨(홀로 독)―獨身(독신), 獨立(독립), 孤獨(고독), 單獨(단독)
> 島(섬 도)―島嶼(도서), 群島(군도), 列島(열도), 孤島(고도)

　신라를 사라(斯羅) 혹은 사로(斯盧)라고 부르다가 국력이 날로 번성하여 덕업일신(德業日新)의 신(新)과 망라사방(網羅四方)의 라(羅)를 따 국명을 신라로 하였다 한다.

　이사부는 지증왕, 법흥왕, 진흥왕 시대의 명장이요 문무(文武)를 겸비한 역사적 인물로 내물이사금의 4대손이다. 실직주(悉直州, 지금의 삼척)태수(太守)가 되어 왜구(倭寇)들이 울릉도를 점거하게 되면 신라로서는 매우 괴로움을 당할 것을 미리 알고 우산국(于山國)과 독도를 복속(服屬)시켜 나라의 근심거리를 없앴다. 그러나 이미 1,500년 전 이사부는 우산국과 그 인근 작은 섬에 대해서 왜구들의 침략이 있을 것을 예상하고 절대 가볍게 생각하지 말라고 당부하였다. 원래 독도는 바위뿐이라 우리 선조들이 '돌섬'(石島)이라고 하여 '독도'라고 불렀다 한다.

　일본은 일제시대 강제로 편입시킨 독도를 최근에도 계속 일본땅이라고 주장하는 망언(妄言)을 들을 때나, 일본 외무성 홈페이지를 볼 때마다 우리는 신라장군 이사부를 생각한다.

　우리들이 즐겨부르는 대중가요 「독도는 우리 땅」이 생각난다. 국력이 모자라거나 우리가 정신 바짝 차리지 않으면 독도의 영토주권(領土主權) 문제로 일본과의 분쟁(紛爭)이 계속 예상된다.

|활용(活用)|

- 網(그물 망) : 網膜(망막), 網紗(망사), 一網打盡(일망타진)
 * 綱(벼리 강, 대강 강)자와 구분, 綱領(강령), 綱常罪人〔강상죄인, 三綱五倫과 五常(仁義禮智信)을 어긴 죄인〕, 紀綱(기강), 要綱(요강), 大綱(대강)
- 直(곧을 직) : 直視(직시), 直觀(직관), 直選(직선↔間選), 一直線(일직선), 直進〔직진↔迂廻(우회=迂回)〕, 司直(사직, 공명정직을 맡다, 司直當局)
 * (지킬 직) : 當直(당직), 宿直〔숙직(밤당번), 日直(일직(낮당번)〕
- 州(내륙 고을(행정구역) 주) : 州民(주민), 州縣(주현), 慶州(경주), 公州(공주), 全州(전주), 光州(광주) 등이고
 * 洲(섬 주)는 바다, 강 등의 물로 둘러쌓인 섬 고을로 三角洲(삼각주) 등
- 言(말씀 언) : 言動(언동, 言及), 失言(실언), 發言(발언), 男兒一言重千金(남아일언중천금, 남아의 한마디 말은 천금같이 무거워야 한다)

 * 言(말씀 언)자와 語(말씀 어)자의 구별
 言은 자신이 하는 말을 言이라 했다. 즉 앞의 遺言(유언, 자신이 죽을 때 하는 말), 失言(실언, 자신이 잘못한 말), 巧言(교언, 자신이 꾸며대서 하는 말), 訥言(눌언, 더듬으며 신중히 하는 말), 妄言(망언, 스스로 망녕되게 함부로 지껄이는 말) 등이고,
 語는 상대방의 말이나 일반적인 말을 語라 한다. 語文(어문), 語順(어순), 語彙(어휘), 語法(어법), 國語(국어) 外國語(외국어, 日本語, 中國語) 등이다

독도의 동도와 서도, 천연기념물 제336호인 독도천연보호구역이다. 동해안 유일의 바닷새집단 번식지며 독특한 육상 및 해상식물이 자라고 있는 화산섬으로 지질학적 가치가 크다

- 權(권세 권) : 權座(권좌), 權門勢家(권문세가), 權謀術數(권모술수), 三權分立(삼권분립), 親權(친권), 所有權(소유권)
- 爭(다툴 쟁) : 爭取(쟁취), 爭議〔쟁의, 勞使爭議(노사쟁의)〕, 爭點(쟁점), 競爭(경쟁시대, 競爭力), 紛爭(분쟁)

※ 獨島(독도)

경북 울릉군 남면 도동 산 42~75번지의 우리나라 맨 동쪽 끝에 있는 절해고도(絶海孤島)이다. 동도와 서도로 구성된 화산도로 신라시대부터 계속 우리 역사 속에 살아 있는 섬이다.『삼국사기』「신라본기」지증왕 13년조와 이사부조에 울릉도(鬱陵島)와 우산도(于山島, 독도)에 관한 기록과『세종실록 지리지』에 강원도 울진현 부속도서로 날씨가 맑으면 보이는 두 섬, 무릉도(울릉도)와 우산도가 있다고 기록하였다.

1904년 러·일전쟁 직후 일본이 군사적으로 한반도를 지배하고 있는 시점에서 시마네현(島根縣)의 한 어업가의 청원을 받아들여 내각회의에서 독도〔다케시마(竹島)〕를 일본의 영토로 편입하였다.

2010년 남아공 월드컵 때 북한팀의 대표 공격수 정대세(그는 한 인터뷰에서 그의 아버지의 국적때문에 한국 국적이나, 일본에서 총련계의 조선학교를 다녀 북한을 어머니와 같은 조국이라 생각해 북한선수가 되었다고 하였다)는 일본에서 프로선수생활을 하면서 가라오케(노래방)에 가면 꼭 "독도는 우리땅" 이 노래를 부른다고 하였다. 그때 옆에 있던 일본 선수들도 아무 뜻도 모르고 "독도는 우리땅"하고 자기를 따라 같이 불러주어 속으로 웃었다고 한다. 여기 그 가사(歌詞)를 적어 본다.

   울릉도 동남쪽 뱃길따라 이백 리 외로운 섬 하나 새들의 고향
   그 누가 아무리 자기네 땅이라고 우겨도 독도는 우리 땅
   지증왕 십삼 년 섬나라 우산국 세종실록 지리지 오십 페이지 셋째 줄
   하와이는 미국 땅 대마도는 일본 땅 독도는 우리 땅

을지문덕(乙支文德)장군

乙(새 을, 천간 을)―乙丑年(을축년), 乙班(을반), 乙種(을종)
支(지탱할 지,줄 지,흩어질 지,가를 지)―支柱(지주), 依支(의지),
　　支給(지급), 支離滅裂(지리멸렬), 支流(지류)
文(글월 문)―文科(문과, 理科, 武科), 文人〔문인←武人(무인)〕
德(큰 덕, 은혜 덕)―德治(덕치), 德將(덕장), 陰德(음덕)

　을지문덕은 고구려 26대 영양왕 때 명장(名將)으로 지략(智略)과 무용(武勇)을 겸비하였고 시문(詩文)에도 능했다. 수(隋)나라 양제(煬帝)는 중국 남북조를 통일한 후 113만 대군으로 고구려의 요동성을 침략하였으나 성공하지 못하고 수나라 장수 우문술(宇文述)과 우중문(于仲文)은 30만 별동대(別動隊)로 평양성을 공격하였으나 을지문덕장군의 신묘(神妙)한 유도(誘導) 작전에 말려 살수(薩水, 지금의 淸川江)에서 대패하니 곧 살수대첩(薩水大捷)이다. 이 때 을지문덕이 수장(隋將) 우중문을 조롱(嘲弄)하여 보낸 유명한 시(詩)가 전한다.

　　神策究天文 妙算窮地理(신책구천문 묘산궁지리)
　　戰勝功旣高 知足願云止(전승공기고 지족원운지)

　　신통한 계책은 천문에 통달했고 기묘한 계산은 지리를 다 아셨구려
　　전승의 공 이미 높으니 원컨데 만족하고 그만 그침이 어떠하리오

　이에 철군(撤軍)하다 살수에서 전멸하고 겨우 27,000명이 살아 돌아가니 이로서 곧 수나라는 멸망하고 당(唐)나라가 세워진다. 우리나라 역사를 보면 이런 빛나는 발자취가 많다. 초한전(楚漢戰)이나 삼국지(三國志)의 적벽대전(赤壁大戰)보다 더 흥미롭고 영광스러운 살수대첩이다.
　서울 중구의 을지로(乙支路)는 을지문덕장군의 살수대첩의 위업(偉業)을 기리기 위해 가로명이 지어졌다. 충무로, 퇴계로와 같이 붙여졌다.

활용(活用)

- 宇(집 우) : 宇宙〔우주, 宇는 광대무변의 우주 공간이고, 宙(집 주)는 영원무궁한 시간적 몇억 光年(광년)의 우주 공간이다〕
- 述(지을 술) : 述懷(술회), 著述(저술), 記述(기술), 詳述(상술)
- 別(다를 별) : 別途(별도), 別故(별고), 別數(별수)
 * (분별 별) : 分別(분별), 特別(특별), 差別(차별), 識別(식별)
 * (헤어질 별) : 別世(별세), 別居(별거), 作別(작별), 惜別(석별), 離別(이별, 生離別), 死別(사별)〕
- 動(움직일 동) : 動機(동기), 動力(동력), 動靜(동정), 動産(동산↔不動産), 變動(변동), 感動(감동)
- 隊(무리 대) : 隊長(대장, 隊員), 隊商〔대상, 隊伍(대오)를 지어 낙타 등으로 장사를 하는 交易商(교역상), 캐러밴(caravan)〕, 軍隊(군대), 入隊(입대), 除隊(제대), 艦隊(함대), 編隊(비행 편대)
- 妙(묘할 묘) : 妙技(묘기), 妙術, 妙策), 妙味(묘미). 妙案(묘안), 巧妙(교묘), 微妙(미묘). 絶妙(절묘), 奧妙(오묘)
- 誘(꾈 유) : 誘引(유인)작전, 誘導彈(유도탄, 미사일), 誘惑(유혹), 誘發(유발), 勸誘(권유)
- 導(이끌 도) : 導火線(도화선), 導入(도입), 指導力(지도력, leadership), 半導體(반도체, semi-conductor), 先導(선도), 善導(선도),
- 淸(맑을 청) : 淸淨(청정), 淸廉(청렴), 淸白吏〔청백리(淸廉潔白한 관리)↔貪官汚吏(탐관오리, 財物과 利權을 貪하는 깨끗치 못한 관리)〕, 淸貧(청빈), 淸濁(청탁), 淸富(청부), 百年河淸(백년하청)
- 捷(이길 첩) : 勝捷(승첩), 大捷(대첩)
 * (빠를 첩) : 敏捷(민첩), 捷徑(첩경)
- 將(장수 장) : 將卒(장졸), 王侯將相(왕후장

을지문덕장군 동상과 을지로 거리

상), 勇將(용장), 智將(지장), 德將(덕장)
* (장차 장) : 將來(장래), 將次(장차)
* 나아가다, 발전하다의 뜻으로도 쓰임. 日就月將(일취월장)
● 嘲(희롱 조) : 嘲笑(조소, 비웃음), 嘲弄(조롱), 自嘲(자조)
● 弄(희롱 롱) : 弄談(농담), 弄奸(농간), 愚弄(우롱), 戲弄(희롱), 性戲弄(성희롱)
● 撤(걷울 철) : 撤收(철수), 撤回(철회), 撤去(철거), 毁撤〔훼철, 헐어 부수어 걷어버림, 대원군의 書院(서원) 毁撤(훼철)〕
* 撒〔뿌릴 살자와 구별, 撒布(살포), 撒水(살수, 물뿌림, 撒水車)〕
● 路(길 로) : 路線(노선), 路面(노면), 要路(요로), 進路(진로), 險路(험로), 岐路〔기로, 갈림길, 기로에 서다. 分岐點(분기점)〕
● 窮(궁할 궁) : 窮乏(궁핍), 窮餘之策(궁여지책), 窮相(궁상)을 떨다, 困窮(곤궁), 貧窮(빈궁)
* (다할 궁) : 窮極(궁극), 窮地(궁지), 窮理(궁리), 窮究(궁구), 無窮〔무궁, 無窮花(무궁화)〕
* 窮卽通(궁즉통) : 궁하면 통한다는 뜻으로 끝까지 최선을 다하여 궁리를 하면 길이 열린다는 주역(周易)의 궁즉변(窮卽變) 변즉통(變卽通)으로 궁하면 변하고 변하면 통한다, 변하지 않으면 안된다는 변화에 대한 철학적 사유(思惟)이다. 힘들고 어려운 상황(狀況)에서의 희망과 용기를 주는 메시지가 담겨 있다.

※ 서울 을지로(乙支路) 거리
　원래 을지로에는 갑신정변 이후 조선을 쥐락펴락했던 원세개(袁世凱)의 공관과 중국상인들이 있었다. 그래서 중국의 침략을 크게 물리친 을지문덕의 이름을 붙혀 중국인들의 기세를 꺽으려고 붙혀진 거리다. 역사적으로 나라를 빛낸 위인들의 기념관, 거리를 더 조성하여야 할 것이다.

통일신라(統一新羅)시대

統(통솔할 통)—統治(통치), 統合(통합), 大統(대통), 法統(법통)
一(한 일)——一流(일류), 劃一(획일), 唯一(유일)
新(새 신)—新聞(신문), 新刊(신간), 一新(일신), 創新(창신)
羅(비단(silk) 라, 벼리(net) 라)—羅紗(나사점), 網羅(망라)

역사는 아이러니컬하게도 상대적으로 후진국(後進國)이었던 신라가 고구려와 백제를 멸망시키고 삼국을 통일한다(文武王 16년, 676).

이는 고구려와 백제는 지도층의 내분(內紛)과 민심의 이탈(離脫)이 심했고, 신라는 안으로 김유신(金庾信)장군과 화랑도 정신에 의한 국민총화(國民總和)와 단결, 밖으로는 김춘추(金春秋)에 의한 외교력(外交力)의 성공에 있었다. 물론 신라의 친당정책에 의한 외세(外勢)를 끌어들여 나당(羅唐) 연합군(聯合軍)을 형성했다는 비난이 있다. 그래서 고구려가 말기 내분에 휩싸이지 않고 삼국을 통일했더라면 지금은 잊혀진 땅이 되어버린 간도(間島)와 연해주(沿海州) 등 옛 고구려의 고토가 중국에 빼앗기지는 않았을것 아닌가 하는 역사의 가설(假說)을 많이 생각하게 한다.

삼국통일은 최초의 민족통일(民族統一)의 실현(實現)이었으며 민족 문화(文化)의 전통(傳統)을 계승하고 그 위에 찬란한 민족문화를 발전(發展)시키는 계기(契機)가 되었으며 민족 자주성(自主性)의 성취(成就)에 큰 의의(意義)가 있다. 지금은 통일신라 이후 처음 국토분단의 상태다.

활용(活用)

● 信(믿을 신) : 信仰(신앙), 信念(신념), 信用(신용), 通信〔통신, 發信(발신)↔受信(수신)〕, 盲信(맹신), 狂信(광신)
 * 迷信(미신)
 일제 36년 동안 우리나라의 토속신앙과 일부 전통 민족종교를 일본인들이 자기들 전통 종교인 일본 신도(神道)를 펴기 위해 비종교적이고 비과

학적이라며 미신이라는 굴레를 씌워 탄압하고, 민족 문화와 전통을 말살하려 들었다.

통일전, 삼국통일을 기념하기 위해 건립된 기념관

- 總(모을 총) : 總點(총점, 總計, 總數), 總統(총통, 總帥), 總體的(총체적), 總動員(총동원), 總論(총론, 各論)
- 和(화할 화) : 和暢(화창), 和解(화해), 和氣靄靄(화기애애), 調和(조화), 融和(융화), 宥和(유화)는 서로 화평하게 지나다. 宥和政策(유화정책), 柔和(유화, 성질이 부드럽고 온화함을 말함)
- 內(안 내) : 內容(내용), 內侍(내시), 內容(내용), 內申(내신), 內諾(내락), 家內(가내), 闕內(궐내)
- 外(바깥 외) : 外國(외국), 外勢(외세), 外貨(외화, 주로 달러화), 外界人(외계인), 外柔內剛(외유내강), 郊外(교외)
- 春(봄 춘) : 春情(춘정), 春風(춘풍), 春困症(춘곤증), 春節(춘절, 중국의 음력 설명절), 賞春(상춘), 立春(입춘)
- 紛(어지러울 분) : 紛失(분실), 紛亂(분란), 紛爭(분쟁), 紛糾(분규), 紛紛〔분분, 춘설(春雪)이 분분하다〕, 內紛(내분)
- 秋(가을 추) : 秋收(추수), 秋穀(추곡), 秋菊(추국), 立秋(입추), 秋霜(추상), 秋官(추관, 가을 서리처럼 무섭게 형벌을 주관하는 관리)

* 秋夕(추석)의 유래
글자 그대로 해석하면 가을 저녁이다. 음력 8월 15일을 중추절(仲秋節)로 한가위라고 부르는 우리의 대표적 명절(名節)이다. '한' 은 '크다' 라는 뜻이고 '가위' 는 '가운데' 의 옛말로 8월 한가운데의 큰 날로 추수(秋收) 감사(感謝)의 의미를 같이 담아 조상신께 차례도 지내고 둥근 큰 달이 뜨는 저녁 늦도록 잔치를 벌이고 춤을 추고 놀았다. "더도 말고 덜도 말고

삼국(三國)시대 89

한가위만 같아라"하고 풍요와 너그러운 인심을 즐겼다. 신라 때 추석에 궁궐에서 여자들이 편을 갈라 길쌈놀이로 진 편에서 이긴 편에게 술과 음식을 대접하였다고 한다.

한편 음력 정월 초하룻날인 '설'은 '섧다', '삼가다'에서 유래한 말로 새해 아침부터는 설레지만 몸가짐을 경거망동하지 말고 지난 일을 반성하고 신중히 잘 해야 한다는 의미가 담겨 있다.

* 春秋 [춘추, 春秋로(봄가을로)], 春秋 [춘추(나이를 높임말)가 몇이시냐], 그리고 역사 또는 역사책을 春秋라고도 하였다.

* 春秋筆法(춘추필법)과 春秋館(춘추관)

춘추필법이란 역사의 준엄하고도 엄정한 심판을 뜻하는 말로 왕조시대에 치세(治世)와 난세(亂世)를 정확히 기술하라는 것이다. 이는 공자가 어지럽던 춘추(春秋)시대에 노(魯)나라 역사서『춘추』에 여러 사건들에 대해 문헌(文獻) 기록과 실증(實證)에 근거하여 올바로 비판(批判)하여 기록한데서 비롯된다. 공자의 유학적 가르침을 經으로 즉, 경전을 경줄(經度, 날줄)로 하고 왕조의 역사의 기록인 史를 위줄(緯度, 씨줄)로 하여 경경위사(經經緯史)라 하여 이리 비춰보고 저리 살펴보아도 틀림이 없는 이런 필법을 춘추필법이라 하였다.

經과 史(緯)는 一體이며 經을 모르고서는 史를 논하지 말고 史를 모르고서는 經을 이야기해서는 안된다고 하였다. 경위(經緯)란 말이 이에 유래한다.

춘추관(春秋館)은 집현전(集賢殿)의 후신으로 사관들이 일보던 곳을 말하며 여기서 일하던 사관들을 춘추사관(春秋史官)이라 하였다. 지금도 청와대(靑瓦

위), 옛 집현전(集賢殿)건물(현경복궁 수정전), 조선조 세종과 집현전 학사들이 학문적 토론을 하였던 곳이다.
아래), 지금의 청와대 춘추관

臺) 브리핑 룸을 이런 역사적 맥락에서 춘추관이라 하는데 역사에 한 점 부끄러움이 없어야 한다.
- 力(힘 력) : 力士(역사), 力量(역량), 力說(역설), 力作(역작), 努力(노력), 國力(국력), 原子力(원자력), 盡力(진력)

 * 主力(주력)은 중심 세력이고(主力部隊), 注力(주력)은 물댈 주(注)자를 써 온 힘을 쏟아 기울임을 말한다(경기회복에 注力), 注入(주입), 注目(주목, 注視) 등. 또 이 注자는 풀이하다의 뜻으로 쓰여 注解(주해=註解)로도 쓴다.

- 勢〔기세(형세) 쎄〕: 勢力(세력), 勢道(세도), 姿勢(자세), 攻勢(공세), 守勢), 去勢(거세, 동물의 생식기를 없앰, 세력을 잃음)
- 聯(잇닿을 련) : 聯立(연립), 聯盟〔연맹, 聯邦(연방)〕, 聯合軍(연합군), 聯想(연상), 關聯(관련), 國際聯合(국제연합, U.N.)
- 軍(군사 군) : 軍隊(군대), 軍服(군복), 陸軍(육군), 從軍(종군)
- 現(나타날 현) : 現場(현장), 現金(현금), 現行(현행), 表現(표현), 出現(출현), 具現(구현), 再現(재현)
- 化(될 화) : 化石(화석), 化身(화신), 化工(화공약품), 硬化(경화), 老化(노화), 退化(퇴화), 感化(감화), 鈍化(둔화), 同化(동화)
- 展(펼 전) : 展開(전개), 展望(전망), 展示(전시), 企劃展(기획전), 公募展(공모전), 美展(미전), 工藝展(공예전), 進展(진전)
- 契(맺을 계) : 契約(계약), 契員(계원)
- 機(기틀(베틀) 기) : 機械(기계), 機能(기능, 技能), 織機(직기, 베짜는 기계)

 * (기미 기) : 機微(기미), 轉機(전기), 時機(시기), 好機〔호기, 마땅한 좋은 機會가 오면 그 기회를 놓치지 말라는 말이 勿失好機(물실호기)다, 投機(투기, 不動産 투기)

 * 機務(기무)
機密(기밀)을 요하는 중요한 政務(정무)로 機務司(기무사) 등의 기관은 국가나 군의 보안이나 정보업무 등을 처리하는 기관이며 統理機務衙門(통리기무아문)은 외교, 통상 정무의 중요업무를 관장하던 곳이다.

김유신(金庾信)과 김춘추(金春秋)

金(쇠 김)―金冠(금관), 金字塔(금자탑), 募金(모금), 基金(기금)
庾(노적가리(곳집) 유, 성씨 유)―庾積(유적, 노적가리)
信(믿을 신)―信仰(신앙), 信託(신탁), 回信(회신), 盲信(맹신)
春(봄 춘)―春夢(춘몽), 陽春佳節(양춘가절), 賞春(상춘)
秋(가을 추)―秋收(추수), 秋風(추풍), 秋毫(추호), 晩秋(만추)

동서양의 역사에는 콤비와 라이벌이 많이 등장한다. 김유신(金庾信)과 김춘추(金春秋)는 신라 삼국통일의 명콤비로 기록된 인물들이다. 이처럼 역사에서는 서로의 인품(人品)과 지략(智略)을 존중하여 대업(大業)을 이룬 경우가 많다.

김춘추는 밖으로는 빛나는 외교적 노력으로 백제와 고구려의 내분(內紛)을 이용하여 당(唐)의 군사를 끌어들이고 안으로는 명장(名將) 김유신과 함께 화랑도정신으로 국력을 단합하여 백제와 고구려를 차례로 멸망시킨 후 왕위에 오르니 태종무열왕(太宗武烈王)이다. 김유신은 가야(伽倻)국 김수로왕(金首露王)의 12대 손으로 충북 진천에서 태어났다. 각간(角干) 서현(舒玄)의 아들이다. 어머니는 지증왕의 증손녀인 만명부인(萬明夫人)이다. 그의 누이 동생 문희(文姬)는 남산에 올라 소변을 보니 그 소변에 경주가 가득찼다는 언니 보희(寶姬)가 꾼 꿈을 치마를 벌려 사서 훗날 태종무열왕의 왕비가 되는 꿈을 산 매몽설화(買夢說話)의 주인공 문명왕후(文明王后)다.

가야출신의 김유신이 신라의 왕족(王族) 진골(眞骨) 김춘추와 혈족으로 인연을 맺기 위해 놀이를 하다 춘추의 옷자락을 고의로 밟아 문희로 하여금 꿰매주게 하는 것은 계책(計策)이었다. 28대 진덕여왕이 후사(後嗣)가 없이 돌아가자 김춘추를 옹립하니 이가 곧 태종무열왕이다. 김유신은 김춘추를 도와 삼국통일에 결정적인 역할을 하여 통일신라시대를 연다. 물론 후에 김춘추의 딸을 또 아내로 맞이한다. 신라시대는 선덕여왕(善德女王)과 같이 우리나라 최초의 여왕이 나왔는가 하면 남녀관계가 자유로워 혼인제도도 복잡하였다.

특히 선덕여왕은 매우 총명(聰明)하여 당태종이 모란 병풍과 모란씨를 보냈는데 이 모란꽃은 향기가 없겠다고 하였다. 이유는 모란 병풍에 벌나비가 그려져 있

신라 제29대 태종무열왕 김춘추의 능, 경주시 입구에 있어 경주 관광 때 꼭 찾는 곳이다

지 않은 것을 보고 알아냈다. 또 영묘사 앞 옥문지(玉門池)에 개구리가 크게 우는 것을 보고 백제 군사가 여근곡(女根谷)으로 침투해온 것을 알고 알천(閼川)장군으로 하여금 섬멸케 하였으며, 자신이 죽으면 도리천에 장사하라 하여서 신하들이 도리천이 어디냐고 물으니 낭산(狼山) 남쪽이다 했다. 10여년 뒤 문무왕이 사천왕사(四天王寺)를 왕의 무덤 아래 세우니 불경의 말씀대로 사천왕천 위에 도리천이 있으니 과연 그대로였다.

김유신장군의 생가지가 있는 충북 진천에는 그의 업적을 기리는 사당(祠堂) 길상사(吉祥祠)가 세워져 있으며 흥무대왕(興武大王)으로 추존(追尊)되었다.

활용(活用)

- 伽(절 가) : 僧伽(승가, 스님), 伽藍(가람, 절)
  * 가람(伽藍)할 때 이 람(藍)자는 절의 뜻으로 쓰이고, 또 누더기옷 람자의 뜻으로 쓰여 藍褸(남루=襤褸)하다로, 쪽빛 람(藍)자로 쓰여 남색(藍色), 출람〔出藍, 青出於藍而青於藍(청출어람 이청어람, 청색이 남색에서 나와 남보다 더 푸르다)〕으로 (氷水爲之而寒於水, 빙수위지 이한어수, 얼음은 물이 그렇게 된 것이나 물보다 더 차다)가 있).
- 首(머리 수) : 首都(수도), 首腦(수뇌), 首席(수석), 首弟子(수제자), 首魁(수괴), 首級(수급, 전쟁에서 벤 적군의 머리), 鶴首苦待(학수고대), 頓首百拜(돈수백배, 머리를 조아리고 백번 절하다)

● 露(이슬 로) : 草露〔초로, 풀잎에 맺힌 이슬, 朝露(아침 이슬)〕, 甘露水(감로수), 露宿〔노숙, 露宿者(노숙자), 風餐露宿(풍찬노숙, 바람과 이슬을 맞으며 야외에서 먹고 자며 하는 갖은 고생)〕

  * (드러날 로) : 露出(노출), 露骨的(노골적), 露呈(노정, 들어냄), 吐露(토로), 露天〔노천, 露天講堂(노천강당), 露天溫泉〕

● 舒(펼 서) : 舒情(서정＝抒情), 敍事(서사)

● 玄(검을 현) : 玄米(현미, 검은 쌀), 玄室〔현실, 古墳(고분) 안 관이 들어 있는 방〕, 玄關(현관)

  * (현묘할 현) : 玄妙(현묘, 國有玄妙之道, 나라에 현묘한 도가 있었다), 玄策〔현책, 妙策(묘책)〕

● 萬(일만 만) : 萬物(만물), 萬歲(만세), 萬感(만감), 萬古(만고), 千辛萬苦(천신만고), 萬頃蒼波(만경창파), 森羅萬象(삼라만상,千態萬象)

  * 卍(만)자는 서역(西域)지방에서는 '萬(만)'의 수를 卍으로 나타낸다. 万자는 卍자가 변한 것이나 萬자의 약자로도 쓰이고 있다. 나치 독일에서 그들의 상징으로 쓴 卍 는 스바스티카(Svastika)라 부르며 '기쁨' 이란 뜻이다.

● 買〔살 매, 賣(팔 매)〕: 買收〔매수, 收買(수매, 사들이는 것)〕, 賣買〔매매, 販賣(판매, 물건을 내다파는 것)〕, 買占賣惜(매점매석)

● 夢(꿈 몽) : 夢想(몽상), 夢中(몽중,꿈속), 夢幻(몽환), 醉生夢死(취생몽사), 夢遊病(몽유병), 夢遊桃源圖〔몽유도원도, 세종 때 安堅(안견)의 그림, 현재 일본 천리대 박물관 소장〕

● 嗣(이을 사) : 嗣子(사자, 대를 이을 아들), 嗣孫(사손), 後嗣(후사), 絶嗣(절사, 대가 끊어짐)

화랑도(花郎徒)정신

> 花(꽃 화)―花信(화신,꽃소식), 花盆〔화분,花粉(화분)〕, 梅花(매화)
> 郎(사내 랑)―郎君(낭군, 新郎), 郎將(낭장, 中郎將)
> 徒(무리도, 헛될도)―徒黨(도당), 徒勞(도로), 無爲徒食(무위도식)

  화랑도는 신라에서 귀족의 자제 등 당대의 엘리트(elite)로 구성된 청년단체로 화랑은 국가에서 필요한 무예(武藝)를 연마하고 세속오계(世俗五戒)를 지키며 명산(名山) 대천(大川)을 다니며 심신(心身)을 수련(修練)하고 국가를 위해서는 목숨을 던졌다.

  사다함(斯多含), 관창(官昌), 김유신(金庾信) 등 유명한 화랑들의 무용담(武勇談)이 전해오고 있으며 신라의 삼국통일과 국민 정신통일의 근원이기도 하였다. 화랑의 호국적(護國的), 협동적(協同的), 희생적(犧牲的) 정신은 우리 민족의 핏줄에 연면(連綿)히 이어오고 있다.

※ 세속오계(世俗五戒)
신라 진평왕 때 원광법사(圓光法師)가 지은 화랑도의 계명(戒命)으로 사군이충(事君以忠), 사친이효(事親以孝), 교우이신(交友以信), 임전무퇴(臨戰無退), 살생유택(殺生有擇)의 5가지를 이른다.

활용(活用)

- 武(굳셀 무) : 武人〔무인, 武臣(무신)〕, 武科(무과), 武術(무술), 尚武精神(상무정신)
- 藝(재주 예) : 藝人(예인), 藝術(예술), 藝能(예능), 技藝(기예), 演藝(연예), 武藝(무예), 學藝職〔학예직, 學藝士(학예사, curator), 學藝官(학예관, 學藝會(학예회)〕
- 戒(경계할 계) : 戒律(계율), 戒嚴〔계엄, 警備戒嚴(경비계엄), 非常戒嚴(비상계엄)〕, 警戒(경계), 懲戒(징계), 破戒(파계)

태릉 육군사관학교 경내의 화랑상

- 山(메 산) : 山川(산천), 山水(산수), 山勢(산세), 山戰水戰(산전수전), 江山〔강산, 錦繡江山(금수강산, 비단 위에 수를 놓은 듯 아름다운 강산)〕, 山門(산문, 절), 入山〔입산, 중이 되다, 入山修道(입산수도)〕
- 大(큰 대) : 大勢(대세), 大望(대망), 大略(대략), 强大〔강대↔弱小(약소)〕, 雄大(웅대), 至大(지대)
- 多(많을 다) : 多數(다수), 多數決(다수결), 多情(다정), 多福(다복), 多寡(다과, 多少), 多樣(다양), 多情多感(다정다감), 複雜多端(복잡다단), 多國籍〔다국적, 多國籍企業〕, 多多益善(다다익선, the more the better), 多事多難(다사다난)
- 勇(날쌜 용) : 勇氣(용기), 勇敢(용감), 勇猛(용맹), 蠻勇(만용)
- 護(보호할 호) : 護身(호신), 護衛(호위), 擁護(옹호), 監護(감호)
- 協(도울 협) : 協助(협조), 協奏(협주), 妥協(타협), 協會(협회)
- 犧〔희생할 희, 牲(희생할 생)〕: 犧牲(희생)의 두 글자 모두 소 우(牛) 자 변은 옛날 제사 등에 송아지를 잡아 제물(祭物, 희생물)로 삼은 데서 연유한다.

원효(元曉)대사와 의상(義湘)대사

> 元(으뜸 원)—元素(원소), 元兇(원흉), 諸元(제원, 모든 단위)
> 曉(새벽 효)—曉星〔효성, 金星(금성), 샛별〕, 殘月曉星(잔월효성)
> 義(옳을 의)—義擧(의거), 義士(의사), 意義(의의), 大義(대의)
> 湘(강이름 상)—湘江(상강)

　신라의 삼국통일의 정신적 지주(支柱)는 원효와 의상이다. 삼국이 정립(鼎立)하여 서로 다투는 편협(偏狹)한 주장과 쟁론(爭論)을 조화(調和), 회통(會通)케 하여 중생(衆生)을 건지려는 원효대사의 화쟁사상(和諍思想)이 삼국통일의 이데올로기라고 생각하는 사람들이 많다. 여기서 화쟁(和諍)이란 경쟁하면서도 화합할 줄 아는, 지금으로 말하면 보수(保守)도 진보(進步)도, 좌(左)나 우(右)의 극단(極端)이 아닌 중도(中道) 통합(統合)으로 가는 제3의 길을 의미한다고 생각된다.

　그는 신라가 백제의 옛땅에 벌이고 있는 전쟁과 또 고구려와의 결전(決戰)을 내다보면서 당나라로 의상대사와 함께 유학(留學)길에 오른다. 원효는 새벽에 해골바가지의 물을 마시고 깨달음의 경지에 이르러 일체유심조(一切唯心造)를 되새기며 유학을 포기하고 발걸음을 돌린 일화(逸話)는 너무나 유명하다.

　삼국통일 후 새로운 궁전을 지어 통일군주로서의 위엄(威嚴)을 내외에 과시(誇示)하려 했던 문무왕에게 태백산 부석사(浮石寺)에 있던 의상대사는 다음과 같은 편지를 보낸다.

　"맨 땅 위에 새끼줄을 쳐놓고 궁전이라 해도 정치만 잘하면 누구 하나 침범하는 사람이 없을 터인데 삼국통일이 뭐 그리 대단한 자랑이라고 새로 궁궐을 지으려 하느냐? 큰 궁궐에 담장을 아무리 높이 올려도 전란으로 피폐(疲弊)해진 민심을 어루만지지 못하면 구중궁궐도 아무 소용없다는 것을 잘 생각하라"는 것이었다.

　삼국통일의 대업을 완수한 문무왕은 물론 이 뜻을 먼저 따랐다.

> 활용(活用)

- 柱(기둥 주) : 柱礎(주초, 礎石), 圓柱〔원주, 둥근 기둥〕, 角柱(각주, 네 모진 기둥)〕, 四柱(사주, 四柱八字, 四柱單子), 電柱(전주)
- 鼎(솥 정) : 鼎立(정립), 鼎坐〔정좌, 세사람이 솥발모양으로 벌려 앉음, 正坐(바르게 앉음), 靜坐(마음을 가라앉히고 조용히 앉음)〕
 * 坐(앉을 좌), 坐像(좌상), 坐禪(좌선), 坐視〔좌시, 坐視千里(좌시천리, 앉아서 천리를 보다)〕, 坐不安席(좌불안석)
 * 座(자리 좌), 座席〔좌석, 上座(상좌)〕, 座談(좌담), 座長(좌장), 座標(좌표), 星座(성좌, 별자리)등으로 쓰인다.

- 苦(괴로울 고, 고통 고) : 苦痛(고통), 苦難(고난), 苦待(고대), 生死苦樂(생사고락), 苦盡甘來(고진감래), 忍苦(인고)의 세월(歲月), 苦肉策〔고육책, 살갗(肉)이 찢어지는 아픔(苦)이 따르는 계책〕
- 偏(기울 편) : 偏愛(편애, 偏重), 偏頗的(편파적), 偏差(편차), 偏頭痛(편두통), 偏母膝下(편모슬하)
 * 偏在(편재)는 한 곳으로 치우침으로 "富의 偏在 현상이 심하다" 이고, 遍在(편재)는 두루 편(遍)자로 "소나무가 전국토에 편재해 있다" 등
- 執(잡을 집) : 執念(집념), 執行(집행), 固執(고집), 我執(아집)
- 思(생각 사) : 思慕(사모), 思考(사고), 思惟(사유), 思索(사색), 意思(의사), 思無邪(사무사, 생각에 사특함이 없어야), 深思熟考(심사숙고)
- 想(생각 상) : 想念(상념), 想起(상기), 回想(회상), 隨想(수상)
- 步(걸음 보) : 步行(보행), 步道(보도), 進步〔진보↔退步(퇴보)〕, 牛步

※ 사주팔자(四柱八字)
사람이 태어난 年(甲子), 月(乙丑), 日(丙寅), 時(丁卯)의 4가지 간지(干支, 각 2자씩을 세워 4기둥 사주(四柱)가 되고 8글자이니 팔자가 된다)를 말한다. 인간의 운명과 길흉, 남녀간의 궁합 등을 모두 四柱(네 기둥)로 보고 판단하였다(사주가 좋다, 팔자가 좋다 나쁘다 등). 사주단자(四柱單子)는 정혼을 한 뒤 신랑의 사주를 적어 신부집으로 보내는 간지(簡紙, 편지)를 말한다.

千里(우보천리, 소걸음이 느려도 천리를 가다)
- 左〔왼 좌, 右(오른 우)〕: 左翼〔좌익↔右翼(우익)〕,左派(좌파↔右派(우파)〕, 左之右之(좌지우지), 左衝右突(좌충우돌), 右往左往(우왕좌왕)
- 端(끝 단) : 端緒(단서), 極端(극단), 四端七情(사단칠정), 端的(단적)으로, 一端(일단)은, 端正(단정)

국보 제18호인 유명한 배흘림기둥의 아름다운 부석사 무량수전(無量壽殿), 봉정사 극락전과 함께 최고의 목조건물이다

- 決(정할 결) : 決心(결심), 決行(결행), 決裁(결재), 議決(의결, 可決, 否決), 處決(처결)
 * 決意(결의)는 굳게 결심한 의지이고(필승의 결의), 決議(결의)는 議案(의안)의 可否(가부)를 물어 결정하는 것이며(決議事項), 結義(결의)는 義(의) 를 위해 형제의 또는 부자의 義를 맺는 결의 등으로 유비, 관우, 장비가 도원에서 맺은 『삼국지』의 桃園(도원)의 結義(결의) 등이다.
 또 決裁(결재)는 문서를 상사가 결재하여 정하는 것이고 決濟(결제)는 물건 값이나 대금을 치르다, 대금을 결제하다, 어음을 결제하다 등이다.

- 唯(오직 유) : 唯一思想(유일사상, 唯一無二), 唯物論〔유물론↔唯心論(유심론)〕, 唯獨(유독), 唯我獨尊(유아독존)
- 逸(뛰어날 일) : 逸品(일품), 逸話(일화), 隱逸(은일), 逸脫(일탈),
 * (편안 일) : 安逸(안일)
- 威(위엄 위) : 威勢(위세), 威信(위신), 威脅(위협), 權威(권위), 猛威(맹위), 示威(시위)를 하다
- 嚴(엄할 엄) : 嚴肅(엄숙), 嚴正(엄정), 嚴妻(엄처시하), 嚴冬雪寒(엄동설한), 嚴父慈母(엄부자모), 戒嚴(계엄), 謹嚴(근엄), 峻嚴(준엄), 森嚴(삼엄)
- 誇(자랑 과) : 誇張(과장), 誇示(과시), 誇大〔과대포장(包裝)〕

삼국(三國)시대 99

※ 영주 부석사(浮石寺)의 무량수전(無量壽殿)
  현존(現存)하는 최고의 목조건물 중의 하나이며 배흘림기둥으로 유명하다. 현판(懸板)은 고려 공민왕의 어필(御筆)로 전하는 오래된 현판이다. 또 공주 마곡사(麻谷寺)의 대웅보전(大雄寶殿) 편액이 다시 새긴 것인지의 여지는 있으나 신라 명필 김생(金生)의 글씨로 전해지는 현존하는 최고(最古)의 현판이다.

※ 좌익(左翼)과 우익(右翼)
  좌파(左派)·우파(右派)나 좌익·우익이란 용어는 처음부터 사상(思想)이나 이념(理念)의 개념으로 생긴 말이 아니다. 1789년 프랑스혁명 당시 열린 귀족대표와 시민대표의 연석회의 때 왕이 앉은 자리를 기준으로 좌측에 시민대표, 우측에 귀족대표가 앉게 되었다. 편의상 귀족을 우파로 시민대표를 좌파로 불렀다. 단지 우측에 앉은 귀족대표는 그 신분의 성격상 기득권층으로 보수적 성향이 짙었고 좌측에 앉은 시민대표는 개혁적 진보적 성향이 강했다.
  좌·우익(左右翼)의 이념적 투쟁 용어로 쓰이게 된 것은 칼 맑스와 엥겔스의 1850년의 「공산당선언」, 1917년 레닌의 러시아혁명에서부터이다. 그 뒤로 좌익은 사회주의자·공산주의자로 우익은 자본주의자·자유민주주의자로 개념이 정착되었다. 우리도 서구(西歐)처럼 극단(極端)으로 치닫는 이념적 대립에서 빨리 벗어나야 할 것이다.

화가 솔거(率居)와 명필 김생(金生)

> 率(거느릴 솔)—率家(솔가), 率直(솔직), 眷率(권솔, 식솔)
> 居(살 거)—居住(거주, 住居), 居處(거처), 同居(동거, 別居)
> 金(쇠 금, 성 김)—金屬(금속), 黃金(황금), 拜金思想(배금사상)
> 生(날 생)—生疎(생소), 相生(상생), 死生決斷(사생결단)

천재(天才) 화가(畵家) 솔거는 신라시대 한미(寒微, 가난하고 집안이 변변치 못한)한 집안 출신 백성이라 그의 가계(家系)와 생몰연대(生沒年代)는 잘 알 수 없다.

신라 제일의 가람 황룡사(皇龍寺) 큰 벽에 그린 노송도(老松圖)는 천고(千古)의 걸작(傑作)으로 신품(神品)의 경지(境地)였다. 천년노송의 가지가 바람이 불면 흔들거렸으며 까마귀, 솔개, 참새 떼가 정말 소나무 가지인 줄 알고 날아들었다가 벽에 부딪혀 떨어지곤 했다. 오랜 세월에 색이 바래져 승려 중 뛰어난 화가가 그대로 색을 다시 입혔다. 사람의 눈으로는 솔거의 원 그림과 꼭 같았으나 새들은 날아들지 않았다고 한다.

신필(神筆)로 불리던 신라 성덕왕 때 명필(名筆) 김생도 미천(微賤)한 신분이라 어려서부터 가난하여 나무가지로 땅에 글씨를 쓰면서 평생 글쓰기를 게을리 하지 않았다. 예서(隸書), 행서(行書), 초서(草書)가 모두 신의 경지에 이르렀다. 청량산 굴에 들어가 나뭇잎에 글씨를 써 떠내려보내니 계곡물이 검게 물들었다고 한다. 그 굴은 지금도 김생굴이라 하여 많은 사람들이 찾는다.

고려시대 명필 홍관(洪灌)이 송(宋)나라에 사신으로 가서 한림학사(翰林學士)들에게 김생의 글씨를 보이니 모두 놀라며 하는 말이 "오늘 운이 좋아 왕희지(王羲之)의 글씨를 보게 될 줄이야"하고 감탄(感歎)했다고 한다. 이 때 고려의 홍관이 이것은 왕희지가 아

신품(神品) 김생의 글씨

니고 신라의 명필 김생의 글씨라고 하니 천하에 왕희지 말고는 이런 신품은 없다면서 끝내 믿지 않으려 했다고 한다.

> 활용(活用)

- 寒(찰 한) : 寒氣(한기), 寒暖[한란, 차고 따뜻함, 寒暖計(한란계, 溫度計)], 寒心(한심), 酷寒(혹한), 雪寒風(설한풍, 눈보라치는 찬 바람), 避寒地[피한지↔避暑地(피서지)], 三寒四溫(삼한사온, 우리나라 겨울에 삼일은 춥고 사일은 따뜻하였다. 지구 온난화(溫暖化)로 기후가 변하여 꼭 그렇지 않다),
 * 脣亡齒寒(순망치한, 입술이 없으면 이가 시리다고 가까운 사람이나 이웃이 없어지면 자신도 위험에 처할 수 있다는 말)
 * 丹脣皓齒(단순호치, 입술 순(脣), 흴 호(皓), 옛날 미인의 기준으로 붉은 입술과 하얀 이를 가져야 했다)
 * 祈寒祭(기한제)는 겨울이 너무 따뜻하면 이듬해 농사가 잘 안된다고 추위가 오기를 빌었다. 또 눈이 많이 와야 보리와 밀농사가 잘된다고 하여 눈이 오지 않으면 눈이 내리기를 비는 祈雪祭(기설제), 여름 가뭄에 비가 오기를 비는 祈雨祭(기우제), 너무 장마가 길어 그만 비가 그치기를 비는 祈晴祭(기청제, 개일 晴(청)자) 등이 있었다.

- 微(작을 미) : 微微(미미), 微細(미세), 微官(미관말직), 輕微(경미)
 * 微服[미복, 임금이나 지위가 높은 사람이 남의 눈에 띄지 않도록 변장하는 초라한 옷차림, 微服潛行(미복잠행, 옛날 훌륭한 임금은 미복으로 숨어 다니며 자주 민심을 살펴 정사에 반영하였다)]
- 系(계통 계) : 系列(계열), 系統(계통), 家系(가계), 直系(직계, 傍系)
- 沒(빠질 몰) : 沒頭(몰두), 沒落(몰락), 沒殺(몰살), 沒收(몰수), 沒常識(몰상식, 沒知覺, 沒廉恥), 沈沒(침몰), 陷沒(함몰)
 * (죽을 몰) : 沒我(몰아)의 境地, 沒年[몰년, 죽은 해, 生沒年(생몰년, 태어난 해와 죽은 해, 生沒年(생몰년)이 未詳(미상)이다],

- 老(늙을 노) : 老齡(노령), 老少同樂(노소동락), 養老院(양로원), 初老(초로), 不老長生(불로장생), 不老草(불로초)

* 진시황(秦始皇)과 불로초(不老草)
전국시대를 통일한 진시황(황제를 제일 먼저 시작한다는 의미로 始皇帝라 하였다)이 장생불사(長生不死)를 꿈꾸며 서불 사자(使者)를 우리나라 제주도 한라산(韓拏山)으로 보내 불노초를 구해 오라고 하였다. 지금도 한라산 남단(南端) 서귀포(西歸浦)에는 서쪽으로 돌아가려는 이들의 표석(表石)이 있다. 진시황의 폭정(暴政)이 싫어 진시황을 속여 이상향(理想鄕)으로 피난온 사람이라는 이야기도 있다. 인간과 모든 생물의 생명(生命)은 유한(有限)하다. 이 지구상에 불노초는 없다. 불노초가 있으면 생노병사(生老病死)의 생태계(生態系)의 사이클링의 원리에 어긋나 지구는 멸망하기 때문이다.

- 傑(뛰어날 걸) : 傑出(걸출), 傑物(걸물, 傑作), 豪傑(호걸, 英傑)
- 作(지을 작) : 作家(작가, 作者), 作品(작품), 作故(작고), 作黨(작당) 大作(대작, 名作)
- 賤(천할 천) : 賤民(천민, 賤出), 賤妾(천첩), 賤視(천시) 賤待(천대), 貴賤(귀천, 貧富貴賤). 貧賤(빈천, 가난하고 천대받음)
- 隷(붙을 예) : 隷屬(예속), 奴隷(노예), 隷書(예서)
- 灌(물댈 관) : 灌漑(관개), 灌腸(관장, 창자 속을 물을 넣어 씻어내는 일), 灌木〔관목, 키가 작은 나무↔喬木(교목, 키가 큰 나무)〕, 灌佛(관불, 부처님 오신날인 사월 초파일(初八日)에 부처님을 찻물이나 향수로 씻는 의식)

※ 初八日(초파일) 등 활음조 발음
음력 四月(사월) 初八日(초팔일)은 '초파일'로 읽는다. 六月(육월)을 '유월'로, 五六月(오육월)을 '오뉴월'로, 十月(십월)을 '시월'로, 木瓜(목과)를 '모과'로, 朔月貫(삭월세)를 '사글세'로 읽는다. 이처럼 발음하기 쉽고 듣기에도 부드러워 맞춤법에서 활음조(滑音調)현상이라 한다. 그렇지 않으면 틀린다.

조선통신사 행렬도

- 使(부릴 사) : 使命(사명), 使徒(사도), 使役(사역), 使嗾(사주)
* (사신 사) : 使節(사절), 使者(사자), 使行(사행, 출장), 勅使〔칙사, 왕의 勅命(칙명) 또는 勅書(칙서)를 받들고 가는 사신〕, 密使(밀사, 밀명을 띤 사절), 修信使(수신사), 冬至使(동지사), 奏請使(주청사, 뭘 아뢰고 청하러 가는 사절), 大使(대사, 公使, 領事), 通信使(통신사)

※ 조선통신사(朝鮮通信使)

정사(正使), 부사(副使), 종사관(從事官)으로 하여 보통 500여명으로 구성된 통신사 일행(一行)은 선조 40년(1607)부터 순조 11년(1811)까지 에도(江戶)막부 시대 260년간에 걸쳐 12회나 이루어졌다. "서로 신의(信義)로 통(通)한다"고 해서 통신사로 명명되었다.

서울 도성(都城)을 출발하여 부산, 쓰시마(對馬島)를 경유하여 세토나이카이(瀨戶內海)를 거쳐 오사카(大阪)까지는 보통 6척(隻)의 배로 일행이 갔다. 여기서 에도(지금의 東京)까지는 육로로 이동하였다. 10개월이 걸리는 여정(旅程)이었다. 일본에서도 일본 '국왕사(國王使)'란 이름으로 불교경전과 불상과 불구(佛具) 등의 요구와 무역(貿易)의 명분(名分)으로 1377년부터 많은 사절들이 내왕했다. 한일간의 선린(善隣)과 문화(文化)교류와 우호(友好)의 상징이었다. 조선통신사가 내왕할 때는 한일간에 평화가 유지되었다.

대마도에는 조선통신사 유적(遺蹟)이 많이 남아 있으며 매년 조선통신사 행렬(行列)을 재현(再現)하는 문화행사가 열리고 있다. 대마도에서 거제도까지는 49.5km이며 일본 규슈 후꾸오까까지는 132km이다. 밤에는 부산의 야경이 보인다. 대마도 주민은 옛부터 조선으로부터 식량 등을 구해 먹었으며 여의치 않을 때는 왜구(倭寇, 왜인들의 떼도적)가 되었다.

감은사(感恩寺)와 대왕암(大王巖)

感(느낄 감)—感情(감정), 感應(감응), 好感(호감), 反感(반감)
恩(은혜 은)—恩惠(은혜), 恩功(은공), 恩人(은인), 謝恩(사은)
寺(절 사)—寺刹(사찰), 本寺(본사), 末寺(말사), 寺址(사지, 절터)
大(큰 대)—大河(대하소설), 大器晚成(대기만성), 擴大(확대)
王(임금 왕)—王朝(왕조), 王冠(왕관), 帝王(제왕), 聖王(성왕)
巖(바위 암=岩)—巖窟(암굴), 巖穴(암혈)

　신라 제31대 신문왕(神文王)이 삼국통일(三國統一)의 위업(偉業)을 이룩한 부왕(父王) 문무왕(文武王)의 은혜에 감사한다는 뜻으로 감포 앞바다 부왕의 능 해중릉(海中陵)이 있는 대왕암의 바다 물길이 와닿는 곳에 감은사를 지었다고 역사는 기록하고 있다. 현재는 사지(寺址)만 남아 있고 금당 앞 동서에 세운 통일신라시대의 대표적 석조물(石造物)인 아름다운 삼층석탑(三層石塔)만이 남아 통일신라를 대표하고 있다.
　문무왕은 국방의 중요성을 강조하고 죽어서도 바다의 용이 되어 나라를 지키겠다고 화장(火葬)을 하여 그 장골처(藏骨處)를 대왕암 중심부 십자형 물속으로 정했다. 그 후에 조성된 토함산 석굴암이 동동남(東東南)으로 방위를 잡아 이곳으로 향하고 있는 점, 감은사의 창건 목적과 그 불전 밑에 용당(龍堂)을 마련한 점 등 대왕암은 지금도 신비(神秘) 속에 쌓여 있다. 대왕암에 대한 이러한 기록은 『삼국사기』와 『삼국유사』는 물론 많은 비기(秘記)에도 기록되어 전하고 있다.

활용(活用)

● 海(바다 해) : 海洋(해양), 海外(해외), 航海(항해), 海軍(해군), 海賊(해적), 茫茫大海(망망대해)
● 統(통솔할 통) : 統合(통합), 統治(통치), 血統(혈통), 嫡統(적통)

위) 감은사의 삼층석탑
아래) 신비에 쌓여 있는 동해바다의 대왕암

* 正統(정통)은 올바른 계통이나 혈통을 말하고 傳統(전통)은 집안, 학교, 단체 등의 오랜 기간 이어져 내려오는 생각이나 행동양식, 관습을 말한다.
- 偉(클 위) : 偉人(위인, 偉人傳), 偉大(위대), 偉容(위용), 偉業(위업)
- 業(업 업) : 業績(업적), 業報(업보), 職業(직업, 農業, 工業, 自由業)
- 造(지을 조) : 造形(조형), 造成(조성), 創造(창조), 構造(구조)
- 物(만물 물) : 萬物(만물, 세상의 온갖 물체), 物理(물리, 만물의 이치 또는 그것을 연구하는 학문), 物議(물의, 여러사람의 시비를 빚게하는 말썽), 物色(물색, 물건의 빛깔을 찾아내다), 物望(물망, 여러사람의 기대와 희망), 生物(생물, 動物, 植物), 荷物〔하물, 手荷物(수하물, 여객이 손으로 나를 수 있는 작은 짐), 小貨物(소화물, 여객이 열차 등에 탁송하는 작은 화물)

- 層(층 층) : 層階(층계, 階層), 單層〔단층, 複層(복층)〕, 斷層(단층), 層層侍下(층층시하),
- 塔(탑 탑) : 塔婆(탑파), 塔身(탑신), 鐵塔(철탑), 尖塔(첨탑), 鐘塔(종탑)
  * 탑은 원래 부처님의 사리나 유품을 모신 곳 즉, 부처님의 무덤으로 숭배의 대상이다. 큰스님의 사리나 유품을 모신 무덤은 浮屠(부도)이다.
- 火(불 화) : 火災(화재), 火急(화급), 火傷(화상), 飛火(비화),
  * 放火(방화)는 일부러 불을 놓는 것 지르는 것으로 放火事件(방화사건), 放火犯(방화범) 등이고, 防火(방화)는 불을 막는 것 끄는 것으로 防火壁(방화벽), 防火訓練(방화훈련) 등이 있다. 消火(소화)는 불을

끄는 것으로 消火栓(소화전), 消防署(소방서) 등이 있다.
- 葬(장사 장) : 葬禮(장례), 葬送曲(장송곡), 葬儀社(장의사), 埋葬(매장), 火葬(화장), 水葬(수장), 風葬(풍장), 樹木葬(수목장)
- 藏(감출 장) : 藏書(장서, 藏書閣), 所藏(소장), 收藏(수장), 貯藏(저장), 秘藏(비장), 藏頭隱尾(장두은미, 머리를 감추고 꼬리를 숨김)
- 骨(뼈 골) : 骨格(골격), 骨折(골절), 坐骨(좌골, 坐骨神經), 壯骨(장골), 露骨的(노골적)으로, 骨肉相爭(골육상쟁, 형제들 간에 나아가 혈족끼리 서로 다투다. 骨 肉은 뼈와 살로 즉, 몸으로 피를 나눈 血族(혈족)을 말한다. 혈족끼리 서로 잔인하게 해친다는 骨肉相殘(골육상잔), 同族相殘(동족상잔) 등
- 處(곳 처) : 處地(처지), 居處(거처), 隱身處(은신처, 避身處), 用處(용처, 使用處), 勤務處(근무처)

  * (처결할 처) : 處決(처결), 處分(처분), 處刑(처형), 處理(처리), 處世〔처세, 處世術(처세술)〕

  * (끝날 처) : 處暑(처서, 더위가 끝난다는 24절기의 하나)

- 南(남녘 남) : 南方(남방), 南下(남하), 東南風(동남풍), 江南(강남)
- 堂(집 당) : 堂號(당호), 堂堂(당당), 堂姪(당질, 5촌 조카, 堂叔(당숙), 禮拜堂〔예배당, 敎會堂(교회당)〕, 佛堂(불당), 聖堂(성당), 講堂(강당), 學堂(학당), 食堂(식당)
- 秘(숨길 비) : 秘密(비밀), 秘話(비화), 秘策(비책), 秘訣(비결), 秘資金(비자금), 秘書(비서), 極秘(극비), 神秘(신비)

석굴암(石窟庵)

> 石(돌 석)—石像(석상), 石器(석기), 表石(표석), 誌石(지석)
> 窟(동굴 굴)—窟居(굴거), 窟穴(굴혈), 巢窟(소굴), 洞窟(동굴)
> 庵(암자 암)—庵子(암자), 寺庵(사암, 절과 암자)

신라 오악(五岳)의 하나인 경주 토함산(吐含山)에 자리잡고 있는 암벽에 굴을 파서 불상을 안치(安置)한 우리나라 대표적인 석굴사원(石窟寺院)으로 경덕왕 10년(751) 김대성(金大城)이 창건(創建)하였다고 전한다. 동해에서 해가 뜨면 제일 먼저 석굴암 본존불(本存佛)의 양 미간(眉間) 사이 백호(白毫)에 비쳐졌다.

이 석굴암은 죽어서도 호국(護國)의 용이 되어 동해바다를 지키겠다는 서원(誓願)을 세운 문무왕의 해중릉이 바로 이 토함산 밑 동해 바다에 있어 경덕왕의 원찰(願刹)인 동시에 나라를 지키려는 국찰(國刹)이었다..

국보(國寶) 제24호로 국보 중에서도 으뜸으로 꼽히는 소중한 민족 문화유산으로 1995년에는 유네스코 세계문화유산으로 등재(登載)되었다. 석굴암의 본존불, 십일면관음보살, 10대 제자상, 사천왕상, 금강역사상 등 조각의 영묘(靈妙)함과 구조(構造)와 특징(特徵)은 계속 연구 중에 있으며 영구적 보존(保存)을 위하여 출입을 제한하고 있다.

한 왕조는 멸망(滅亡)하고 없어도 그 시대의 위대한 문화(文化)나 예술(藝術) 또는 기록(記錄)으로 남은 작품(作品)은 당시의 역사를 후손들에게 전해주고 있다.

활용(活用)

- 五(다섯 오) : 五倫(오륜), 五穀(오곡), 五里(오리)
- 岳(큰산 악=嶽) : 冠岳山(관악산), 楓岳(풍악, 가을 금강산)
- 吐(토할 토) : 吐露(토로), 吐氣(토기), 吐逆(토역), 嘔吐(구토)
- 含(머금을 함) : 含蓄(함축), 含量(함량)미달, 包含(포함),

含淚(함루, 눈물을 머금고), 含憤(함분, 분을 참으며)
- 院(집 원) : 院內(원내, 院外), 醫院(의원), 病院(병원)
- 創(비롯할 창) : 創意的(창의적), 獨創(독창), 創新(창신, 法古創新, 溫故知新)
- 建(세울 건) : 建築(건축, 建設), 建議(건의). 創建(창건), 再建(재건)
- 毫(가는 털 호) : 秋毫(추호, 가을 짐승이 털갈이 할 때의 가는 털로 '조금', '매우 적음'의 뜻), 揮毫(휘호, 이때 毫(호)자는 붓의 뜻)
- 寶(보배 보) : 寶石(보석), 寶庫(보고), 寶位(보위,임금자리)
- 登(오를 등) : 登山(등산), 登校(등교), 登用(등용), 登壇(등단), 登記(등기), 등재(登載)
- 載(실을 재) : 記載(기재), 揭載(게재), 連載(연재), 積載〔적재, 적재량(積載量)〕

* (해(1년) 재) : 千載一遇(천재일우, 천 년에 한 번 오는(만날 수 있는) 기회)

- 保(지킬 보) : 保險(보험), 保衛(보위), 安保(안보), 擔保(담보)
- 存(있을 존) : 存立(존립), 存在(존재), 保存(보존), 現存(현존), 殘存(잔존)

1913년 이전 일제시대 때 찍은 석굴암 모습 (경주박물관 자료에서)

석굴암 본존불

천마도(天馬圖)

> 天(하늘 천)—天孫(천손), 天生緣分(천생연분), 樂天的(낙천적)
> 馬(말 마)—馬牌(마패), 出馬(출마), 落馬(낙마), 種馬(종마)
> 圖(그림 도)—圖形(도형, 圖案, design), 圖謀(도모), 企圖(기도)

　천마도는 불을 뿜는듯한 백마(白馬)의 비상(飛翔)하는 모습이 그려진 그림으로 당시 신라인의 기상(氣像)과 꿈을 엿볼 수 있다. 신라인이 유목민족의 후예임을 또는 날개가 달린 말을 탄 하늘에서 온 천손민족(天孫民族)임을 말해준다.

　1978년 8월 한여름, 경주의 한 무덤에서 천마도가 그려져 있는 신라시대 유물이 출토(出土)되었다. 천마도가 그려진 이 유물은 '말다래'로 말탄 사람의 옷에 흙이나 물이 튀지 않도록 만든 승마용(乘馬用) 부속 장구이다.

　1500년 만에 지하에서 햇빛을 본 신라 미술(美術)의 극치(極致)로 그림이 그려진 바탕은 자작나무 껍질로 그 위에 하늘로 날아오르는 말을 채색(彩色)으로 그렸다. 이는 피장자(被葬者)의 영혼이 하늘 나라로의 승천(昇天)을 기원해 무덤 속에 흰색의 천마를 그려넣은 것으로 짐작된다. 금관총(金冠塚)과 같이 무덤의 주인공을 알 수 없어 출토품의 이름을 따 천마총(天馬塚)이라 이름지었다. 천마도는 국보 제207호로 지정(指定)되어 박물관(博物館)에 보존 전시되고 있다.

활용(活用)

- 飛(날 비) : 飛行(비행), 飛火(비화), 飛躍(비약), 飛虎(비호), 飛龍(비룡), 飛天〔비천, 飛天像(비천상)〕, 魂飛魄散(혼비백산), 龍蛇飛騰〔용사비등, 이 때 飛騰(비등)은 높이 날아오름이고, 沸騰(비등)은 물이 끓어오름이다, 여론이 沸騰하다)
- 翔(날을 상) : 翔空(상공, 공중을 날다), 飛翔(비상),

- 出(날 출) : 出席(출석), 出口(출구), 出生(출생, 出世), 出張(출장), 出馬(출마), 入出(입출), 呼出(호출)
 * 輩出(배출)은 인재를 키워냄을 말하고 排出(배출) 주로 불필요하거나 나쁜 물, 공기, 물건 등을 안에서 밖으로 내보내는 것으로 公害排出(공해배출).

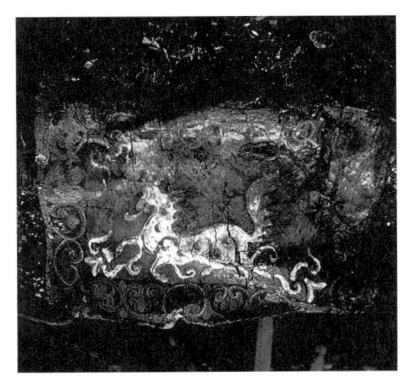
천마도

- 乘(탈 승) : 乘車(승차, 下車), 乘馬(승마), 乘勝長驅(승승장구), 合乘(합승), 相乘效果(상승효과), 加減乘除(가감승제, ＋－×÷)
- 用(쓸 용) : 用途(용도), 用務(용무), 日用(일용), 代用(대용), 濫用(남용),
 * 雇用(고용)은 품살 고(雇)자로 사람을 부리는 것, 雇用主(고용주)이고 雇傭(고용)은 품팔이 할 용(傭)자로 남의 일을 하는 것, 雇傭人(고용인)이다. 傭兵(용병)도 같다.
- 美(아름다울 미) : 美容(미용), 美貌(미모, 美色), 美德(미덕), 美醜(미추), 美人薄命(미인박명), 自然美(자연미), 審美〔심미, 審美眼(심미안)〕, 美食家(미식가), 美國(미국, 일본에서는 米國이라 쓴다)
- 術(꾀 술) : 術策(술책), 術數(술수), 魔術(마술), 道術(도술), 卜術(복술＝점, 占術家＝術家)
- 彩(빛날 채) : 彩色畵(채색화), 彩雲(채운), 色彩(색채), 淡彩〔담채, 엷은 채색, 濃彩(농채, 진한 채색)〕
- 色(빛 색) : 色素(색소), 色盲(색맹, 色弱), 色眼鏡(색안경), 色分解(색분해), 翡色(비색, 고려청자의 빛깔), 天下一色(천하일색), 傾國之色(경국지색)
- 被(입을 피) : 被告〔피고↔原告(원고)〕, 被動的〔피동적↔能動的(능동적)〕, 被害(피해), 被檢(피검), 被逮(피체)
- 昇(오를 승) : 昇進(승진), 昇降機(승강기), 旭日昇天(욱일승천), 昇華(승화, 고체가 바로 기체화되는 현상), 上昇〔상승), 昇遐(승하, 임금의

죽음)〕
- 博(넓을 박) : 博識(박식, 博士), 博愛(박애), 博覽會(박람회), 該博(해박)한 지식
- 館(집 관) : 館長(관장), 旅館(여관), 別館(별관), 客館(객관, 客舍)
- 指(손가락 지) : 指導(지도), 指示(지시), 指紋(지문), 屈指(굴지),
* 指向(지향)은 어떤(손가락이 가르키는) 방향으로 나아감이고,
  志向(지향)은 어떤 목표에 마음의 뜻을 두고 나아감이다.

※ 붕(崩), 훙(薨), 승하(昇遐), 사거(死去) 등
한자의 유교 문화권에서는 수명(壽命)을 다한 죽음을 뜻하는 말이 많다. 황제의 죽음은 붕(崩), 또는 붕어(崩御)라 했다. 천자의 죽음은 하늘이 무너진다는(天崩), 태산이 무너지는 것(崩壞)에 비유했다.
왕이나 제후의 죽음은 훙(薨), 훙서(薨逝), 훙거(薨去) 또는 승하(昇遐)라 했다(天子死曰崩 諸侯死曰薨). 사대부(士大夫)는 졸(卒), 백성은 사(死), 역적의 죽음은 폐(斃)라고 하였다. 전장에서의 군인의 죽음은 산화(散華), 의사(義士)의 죽음은 순국(殉國) 등의 표현을 쓴다. 불교에서 승려의 죽음은 입적(入寂), 입멸(入滅), 열반(涅槃)으로. 가톨릭 사제(司祭)의 죽음은 선종(善終). 기독교에서는 하늘의 부르심을 받았다는 의미의 소천(召天)이라고 한다.
고인(故人)이 되었다는 의미로 작고(作故)라고도 한다. 일반적으로 죽음을 높혀 별세(別世) 하세(下世) 타계(他界) 서거(逝去) 운명(殞命) 영면(永眠) 등으로도 쓰여진다. 육신을 버리고 영혼이 하늘로 멀리 올라갔다는 뜻의 승천(昇天), 승하(昇遐), 귀천(歸天)이라고도 하였다.

일본 나라 호류지의 백제관음상(百濟觀音像)

百(일백 백)—百歲(백세), 百方(백방), 百年佳約(백년가약)
濟(구제할 제)—濟度(제도), 濟世(제세), 共濟(공제), 救濟(구제)
觀(볼 관)—觀測(관측), 觀念(관념), 觀點(관점), 參觀(참관)
音(소리 음)—音色(음색), 音癡(음치), 和音(화음), 福音(복음)
像(모양 상)—佛像(불상), 銅像(동상), 坐像(좌상), 肖像(초상)

　일본의 중요문화재인 백제관음상은 1400여년 전 고대 일본의 도읍지로 간사이(關西) 지방 남쪽 나라(奈良)의 호류지(法隆寺)에 있다. 고대 일본의 도읍엔 백제의 숨결이 그대로 살아 있다. 나라는 일본의 유명한 도시 오사카, 교토, 고베와 가까이 있으며 호류지는 고구려와 백제에서 불교를 배운 쇼토쿠(聖德) 태자가 607년에 세운 절로 일본 최초의 유네스코 세계문화유산으로 지정되었다.

　이 절에는 일본의 많은 문화재들이 있지만 1400년을 견디어 온 우리나라 고유의 건축양식인 골기와지붕과 배흘림기둥의 목조건물 백제관음당이 당당히 서 있다. 이 관음당 대보장원(大寶藏院) 안에 모셔져 있는 일본 불교 미술의 최고봉 백제관음상의 조용한 미소(微笑)가 관람객들에게 그동안의 모든 피로를 잊게 해주며 탄성(歎聲)과 함께 신비(神秘)로움을 자아내게 해주어 저절로 두 손을 모으게 한다.

　머리에는 우리나라의 금동관식을 하고 있다. 백제 26대 성왕의 제1자인 위덕왕이 이 불상을 왜왕실로 보냈다고 한다. 많은 일본인들이 나라(奈良)에 오는 이유는 이 불상을 보기 위해서라고 한다. 이 절 금당에는 고구려 승려 담징(曇徵)이 그린 벽화(壁畵)는 1949년 안타깝게도 화재로 소실되고 없다.

　일본에서는 '백제(百濟)'의 음독 '구다라(くだら)'는 '큰(좋은) 나라'라는 말이 변형된 것이라 한다. 일본말 '구다라나이(くだら ない)'라는 형용구는 '시시하다'의 뜻으로 '구다라'는 '백제'이고 '나이'는 '없다(無

い)'이니 '백제에 없는' '시시하다'는 말이다. 7세기 일본에서는 "좋은 것은 모두 백제에서 왔다'라고 한 말이 형용구로 굳어졌다.

285년 경 백제 근초고왕(近肖古王) 때 왕인(王仁)박사와 아직기(阿直岐) 등 백제 학자들이 일본 오오진(應神)일황의 초청으로 일본으로 건너가 천자문을 비롯 논어와 경서 등 한문과 유학을 가르치고 문화를 전파하였다고 지금의 헤이세이(平成) 일본왕이 한일관계를 말하면서 밝힌 바 있다.

20세기 프랑스의 대문호(大文豪) 앙드레 말로는 호류지를 찾아서 "일본은 침몰(沈沒)하더라도 이것만은 남아야 한다"고 하였는데 이것이 바로 백제의 미소(微笑) 백제관음상이다.

일본 나라의 백제관음상, 1400년 변치 않는 백제의 미소, 녹나무로 만든 백제관음상은 키가 2m를 넘는다.

활용(活用)

- 奈(나락 나) : 奈落(나락=那落, 범어의 지옥)
- 良(좋을 량) : 良妻(양처), 良家(양가), 良心(양심), 改良(개량), 賢良(현량)
- 隆(클 륭) : 隆起〔융기↔沈降(침강)〕, 隆盛(융성), 興隆〔홍륭, 興隆期)〕
- 藏(감출 장) : 藏書(장서), 秘藏(비장), 貯藏(저장), 藏府〔장부, 창고, 곳간, 五臟六腑(오장육부를 뜻하는 臟腑(장부)도 있다〕
- 笑(웃음 소) : 笑納(소납, 웃으며 받아주심), 談笑(담소), 可笑(가소), 冷笑(냉소), 嘲笑(조소), 爆笑(폭소)

* 笑而不答(소이부답)
李白의 '山中問答'에 나오는 詩句(시구)로 당 현종 때 주는 벼슬을 버리고 왜 산속에 묻혀 사느냐고 물으니 "笑而不答 心自閑"(소이부답 심자한), "(대답 대신) 웃음으로 대답에 대하면서 마음이 스스로 한가롭구나"라고 답한데서 나오는 구절이다.

● 歎(탄식할 탄(=嘆), 읊을 탄) : 歎願(탄원), 歎服(탄복), 感歎(감탄), 感歎(감탄), 讚歎(감탄), 驚歎(경탄), 哀歎(애탄=哀嘆), 悲歎(비탄=悲嘆)
 * 嘆(탄식할 탄) : 嘆息(탄식), 慨嘆(개탄=慨歎), 痛嘆(통탄=痛歎)
● 聲(소리 성) : 聲價(성가), 聲樂(성악), 聲優(성우), 肉聲(육성), 歌聲(가성)
● 曇(구름 담, 흐릴 담) : 曇天(담천)
● 豪(호걸 호) : 豪言壯談(호언장담), 豪放(호방), 豪族(호족), 豪雨(호우), 豪華(호화), 強豪(강호), 富豪(부호), 豪酒〔호주, 豪酒家(호주가=酒豪(주호)〕, 文豪(문호)〕, 英雄豪傑(영웅호걸)
 * (사치할 호) : 豪奢(호사), 豪華(호화)
● 近(가까울 근) : 近處(근처), 近似(근사), 近親(근친), 近況(근황) 側近(측근), 遠近(원근), 接近(접근)
● 應(응할 응) : 應急(응급), 應答(응답), 應募(응모), 應用(응용) 感應(감응), 相應(상응), 對應(대응), 順應(순응), 呼應(호응)

낙랑공주(樂浪公主)와 호동왕자(好童王子)

樂(풍류 악)―樂劇(악극), 音樂(음악), 樂觀(낙관), 娛樂(오락)
浪(물결 랑, 허망 랑)―風浪(풍랑), 放浪(방랑), 浪費(낭비)
公(귀인 공)―公共(공공), 公益(공익), 主人公(주인공)
主(주인 주)―主人(주인), 主客顚倒(주객전도), 物主(물주)
好(좋을 호)―好感(호감), 好惡(호오, 좋음과 싫음), 絶好(절호)
童(아이 동)―童顔(동안), 童貞(동정), 兒童(아동), 牧童(목동)

고구려 3대 임금 태무신왕(太武神王)의 아들 호동은 사냥을 갔다가 낙랑국의 태수 최리(崔理)의 딸 낙랑공주를 만나 사랑에 빠져 결국 아내로 취(娶)한다.

호사다마(好事多魔)로 부왕의 뜻에 따라 낙랑을 정벌하러 가는 왕자 호동에게 낙랑공주는 외적(外敵)의 침입을 알리는 낙랑의 자명고(自鳴鼓)를 몰래 찢어 아버지로부터 죽임을 당하고 만다. 낙랑을 정벌하여 큰 공을 세우고 돌아왔지만 사랑하는 아내를 잃은 호동마저 번민 끝에 자결(自決)하고 만다는 내용의 우리 국민이 오래토록 지켜온 설화로 그동안 영화, 악극, 노래 등으로 많은 사랑을 받아 왔다..

낙랑국은 기원 전 108년부터 기원 후 313년까지 중국 한(漢)나라 무제(武帝)가 위만조선을 멸망시키고 한반도의 평양, 원산, 함흥, 해주에 걸쳐 있었던 나라로 진번군, 임둔군, 현도군과 함께 한사군(漢四郡)의 하나이다. 낙랑국까지는 한의 지배력(支配力)이 약해 고조선 사회의 문화 전통과 생활 방식이 그대로 유지되어 왔던 나라이다. 이 설화는 『삼국사기』에 기록되어 전한다.

활용(活用)

● 理(다스릴 리, 도리 리) : 總理(총리), 理致(이치), 理髮(이발), 理念(이념), 處理(처리), 整理(정리), 文理(문리), 經理(경리)

- 娶(장가들 취) : 聚妻(취처), 後娶〔후취, 再娶(재취), 後妻〕
- 魔(마귀 마) : 魔女(마녀), 魔鬼(마귀), 魔術(마술), 魔力(마력), 魔法(마법), 魔手(마수), 惡魔(악마)
- 敵(원수 적) : 敵將(적장), 敵陣(적진), 敵情(적정), 敵對視(적대시), 對敵(대적), 衆寡不敵(중과부적, 많은 무리에 적은 수로는 그 상대 (적수)가 안됨)
- 自(스스로 자) : 自由(자유), 自負(자부), 自殺(자살), 自然(자연), 自暴自棄(자포자기), 自業自得(자업자득),
  * (부터 자) : 自至(자지, 언제(어디)부터 언제(어디)까지, from～to～), 自古〔자고, 옛부터)로, 浮生自古然矣(부생자고연이라, "덧없는(떠도는)인생이란 자고로 이런 것이었다")〕

- 鳴(울 명) : 鳴聲〔명성(울리는 소리), 名聲(명성, 좋은 평판의 소리)〕, 鳴管(명관, 울대), 鳴動(명동, 울리어 진동함), 自鳴鐘(자명종), 鷄鳴聲(계명성, 닭우는 소리), 孤掌難鳴(고장난명, 외(한) 손바닥으로는 소리 나지 않는다)
- 鼓(북 고) : 鼓笛〔고적, 鼓笛隊(고적대)〕, 鼓吹(고취), 鼓舞(고무), 鼓手(고수, 북 치는 사람, 高手는 수가 높은 사람)
  * 敲(두드릴 고)자와 구별, 推敲(퇴고, 글이나 문장을 고치고 다듬는 일을 말함)

선화공주(善花公主)와 서동요(薯童謠)

善(착할 선)—善行(선행), 善導(선도), 善惡(선악), 改善(개선)
花(꽃 화)—花環(화환), 花園(화원), 花壇(화단), 桃花(도화)
薯(마 서, 고구마 서)—마과의 덩굴성 풀 이름
童(아이 동)—童話(동화), 童心(동심), 兒童(아동), 神童(신동)
謠(노래 요)—民謠(민요), 歌謠(가요), 童謠(동요), 農謠(농요)

『삼국유사』에 백제 30대 무왕[武王, 아명(兒名)이 서동(薯童)]과 신라 진평왕(眞平王)의 딸 선화공주가 무왕의 왕비가 되었다는 이두(吏讀)로 표기된 재미있는 설화(說話)가 서동요(薯童謠)로 전한다.

2009년 1월 전북 익산 미륵사지(彌勒寺址) 석탑(石塔)에서 발굴(發掘)된 사리봉안기(舍利奉安記)에서 무왕의 왕비가 백제의 명문가인 사택적덕(沙宅積德)의 딸이라고 되어 있어 논란(論難)이 일고 있다. 당시 신라와 백제의 관계로 보아 백제가 멸망 후 미륵사 승려들이 절을 구하고자 신라와 미륵사의 좋은 인연을 지으려는 주장과 무왕의 왕비가 사택왕후와 선화공주가 둘 다 맞다는 주장도 나와 미륵사의 서탑과 동탑은 사택왕비가, 목탑(木塔)이 있었던 중탑은 선화공주가 발원(發願)하여 건립했을 것이라는 주장도 있다.

우리 민족에 전해 내려오는 아름답고 재미있는 신화나 설화는 그리스 로마 신화처럼 오래토록 지켜가야 할 것이다.

활용(活用)

- 兒(아이 아) : 兒童(아동), 育兒(육아), 幼兒(유아), 胎兒(태아)], 孤兒(고아), 健兒(건아), 幸運兒(행운아), 風雲兒(풍운아), 兒女子(아녀자, 어린애와 여자, 혹은 여자를 낮추어 부르는 말)
- 眞(참 진) : 眞實(진실), 眞相(진상), 眞僞[진위, 眞否(진부)], 眞髓(진수, 진수를 맛보다), 純眞(순진), 天眞爛漫(천진난만)

- 平(평할 평) : 平民(평민), 平凡(평범), 平和(평화), 平交間(평교간), 無事太平(무사태평), 太平歲月(태평세월, 太平歌), 公平(공평). 和平(화평)
- 掘(팔 굴) : 掘穴(굴혈), 掘削(굴삭, 掘削機), 堀鑿(굴착, 堀鑿機)
- 舍(집 사) : 舍宅(사택), 寄宿舍〔기숙사, 舍監(사감)〕, 廳舍(청사, 政府廳舍(정부청사)〕, 舍利〔사리, 석가나 고승의 유골, 佛舍利(불사리)〕, 客舍〔객사, 客館(객관)〕

  * 舍叔(사숙)은 남에게 자기 삼촌을 일컫는 말이고, 私淑(사숙)은 존경하는 사람에게 직접 가르침을 받을 수 없으나 그의 인격이나 학문을 흠모하여 배움을 뜻하며, 私塾(사숙)은 사사로이 연 조그마한 교육시설을 말한다.

- 利(이로울 리) : 利益(이익), 利權(이권), 利器(이기), 功利(공리), 便利(편리), 暴利(폭리), 高利貸金〔고리대금, 低利融資(저리융자)〕

* 漁父之利(어부지리)
두사람이 서로 다투는 사이에 제3자가 이익을 보게 된다는 전국책에 나오는 말로 작은 趙나라와 燕나라가 싸우다가는 큰나라 秦나라에만 어부지리의 이익이 돌아갈뿐이라며 연나라의 세객(說客) 소대(蘇代, 蘇秦의 동생)가 조나라왕에게 가서 침공을 중단시키며 설득한 말이다. 즉, 자기가 역수를 건널 때 도요새와 민물조개가 서로 물고 싸우다가 지나가는 어부가 둘 다 잡아갔다는 고사이다.

- 奉(받들 봉) : 奉仕(봉사), 奉行(봉행), 滅私奉公(멸사봉공), 奉祝(봉축)
- 沙(모래 사, 물에 씻겨 작게 된 모래) : 沙漠(사막, 砂漠), 白沙場(백사장),

남아 있는 미륵사지 동탑, 이 탑 만이 시주자(侍主者)가 누구인지 알고 있을 것이다

沙土(사토), 沙上樓閣(사상누각), 黃沙(황사),
* 砂(모래 사, 돌(石)이 작게 부스러진(少) 모래)]는 砂器(사기), 砂金(사금), 砂布(사포), 사력(砂礫, 모래와 자갈) 등으로 沙와 같이 쓰이나 어감이 틀린다.
● 宅(집 택) : 邸宅(저택), 住宅(주택), 宅號(택호)
* (댁 댁) : 宅內(댁내), 천안宅(댁), 안성宅(댁)
● 積(쌓을 적) : 積極(적극), 積善[적선, 積善之家 必有餘慶(적선지가 필유여경, 적선을 한 집안에 반드시 좋은 일이 있다)], 積立(적립), 山積(산적), 船積(선적)
● 德(큰 덕) : 德望(덕망), 德談(덕담), 人德(인덕), 蔭德(음덕), 積德(적덕), 功德(공덕)
● 論(논할 론) : 論文(논문), 論述(논술), 討論(토론), 論爭(논쟁), 講論(강론), 勿論(물론), 論功行賞(논공행상)
* 公論(공론)은 전체의 公共(공공)의 輿論(여론)이고, 空論(공론)은 쓸데 없는 卓上空論(탁상공론) 또는 空理空論(공리공론)을 말한다.
● 難(어려울 난) : 難色(난색), 難易度(난이도), 難攻不落(난공불락), 難關(난관), 險難(험난), 危難(위난), 困難(곤란), 難色(난색), 難易度(난이도), 詰難[힐난, 캐고 따져 비난(非難), 詰責(힐책, 잘못을 따져 꾸짖음)],
* 遭難[조난. 조난 신호, SOS[Save Our Souls(Ships)]]
● 情(뜻 정) : 情感(정감), 情理(정리), 情緖(정서), 感情(감정), 純情(순정), 母情[모정, 어머니의 정, 慕情(모정, 사모하는 정)]
● 況(형편 황) : 況且(황차, 하물며), 狀況(상황), 槪況(개황), 近況(근황)
● 願(원할 원) : 願書(원서), 願望[원망, 원하고 바람, 미운 마음으로 남을 탓하는 怨望(원망)과 구별], 念願(염원), 祈願(기원), 所願(소원)

평강공주(平岡公主)와 온달(溫達)장군

> 平(화평 평)—平民(평민), 平年(평년), 平準(평준화), 泰平(태평)
> 岡(언덕(구릉) 강=崗)—岡陵(강릉)
> 溫(따스할 온)—溫情(온정), 溫泉(온천), 高溫(고온, 低溫)
> 達(통달 달)—達人(달인), 達觀(달관), 榮達(영달, 配達. 速達)

온달은 고구려 대대로 무가(武家)의 자손(子孫)으로 그의 아버지가 어전(御前) 사냥대회에서 호랑이를 잡았으나 당시 임금이 총애(寵愛)하던 장군이 그 공(功)을 가로채는 과정(過程)에 목숨을 잃고 그들 모자는 산속으로 숨어서 산사나이로 위장하여 바보로 살아간다.

25대 평원왕(平原王)의 공주 평강은 계모인 왕후의 구박(驅迫)으로 늘 울고 지냈다. 왕은 공주에게 자꾸만 울면 당시 바보라고 소문난 온달에게 시집보낸다고 하였다.

이에 몰래 궁 밖 무예판에서 바보 온달을 본 평강은 온달이 바보가 아님을 알고 패물을 챙겨 온달을 찾아가 부부의 연(緣)을 맺는다. 공주는 온달을 경당에 보내 무예(武藝)를 익히게 하여 낙랑 언덕 무예제전(祭典)에서 발군(拔群)의 실력을 보여 어전으로 불려갔다.

왕은 그간의 온달과 평강의 이야기를 듣고 큰 상과 벼슬을 내렸다. 그 뒤 많은 전승(戰勝)의 공과 왕을 호위하며 벼슬이 대형(大兄)이 되어 다물(多勿, 고구려에서 옛것(옛땅)을 되찾다의 뜻) 정신으로 중국 대륙의 옛 조선땅을 회복(回復)하고 또 26대 영양왕 즉위년에는 한강 유역에 신라에 빼앗긴 옛땅을 되찾으려 한수(漢水)의 아차산성(阿且山城) 전투에서 그의 꿈을 다 이루지 못하고 전사(戰死)하고 만다.

활용(活用)

● 御(임금 어) : 御命(어명), 御用(어용), 御意〔어의, 왕의 뜻, 御醫(어의, 임금의 主治醫(주치의)〕, 暗行御史(암행 어사), 御前會議(어전회

한강변 서울 광진구에 있는 사적 제234호 아차산성

의), 崩御(붕어, 왕의 죽음)
- 寵(고일(사랑) 총) : 寵臣(총신), 寵妾(총첩, 寵姬), 恩寵(은총)
- 愛(사랑 애) : 愛國志士(애국지사), 愛鄕心(애향심), 愛惜(애석), 愛稱(애칭), 愛之重之(애지중지), 偏愛(편애), 殉愛譜(순애보)
- 功(공 공) : 功臣(공신), 功過(공과), 功名心(공명심), 武功(무공), 功勳(공훈), 功勞(공로), 螢雪之功(형설지공),

* 功利主義(공리주의, 최대 다수의 최대 행복을 추구함으로써 이기적 쾌락과 사회 전체의 이익을 조화시키려는 19세기 영국의 정치사상으로 Bentham에 의해 주장, 實利主義)

- 過(지날 과) : 過去(과거), 過程(과정), 通過(통과), 經過(경과), 또
* (지나칠 과) : 過慾(과욕), 過勞(과로), 過讚(과찬), 過飮(과음), 過剩〔과잉. 過剩保護(과잉보호)〕, 過恭非禮(과공비례)
* (허물 과) : 過失〔과실, 重過失(중과실)〕, 罪過(재과), 過誤(과오), 改過遷善(개과천선)

* 過猶不及(과유불급)
지나친 것은 미치지 못함과 같거나 오히려 못하다는 뜻으로 지나치지도 않고 부족하지도 않은 중용(中庸)의 경지(境地)를 강조한 말이다. 공자께서 늘 과(過)하다고 생각되던 제자 자장(子張)과 늘 미치지 못하다(不及)고 생각하였던 제자 자하(子夏)에 대해서 자공(子貢)의 물음에 대답한 명구(名句)이다.
도요토미 히데요시 다음으로 일본 천하를 통일한 도쿠가와 이에야스는 그의 막부(幕府)에 10가지 유훈(遺訓) 중 하나가 "지나침은 미치지 못하는 것보다 못하다"고 하면서 항상 과욕(過慾)과 교만(驕慢)을 경계했다. 그래서 그의 막부정권은 260여년간이나 지탱할 수 있었다.

- 緣(인연 연) : 緣故地(연고지), 天生緣分(천생연분), 緣木求魚(연목구어), 緣由(연유, 事由), 惡緣(악연), 奇緣(기연, 기이한 인연)
- 拔(뽑을 발) : 拔劍(발검), 拔萃(발췌), 拔本塞源(발본색원), 抽拔(추발, 골라서 뽑음), 拔齒(발치)
- 群(무리 군) : 群島(군도), 群鷄一鶴(군계일학), 群雄割據(군웅할거), 群像(군상), 拔群(발군, 무리중에서 뛰어남)의 실력
- 勝(이길 승) : 勝負(승부, 勝敗), 勝戰譜(승전보), 必勝戰略(필승전략), 決勝(결승), 連勝〔연승↔連敗(연패)〕, 最後(최후)의 勝者(승자),
 * 知彼知己(지피지기)면 百戰不殆(백전불태)라 즉, 상대(彼)를 알고 나(己)를 알면 백 번 싸워도 위태롭지 않다. 보통 知彼知己 百戰百勝(지피지기 백전백승)이라고도 한다.

- 戰(싸움 전) : 戰線(전선), 挑戰(도전), 一戰不辭(일전불사, 한판 싸움을 사양치 않음), 冷戰〔냉전↔熱戰(열전)〕, 擴戰一路(확전일로), 戰爭(전쟁)과 平和(평화), 戰亂(전란), 戰犯(전범), 戰略(전략)
 * (두려울 전) : 戰慄(전률, 두려워 몸이 떨림), 戰戰兢兢(전전긍긍)
- 死(죽을 사) : 死鬪(사투), 死傷者(사상자), 戰死(전사), 不死鳥〔불사조, 불에 타죽고도 다시 태어난다는 이집트 신화에 나오는 'phoenix(피닉스)' 이름〕, 瀕死(빈사, 거의 죽을 지경에 이른)상태.

마의태자(麻衣太子)

麻(삼 마)—麻袋(마대), 麻藥(마약), 大麻[대마, 大麻草(대마초)]
衣(옷 의)—衣冠(의관), 衣食(의식), 錦衣還鄉(금의환향)
太(클 태)—太古(태고, 太初), 太陽(태양), 豆太(두태, 팥과 콩)
子(아들 자)—子息(자식), 子正(자정, 밤12시), 子時(자시, 밤11-13)

한 나라는 국가 안보(安保)와 무비[武備, 軍備(군비)]를 소홀히 하여 외침(外侵)에 의하거나 무능(無能)과 부패(腐敗)로 인한 내부적 불안 요인으로 멸망(滅亡)하게 된다고 역사는 가르친다.

신라 천년 사직(社稷)을 고려 왕건에게 들어바치는 신라 마지막 임금 56대 경순왕(敬順王), 이때 그의 아들 마의태자는 "나라의 존망에는 천명(天命)이 있는데 스스로 나라를 굳게 하다가 힘이 다한 때에 말 것이지 어찌 천년사직을 일조(一朝)에 남에게 내어줄까보냐"하며 부왕의 결정에 반대하고 마의(麻衣)를 걸치고 덕주(德主)공주와 함께 충주의 월악산(月嶽山)을 지나 양평 용문사(龍門寺)를 거쳐 북쪽 개골산(皆骨山, 金剛山)으로 들어갔다고 『삼국사기』에 전한다. 이때 은행나무지팡이를 꽂아 두고 간 것이 지금 용문사 입구 천년 고목 은행나무라고 전한다.

후세 많은 역사가들이나 문필가들이 마의태자의 망국지한(亡國之恨)이 담긴 일생을 수필(隨筆), 소설(小說)로 썼으며 영화(映畵), 뮤지컬로도 많이 그려졌다.

충주 월악산에는 덕주사(德主寺)가 있고 덕주사로 가는 미륵사지(寺址)에는 북으로 향(向)한 큰 미륵 석불이 서 있다.

활용(活用)

● 侵(침범할 침) : 侵略(침략, 侵攻), 敵侵(적침, 南侵), 侵蝕[침식, 蠶食(잠식)], 相互不可侵(상호불가침)조약
● 能(능할 능) : 能力(능력), 能動(능동), 能率(능률), 能通(능통), 全知

全能(전지전능, 萬能), 本能(본능), 可能(가능)
- 腐(썩을 부, 곳간(府)에 고기(肉)를 오래 두면 썩는다) : 腐木(부목, 썩은 나무), 腐心(부심, 마음이 상해 썩어드러감), 腐蝕(부식), 腐爛(부란, 썩어 문드러짐), 陳腐(진부, 묵어서 신선하지 못함), 腐敗(부패), 豆腐(두부)
- 滅(멸할 멸) : 滅門之禍(멸문지화), 滅私奉公(멸사봉공), 全滅(전멸), 滅種(멸종), 撲滅(박멸) 不滅(불멸), 破滅(파멸)

충주 미륵사지의 북향의 미륵불

- 社(토지신 사) : 社稷(사직, 나라를 뜻함, 옛날 토지신에 제사지낼 때 마을 (당시 社會의) 모든 사람들이 같이 모여 참여하였으므로)
* (모일 사) : 社會(사회), 社交(사교), 社說(신문 사설), 結社(결사의 자유), 入社(입사), 社團法人(사단법인)
- 稷(기장 직, 피 직) : 社稷壇(사직단, 뒤에 설명), 稷神(직신,곡식의 신)
- 剛(굳셀 강) : 剛直(강직), 剛斷(강단), 外柔內剛(외유내강),
* 强(힘셀 강)자는 强權(강권을 발동), 强勸(강권, 억지로 권함), 强壓(강압), 强勢(강세), 强制(강제)
* 彊(강)자도 굳세고 튼튼하다는 强(강)자와 같은 뜻의 글자이며,
* 剛자는 칼 도변으로 칼을 만드는 강철과 같이 강하다는 뜻이고 위의 强은 활 궁변으로 단단하고 견고한 활을 뜻한 것이다.

- 隨(따를 수) : 隨想(수상, 隨筆), 隨時(수시), 隨行(수행), 附隨(부수)
- 筆(붓 필) : 筆談(필담), 筆跡(필적), 筆禍(필화), 直筆(직필, 曲筆), 筆名 (필명), 拙筆(졸필), 親筆(친필), 執筆(집필), 絶筆(절필)
- 恨(뉘우칠 한) : 恨歎(한탄), 恨死(한사, 한을 품고 죽다), 怨恨(원한),
- 映(비칠 영) : 映像物(영상물), 映寫(영사), 映窓(영창), 反映(반영), 上映(상 영), 終映(종영)
- 向(향할 향) : 向方(향방), 向上(향상), 意向書(의향서), 向學熱(향학열), 趣向(취향), 南向(남향, 北向), 向後(향후)로는

발해(渤海)

> 渤(바다 이름 발)—渤海灣(발해만))
> 海(바다 해)—海邊(해변, 海岸), 海溢(해일), 海東(해동, 海東은 東國, 靑丘등과 함께 우리나라의 이칭(異稱)으로 중국에서 볼 때 발해와 황해의 동쪽에 있는 나라).

발해는 고구려가 망한 30년 뒤 699년 고구려의 유신(遺臣, 왕조가 망한 후 남은 신하) 대조영(大祚榮)장군이 동모산(東牟山, 지금의 중국 만주 敦化지방)에서 고구려의 옛땅 위에 세운 나라로 만주(滿洲) 벌판이 우리의 옛영토였음을 마지막으로 보여준 국가이다.

발해는 민족 구성상 고구려인을 지배층으로 말갈(靺鞨)인이 피지배층으로 되어 있으며 문화(文化)는 고구려적 요소(要素)가 많은 문화의 바탕 위에 당(唐)문화를 흡수하였으나 독자적인 문화를 이룩하지 못하여 민족 단결력의 약화로 926년 거란(契丹)에게 멸망당한 단명(短命)의 왕조로 끝나고 말았다. 전성기(全盛期)에는 흑룡강(黑龍江), 송화강(松花江)에서 대동강(大同江)유역까지 아우르는 동아시아의 대왕국으로 중국에서는 발해를 해동성국(海東盛國, 동쪽에 융성한 나라)이라 불렀으며 한때 신라와 더불어 남북조(南北朝)시대를 이루었다.

우리의 민족사관(民族史觀)의 입장에서 만주땅의 주인이었으며 발해사는 우리나라 역사에 있어서 당시 중국 당나라와 대등(對等)하다는 민족 자존(自尊)의 긍지(矜持)와 함께 자부심(自負心)을 심어준 중요한 부분을 찾이하고 있다.

활용(活用)

- 臣(신하 신) : 臣民(신민), 臣僚(신료), 功臣(공신), 忠臣〔충신, 奸臣(간신), 逆臣(역신)〕, 家臣(가신정치),
- 祚〔복조 조=福(복)=祿(록)〕 : 임금 자리 등을 의미〔溫祚(온조)〕

- 榮(영화 영) : 榮華(영화), 榮光(영광), 榮枯盛衰(영고성쇠), 榮轉〔영전, 榮進(영진)〕, 繁榮(번영), 光榮(광영), 虛榮(허영), 虛榮心)
- 敦(돈독할 돈) : 敦篤(돈독), 敦化門(돈화문)
- 契(맺을 계) : 契約(계약), 契機(계기), 親睦契(친목계), 契會圖(계회도, 계 모임의 그림)
* 契자는 종족 이름 글자로, 契丹이 역사에는 글단→글안→거란으로 쓰여짐.
* 契(사람 이름 설)자로도 쓰임.

중국 길림성에 남아 있는 발해 유적 영광탑

- 丹(붉을 단) : 丹靑(단청), 一片丹心(일편단심), 丹粧(단장)
* (모란 란) : 牡丹〔모란= 牧丹(목단)〕
- 短(짧을 단) : 短點(단점, 長短點), 短篇(단편), 短期(단기)
- 命(목숨 명) : 命令(명령), 命脈(명맥), 命題(명제), 命中(명중), 運命(운명), 宿命(숙명), 亡命(망명), 嚴命(엄명)
- 全(온전 전) : 全部(전부), 全景(전경), 完全(완전), 萬全(만전)
- 盛(성할 성) : 盛況(성황), 盛裝(성장), 隆盛(융성), 豊盛(풍성)
- 期(기약 기) : 期待(기대), 期必(기필), 婚期(혼기), 時期(시기)
- 黑(검을 흑) : 黑白(흑백), 黑心(흑심), 黑幕(흑막), 暗黑(암흑), 漆黑(칠흑)
- 江(강 강): 江山〔강산, 우리나라 산천이 비단(錦)에 수(繡)를 놓은 것처럼 아름다워 錦繡江山(금수강산)이라 하였다〕, 江村(강촌), 江邊(강변)
* 江湖諸賢(강호제현,강과 호수에 묻혀사는 뭇 어진 사람들로 이때 江湖는 널리 세상을 뜻함)
- 松(솔 송) : 松竹(송죽), 松柏(송백), 落葉松(낙엽송), 老松(노송)
- 同(한가지 동): 同一(동일), 同甲(동갑), 同門(동문), 協同(협동), 贊同(찬동), 同舟〔동주, 같은 배를 타다.=同船)〕
* 吳越同舟(오월동주) : 오(吳)나라와 월(越)나라는 원수지간이지만 두 나라 사람이 같은 배를 탔다가 폭풍우를 만났다면 서로 손을 맞잡고 단결

하게 된다는 손자병법에 나오는 병가(兵家)의 명언이다. 이 손자의 후예로서 이광요 싱가포르 수상은 손자병법을 인용하여 20세기에는 '파트너십'〔동반자 시대(同伴者時代, Partnership)〕을 강조하며 "오늘의 국제정치사회는 공동의 적도 진정안 우방도 없으며 오직 자국의 이해관계를 쫓아가는 동반자 관계가 있을 뿐"이란 명연설을 남긴다.

2010년 11월 11일 G20서울세계정상회의에 참석한 중국 국가주석 후진타오는 同舟共濟(동주공제)란 말로 복잡한 국제정세와 세계경제를 같은 배를 타고 같이 모두 건네자고 하였다.

- 亞(버금 아) : 亞流(아류), 亞獻(아헌), 亞聖(아성), 脫亞〔탈아, 아시아를 벗어나, 脫亞入歐論(탈아입구론, 19세기 말 근대화를 위한 일본의 주장으로 아시아를 벗어나 구라파로 들어가 서양문물을 배워 서양과 어깨를 나란히 하자고 하였다)〕
- 觀(볼 관) : 觀察(관찰), 觀念(관념), 美觀(미관), 傍觀(방관)
- 對(대할 대) : 對話(대화), 對決(대결), 相對(상대), 反對(반대)
- 等(무리 등) : 等級(등급), 等閑(등한), 均等(균등), 差等(차등)
- 尊(높을 존) : 尊貴(존귀), 尊重(존중), 尊屬(존속), 卑屬(비속), 尊稱(존칭), 追尊(추존)
- 素(흴 소) : 素服(소복), 素描(소묘, 데생), 素月(소월, 흰 달, 흰 달빛), 繪事後素〔회사후소, 사물을 그리는 일은 마음이 깨끗해진(素) 뒤에 해야 한다, 後素會라는 화가들의 단체가 있었다〕
  * (바탕 소) : 素材(소재), 素質(소질), 素朴(소박), 素養(소양),
  또 바탕을 뜻하는 한자로 바탕 질(質)자가 있다. 이 質자도 여러가지 뜻으로 쓰여 바탕 질〔質, 素質(소질), 性質(성질), 氣質(기질), 物質(물질)〕 등, 물울 질〔質, 質問(질문), 質疑(질의), 質責(질책＝叱責(질책)〕 등, 볼모잡이 질〔質, 人質(인질), 質權(질권)의 설정〕 등이 있다.
- 負(짐질 부) : 負債(부채), 負擔(부담), , 負荷(부하), 褓負商(보부상)
  * (믿을 부) : 自負〔자부, 스스로 자랑으로 생각하고 믿다, 自負心〕
  * (질 부) : 勝負(승부, 이기고 지다)

Ⅲ. 고려(高麗)시대

　후삼국을 통일한 왕건(王建)에 의하여 918년에 건국하여 호족(豪族) 세력에 의한 봉건체제(封建體制)의 불교(佛敎) 중심 왕조국가였다. 왕권을 확립하기 위하여 4대 광종 때 과거제(科擧制)가 시행되었으며 문신(文臣) 귀족(貴族)들의 지배체제는 무신(武臣)의 난(亂)을 불러일으켜 무신정권(武臣政權)이 수립되기도 하였다.

　팔만대장경(八萬大藏經)의 간행과 세계 최초의 금속활자(金屬活字)의 발명, 고려청자(高麗靑磁)는 고려시대 문화예술의 발달의 정도를 말해준다. 한문학(漢文學)의 발달과 함께 『삼국사기』와 『삼국유사』라는 귀중한 역사서를 남겨주었다. 대륙의 거란(契丹, 遼), 여진(女眞, 金), 송(宋), 몽고(蒙古, 元), 명(明) 등의 왕조가 항상 고려를 지배하려는 압력에도 불구하고, 특히 당시 전 세계를 짓밟았던 대제국 몽고가 고려를 지배하려던 야욕을 이겨낸 것도 고려의 문화적 힘이었다. 이처럼 고려는 고구려의 옛 영토회복을 위한 북진(北進), 자주(自主)정책을 끝까지 지키며 온갖 시련(試鍊)을 이겨내어 민족의 명맥을 지켜온 위대한 문화적 저력(底力)을 보여주었던 훌륭한 문화국가였다. 오늘날 Korea는 이 고려에서 유래한다.

　고려 말엽에 주자학(朱子學)이 들어오고 친원파(親元派)와 친명파(親明派)의 대립과 이성계 일파에 의한 최영(崔瑩), 정몽주(鄭夢周) 등 충신들이 제거되면서 태조 왕건에서 마지막 공양왕까지 모두 34왕 475년의 왕조를 마감한다.

고려 태조 왕건(王建)

> 王(임금 왕)―王室(왕실), 王國(왕국), 王位(왕위), 女王(여왕)
> 建(세울 건)―建議(건의), 建築(건축), 再建(재건), 封建(봉건)

 태봉(泰封)의 궁예(弓裔)는 말년에 스스로 미륵이라 하여 관심법(觀心法)을 터득했다며 부하 장수들을 의심하며 참혹하게 살육을 자행(恣行)하는 등 민심을 잃는다. 그 밑에서 송도 지방 호족(豪族) 출신의 왕건은 해상 세력을 기반으로 시중〔侍中, 지금의 총리(總理)〕자리에 있으면서 918년 제장(諸將)들의 추대(推戴)로 궁예를 축출하고 왕위에 오른다. 고려의 건국(建國)은 왕건의 포용력(包容力)과 다른 한편 풍수지리설(風水地理說)에 힘입은 바 크다.
 왕건은 국호를 고구려의 후예(後裔)인 고려(高麗)로, 연호(年號)를 천수(天授)라 하고 서울을 송악(松岳, 현 開城)으로 옮겼다. 935년에는 후백제(後百濟)의 견훤(甄萱)이 그의 아들 신검(神劍)에 의해 금산사(金山寺)에 유폐(幽閉)되었다가 고려로 투항(投降)해온다. 이러한 정세 속에서 경주를 중심으로 명맥(命脈)만 유지하던 신라의 마지막 왕 경순왕(敬順王)도 왕건에게 나라를 갖다바친다. 왕건은 인내(忍耐)와 포용(包容)으로 후백제와 신라가 스스로 망하게 되어 태조 18년(936)에 후삼국을 완전히 통일한다.

> 활용(活用)

● 泰(클 태) : 泰斗〔태두, 泰山北斗(태산북두)의 준말로 첫손에 꼽히는 권위 있는 인물, 大家(대가)〕, 泰東(태동, 동쪽 끝, 極東, 海東), 泰山〔태산, 泰山峻嶺(높은 산의 험준한 고개)〕
 * (편안할 태) : 泰平(태평), 泰然(태연)
● 封(봉할 봉) : 封印(봉인), 封墳(봉분), 封鎖(봉쇄), 封書(봉서), 封緘葉書(봉함엽서), 封紙(봉지, 밀가루봉지), 封物(봉물), 密封(밀봉), 完

封〔완봉, 完封勝(완봉승)〕
- 豪(호걸 호) : 豪傑(호걸), 豪華(호화), 豪雨(호우), 豪氣(호기를 부리다), 豪飮〔호음=暴飮(폭음), 豪族(호족), 土豪(토호), 文豪(문호)
- 恣(방자할 자) : 恣行(자행, 방자하게 행동하다), 恣意(자의, 제멋대로), 傲慢放恣〔오만방자=傲慢不遜(오만불손)=倨慢(거만)〕
- 侍(모실 시) : 侍女(시녀), 侍從〔시종, 侍從武官(시종무관)〕
* 待(기다릴 대) : 待機(대기), 待望(대망), 待令(대령) 또 이 待자는 대접할 대로 待接(대접), 待遇(대우), 歡待(환대), 冷待(냉대) 등과 구별

※ 內侍(내시)와 內人(나인)

내시〔內侍, 나인(內人)〕은 고려와 조선 시대에 궁궐 안 내시부(內侍府)에 소속된 벼슬아치를 말한다. 임금이 거처하는 전각은 대전(大殿)이라 하였다. 일반적으로 내시들을 내관이라고 하였으나 특히 대전에서 근무하는 내시를 내관(內官)이라 하였고 왕비가 거처하는 전각은 내전(內殿)이라 하고 주로 나인은 왕비를 가까이서 모시는 궁녀로 한문자를 內人이라 쓰고 우리말로 나인이라 읽었다.

고려 때 처음에는 궁전 숙위(宿衛), 근위(近衛)로 있다가 차츰 불알이 거세(去勢)된 환관(宦官)으로 바뀐다. 『경국대전(經國大典)』에 보면 조선시대 내시는 최고직인 종 2품 상선(尙善)에서 종 9품 상원(尙苑)까지 약 140명이 내시부(內侍府)에 근무하였으며 국왕의 음식, 주방, 차(茶)와 약(藥) 등 국왕의 건강관리와 왕명의 출납, 궁궐 열쇠 관리, 왕실 소유의 전답 재산 관리, 등불〔燈燭〕과 청소(淸掃)에 관한 일 그리고 궁녀에 관한 일도 이들 내시부의 소관이었다. 내시가 권력을 가지게 되는 데에는 왕의 지근(至近) 거리에서 24시간 같이 생활하며 승지(承旨)에 앞서 먼저 왕명을 출납(出納)하였기 때문에 유사시에

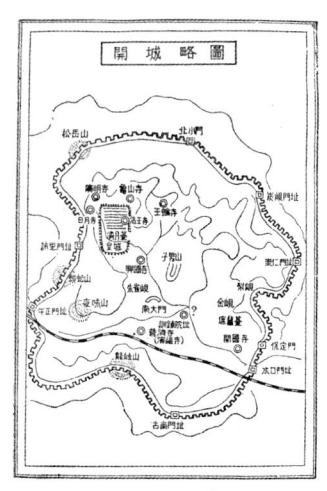

고려 초기 개경 축성도(築城圖)

는 내시의 역할이 매우 컸다.

조선왕조에서 내시로 가장 이름을 많이 남긴 내시(內侍)는 김처선(金處善)으로 그는 세조 때에 입궐(入闕)해 성종과 연산군을 모신다. 황음무도(荒淫無道)한 폭군(暴君) 연산 때 그는 임금에게 어느 신하도 간(諫)하지 못하는 것을 늘 간하다 결국 연산의 칼에 쓰러진다.

- 諸(모두 제) : 諸侯(제후), 諸般(제반), 諸行無常(제행무상)
- 推(추천할 추) : 推薦(추천)
  * (옮을 추) : 推移(추이), 推定(추정), 推測(추측), 推尋(추심), 推仰(추앙), 推理(추리소설), 推進(추진), 推定(추정)
  * (밀 퇴) : 推敲(퇴고, 글을 가다듬고 생각하여 고침의 뜻으로 이 때 推자는 밀 퇴자로, 한자로 '堆敲'로 쓰거나 또는 推敲를 '추고'로 읽는 것은 잘못임), 推窓〔퇴창, 밀어서 여는 창문, 推窓門(퇴창문)〕
  * 堆자는 언덕 퇴자로 堆肥(퇴비), 堆積(퇴적), 堆積層(퇴적층)으로 쓰인다.

  * 推敲(퇴고)라는 말은 글을 쓰고 다듬는 일을 하는 사람에게는 그 어원(語源)에 잊을 수 없다. 문장론(文章論)이나 문장강화(文章講話)에서 빼놓을 수 없는 재미 있고 아름다운 이야기가 전한다.
  당나라 시인 가도(賈島)의 서경시(敍景詩)에 다음과 같은 시가 있다.

  鳥宿池邊樹(조숙지변수, 새들은 저녁이 되자 연못가 나무로 자러 들고)
  僧敲月下門(승고월하문, 스님은 달빛 아래서 어느 집 대문을 두드리다)

※ 「도이장가」(悼二將歌)

고려 태조 10년(927) 대구 팔공산(八公山) 전투에서 왕건은 후백제 견훤에 의해 포위(包圍)되어 형세(形勢)가 위급(危急)해졌을 때 신숭겸(申崇謙)이 김락(金樂)과 더불어 왕건에게 퇴로(退路)를 열어주고 자신들은 전사한다. 왕건은 그 덕분에 목숨을 건져 개경으로 돌아와 왕이 된다. 그 후 예종(睿宗)은 고려의 개국장절공(開國壯節公) 신숭겸과 김락 두 장군의 충절을 추도하여 「도이장가」를 지어 후세에 남겼다.

이 詩의 저자는 처음에는 僧推月下門(승퇴월하문)으로 하였다. 그러나 다시 생각하니 밀 推자보다는 두드릴 敲자로 하는 것이 운율이나 읊는데 좋겠다고 생각되어 고쳐 보았다. 僧敲月下門(승고월하문)으로 해놓고 보니 두드릴 敲자보다는 밀 推자가 더 좋을 것 같았다. 밀 推자로 할까? 두드릴 敲 자로 할까? 생각에 열중하다가 그만 당대의 대문신이요 당송팔대가의 한사람인 한퇴지[韓退之 본명 유(愈)]의 수레와 부딪치고 말았다. 미쳐 비키지 못한 연유를 말하자 대문호는 "내 생각은 밀 推자 보다는 두드릴 敲자로 하는 것이 나으리다" 하여 僧敲月下門으로 하였다. 이로부터 후일 문인들이 문장을 고치는 것을 퇴고(推敲)라 하였다.

● 戴(머리에 일 대) : 戴冠〔대관, 戴冠式(대관식)〕, 男負女戴(남부여대, 남자는 등에 지고 여자는 머리 위에 임), 不俱戴天〔불구대천의 怨讐(원수), 같은 하늘을 머리에 이고 함께 살아갈 수 없다는 말, 俱(구) 자는 함께 구자임〕
* 褓負商(보부상), 봇짐 장수(褓商)와 등짐 장수(負商)로 소금이나 식량 등 생필품의 배달에 큰 공을 했으며 조선조 말에는 상단을 조직하여 세력화하였으나 교통, 통신의 발달과 상거래의 근대화로 기능을 상실한다.

● 授(줄 수) : 授與(수여), 授業(수업), 授受(수수, 주고 받음),
* 受자는 받을 수자임, 受難(수난), 受領(수령), 受驗生(수험생)
● 幽(그윽할 유) : 幽玄(유현), 幽靈(유령)회사
* 幽明(유명, 어둠과 밝음, 이승과 저승)을 달리하다, 幽宅(유택, 무덤)
● 閉(닫을 폐) : 閉鎖(폐쇄), 開閉〔개폐, 열고 닫음의 뜻이고, 改廢(개폐, 改正과 廢止)의 뜻임〕, 密閉(밀폐)
● 投(던질 투) : 投資(투자), 投球(투구, 투수), 投票(투표), 投宿(투숙), 投機(투기), 投擲(투척, 던짐, 화염병 투척)
● 命(목숨 명) : 命脈(명맥), 壽命(수명), 召命(소명), 抗命(항명), 人命在天(인명재천), 命在頃刻(명재경각)
● 忍(참을 인) : 忍苦(인고), 忍辱(인욕), 忍之爲德(인지위덕, 참는 것이

곧 덕이 됨), 隱忍自重(은인자중)
- 耐(견딜 내) : 耐久力〔내구력, 持久力(지구력)〕, 耐熱(내열↔耐寒), 耐火(내화벽돌), 耐力(내력), 堪耐(감내), 忍耐(인내, 忍耐心)
- 包(쌀 포) : 包裝(포장, 과대포장), 包圍(포위), 包攝(포섭), 包袋(포대), 包括(포괄), 小包(소포)
- 容(얼굴 용) : 容貌(용모), 容態(용태), 美容(미용), 威容(위용)
  * (받아드릴 용) : 容量(용량), 容器(용기), 容認(용인), 容共(용공), 容恕(용서), 寬容(관용), 許容(허용), 包容(포용)
- 底(밑바닥 저) : 底邊(저변, 底面), 底意(저의), 底流(저류), 底力(저력), 海底(해저), 基底(기저), 徹底(철저)
  * 低(낮을 저)자와 구별, 低價(저가), 低廉(저렴), 低能兒(저능아), 低姿勢(저자세), 低俗(저속), 低下(저하), 最低(최저), 高低(고저)

※ 풍수지리설(風水地理說)
신라 말, 고려 초기에 도선(道詵) 국사에 의해 제기되어 나라나 개인에게 큰 영향을 미친 사상으로 불교와 깊은 관련이 있다. 지세(地勢)와 지형(地形)의 쇠왕(衰旺)과 순역(順逆)에 따라 앞을 내다보는 이 사상은 왕건에 의해 숭상된 이래 고려시대 귀족사회와 민간 뿐만 아니라 이성계도 조선왕조 도읍(都邑)을 정하는 과정에 풍수지리를 존중하였다.

풍수지리에서 풍수(風水)는 장풍득수(藏風得水)의 줄임말이다. 옛날 우리나라와 중국 사람들은 배산임수(背山臨水)로 등 뒤에서 불어오는 험하고 찬 바람을 막아주는 산이 병풍처럼 둘러싸이고 생활에 필요한 물을 앞에서 쉽게 얻을 수 있는 곳을 사람이 살기에 좋은 곳(陽宅)으로 생각했다. 또 죽은 사람의 기(氣)는 바람을 만나면 흩어지고 물을 만나면 멈추게 된다고 생각하여 최대한 風과 水를 피해서 조상의 묘터(陰宅)를 잡았다.

여기에는 조상들의 오랜 생활의 지혜(智慧)가 담겨 있다. 그러나 묘지 이장(移葬) 등 풍수의 미신적(迷信的) 요소 등 버릴 것은 빨리 버려야 할 것이다. 신라 문무왕의 감포 앞바다 해중릉(海中陵)도 있다. 거금을 들여 명당(明堂)에 조상 묘를 쓰고 풍비박산(風飛雹散)된 집안도 있다. 풍수와 사주팔자(四柱八字)보다는 현재 자신의 노력이 더욱 중요하다.

왕건의 훈요십조(訓要十條)

- 訓(가르칠 훈)—訓戒(훈계), 訓練(훈련), 敎訓(교훈), 遺訓(유훈)
- 要(중요 요)—要點(요점), 要領(요령), 要綱(요강), 重要(중요), 緊要(긴요), 貞觀政要(정관정요)
- 十(열 십)— 十誡命(십계명), 十人十色(십인십색), 시월(十月)
- 條(가지 조)—條文(조문), 條約(조약), 信條(신조), 敎條(교조)

　훈요십조는 왕건이 후삼국을 통일하고 태조 26년(943), 후손들에게 귀감(龜鑑)이 되게 남긴 10가지 유훈(遺訓)으로 십훈(十訓)이라고도 하는데 여기에 고려의 국가 정책의 기본 방향이 제시(提示)되고 있다.

　1) 불교(佛敎)의 숭상(崇尙), 2) 풍수지리설(風水地理說)의 존중(尊重), 3) 적자적손(嫡子嫡孫)의 승계(承繼), 4) 거란(契丹)의 배격(排擊), 5) 서경(西京)의 중시(重視), 6) 연등회(燃燈會)와 팔관회(八關會) 강조, 7) 간언(諫言)의 경청(傾聽), 8) 차현(車峴) 이남의 산형지세(山形地勢)는 배역(背逆)하니 등용 억제, 9) 녹봉(祿俸)과 조세(租稅)의 균등, 10) 경사(經史)의 참조 등으로 『고려사』에 전한다.

　이는 왕건의 정치사상과 불교와 풍수도참(風水圖讖)을 중시하였던 정책의 요체(要諦)로 역대 임금과 신하들의 전거(典據)가 되었다.

　왕건은 조상들이 개성의 산에 푸른 소나무를 많이 심어 송악(松嶽) 남쪽 지세(地勢)가 순(順)한 곳 명당(明堂)에 터를 잡아 집을 지으면 후손에 삼한을 통일할 영웅이 나온다는 도선(道詵) 국사의 『도선비기』(道詵秘記)에 따른 풍수지리설을 그대로 실천한 지덕(地德)으로 나라를 통일하고 왕이 되었다고 믿었으며 산세가 역(逆)한 곳에는 비보(裨補)의 뜻으로 불교도 진흥시킬 겸 많은 사찰(寺刹)을 지어 액운(厄運)을 막았다고 한다.

도선비기(道詵秘記)의 책들

활용(活用)

- 龜(땅이름 구) : 龜浦(구포)
  * (거북 귀) : 龜甲(귀갑, 거북 등), 龜趺(귀부, 거북발 모양의 비석 받침) 龜頭(귀두, 거북 머리, 남자 생식기인 음경의 끝 부분)
  * 龜鑑(귀감) : 옛 사람들은 앞일이 궁금하면 거북 등을 불로 지져 갈라진 금으로 점(占)을 쳤다(龜卜). 그래서 거북(龜)은 吉凶(길흉)을 말해주고 거울(鑑)은 美醜(미추)를 구별해준다고 해서 본받을 만한 모범을 귀감이라 했다.
  * (갈라질 균) : 龜裂(균열, 거북 등같이 갈라짐)
- 鑑(살필 감) : 鑑識(감식), 鑑定(감정), 鑑別(감별), 鑑賞(감상), 印鑑(인감, 인감도장)
  * (거울 감) : 明心寶鑑(명심보감), 龜鑑(귀감)
- 嫡(정실 적) : 嫡庶(적서, 적자와 서자), 嫡統(적통), 嫡長子〔적장자, 正室(정실)의 몸에서 난 장자〕

※ 적통(嫡統)과 서얼(庶孼)

적통은 정실(正室, 본부인)에서 태어난 적자손(嫡子孫)으로 하여금 왕통(王統)이나 가통(家統)을 이어가게 하는 왕조시대 제도로 양반(兩班, 文班과 武班) 가문의 적통만이 과거 응시자격이 부여되었다.

서얼은 서자(庶子)는 첩(妾)에서 태어난 자식을 말하고 얼자(孼子)는 천첩(賤妾, 婢妾)에서 태어난 자식을 말한다. 조선시대는 반상(班常 : 班은 양반을 말하며 常은 農工商에 종사하는 일반 백성인 상민도 역시 과거 응시 자격이 없었다)의 차별과 적서의 차별이 심했다. 대부분의 양반

※ 『정관정요』〔貞觀政要, 정관지치(貞觀之治)의 내용을 엮은 책〕

중국 당(唐)나라 제2대 임금 태종(太宗) 이세민(李世民)의 치세(治世)를 분류 편찬하여 위정(爲政)의 참고로 40편 10권으로 엮은 책. 당태종의 치세는 선정(善政)의 전형으로 제왕(帝王)의 이상상(理想像)으로 숭앙되어 후대에 많은 군왕들과 현재도 많은 국가원수에까지 널리 애독되고 있다.

들은 자기집에 많은 여종을 첩으로 거느려 서얼자(庶孼子)들의 수가 점차 늘어갔다. 조선조 영정시대에 서얼통청(庶孼通請)의 상소(上疏)등이 받아들여져 서얼자들이 등용되기는 하였으나 만민평등(萬民平等)에 반하는 차별정책을 완전히 개혁하지 못하였다.

1894년 동학혁명(東學革命)과 신분제 철폐의 갑오경장(甲午更張)으로까지 이어져 종국에는 왕조멸망의 한 원인이 되기도 하였다.

● 京(서울 경) : 京鄕(경향 각지), 三京(삼경), 東京(동경), 西京(서경)
● 燃(불탈 연) : 燃燒(연소), 燃料(연료, 땔감)
● 燈(등불 등) : 燈盞(등잔), 燈燭(등촉), 燈下不明(등하불명), 風前燈火(풍전등화), 燈火可親(등화가친)
● 八(여덟 팔) : 八等身(팔등신), 八方(팔방미인), 四通八達(사통팔달)
● 關(빗장 관, 빗장이 가로세로 걸린 문으로 '나라를 지키는 곳, 국방의 요새지를 關이라 했음) : 關門(관문), 山海關(산해관), 문경 새재를 넘는데는 3개의 關門(관문)이 있다. 難關(난관, 공격하기가 어려운 관문), 關稅〔관세, 稅關, 通關(통관), 옛날 관문을 지날 때 돈(稅)을 내었음〕.
● 車(수레 차) : 車輛(차량), 車庫(차고), 馬車(마차), 駐車(주차)
　* (수레 거) : 車馬費(거마비), 人力車(인력거)
● 錦(비단 금) : 錦上添花(금상첨화), 錦衣還鄕(금의환향, 錦繡江山)
● 背(등 배) : 背信(배신), 背任(배임), 背山臨水(배산임수), 背恩忘德(배은망덕), 背水陣(배수진)
● 逆(거스릴 역) : 逆賊(역적), 逆流(역류), 逆風(역풍), 拒逆(거역), 悖逆(패역, 인륜에 거스림)
● 諦(살필 체) : 諦念〔체념, 斷念(단념)〕. 要諦(요체)
● 據(근거 거) : 據點(거점), 準據(준거), 根據(근거), 論據(논거) 割據〔할거, 群雄(군웅)이 할거하다〕
● 租(조세 조) : 租借(조차, 租借地). 租界(조계), 租稅〔조세, 모든 세금(돈)을 벼(禾)를 기준으로 했기 때문에 벼 화(禾)자 변에 썼다〕.

과거제(科擧制)

> 科(과정 과)―科學(과학), 科目(과목), 敎科(교과), 罪科(죄과)
> 擧(들 거)―擧動(거동), 擧論(거론), 選擧(선거), 列擧(열거)
> 制(마를 제)―制度(제도), 制約(제약), 制壓(제압), 統制(통제)

과거는 옛날 왕조시대 우리나라나 중국에서 시행되었던 관리채용 시험제도로 역사, 유학, 문학 등의 과목(科目)에서 우수한 인재를 선거(選擧)하였는데서 유래한다. 선거란 말도 중국 한나라 때 인재선발 방식으로 지방수령이 조정에 사람을 선발(選拔)하여 천거(薦擧)토록 한 것이었는데 부정과 결탁으로 선거제도가 잘못 운영되어 한나라가 망하고 당나라 때 과거제도가 시행된다. 서세동점 때 서양의 'election'을 번역하면서 選擧가 차용되어 오늘에 이른 것이다.

고려의 제4대 임금 광종(光宗)은 신라 말엽부터 혼란기를 틈타 강력해진 지방 호족(豪族) 세력을 견제하고 중앙집권화와 왕권강화를 위하여 후주(後周)의 귀화인(歸化人) 쌍기(雙冀)의 건의에 따라 과거제를 실시하였다.

과거는 3년에 한번씩 보는 식년시(式年試)로 예부(禮部)에서 문과(文科)와 무과(武科)로 나누어 실시하였다. 과거제도의 실시 후 문신중심(文臣中心)의 문치주의(文治主義)가 형성되어 문무(文武)의 차별이 심해 뒷날 무신(武臣)의 난(亂)의 원인이 되기도 한다.

이때 처음 실시된 과거제는 관리등용(官吏登用)을 위한 국가고시(國家

※ 음서(蔭敍)
공신(功臣)이나 귀족(貴族) 또는 일정한 품계(品階) 이상의 관리의 자제가 과거에 의하지 않고 관직(官職)에 나아갈 수 있도록 한 제도로 귀족사회의 체제유지 방법의 한가지였다. 또 조선 중기 조광조는 훈구세력들의 과거로 인한 권력세습을 타파하기 위한 개혁정치로 숨은 인재를 등용하기 위한 현량과(賢良科)를 설치한 바 있다.

考試)로 조선조 갑오경장(甲午更張) 때까지 시행된 입신양명(立身揚名)과 출세(出世)의 등룡문(登龍門)이었다. 음서(蔭敍)의 제도가 있었지만 누구든 과거를 통하지 않고서는 중앙 정계에 들어갈 수 없었다.

문과와 무과 외에 잡과(雜科)로 중인(中人)들을 역관(譯官), 의술(醫術), 음양(陰陽), 기술(技術) 관원을 등용하였으나 기술 분야를 존중하기는 커녕 천시하였다.

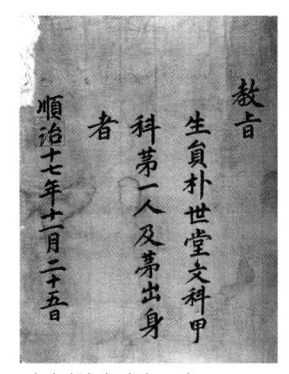

과거시험의 입격 교지

> 활용(活用)

- 光(빛 광) : 光明(광명), 光復(광복), 脚光(각광), 瑞光(서광)
- 宗(마루 종) : 宗家(종가), 宗敎(종교), 宗廟(종묘), 改宗(개종)
- 雙(짝 쌍) : 雙頭(쌍두체제, 쌍두마차), 雙曲線(쌍곡선), 雙壁(쌍벽), 雙手(쌍수)로 환영, 無雙(무쌍)의 영광
  * 双(쌍)자는 雙자의 略字임
- 試(시험할 시) : 試驗(시험), 試金石(시금석), 入試(입시), 考試(고시)
- 亂(어지러울 란) : 亂立(난립), 亂賊(난적), 亂世(난세), 紊亂(문란), 狂亂(광란), 錯亂(착란), 內亂(내란, 壬辰倭亂, 丙子胡亂), 叛亂(반란), 亂麻(난마처럼 얽히다),

  * 避亂〔피란, 난리를 피함, 피란민(避亂民). 피난〔避難, 재난(災難)을 피함의 피난민(避難民)이고 亂民(난민)은 안녕과 질서를 해친 亂動(난동)을 부린 백성을 말하고 難民(난민)은 전쟁이나 천재지변으로 곤경에 처한 백성을 말한다. 難民은 구호의 대상이고 亂民은 토벌 대상이다],
  * 亂行(난행, 난폭한 짓이나 음흉한 짓, 어지러운 걸음걸이, 아래 서산대사의 시구를 참고),
  * 靖亂〔정란, 내란을 평정하다는 뜻이지만 역사적으로는 쿠데타인 경우

가 많았다. 靖亂功臣(정란공신, 내란을 수습한 공신, 開國功臣)〕
* 難(어려울 난, 근심 난)자와 구별, 難關(난관), 難攻不落(난공불락), 難處(난처), 難題(난제), 難色(난색), 難易度(난이도), 無難(무난), 苦難(고난), 困難(곤란), 災難(재난) 등이다. 難局(난국)은 몹시 어려운 판국을, 亂局(난국)은 어렵기보다는 난리가 나 어지러운 상태를 말함

* 西山大師의 踏雪野中 作後人程에 나오는 亂行(난행, 어지러운 발걸음)을 警戒(경계)하여 남긴 명시 한 구절로 백범 김구가 즐겨 인용하였다.

　　　　踏雪野中去 不須胡亂行(답설야중거 불수호란행)
　　　　今日我行跡 遂作後人程(금일아행적 수작후인정)

　　　　눈덮인 들가운데를 지나갈 때 모름지기 어지럽게 걷지마라
　　　　오늘 내가 걸으며 지나간 발자욱은 뒷사람의 이정표가 될지니

● 考(생각할 고) : 考慮(고려), 考案(고안), 考察(고찰), 考證(고증), 深思熟考(심사숙고), 長考〔바둑에서 장고(오랜 생각) 끝에 악수를 두다〕, 一考(일고, 한번 생각해 볼 가치도 없다)
● 揚(드날릴 양) : 揚名(양명), 揚揚(양양), 揭揚(게양), 宣揚(선양)
● 登(오를 등) : 登壇(등단), 登場(등장), 登科(등과), 登記(등기)
　* 登用〔등용은 인재를 뽑아 씀 (起用(기용)〕등의 뜻이고, 登龍〔등룡은 登龍門(등룡문)에서 나온 말로 잉어가 중국 황하강 상류의 急流(급류)를 이루고 있는 龍門(용문)을 거슬러 오르면 용이 된다는 뜻으로 立身出世(입신출세)의 어려운 關門(관문)을 뜻함
● 雪(눈 설) : 踏雪(답설), 大雪(대설, 아주 많이 온 눈, 24절기의 하나, 小雪), 春雪(춘설, 봄에 오는 눈, 춘설이 분분하다), 初雪(초설, 첫 눈), 暴雪〔폭설, 많이 내린 눈, 소나기눈, 暴雨(폭우, 많이 쏟아진 비), 暴炎(폭염, 매우 심한 더위) 등

※ 생원(生員), 진사(進士), 초시(初試), 좌수(座首)

문관(文官) 채용을 위한 시험은 소과(小科)인 생진과(生進科)와 대과(大科)인 문과(文科) 두단계로 나뉘었다. 생진과는 사서삼경(四書三經)으로 시험보는 생원과와 시부(詩賦) 등으로 보는 진사과가 있었다. 양반의 자제들이 생진과에 응시하는데 이들이 지방의 초시(初試)에 합격하면 과(科)에 따라 '생원'(이생원), '진사'(이진사) 또는 '초시'(김초시)라고 불렀다.

생원과 진사가 되면 서울의 최고학부인 성균관에 진학하여 성균관 유생(儒生)이 되어 대과인 문과에 응시할 수 있었다. 대과에 합격을 급제〔及第↔하제(下第), 낙제(落第), 낙방(落榜, 방을 붙이는데서 떨어짐)〕라 하였다. 알성시(謁聖試)는 임금이 성균관 문묘의 공자 신위에 참배를 한 후 보인 과거시험으로 이때 합격을 알성급제(謁聖及第)라 하였다.

좌수는 지방 향소〔鄕所, 향청(鄕廳), 군현에서 수령의 자문기관〕의 우두머리로 지방관을 보좌(補佐)하였다.

성균관(成均館)

> 成(이룰 성)―成功(성공), 成就(성취), 作成(작성), 編成(편성)
> 均(고를 균)―均一(균일), 均等(균등), 均衡(균형), 平均(평균)
> 館(집 관)―館舍(관사), 博物館(박물관), 客使館(객사관, 旅館)

고려시대 후기와 조선시대 최고 교육기관인 대학(大學)의 이름이다. 나라의 최고 학부로 유학(儒學)의 진흥과 문묘(文廟)에 관한 사무를 맡았다. 고려의 최고 학부인 국립대학 국자감(國子監)이 충렬왕 24년(1298) 성균감(成均監)으로 되었다가 충선왕 즉위 년(1308)에 성균관이라 하였다.

고려시대 개성에 있던 것을 조선시대에 와서 서울 명륜동(明倫洞)으로 옮겼다. 입학 자격은 생원(生員), 진사(進士) 등 초시(初試)에 합격한 자나 관리로서 입학을 원하는 자 등으로 하였으며, 정2품 지사(知事)나 정3품 대사성(大司成) 또는 대제학(大提學)이 맡아서 교육하였다.

1910년 한일합병으로 일제(日帝)는 서울의 성균관과 지방 향교(鄕校)의 재산을 분리하고 교육활동을 중지시켜 민족교육의 맥을 끊었다. 그대신 일본은 1924년에 식민지교육을 위하여 경성제국대학(京城帝國大學)을 설립한다. 전국의 유림(儒林)이 의병(義兵)과 파리장서(巴里長書) 사건을 일으켜 성균관의 교육기능 회복을 요구하자 1930년에 명륜학원(明倫學院)을, 1939년에 명륜전문학원(明倫專門學院)을, 1942년에 명륜전문학교로 바뀌었다가 8·15해방 후 성균관대학이 정식으로 설립되었다.

※ 향교(鄕校), 서원(書院), 문묘(文廟)

향교는 고려와 조선시대의 지방의 관학(官學)으로서 지방의 풍속(風俗)과 민심(民心)을 순화(醇化)하고 인재(人材)를 양성할 목적으로 지방관청의 관할(管轄) 하에 부목군현(府牧郡縣)별로 각각 1교씩을 설치하였던 지방의 공교육기관이다. 물론 중앙에는 고등교육기관으로서 성균관(成均館)을 두었는데 반드시 소과(小科)에 급제하여야만 들어갈 수 있었다. 지금도 각 고을마다 향교 건물이 있어 청소년들에게 전통(傳統) 문화와 예절(禮節) 그리고 한문 교육을 위해 쓰여지고 있다. 특히 향교의 경내에는 은행나무를 심었다. 이는 공자가 제자들을 은행나무(杏) 밑에서 단(壇)을 쌓고(杏壇, 행단) 둘러앉아 제자들을 가르쳤다는데서 유래한다.

지금의 서울 명륜동 성균관

서원(書院)은 조선시대에 선비들이 모여 학문을 강론(講論)하고 명유현신(名儒賢臣)들의 제향(祭享)을 받들던 곳이며 한편으로 젊은 선비들에게 학문을 가르치던 사교육기관이기도 하였다. 중종(中宗)때 주세붕(周世朋)이

경북 안동의 도산서원과 사액 현판

고려의 명유 안향(安珦)의 백운동서원(白雲洞書院, 지금의 영주 紹修書院)을 세운 것이 처음이다. 조선조 말엽 대원군 때 서원의 횡포(橫暴)를 근절하기 위하여 훼철(毁撤)되기도 하였다. 서원 중에는 임금이 현판(懸板)을 친필(親筆)로 써 내려보낸 서원을 사액(賜額)서원이라 하였다.

문묘(文廟)는 조선시대에 공자를 비롯하여 우리나라 선현(先賢)18인의 위패(位牌)를 모신 곳으로 배향(配享) 공간인 대성전(大成殿)구역과 유학교육을 담당하던 강학(講學) 공간인 명륜당(明倫堂) 구역으로 나누어진다. 명륜당 구역은 기숙사(寄宿舍) 공간으로 동재(東齋)와 서재(西齋)가 배치되어 있다.

※ 성균(成均)의 뜻
  원래 成均의 成은 人材之未就로 다듬어지지 않은 천하의 인재를 모아 이를 교육하여 성취시키고 균은 風俗之不齊로 고르지 못한 세상의 풍속을 고르게 순화하는데 그 설립의 원 취지(趣旨)가 있었다.

> 활용(活用)

- 廟(사당 묘) : 廟堂〔묘당, 조정(朝廷)의 뜻〕, 廟議(묘의, 조정 공론)
- 監(살필 감) : 監獄(감옥), 監督(감독), 舍監(기숙사의 사감)
- 倫(인륜 륜) : 倫理(윤리), 人倫(인륜), 天倫(천륜), 悖倫(패륜)

  * 五倫(오륜)은 유교사회의 최대 덕목(德目)으로 다음과 같다.
  君臣有義(군신유의, 군신간에는 서로 지켜야 될 의리가 있어야 하며),
  父子有親(부자유친, 부자간에는 혈연의 친애(親愛)가 있어야 하며),
  夫婦有別(부부유별, 부부간에는 서로 분별을 지켜야 하며 하며),
  長幼有序(장유유서, 연장자와 연소자간 지켜야 할 차례가 있어야 하며),
  朋友有信(붕우유신, 친구지간에는 서로 지켜야 할 신의가 있어야 한다).

  * 三綱(삼강)은 위의 오륜 중 위의 君爲臣綱(군위신강), 父爲子綱(부위자강), 夫爲婦綱(부위부강) 등 3가지 덕목을 말하였다.

  * 三從之道(삼종지도), 七去之惡(칠거지악) 및 三不去(삼불거)
  삼종지도는 옛날 부덕(婦德)을 특히 강조하던 시대에 여자에게 강요되었던 세가지 일로서 여자는 시집가기 전에는 부모(父母)를 따르고, 시집가서는 남편(男便)을 따르고, 늙어 남편이 죽으면 자식(子息)을 따라야 한다는 것이다. 당시 사회가 남성 중심의 남성 우월주의(優越主義) 사회였음을 말해준다.
  여자에게 또 부덕과 관련하여 봉건사회의 관념으로 칠거지악도 있었다. 즉 시집가서 시부모(媤父母)에게 불순하거나(不順父母), 아들을 못낳거나(無子), 음탕하거나(淫), 질투심이 있거나〔투기(妬忌)〕, 나쁜 병을 지녔거나〔악질(惡疾)〕, 말이 많거나(多言), 도벽이 있거나(盜癖) 한 경우(境遇)이다. 이런 칠거지악에 상대하여 삼불거의 경우도 들어 놓았다. 삼불거라고 해서 아내를 내칠 수 없는 세가지 경우를 들고 있다. 돌아갈 친정(親庭)이 없는 경우, 함께 부모의 상(喪)을 치른 경우, 시집왔을 때는 가난하였으나 현재 부귀(富貴)하게 된 경우를 들고 있다.

조강지처(糟糠之妻)는 불하당(不下堂)이라고 하여 조강지처를 내치면
안된다고 가르쳤다. 『후한서』(後漢書)에 광무제(光武帝) 때 송홍전(宋
弘傳)에 다음과 같이 전한다.

貧賤之交 不可忘(빈천지교 불가망)
糟糠之妻 不下堂(조강지처 불하당)

가난하고 천대받을 때 사귄 친구는 잊으면 안되며
술지게미와 쌀겨로 가난을 이겨낸 본처를 버리면 안된다

● 洞(골 동) : 洞窟(동굴), 洞天(동천, 산골짜기의 경치 좋은 곳, 洞里)
  * (통찰할 통) : 洞察(통찰), 洞燭(통촉),
● 員(사람(수) 원) : 人員(인원), 定員(정원), 減員(감원), 員外(원외)
● 知(알 지) : 知識(지식), 知人(지인), 知性(지성인), 知的(지적)
  * 智(지혜 지, 슬기 지)자와는 뜻이 비슷하나 혼동하기 쉬움. 智德體(지
  덕체). 智仁勇(지인용), 仁義禮智(인의예지), 智略(지략), 機智(기지),
  叡智(예지)
● 提(끌 제, 들 제) : 提案(제안), 提起(제기), 提供(제공), 提携(제휴),
  提示(제시), 前提(전제)
● 鄕(시골 향) : 鄕村(향촌), 鄕試(향시), 鄕土(향토), 鄕愁(향수), 還鄕
  (환향), 歸鄕〔귀향, 歸村(귀촌), 歸農(귀농)〕, 故鄕(고향), 出鄕(출향)
● 校(학교 교) : 校服(교복), 校庭(교정), 鄕校(향교), 學校(학교)
  * 校訂(교정, 잘못된 글자나 어구 따위를 고치는 일)
  * 校正(교정, 원고지와 교정지를 대조하여 잘못된 곳을 고치는 일)
  * 矯正〔교정, 잘못된 습관이나 버릇을 바로잡다. 性格(성격)을 교정하다,
  齒列(치열)을 교정하다 등〕. 矯導所(교도소, 옛 刑務所, 監獄所)

● 儒(선비 유) : 儒敎(유교), 儒學(유학), 儒林(유림), 儒生(유생),
  儒佛仙(유불선), 名儒(명유), 大儒(대유)

● 專(오직 전) : 專攻(전공), 專制(전제), 專屬(전속), 專決(전결)
● 門(문 문) : 門外漢(문외한), 門戶開放(문호개방), 門閥(문벌)
 * 問(물을 문)자는 大門에 입을 대고 묻는다는 글자로 問議(문의), 問答(문답), 問題(문제), 學問(학문), 質問(질문), 訊問(신문), 訪問(방문).
 * 審問(심문)과 訊問(신문)
 審자는 살필 심자로 審問(심문)은 審査(심사), 審判(심판), 審美眼(심미안), 拘束適否審(구속적부심), 三審制度(삼심제도) 등에서 보는 것처럼 자세히 따지고 물어서 결정이나 심판하기 위한 질문이고, 訊자는 물을 신자로 訊問(신문)은 사실을 캐고 묻는 것으로 국회나 검찰, 경찰 등이 증인이나 참고인을 신문하는 것이다. 물론 법원도 할 수 있다. 그러나 법원이 하는 것은 심문이 많다.

● 疾(병 질) : 疾病(질병), 疾患(질환), 怪疾(괴질), 疫疾(역질, 천여두),
 * (빠를 질) : 疾走(질주), 疾風怒濤(질풍노도), 疾息〔질식, 빠르게 숨쉬다, 窒息(질식은 숨을 쉬지 못하는 지경이나 그러한 상태)〕
 * (미워할 질) : 疾視(질시, 밉게 봄), 疾怨(질원, 미워하고 원망함)
● 息(숨쉴 식) : 내쉬는 숨 呼(호)와 들이키는 숨 吸(흡) 사이가 息(식)이다. 調息法(조식법, 숨을 조절하고 다루는 것)에는 복식호흡〔腹式呼吸, 일명 단전호흡(丹田呼吸)〕과 胸式呼吸(흉식호흡)이 있다. 喘息(천식, 헐떡거리는 숨), 歎息(탄식, 실망감으로 내뱉는 숨, 長歎息),
, 또 息자는 번식이나 생겨남을 뜻해서 子息, 利息 등의 낱말이 있고, 없어졌다가(消) 생겨난(息)이 消息(소식)이다. 無消息(모소식), 喜消息(희소식)의 단어다.
 瞬息間(순식간, 瞬은 눈 한 번 깜빡이는 사이, 息은 숨 한 번 쉬는 사이로 극히 짧은 시간을 말한다)

고려의 북진정책(北進政策)
― 서희(徐熙), 강감찬(姜邯贊), 윤관(尹瓘)장군 ―

> 北(북녘 북, 달아날 배)—北方(북방), 北極(북극), 敗北(패배)
> 進(나아갈 진)—進行(진행), 進步(진보), 精進(정진), 推進(추진)
> 政(정사 정)—政策(정책), 政黨(정당), 失政(실정)
> 策(꾀 책)—策略(책략), 方策(방책), 上策(상책), 無策(속수무책)

우리나라의 역사를 보면 한강유역의 서울을 버리고 남하(南下)한 백제, 압록강 북쪽 도읍을 버리고 강을 건너 따뜻한 평야지대인 평양으로 내려온 고구려도 모두 멸망한다. 고려는 개국 초부터 왕건의 훈요십조에서도 평양을 서경(西京)으로 하고 거란(契丹)을 쳐 고구려의 옛땅을 되찾으려는 정책이 추진되고 있었다. 이러한 고려의 북진정책과 고려의 친송(親宋)정책으로 발해를 멸하고 고구려의 고토(故土)를 찾이 하고 있는 북방의 거란과 고려와의 전쟁은 불가피했다.

고려 6대 성종(成宗) 12년(993) 제1차 거란의 침범이 있었으나 거란의 영토가 고구려의 후계국인 고려의 것임을 주장한 서희의 눈부신 외교적(外交的) 노력과 담판(談判)의 성공으로 압록강까지 영토를 확장하고 강동(江東) 6주(州)를 확보하였다.

8대 현종(顯宗) 원년(1010)에 천추태후(千秋太后)의 섭정(攝政)과 강조(康兆)의 난을 계기로 거란의 2차 침입과, 강동 6주의 반환을 요구하며 현종 9년(1018) 3차 침입이 있었으나 거란(뒤에 遼나라)은 강감찬에 의해 귀주(龜州)에서 대패하고 후에 여진족 금(金)나라에게 완전히 멸망한다. 이때 거란의 지배를 받던 여진(女眞)족이 통합되어 세력이 커지자 15대 숙종(肅宗) 9년(1104)에 고려에 1차 침입, 16대 예

강감찬 장군 동상

종(睿宗) 2년(1107)에 2차 침범하였으나 윤관장군에 의하여 정벌되고 정주와 함흥 일대에 9성(城)을 쌓았다. 나중에 여진족은 완안부의 추장 아골타에 의해 송(北宋)을 멸하고 국호를 금(金)이라 했다. 금나라는 몽고에 의해 멸망한다.

※ 왕후(王后)와 왕비(王妃), 태후(太后)와 대비(大妃)
고려왕조에서는 왕의 정부인을 왕후(王后), 후궁은 부인(夫人), 모후는 태후(太后)라 했다. 조선왕조에서는 일반적으로 정부인은 비(妃), 후궁은 빈(嬪)으로, 그리고 모후는 대비(大妃)라고 하였다.
한때 TV드라마로 인기를 끌었던 고려조 초기의 「천추태후」(千秋太后)와 조선조 초기의 「인수대비」(仁粹大妃)가 있다.

활용(活用)

- 談(말씀 담) : 談話(담화, 談話文), 談論(담론), 談笑(담소), 會談〔회담, 面談(면담)〕, 怪談(괴담), 眞談〔진담, 醉中眞談(취중진담)〕, 野談(야담), 武勇談(무용담), 淫談〔음담, 淫談悖說(음담패설)〕
- 判(판단 판) : 判事(판사, 判決), 裁判(재판), 審判(심판), 批判(비판)

※ 理判事判(이판사판)
사찰(寺刹)에는 이판(理判)과 사판(事判)이라는 스님들의 역할 분담이 있는데 참선(參禪)을 하고 경전(經典)을 공부하며 도(道)를 닦는 스님 쪽을 이판이라 하고 사찰의 현실적 운영을 맡은 쪽을 사판이라고 한다.
막다른 골목에 이르러 최선을 다하고 더 이상 어찌해 볼 수 없을 때 자기도 모르게 "이판사판이다"라고 하는 것이 중생(衆生)들의 언어다.
속세의 모든 영욕(榮辱)을 떨쳐버리고 오직 하나 해탈(解脫)의 소망으로 생사불이(生死不二)의 문을 들어선 구도자(求道者)로서 이판이면 어떻고 사판이면 어떻단 말인가? 이판이 곧 사판이요, 사판이 곧 이판이기 때문이다.

육조(六祖) 혜능(慧能)대사(638~713)는 어릴 적 가난한 홀어머니 밑에서 자라 글을 배우지 못해서 까막눈이었다. 그런데도 큰 깨달음을 얻어 달마대사로부터 내려오는 가사를 전수받았다.

어느날 한 여승이 그에게 열반경의 내용에 대해서 물었다. 혜능은 나는 글자를 모른다고 하였더니 글자도 모르면서 어떻게 진리를 안다고 하느냐고 몰아부치자 혜능이 선종의 그 유명한 불립문자(不立文字, 문자나 말로 (세워)하는 것이 아니다)로 "진리는 저 달과 같다. 문자는 달을 가르키는 손가락에 지나지 않는다. 달을 보는데는 손가락이 없어도 된다. 손가락을 보지 말고 달을 보라"고 하며, 깨달음은 이처럼 가르침보다 마음에서 마음으로 전해지는 것이지 따로 언어나 문자를 내세워 설명하여 되는 것이 아니라고 하였다〔교외별전(敎外別傳)〕.

- 康(편안 강) : 康寧(강녕), 康衢煙月(강구연월, 태평성대), 健康(건강), 平康(평강), 一向萬康(일향만강)
- 兆(조짐 조) : 兆朕(조짐), 吉兆(길조↔凶兆), 亡兆〔망조, 망할 徵兆(징조)〕,
  * (조(숫자) 조) : 一兆(일조), 億兆蒼生(억조창생)
- 后(임금 후) : 后妃(후비), 王后(왕후), 太后(태후)
- 妃〔왕비 비, 嬪(귀녀 빈)〕: 妃嬪(비빈)
- 千(일천 천) : 千里眼(천리안), 千軍萬馬(천군만마), 千秋(천추, 천년의 세월)
- 粹(순수할 수) : 純粹(순수), 精粹(정수, 불순함이 없이 깨끗하고 순수하다). 精髓(정수)는 뼛속에 있는 骨髓(골수)로 가장 중요한 것을 의미하는 것으로 眞髓(진수)와 같다
- 肅(엄숙할 숙) : 肅淸(숙청), 肅正(숙정), 嚴肅(엄숙)
  * (삼가할 숙) : 謝恩肅拜(사은숙배, 肅拜), 靜肅(정숙)

무신정권(武臣政權)

> 武(호반 무)—武勇(무용, 武勇談), 武器(무기), 尙武(상무)
> 臣(신하 신)—臣僚(신료), 臣民(신민), 忠臣(충신), 奸臣(간신)
> 政(정사 정)—政局(정국), 政略的(정략적), 憲政(헌정, 稅政)
> 權(권세 권)—權威(권위), 權謀術數(권모술수), 特權(특권, 利權)

신라 말부터 발호(跋扈)한 지방 호족(豪族) 세력을 견제(牽制)하고 왕권과 중앙집권을 강화하기 위하여 도입된 과거제는 문신(文臣)들에 의한 귀족정치(貴族政治)를 낳았으며 고려 16대 예종(睿宗), 17대 인종(仁宗) 년간에 이자겸(李資謙)의 난(亂)과, 승려 묘청(妙淸)은 이 혼란을 이용하여 풍수지리설에 입각한 서경 천도를 주장하며 난을 일으킨다.

거란을 물리친 명장 강감찬도, 여진을 정벌(征伐)한 윤관장군도, 묘청의 난을 진압(鎭壓)한 김부식(金富軾)도 모두 무신을 지휘한 문신들이다. 문신들은 무신들의 수염을 촛불로 태우는가 하면 뺨을 때리기도 하였다. 18대 의종 24년(1170) 정중부(鄭仲夫)에 의한 무인정권이 수립(樹立)되고 경대승, 이의민 등 무신들에 의한 권력의 남용(濫用)과 집권(執權)이 계속되던 중 최충헌(崔忠獻)에 의해 이의민이 제거되고, 최씨 60년 정권이 계속된다. 23대 고종 45년 4월 최씨의 마지막 집권자 최의(崔竩)가 죽임을 당하면서 최씨집권과 무신정권은 끝난다. 이 때 최충헌은 궁궐의 임금과는 별도로 도방(都房)을 설치하여 자기집에서 국사를 처리하는 신하 즉, 가신(家臣)을 두었다.

최씨정권을 몰아낸 공신들은 또 차례로 권력다툼을 하면서 공수신퇴(功遂身退)를 잊은 채 무신정권 기간 내내처럼 공명(功名)과 반역(叛逆)의 길을 반복한다. 이러한 과정에서 몽고(蒙古)의 침략(侵略)을 받게 되고 삼별초(三別抄)의 난이 일어나고 한다. 결국 고려는 몽고의 지배를 받다가 멸망(滅亡)의 길로 이어진다.

일부 사학자들은 고려사회의 귀족정치 폐해를 개혁한 좀 거칠었지만 고려사회에 새로운 활력을 불어넣은 역동적(力動的)인 무풍(武風)의 시대였다고도 한다.

> 활용(活用)

- 跋(밟을 발) : 跋文〔발문, 책의 끝에 그 경과와 내력 등을 적은 글, 跋題(발제), 跋語(발어)↔序文(서문), 卷頭言(권두언), 卷頭辭(권두사)〕
- 扈(뒤따를 호) : 扈從(호종, 왕의 행차에 수행), 扈駕〔호가, 御駕(어가)를 수행〕
- 牽(끌 견) : 牽引(견인), 牽牛星〔견우성, 織女星(직녀성)〕, 牽强附會(견강부회, 억지로 끌어다 부침),
- 資(재물 자) : 資産(자산), 資金(자금), 資源(자원), 融資(융자, 出資)
  * (자질 자) : 資質(자질), 資格(자격),
- 謙(겸손할 겸) : 謙讓(겸양), 謙遜(겸손), 謙虛(겸허)히
- 征(칠 정) : 征伐(정벌), 征服(정복), 出征(출정)
- 伐(칠 벌) : 伐木(벌목), 伐草(벌초, 禁草라고도 함), 伐採(벌채), 濫伐(남벌), 間伐(간벌), 討伐(토벌). 殺伐(살벌)
- 鎭(누를 진) : 鎭靜(진정. 鎭靜劑), 鎭痛(진통, 鎭痛劑), 鎭撫(진무), 文鎭〔문진, paperweight, 책장, 종이 등이 바람에 날리지 않도록 누르는 물건으로 書鎭(서진)이라고도 함〕,
  또 이 鎭자에는 요새지나 전략상 중요한 행정기관이 있는 곳을 뜻하기도 한다. 六鎭의 개척 등

- 壓(누를 압) : 壓力(압력), 壓政(압정), 抑壓(억압), 暴壓(폭압)
  * 壓卷(압권)은 옛날 과거에서 가장 뛰어난 시험 답안지(卷)로 임금이 쉽

※ 공수신퇴(功遂身退)
　이 말은 노자(老子)의 『도덕경』에 나오는 말로 "공(功)을 이루고〔遂(이룰 수)〕난 후에는 몸을 뒤로 물리라. 그렇지 않고 잘못하면 일신을 보존하기 어렵다"는 역사의 준엄(峻嚴)한 경고(警告)의 메시지가 담겨 있는 말이다.

고려(高麗)시대 151

게 볼 수 있도록 제일 위에 올려놓아 다른 사람의 답안지를 눌러 놓은 데서 유래한다. 백미(白眉), 일품(逸品), 군계일학(群鷄一鶴), 두각(頭角) 등이 모두 같은 뜻이다.

● 濫(넘칠 남) : 濫發(남발), 濫獲(남획), 氾濫(범람), 猥濫(외람)
　* 濫觴(남상)
술잔(觴)에 부은 술이 최초로 넘친다(濫)는 말로 사물의 시초(始初)를 뜻한다. 모든 큰 강물도 그 시원은 높은 산의 바위에서 떨어진 한방울 한방울의 물이 넘치면서였다. 효시(嚆矢), 비조(鼻祖)와 같은 뜻이다. 이 상(觴)자는 물소뿔이나 쇠뿔 등 뿔로 만든 잔으로 獻觴(헌상, 술잔을 바치다), 濫觴(남상)으로 쓰고, 나무로 만든 잔은 배〔杯, 乾杯(건배, 잔을 비우다), 盃는 杯의 속자〕, 질그릇으로 만든 것은 잔(盞)으로 盞臺(잔대, 술잔등의받침대), 燈盞(등잔, 호롱불 받침대)등이, 쇠로 만든 잔은 작〔爵, 獻爵(헌작, 술잔을 올리다)〕이라 하였다.

● 忠(충성 충) : 忠孝(충효), 忠誠(충성), 忠告(충고), 忠犬(충견), 不忠(불충), 事君以忠(사군이충)
● 略(간략할 략) : 略歷(약력), 略式(약식), 略圖(약도), 簡略(간략), 省略(생략)
　* (꾀 략) : 計略(계략), 智略(지략), 謀略(모략), 策略(책략),
　* (빼앗을 략) : 攻略(공략), 侵略(침략), 擄掠(노략)질
● 抄(베낄 초) : 抄錄(초록), 抄本〔초본, 戶籍抄本(호적초본)〕

삼별초(三別抄)의 난(亂)

> 三(석 삼)—三經(삼경), 三更(삼경, 한밤중), 朝三暮四(조삼모사)
> 別(나눌 별)—別居(별거), 離別(이별), 辨別力(변별력 테스트)
> 抄(베낄 초, 가로챌 초)—抄錄(초록), 抄掠(초략, 가로채 빼앗음)

최씨의 무인정권을 뒷받침하여 준 사병(私兵)들을 중심으로 처음에 무인들의 행패(行悖)를 막기 위해 야별초(夜別抄)가 설치되었다. 이 야별초에 소속된 군인의 수(數)가 증가하자 좌별초(左別抄), 우별초(右別抄)로 나누어지더니 나중에 몽고와의 항쟁(抗爭) 때 포로가 되었다 돌아온 자들로 신의군(神義軍)을 조직하여 삼별초라 불렀다.

이 무렵 북방에서는 몽고가 들어서 금(金)나라를 치고 남송(南宋)과 일본(日本)을 정복하기 위해 고려에 침략의 손을 뻗기 시작하였다. 고종 18년(1231) 몽고가 1차 침입하여 왔다. 조정에서는 바다를 두려워하는 몽고의 약점을 노려 강화도(江華島)로 옮겨 몽고와의 항쟁을 하였다. 이 동안 전후 30년에 걸쳐 몽고는 6차례나 침입해왔다.

이 기간 동안에 강화도에 궁성(宮城)과 저택(邸宅)등이 건립되어 지금도 고려궁지(高麗宮址)가 남아 있다. 경주 황룡사(皇龍寺)의 구층탑(九層塔)과 대구 부인사(符仁寺)의 대장경(大藏經) 등 귀중한 문화재가 이 때 소실(燒失)된다.

최씨정권은 농민들의 지지가 줄어들고 문신들에 의해 몽고에 대한 강화(講和)의 여론이 일면서 고종 45년 막을 내리고, 원종 11년(1270) 고려는 개경으로 환도(還都)하고 몽고에 대한 항쟁을 포기한다. 이에 무인

강화도에서 진도로 제주도로 오키나와까지의 삼별초의 길(동아일보에서)

제주도 애월읍에 있는 항몽유적지 항파두리성

정권의 전위(前衛)요 항몽(抗蒙)의 중심세력이었던 삼별초는 강화도와 육지와의 교통을 끊고 반란을 일으켜 반몽정권(反蒙政權)을 수립한다.

이들은 항구적인 근거지를 마련하기 위하여 해전에 약한 몽고군의 취약점을 노려 진도(珍島)로 남하하여 인근 도서와 해안 일대를 장악한다. 그러나 여몽연합군(麗蒙聯合軍)에 쫓겨 배중손(裵仲孫)장군이 죽고 김통정(金通精)이 남은 병력과 사람을 데리고 제주도로 들어가 항쟁을 계속하다 원종 14년(1273) 제주도도 함락되고 전후 4년에 걸친 대몽항쟁은 끝이 난다.

이 삼별초의 대몽항쟁(對蒙抗爭)은 고려 무인(武人)들의 고려를 침범한 몽고에 대한 항쟁 의식이 얼마나 강했던가를 잘 보여준다. 지금도 제주도에는 당시 대몽항쟁 유적지로 제주도 애월읍에 항파두리성이 보존되어 그때를 우리들에게 상기시켜 주고 있다. 그러나 일부 잔존 항몽세력은 멀리 오끼나와까지 가서 유구(琉球)왕국(15~19세기)을 건설했다고 한다. 1994년 유구에서 출토된 막새기와에서 당시의 고려의 흔적(13세기)이 명문(銘文)으로 남아 있어 학계의 관심을 끌고 있다

활용(活用)

- 行(갈 행) : 行路(행로), 行方(행방), 行步(행보, 步行), 旅行(여행), 斷行(단행, 實行), 言行一致(언행일치, 信行一致)
* 銀行(은행), 일찍 중국에서는 銀을 화폐(貨幣)로 사용했으며 월급도 은량(銀兩)으로 받았으며 모든 거래를 銀으로 하였다. 16세기 후부터는 銀이 오늘날 달러처럼 전세계의 기축통화(基軸通貨=國際通貨)인 은전(銀錢)이었다. 銀이 왔다 갔다 하는 곳이 은행이다. 다량의 은을 보유했

던 일본이 19세기 말에 강국이 될 수 있었다.
- 私(사사로울 사) : 私腹(사복), 私利私慾(사리사욕), 私席(사석), 私見(사견), 私有(사유), 公私〔공사를 구별하다〕, 先公後私(선공후사)는 공이 먼저이고 私는 그 다음이다.

* 私債(사채)는 개인간의 진 빚이고, 公債(공채)는 국가나 지방자치단체가 진 빚으로 公債證券(공채증권)의 준 말이다. 社債(사채)는 주식회사가 자금조달을 위해 발행하는 債券(채권)으로 會社債(회사채)의 준 말이다.

- 夜(밤 야) : 夜間〔야간↔晝間(주간)〕, 夜勤(야근), 徹夜(철야, 밤을 세우다), 深夜(심야)
- 抗(막을 항) : 抗命(항명), 抗議(항의), 抗拒(항거), 抵抗(저항)
- 爭(다툴 쟁) : 爭議(쟁의), 爭點(쟁점), 爭奪(쟁탈), 紛爭(분쟁)
- 島(섬 도) : 島嶼(도서, 嶼는 島보다 작은 섬), 島民(도민, 섬주민), 群島(군도), 無人島(무인도), 孤島(고도, 혼자의 외로운 섬)
- 宮(궁궐 궁, 집 궁) : 宮女(궁녀), 宮中(궁중), 迷宮(미궁), 後宮(후궁)
- 邸(집 저) : 邸宅(저택), 官邸(관저), 私邸(사저), 潛邸(잠저, 임금이 되기 전 어릴 적 왕이 살았던 사저)
- 講(익힐 강) : 講義(강의), 講習(강습), 講師(강사), 休講(휴강), 名講(명강)
- 前(앞 전) : 前後(전후), 前夜(전야), 前提(전제), 目前(목전), 直前(직전, 直後)
- 衛(지킬 위) : 衛兵(위병), 衛生(위생), 保衛(보위), 護衛(호위), 親衛隊(친위대)
- 珍(보배 진) : 珍奇(진기), 珍味〔진미, 山海珍味(산해진미)〕, 珍風景(진풍경, 줄여서 珍景), 珍羞盛饌(진수성찬)

봉건제도(封建制度)

> 封(봉할 봉)—封君(봉군), 封土(봉토), 封印(봉인), 開封(개봉)
> 建(세울 건)—建坪(건평), 建造(건조), 建議(건의), 創建(창건)
> 制(억제 제, 법도 제)—制動(제동), 制御(제어), 體制(체제)
> 度(법도 도)—度數(도수), 度量衡(도량형), 制度(제도, 法度)

가끔 우리나라 역사를 이야기하면서 봉건시대 운운하는데 삼국시대나 고려시대나 조선시대에 지방(地方) 토호(土豪)나 귀족(貴族)들을 그 지방의 지배세력으로 인정하여 그들과 제휴(提携)하여 통치(統治)조직이나 군사(軍事)조직을 확립한 것은 사실이다.

중국 전국시대 주무왕(周武王)이 처음 천하를 통일하였으나 땅이 하도 넓어 혼자서는 도저히 다스려낼 수 없어 이를 분할하여 왕족(王族)과 공신(功臣)들에게 나누어 주어 제후국(諸侯國)으로 봉(封)하여 세움(建)으로써 봉건제도가 시작되었다. 그 후 제후들간의 봉토(封土)를 근거로 세력을 늘리고 전쟁을 하던 때가 춘추전국(春秋戰國)시대다. 춘추오패(春秋五霸)와 전국칠웅(戰國七雄)의 제후들이 부침하며 중국역사상 혼란이 극심하던 시대로 진시황에 의해 천하가 통일된다.

나라 국(國)자는 제후의 봉토(封土)를 말하며 그 안의 대부(大夫)들의 봉지(封地)가 곧 가(家)이다. 국과 가가 합쳐서 국가를 이룬다. 여러 제후들의 나라가 열국(列國)이다. 『열국지』는 이때의 기록이다. 중국식 봉건제도의 시작은 앞에서 설명한 바와 같이 주나라 무왕이 넓은 중국 천하를 통일하자 전국을 왕족과 공신들에게 나누어 주었던 것이다. 이 봉토를 근거로 제후들이 각축(角逐)시대가 이른바 춘추전국시대이다. 이 때 재미있는 많은 중국 역사 이야기가 공자의 『춘추』(春秋)나 또는 사마천의 『사기』(史記)에 펼쳐져 전해진다.

일본도 옛날 각 번〔藩, 다이묘(大名, 넓은 영지를 가진 무사)가 다스리던 지방 영주국〕이 모두 국(國)이다. 눈이 많이 오는 지방은 설국(雪國)이다.

다만 고려시대나 조선왕조 초기에 중앙 왕권의 강화를 위한 지배기구로서 중앙과 지방 간에 지방 귀족과 토호들과의 연대(連帶)로 관료적 군사적 사회적 조직의 정비(整備)를 두고 이들 정치를 봉건정치로 일부 학자들의 책에 써 놓았다.

서양은 12~14세기 중세 유럽에서 국왕은 영주(領主)에게 봉토를 수여하고 봉건 영주는 국왕에게 군역(軍役)을 중심으로 한 의무를 지는 통치제도이다. 영주는 봉토인 장원(莊園)을 통해 영지내의 농민을 지배하였다. 서양의 중세 봉건제도(feudalism)는 농업사회를 기반으로 이루어진 지역의 정치적 군사적 지배권력이었으나 도시경제의 발달과 왕권이 강화되자 쇠퇴(衰退)해진다.

이처럼 중국이나 서양 중세의 영주와 같이 봉토나 장원을 중심으로 한 국왕(主君)과 봉신(封臣) 간의 주종관계(主從關係)의 진정한 의미의 봉건시대는 우리나라에는 없었다.

활용(活用)

- 時(때 시) : 時間(시간), 時運(시운), 時流(시류), 非常時(비상시), 亂時(난시), 生時(생시)
- 携(제휴할 휴) : 携帶(휴대, 휴대 폰), 提携(제휴)
- 貴(귀할 귀) : 貴賤(귀천), 尊貴(존귀), 貴賓(귀빈, 貴人), 貴夫人(귀부인), 高貴(고귀), 富貴(부귀), 貴宅〔귀댁, 貴下(귀하), 貴社(귀사), 상대방을 높여서 말할 때 앞에 貴자를 붙혀 쓴다〕
- 侯(제후 후) : 諸侯(제후), 侯爵(후작)
  * 候(조짐 후)와 구별, 斥候〔척후, 이 때 斥자는 무리칠 척자로 排斥(배척), 또 염탐할 척자로 상대의 징후를 살피는 척후, 斥候兵(척후병) 등의 단어가 있다), 徵候(징후), 症候(증후, 병의 조짐)
  * 候(기후 후)와 구별, 候鳥(후조, 철새), 氣候(기후), 節候〔절후, 節氣(절기)〕, 問候(문후, 계절 안부를 묻다), 天候〔천후, 天氣(천기)〕

※ 24節候〔절후, 節氣(절기)〕

농경(農耕)시대는 농사에 적합한 절후를 미리 알고 있어야 되었다. 24절후는 1년 중 농사와 기후변화의 상관관계를 정한 농사력(農事曆)이다 지구가 태양을 한 바퀴(360도) 도는 길(1년) 즉, 황도(黃道)를 4등분한 것이 4계절이고 15도씩(15일) 나눈 것이 24절(節)이며 5도씩 나눈 것이 72후(候)이다. 1후(候)는 5일로 기(氣)가 5일마다 옮겨져 바뀐다. 기후(氣候)의 본 뜻이다. 춘분을 기준으로 해서 15도 이동하면 농사를 시작하고 준비하는 청명(淸明, 초목이 푸르러지고 날씨가 맑아짐), 다음이 농사비가 내리는 곡우(穀雨), 보리가 익는 소만(小滿), 보리를 거두고 씨를 뿌리는 망종(芒種)이 이어진다. 최근 지구온난화(溫暖化. global warming) 문제로 지구 전체의 기상변화가 농사 뿐 아니라 인류에 더욱 큰 변화를 예상해주고 있다.

24절기는 4계절의 시작을 알리는 사립(四立)인 立春, 立夏, 立秋, 立冬이 있고, 계절의 한중간 분지(分至)를 뜻하는 봄가을의 春分, 秋分과 음양(陰陽)시작과 끝을 알리는 夏至, 冬至가 있다. 기온의 변화를 알리는 봄의 경칩(驚蟄, 날이 따뜻해져 동면하던 동물이 놀라 꿈틀거림), 우수(雨水, 얼었던 강물이 풀리고 봄비가 내림), 여름에는 小暑, 大暑, 더위가 물러간다는 처서(處暑)가 있다. 가을에는 백로(白露, 흰 이슬이 내림), 한로(寒露, 찬 이슬이 내려 서늘해짐), 상강(霜降, 찬 서리가 내림)이 있다. 특히 청명은 거의 한식(寒食)과 겹친다. 한식은 추석과 더불어

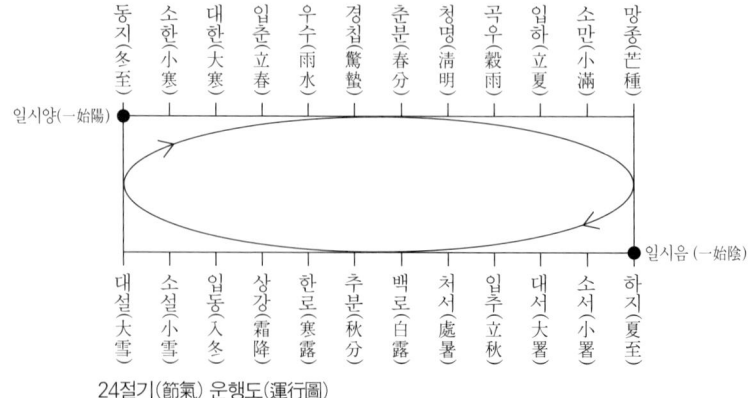

24절기(節氣) 운행도(運行圖)

조상의 묘를 찾아 성묘(省墓) 하였다. 겨우내 조상의 봉분(封墳)이 헐었으면 보수를 하고 나무가 얼어 죽었으면 새로 나무를 심었다.

夏至를 지나 3번째의 경일(庚日)이 초복(初伏), 4번째 경일이 중복(中伏), 입추 지난 후 첫 경일이 말복(末伏)으로 三伏더위라 한다. 경일의 庚은 쇠(金)를 의미하는데 복더위가 쇠도 녹일 듯하다는데서 유래한다. 한겨울 冬至를 지나면 새봄이 멀지 않다. 황도로만 이야기하면 동지가 새해이다. 그래서 동지에 붉은 색의 팥죽을 쑤어 먹고 묵은 일년을 청산하고 새해를 맞는 벽사(辟邪)의 풍습이 있었으며 팥죽의 새알을 자기 나이만큼 넣어서 한 살을 더 먹는다고 하였다.

● 領(거느릴 령) : 領導(영도), 領土(영토), 占領(점령), 首領(수령), 要領(요령),
  * (옷깃 령) : 領袖[영수, 단체의 지도자, 領자는 목이나 목을 감싸고 있는 옷깃으로 제일 중요하고 맵시 있게 한 부분이고 소매(袖)는 자유롭게 손이나 물건을 넣었다 빼고 하는 중요부분이다], 領袖會談(영수회담)
  * (받을 령) : 領收[영수, 領收證(영수증)], 受領(수령)

● 僚(동료 료) : 同僚(동료), 閣僚(각료)
● 整(가지런할 정) : 整頓(정돈), 整理(정리). 整然(정연, 秩序整然), 整地作業(정지작업), 調整(조정)
● 衰(쇠할 쇠) : 衰弱(쇠약), 衰盡(쇠진), 衰殘(쇠잔), 老衰(노쇠)
● 退(물러날 퇴) : 退步(퇴보↔進步), 退化(퇴화↔進化), 退去(퇴거), 退闕(퇴궐↔入闕), 退却(퇴각), 退路(퇴로), 進退(진퇴, 進退兩亂)
● 暑(더위 서) : 暑氣[서기, 더운 기운, 瑞氣(서기, 상서로운 기운)], 酷暑(혹서), 避暑(피서, 避暑地), 寒暑(한서의 차)
  * 署(관청 서)자와 구별. 관청의 의미로 官署(관서), 部署(부서), 警察署(경찰서)등이 있고, 또 관청에서 책임지고 署名(서명)하다 할 때에는 영어의 sign과 같은 뜻이며, 대리로 책임을 맡다의 의미로는 정식 절차를 완전히 다 거쳐 임명된 관리가 아닌 代行(대행)을 署理(서리)라 한다.

팔만대장경(八萬大藏經) -범어로 불경을 대장(大藏)이라 한다-

八(여덟 팔)—八方(팔방), 八等身(팔등신), 初八日(초파일)
萬(일만 만)—萬物(만물), 萬能(만능), 萬全(만전), 億萬(억만)
大(큰 대)—大義(대의), 大業(대업), 大望(대망), 擴大(확대)
藏(감출 장,불경 장)—藏書(장서), 所藏(소장), 秘藏(비장)
經(날 경, 글 경)—經度(경도↔緯度), 經書(경서), 經濟(경제)

대장경은 불교의 모든 경전(經典)을 통털어 일컫는 불경전집(佛經全集)을 말한다. 우리나라는 고려 현종 때 거란의 침입을 막으려는 염원으로 판각(板刻)을 시작한 초조대장경은 대구 부인사(符仁寺)에 보관되었다가 몽고의 침략으로 불타버렸으며 그 뒤 대각국사 의천(義天)의 속장경(續藏經)도 전하지 않는다. 지금 해인사(海印寺)에 보관되어 있는 고려대장경은 81,258판의 팔만대장경으로 몽고의 침략을 불력(佛力)의 힘으로 막아보려고 고종 23년에 제작을 시작하여 고종 38년(1251)에 완성되었다.

전란 중에서도 내용의 정확함과 자체(字體)의 아름다움과 목판 제작의 정교(精巧)함이 세계에서 으뜸이다. 국보(國寶) 제32호이자 유네스코 세계 문화 유산(遺産)으로 등재되어 있다. 나무의 재질(材質)은 왕벚나무를 그늘에 말려 오래 보존할 수 있으며, 이 대장경을 보관하는 경판전(經板殿)도 통풍(通風), 환기(換氣), 일조(日照) 등을 고려하여 매우 과학적으로 건립된 건물임이 오늘날까지 증명(證明)되고 있다.

활용(活用)

● 板(널판지 판) : 板金(판금), 板子村(판자촌), 板橋(판교, 널판지 다리) 看板(간판), 松板(송판), 鐵板(철판), 合板(합판), 字板(자판,)
● 刻(새길 각) : 刻字(각자), 刻薄(각박), 彫刻(조각), 深刻(심각)
● 續(이을 속) : 續報(속보), 續開(속개). 續絃〔속현, 아내를 여읜 뒤 새 장가를 드는 일, 사랑하는 아내를 잃었다는 말은 금슬(琴瑟)의 줄(絃)이

끊어졌다는 단현(斷絃)이다]
- 體(몸 체) : 體格(체격), 體罰(체벌), 文體(문체), 裸體(나체)
- 精(잘 찧을 정) : 精米(정미), 精密〔정밀, 이 때 精자는 '자세한'의 뜻으로 精讀(정독)〕
  * (정할 정) : 精誠(정성), 精力(정력), 精子(정자), 精氣(정기)

경남 합천 해인사 경판전 내부와 대장경판

- 巧(기교 교) : 巧妙(교묘), 巧言令色(교언영색, 교묘히 꾸며대는 말과 알랑거리는 얼굴빛), 技巧(기교)
- 産(낳을 산) : 産物(산물, 物産), 出産〔출산, 出産率(출산율)〕, 産婆(산파, 産婆役), 財産〔재산〕, 不動産(부동산)
- 材(재목 재) : 材木(재목), 材料(재료), 資材〔자재, 石材(석재), 木材(목재)〕, 敎材(교재), 棟梁材(동량재)
- 質(바탕 질) : 質的〔질적↔量的(양적)〕, 良質(양질), 惡質(악질), 質感(질감), 質責(질책), 質疑(질의), 材質(재질), 素質(소질)
  * (볼모 질) : 人質〔인질, 사람을 볼모(저당)로 잡다〕
- 殿(대궐 전) : 殿閣(전각), 殿堂(전당), 殿下(전하), 神殿(신전)
- 換(바꿀 환) : 換率(환율), 換算(환산), 交換(교환), 外換(외환)
  * 換父易祖(환부역조, 지난날 지체가 낮은 천민들이 재물을 모아 부정한 방법으로 신분을 높이기 위해 아버지나 할아버지 등 조상을 바꾸었다)
- 氣(기운 기) : 氣質(기질), 氣象(기상), 寒氣(한기, 溫氣)
- 照(비칠 조) : 照明(조명), 照度(조도), 照會(조회), 對照(대조), 參照(참조), 日照權(일조권), 日照量(일조량)
- 證(증거 증) : 證據(증거), 證人(증인, 證言), 證明(증명), 身分證(신분증), 證券(증권), 立證(입증, 증거를 내세우다), 反證(반증, 반대 증거), 傍證(방증, 도움이 되는 간접 증거), 物證(물증, 實證)
- 明(밝을 명) : 明白(명백), 明暗(명암), 公明(공명), 賢明(현명)

고려자기(高麗磁器)

| 高(높을 고)―高邁(고매), 高揚(고양), 物價高(물가고)
| 麗(빛날 려)―麗句(여구, 美辭麗句), 麗末(고려말), 華麗(화려)
| 磁(자석 자, 그릇 자=瓷)―磁石(자석), 陶磁(도자), 靑磁(청자)
| 器(그릇 기)―器官(기관), 器具(기구), 名器(명기), 凶器(흉기)

고려자기를 통해 고려시대 왕실과 상류사회 귀족들의 문화적 생활수준을 잘 알 수 있다. 나아가 그들의 향락생활(享樂生活)의 소산(所産)으로 이루어진 대표적인 예술작품이 비색(翡色)의 고려 청자(靑磁)이다. 처음에 송(宋)나라의 영향을 받아서 발달한 것이나 그 뒤 중국인들도 고려의 자기를 천하의 제일(第一) 명품(名品)으로 고려문화를 대표하는 예술(藝術) 작품이다.

고려청자의 우수(優秀)한 점은 첫째 아름다운 비취색을 띠는 비색(翡色)에, 병·항아리·주전자와 잔·접시·연적과 필통 등의 형태(形態) 문양(文樣)의 조화(調和)에, 그리고 양각(陽刻)과 음각(陰刻)의 상감기법(象嵌技法)에 있었다. 이처럼 고려 청자는 고려인들의 정서와 취향에 따라 표면에 식물, 동물, 자연의 다채로운 소재와 비색을 자랑하며 고려의 귀족과 지배층의 사랑을 받아 실용품(實用品)이라기 보다 세련된 미(美)를 더하며 사치품(奢侈品)으로 되기도 하였다. 지금도 국내는 물론 세계 고미술 경매(競賣)시장에서 조선조의 백자(白磁)와 함께 최고 소장품으로 인기를 모으고 있다.

※ 상감기법(象嵌技法)
  고려 청자만이 갖는 특수한 제조 기법으로 금속, 도자기 등의 표면에 글자나 그림을 그려 파내고 금, 은, 동, 자개나 다른 물질을 채워 넣는 기법이다.
  양각(陽刻)은 글자나 그림의 돋을 새김 기법을 말하고, 음각(陰刻)은 양각과 반대로 음푹 들어가게 하는 조각 기법이다.

> 활용(活用)

- 享(드릴 향, 누릴 향) : 享祀(향사, 제사를 드림) 祭享(제향), 時享(시향, 時祭), 享年(향년, 누리고 산 나이), 享受(향수), 享有(향유),
  * 亨〔형통할 형, 萬事亨通(만사형통)〕자와 구별
- 活(살 활) : 活氣(활기, 活力素, 活人術), 活性(활성), 復活(부활), 死活(사활),
- 所(바 소) : 所管(소관), 所感(소감), 所行(소행), 所謂(소위), 場所(장소), 急所(급소)
- 優(부드러울 우) : 優雅(우아), 優柔不斷(우유부단), 俳優(배우),
  *(뛰어날 우) : 優劣(우열), 優等(우등), 優秀(우수), 優待(우대), 優良(우량),
- 秀(빼어날 수) : 秀麗(수려), 秀才(수재), 秀作(수작), 俊秀(준수)
- 形(형상 형) : 形容(형용), 形言(형언), 形便(형편), 成形(성형), 造形(조형)
  * 型(본뜰 형, 거푸집 형) : 模型(모형), 鑄型(주형), 典型的(전형적)
  * 刑(형벌 형) : 刑法(형법), 刑事(형사), 重刑(중형), 減刑(감형)
- 態(태도 태) : 態勢(태세), 形態(형태), 容態(용태), 作態(작태), 姿態(자태)
- 奢(사치할 사) : 豪奢(호사), 華奢(화사),
- 侈(사치할 치) : 奢侈(사치)
  * 문화평론가들은 우리나라의 문화와 예술의 수준을 평(評)하면서
  儉而不陋(검이불루, 검소해 보이나 추하거나 천하지 않고)
  華而不侈(화이불치, 화려해 보이나 사치에 흐르지 않다)라고 하였다.

위) 고려청자 호리병 주전자
아래) 조선백자 항아리

연등회(燃燈會)와 팔관회(八關會)

- 燃(사를 연)—燃燒(연소), 燃料(연료), 燃燈(연등)
- 燈(등불 등)—燈燭(등촉), 燈火可親(등화가친), 消燈(소등)
- 會(모을 회)—會合(회합), 會則(회칙), 機會(기회), 協會(협회)
- 八(여덟 팔)—八字(팔자), 八等身(팔등신, 머리가 키의 $\frac{1}{8}$의 미인)
- 關(빗장 관)—關心(관심), 關與(관여), 難關(난관), 稅關(세관)

 고려 왕건의 「훈요십조」(訓要十條)에서도 불교(佛敎)의 숭상(崇尙)이 들어있었던 것처럼 국가적인 불교행사로 대표적인 것이 정월, 2월의 보름 또는 4월 초파일 등 봄의 연등회와 추수(秋收) 후에 10월과 11월 보름날 가을철의 팔관회였다.

 이 두 행사는 모두 우리 고유(固有)의 풍속(風俗)과 결합(結合)된 것으로 군신(君臣)이 음악(音樂), 가무(歌舞) 등으로 제불(諸佛)과 천지신명(天地神明)을 즐겁게 하여 국가와 왕실(王室)의 태평(太平)을 비는 것이었다. 특히 팔관회는 개경(開京)과 서경(西京)에서 토속(土俗) 산신에게 제사지냈으며 이 때 지방관(地方官)과 외국인(外國人)들도 왕실에 글과 방물(方物, 지방특산물)을 바쳐 축하하였다.

활용(活用)

- 固(굳을 고) : 固守(고수), 固執(고집), 堅固(견고), 頑固(완고, 確固)
- 有(있을 유) : 有無(유무), 有能(유능), 私有(사유), 公有(공유), 共有(공유), 國有(국유), 所有〔소유↔無所有(무소유)〕

 * 無所有(무소유)〕는 2010년 入寂(입적)한 法頂(법정)스님이 無所有를 자주 설파하셨는데 그는 "무소유는 아무것도 가지지 않는다는 것이 아니라 불필요한 것을 욕심을 부려 갖지 않는다는 것이다"며 '맑고 깨끗한 가난' 즉 淸貧(청빈)을 강조하였다.

* 有感(유감)은 무슨 일이나 사물을 보고 느끼는 바가 있음의 뜻이고, 遺憾(유감)은 섭섭한 마음이나 언짢은 느낌의 감정으로 상대방에게 유감이 많다느니 遺憾千萬(유감천만)이다 등이다

● 結(맺을 결) : 結果(결과), 結局(결국), 結論(결론), 歸結(귀결)

초파일 연등

* 結繩文字(결승문자)는 옛날 새끼 줄(繩)에 매듭을 지어 의사전달을 위한 數의 표시 즉. 5일에 장이 서면 5개 매듭을 만들어 달아 의사 전달과 통신수단으로 이용하였다.

● 音(소리 음) : 音盤(음반), 音色(음색), 和音(화음), 低音(저음, 高音)
● 室(집 실) : 室內外(실내외), 居室(거실), 茶室(다실), 密室(밀실)
● 官(벼슬 관) : 官僚(관료, 官員의 同僚), 官吏(관리), 官治(관치), 官尊民卑(관존민비), 判官(판관), 法官, 武官(무관)

* 벼슬을 의미하는 한자로 仕〔벼슬 사, 仕路(사로, 벼슬길)〕자와 宦〔벼슬 환, 宦路(환로, 벼슬길), 宦官(환관. 내시)〕자가 있다.

※ 전등(傳燈)과 연등(燃燈)

등(燈)은 원래 불교에서 불법을 상징한다. 석가가 제자들에게 말없이 꽃을 꺾어 보이자 가섭(迦葉)이 홀로 그 뜻을 알고 이심전심(以心傳心)으로 미소를 지어 보이니 염화미소(拈華微笑)다. 불교에서 법맥을 계승하는 것을 가섭이 부처의 등불을 처음 이어받았다 하여 전등(傳燈)이라 부른다. 강화도에 고찰(古刹) 전등사(傳燈寺)가 있다. 연등은 불교의례 가운데 하나로 촛불과 등불을 밝혀 부처님께 공양(供養)함으로써 무량(無量)하고 광대(廣大)한 밝은 지혜와 광명을 염원한다. 지금도 석가탄신일에 연등회와 연등행렬이 열린다.

금속활자(金屬活字)

金(쇠 금)―金冠(금관), 金字塔(금자탑), 金蘭之交(금란지교)
屬(무리 속)―屬國(속국), 屬性(속성), 所屬(소속), 附屬(부속)
活(살 활)―活用(활용), 活潑(활발), 再活(재활), 快活(쾌활)
字(글자 자)―字幕(자막), 字典(자전), 正字(정자), 點字(점자)

고려 금속활자의 발명과 인쇄술(印刷術)의 발달은 세계적으로 자랑할 수 있다. 이는 불경(佛經)의 간행(刊行)과 보급(普及)을 통한 왕권의 신장(伸張)과 나라 안 사상통일(思想統一)의 필요에 있었을 것이다. 고려 목판인쇄술(木版印刷術)의 백미(白眉)는 세계 최대(最大)의, 최고(最古)의 팔만대장경이다. 목판인쇄의 불편성(不便性)과 한계성(限界性)에서 금속활자의 필요성(必要性)이 생겼다.

고종 21년(1234) 『고금상정예문』(古今詳定禮文)이 금속활자로 인쇄되었다. 이는 서양의 Gutenberg보다 200년 앞선 세계 최초의 일로 우리 민족의 과학기술상의 불후(不朽)의 업적(業績)이라 할 것이다. 애석하게도 그 유물이 현존하지 않고 이규보(李奎報)의 문집에 나타나 있다.

우왕 3년(1377)의 『직지심경』(直指心經)이 현존(現存)하는 세계 최고(最古)의 금속활자본으로 프랑스 파리 국립도서관에 소장되어 있다. 이는 고려 후반기에 금속활자의 사용이 가능했다는 사실을 증명해주고 있다. 공양왕 4년(1392) 서적원(書籍院)을 두고 주자(鑄字)와 인쇄 업무를 맡아 보았음을 알 수 있다. 나아가서 조선조 초에 많은 서적(書籍)의 간행과 출판이 가능했던 것도 이러한 고려시대의 금속활자의 발명이 배경(背景)이 되었던 것이다.

※ 금란지교(金蘭之交)
군자는 침묵할 때와 말할 때를 가렸다. 군자지간에 비록 침묵하지만 그 교분은 단단하기가 쇠와 같고 그 날카로움이 쇠라도 끊을 수 있으며 그 하나된 마음에서 나오는 말은 난초의 향기와 같다. 『역경』계사편에 나오는 말이다.

활용(活用)

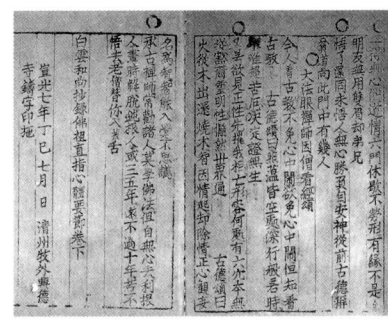

『직지심경』(直指心經)의 왼쪽 권말에 1377년 청주 흥덕사에서 인쇄했다고 적혀 있다

- 刷(쓸 쇄) : 刷新(쇄신, 쓸고 닦아 새롭게 하다, 庶政(서정)을 쇄신하다).
  * (인쇄할 쇄) : 印刷(인쇄, 印刷物)
- 術(꾀 술) : 術策(술책), 術數(술수), 術法(술법), 商術(상술), 學術(학술)
- 伸(펼 신) : 伸縮(신축), 屈伸(굴신, 몸을 굽혔다 폈다의 뜻).
  또 伸자는 '사뢰다', '여쭙다'의 뜻으로 追伸(추신) 등이 쓰인다
- 刊(책펴낼 간) : 刊行本(간행본), 發刊(발간), 初刊(초간, 創刊)
- 普(널리 보) : 普通(보통), 普及(보급), 普遍的(보편적)
- 及(미칠 급) : 及第(급제), 及落(급락), 言及(언급), 論及(논급) 過猶不及(과유불급)
- 版(널 판) : 版圖(판도), 版畵(판화), 初版(초판), 原版(원판)
- 鑄((쇠를) 녹일 (만들) 주) : 鑄造(주조), 鑄貨(주화), 鑄鐵(주철)
- 詳(자세할 상) : (詳報(상보), 詳細(상세), 詳述(상술), 仔詳〔자상, 昭詳(소상)〕, 未詳(미상), 不詳(불상)
- 籍(문서(서적) 적) : 書籍(서적). 戶籍(호적, 本籍, 學籍, 地籍, 妓籍)
- 眉(눈썹 미) : 眉間(미간, 兩眉間), 蛾眉(아미, 미인의 눈썹), 焦眉〔초미, 눈썹에 붙은 불, 焦眉之急(초미지급)〕
- 不(아니 불) : 不可(불가), 不服(불복), 不肯〔불초, 부모를 닮지 못한 못난 자식의 뜻과 그 외 자신을 낮추어 이르는 말. 肖자는 닮을 초자임, 肖像畵(초상화, 肖像權 侵犯)〕
  * 不(불)자가 ㄷ·ㅈ 앞에서는 '부'로 읽으며 不當(부당), 不正(부정) 또 不實 만은 '불실'이 아니고 '부실'로 읽음, 不信(불신), 不審檢問(불심검문)

* 西山大師(서산대사)가 우리나라 전 강산을 둘러보고 동서남북의 4대

명산을 평한 유명한 말이 다음과 같이 오늘날까지 그대로 전하고 있다.
智異山(지리산)은 장이불수(壯而不秀)로 장엄하나 빼어나지는 않구나,
金剛山(금강산)은 수이부장(秀而不壯)으로 빼어나나 장엄하지 않구나,
妙香山(묘향산)은 역수역장(亦秀亦壯)으로 빼어나면서도 장엄하구나.
九月山(구월산)은 불수부장(不秀不壯)으로 다른 산에 비해 크게 빼어나지도 장엄하지도 아니하구나.

- 便(편할 편) : 便利(편리), 便益(편익), 便乘(편승), 簡便(간편), 車便〔차편, 人便(인편)〕
  * (똥오줌 변) : 便所(변소, 大便, 小便), 便器(변기), 便秘(변비)
- 性(성품 성) : 性質(성질), 性向(성향), 根性(근성), 習性(습성)
- 必(반드시 필) : 必勝(필승), 必然(필연), 必須(필수과목), 必要(필요)
- 今(이제 금) : 今時(금시), 昨今(작금), 今昔之感(금석지감)
- 定(정할 정) : 定價(정가), 定例(정례), 假定(가정), 規定(규정)
- 朽(썩을 후) : 不朽(불후), 老朽〔노후, 늙고 병들어 썩음, 老後(노후)〕
- 績(길쌈 적) : 紡績(방적), 功績(공적), 實績(실적), 治績(치적)
- 報(알릴 보) : 報告(보고), 報道(보도), 通報(통보), 豫報(예보), 速報(속보), 誤報(오보), 警報(경보)
  * (갚을 보) : 報恩〔보은↔背恩(배은), 背恩忘德(배은망덕)〕, 報答(보답), 報復(보복, 원수를 갚다), 報酬(보수), 因果應報(인과응보)

※ 직지심경(直指心經)

백운화상(白雲和尙, 1298~1374)이 부처의 법어(法語)와 우리나라 고승의 게송(偈頌) 등을 모은 책으로 1377년 고려 우왕 3년 충북 청주목외(牧外) 흥덕사에서 찍어낸 세계 최고(最古)의 금속활자본으로 현재 파리국립도서관에 있다. 19세기 후반 프랑스 함대가 강화도 외규장각 도서를 약탈해갈 때 프랑스로 흘러 들어간 것으로 곧 우리나라에 반환되어야 할 것이다.

예성강(禮成江) 벽란도(碧瀾渡)

禮(예돈 례)―禮物(예물), 禮樂(예악), 相見禮(상견례)
成(이룰 성)―成事(성사), 成績(성적), 結成(결성), 混成(혼성)
江(강 강)―江邊(강변), 江南(강남), 江村(강촌), 漢江(한강)
碧(푸를 벽)―碧眼(벽안, 눈이 파란 서양인), 碧空(벽공, 蒼空)
瀾(물결 란)―瀾波〔난파, 波瀾(파란, 波瀾萬丈(파란만장), 波瀾 曲折(파란곡절)〕, 狂瀾(광란, 성난 파도. 狂亂광란(미쳐 날뜀)
渡(건널 도)―渡美(도미), 渡江(도강), 讓渡(양도), 引渡(인도)

  예성강 강구(江口)의 벽란도는 예성강이 흘러와서 한강과 마주치는 경치가 빼어나고 유서(由緖)깊은 큰 나루터다. 고려시대 이곳은 수도 개경의 모든 물산(物産)의 유통(流通)을 담당했던 교역의 요충(要衝)이오, 중국의 송(宋), 왜(倭), 대식국(大食國, 아라비아), 남방의 상인들이 왕래(往來)하며 진기(珍奇)한 물자(物資)의 교역(交易)과 해외의 각종 정보를 소개하며 번영(繁榮)을 구가(謳歌)하던 고려 최대의 국제항구(國際港口)였다.

  바둑을 두어 상재(商才)가 능한 송나라 상인에게 아내를 빼앗긴 개성상인의 부인이 정든 땅과 가족을 두고 중국인을 따라가는 애절(哀切)함이 담긴 고려가사(高麗歌辭)「예성강곡」(禮成江曲)의 현장이기도 하다.

  고려왕조가 망하고 조선왕조로 넘어가는 과정을 사회경제적 측면에서 이미 예성강으로서는 그 물동량(物動量)과 국제 교역량(交易量)을 감당(堪當)하기에는 한계(限界)에 다달아 한강으로의 물류이동(物流移動)이 불가피(不可避)하였다고 설명하는 학자도 많다. 백제의 멸망도 한강을 지키지 못하고 금강(錦江)으로 남하(南下)한 데서 큰 원인이 있다고 보는 견해와 같다.

활용(活用)

- 由(말미암을 유) : 由來(유래), 緣由(연유), 事由(사유, 理由), 經由〔경유, 經由地(경유지)〕, 由我而死(유아이사, 나로 인하여 죽게되다), 由我之歎(유아지탄, 나로 인해 생긴 한탄),
- 緖(실마리 서) : 緖戰(서전을 승리로), 緖論(서론=序論), 端緖(단서)
- 衝(부딪칠 충) : 衝擊(충격), 衝突(충돌), 衝動(충동)질, 衝天(충천), 相衝(상충), 緩衝(완충지대), 折衝(절충)하다
- 往(갈 왕) : 往復(왕복), 往十里(왕십리, 십리를 가다), 說往說來(설왕설래), 來往(내왕)하다, 往往(왕왕, 때때로), 往生極樂(왕생극락)
- 際(사귈 제, 사이 제(inter) : 交際(교제), 國際間(국제간), 此際(차제)
- 港(항구 항) : 港都(항도), 港灣(항만), 軍港(군항), 貿易港(무역항), 漁港(어항), 入港(입항↔出港), 開港(개항)
- 口(입 구) : 口述(구술)시험, 口傳(구전)문학, 窓口(창구)일원화, 口舌數(구설수), 有口無言(유구무언),
  * 口禍之門(구화지문)
  입은 재앙(災殃)을 부르는 문이요, 혀는 몸을 자르는 칼이란 뜻으로 입이 화근(禍根)이라는 말로 항상 말을 조심해서 하라는 교훈이다.,

- 繁(번성할 번) : 繁殖(번식), 繁華(번화), 頻繁(빈번), 繁昌(번창),
  * 繁文縟禮〔번문욕례, red-tape(관청에서 문서를 요란하게 묶는 빨간 끈), 번잡한 虛禮나 規則 따위의 타파(打破)되어야 할 관료적(官僚的) 형식주의(形式主義)를 말한다〕
- 榮(영화 영) : 榮光(영광), 虛榮心(허영심), 榮枯盛衰(영고성쇠)
- 哀(슬플 애) : 哀惜(애석), 哀願(애원), 哀歡(애환), 哀乞(애걸), 哀愁(애수)의 小夜曲(소야곡, 세레나데), 悲哀(비애)
- 切(끊을 절) : 切斷(절단), 切實(절실), 懇切(간절), 哀切(애절), 친절(親切), 切品〔절품, 品切(품절)〕, 切齒腐心(절치부심, 분하여 이를 갈며 속을 썩임)하여 원수를 갚다, 切望(절망은 간절히 바람이고 絶望은

모든 희망이 없어진 체념의 상태다)
* (모두 체) : 一切(일체), 一切衆生(일체중생), 一切經費(일체경비), 안주 一切(일체)로 쓰인다. 그러나 '절대로', '전혀'와 같이 부사로 쓰일 때는 一切(일절)이다, 예컨데 그는 술 담배를 一切(일절) 하지 않는다.

- 堪(견딜 감) : 堪當(감당), 堪耐(감내)
- 限(한정 한) : 限定(한정), 限度(한도, 上限, 下限), 時限附(시한부), 局限(국한), 極限(극한), 制限(제한)
- 運(돌 운, 運은 돌기 때문이다) : 運命(운명), 運營(운영), 國運(국운), 시운(時運), 家運(가운), 幸運〔행운↔不運(불운)〕
- 渡〔건널 도(건너는 곳), 강나루 도, cross over, 배로 강을 건너는 나룻터나 건너주는 것을 의미한다〕: 渡江(도강), 渡河(도하), 渡船場(도선장), 渡航(도항), 碧瀾渡(벽난도), 三田渡(삼전도)
* 津(나루 진, ferry) : 광나루(廣津), 송파나루(松坡津), 마포나루(麻浦津), 양화나루(楊花津), 또 진액 진자로 津液(진액), 松津(송진). 최근 일본의 지진으로 쓰나미(津波, tsunami)라는 말이 많이 쓰인다. 나룻가, 바닷가를 뜻하는 津((일본말 '쓰')과 파도를 뜻하는 波(일본말 '나미')로 보통 지진이나 화산 폭발로 지각(地殼)이 함몰(陷沒)되면서 발생하는 해일(海溢)이다.
* 浦(물가 포, 개 포, bank of river) : 개천이나 강, 바닷물이 뭍으로 들락거리는 곳으로 浦口(포구, 조그마한 항구), 麻浦(마포, 永登浦)
* 港(항구 항, port, harbour) : 배가 머물고 드나드는 길이 있는 곳이 港이다. 비행기가 들락거리는 곳은 空港(공항)이다. 港口(항구), 港都(항도, 항구도시), 漁港(어항), 軍港(군항), 築港(축항), 釜山港(부산항), 港灣(항만, 항구가 있는 海의 灣)
이 巷(항)자는 거리 항자로 巷間(항간, 길거리에), 巷說(항설, 거리에 떠도는 말), 물이 드나드는 거리가 港(항)이다.
* 灣(물굽이 만, bay, gulf, harbour) : 육지로 굽어들어온 바다 부분〔하와이의 眞珠灣(진주만, pearl harbour)〕

정동행성(征東行省)

征(칠 정)—征伐(정벌), 征服(정복), 遠征(원정), 出征(출정)
東(동녘 동)—東方(동방), 東風(동풍), 東奔西走(동분서주)
行(갈 행)—行步(행보), 行樂(행락), 旅行(여행), 斷行(단행)
省(살필 성, 덜 생)—省察(성찰), 省略(생략), 山東省(산동성)

당시 세계적인 대제국인 몽고(蒙古, 1271년 몽고는 국호를 元이라 함)는 고려를 통해 일본을 정벌하고 조공국(朝貢國)으로 만들려 했다. 한편으로는 고려가 일본과 내통(內通)하고 있다는 당시 원의 앞잡이들의 거짓 보고가 원인이기도 했다. 원은 고려에 정동행성을 설치하고 여원연합군(麗元聯合軍)은 1274년과 1281년 두차례에 일본 원정(遠征)길에 나서 쓰시마(對馬島)와 이키섬을 정복하고 규수의 하카다에서 태풍(颱風)을 만나 선박이 파괴되고 해전(海戰)에 약한 여원연합군은 일본정벌에 실패한다. 이때 배를 만든다고 조선의 산은 벌거숭이가 되었고 젊은 장정들은 모두 전쟁터로 끌려가고 군수물자를 조달하느라 국력은 바닥을 쳤다.

22대 원종이 최씨 무인정권을 무너뜨리고 친몽정책으로 왕권강화를 위해 고려 세자와 원의 공주(세조의 딸)와 혼인을 하고부터는 원의 공주를 정비(正妃)로 삼고 그 아들들은 원의 수도인 북경에 인질[人質, 독노화(禿魯花)라 했다]로 있다가 왕이 되는 원의 부마국(駙馬國, 사위의 나라)이 된다. 그리하여 왕실은 격하되어 왕에게 조(祖)와 종(宗)의 묘호(廟號)를 사용하지 못하고, 왕이라 하였으며 그것도 그 앞에 충(忠)자를 붙여(충렬

※ 태풍(颱風) :
颱(태풍 태)자가 들어가는 태풍(颱風)은 클 台자와 바람 風자의 합성자다. 태평양에서 발생하는 큰바람 颱風의 중국식 발음을 영어로 표기한 것이 typhoon이다 (미국의 tornado, harrycane). 일본에서는 神이 일본 국민의 기도를 받아들여 막강한 여원연합군을 막아준 바람이라고 하여 이를 카미카제(神風)라 하며 이때부터 일본 국민의 신국사상(神國思想)은 더욱 강화됐으며 전국에 많은 신사(神社)를 짓는다.

왕, 충선왕, 충숙왕, 충혜왕, 충목왕, 충정왕 등) 원에 대한 충성을 바치게 했다.

역사는 되풀이되어 조선조에서도 병자호란 때 청나라와 군신지맹(君臣之盟)을 했지만 믿지 못하고 모든 것을 담보하기 위해 인질로 소현(昭顯)세자가 심양(瀋陽)으로 끌려간다.

1274년 여원연합군이 대마도를 거쳐 일본 규슈를 침공하였으나 태풍으로 실패한다. 대마도에는 당시 전사한 대마도주 스케구니(助國)의 무덤 신사가 있다

활용(活 用)

● 貢(바칠 공) : 貢獻(공헌), 貢物(공물), 貢女(공여), 朝貢(조공)
 * 貢女〔공여, 공물(貢物)로 바친 여인으로 인질(人質)로 끌려간 사람과는 구별된다. 고려가 원나라의 속국이 되어 왕의 이름에 충(忠)자를 넣었던 충렬왕, 충선왕 등 여섯 임금 때 貢女로 갔던 여인 중 한 여인이 후궁을 거쳐 원(元) 순재(順帝)의 황후가 된다. 곧 기황후(奇皇后)다. 여말 그의 오빠 기철(奇轍)의 권세(權勢)와 행패(行悖)는 국왕을 능가(凌駕)한다. 이에 반원주의(反元主義)와 개혁정치를 선언한 공민왕은 정동행성을 철폐하고 기씨의 세도도 막을 내린다

 * 조공(朝貢)과 역관(譯官)
 원래 조공(朝貢)은 옛날 제후(諸侯)들이 천자(天子)에게 예물을 갖다바치던 것을 조공이라 하였는데 명나라 때부터 조선이 일방적으로 중국에 갖다바친 것과는 달리 조공사절을 통한 조공 무역(貿易)도 성행하였다. 이 조공 무역에서는 인삼 등을 내다파는 우리쪽에서 더 톡톡히 재미를 보았을 때가 많았다. 그래서 조공사절 횟수를 두고 조선은 신년의 하정사(賀正使)를 비롯 1년 3사를 주장한 반면 명은 3년 1사를 주장하고 있다. 중종 때부터는 동지사(冬至使)가 추가되어 1년 4사가 되었다.
 조선의 조공품 이상으로 명황제가 내리는 사여품(賜與品)도 많았다. 이와같이 조공사절의 공적거래 외에 조선에 경제적 이득이 컸기 때문에 중

인(中人)인 역관(譯官)들의 업무와 세력이 상당히 커졌으며 이 때 축적된 부를 통하여 중인들이 사회적으로 점차 두각을 나타내게 되며 이들 세력은 서양문물에 대한 견문(見聞)이 있어 개화(開化)에 큰 기여를 한다. 역관 오경석(吳慶錫), 한의사(漢醫師) 유대치(劉大致), 개화승(開化僧) 이동인(李東仁) 등은 개화파 실학자(實學者) 박규수(朴珪壽) 등과 교유(交遊)하며 민족개화의 주역들이기도 하다.

● 遠(멀 원) : 遠近法(원근법), 遠大(원대), 疏遠(소원), 敬遠(경원), 不可近不可遠(불가근불가원, 너무 가까이 해도 너무 멀게 해도 아니 되는 관계를 이른다), 日暮途遠(일모도원, 날은 저물고 갈 길은 아직 멀다)
● 對(대할 대) : 對句(대구), 對抗(대항, 對決), 對酌(대작), 對等(대등), 對處(대처), 對人關係(대인관계), 反對(반대), 絶對(절대↔相對)
　* 對價(대가)는 일정한 행위에 대한 보수의 성격의 給付(급부)이고, 代價(대가)는 물건의 값으로 치르는 돈이다.
　* 對置(대치)는 사람이나 물건을 마주 보게 하는 것이고, 對峙(대치)는 전쟁터에서 산을 접해 두고 아군과 적군이 맞서 있는 것을 말하고, 代置(대치)는 다른 사람이나 물건으로 바꾸어 놓는 것을 말한다.

● 是(옳을 시) : 是非(시비, 是是非非, 是非曲直), 是認〔시인↔否認(부인)〕, 是正(시정), 本是(본시), 國是(국시), 或是(혹시)나
● 我(나 아) : 我執(아집), 我軍(아군, 敵軍), 我田引水(아전인수, 제 논에 물대기), 自我(자아), 沒我(몰아), 無我之境(무아지경)
● 禿(대머리 독) : 禿頭(독두, 대머리, 별명으로 많이 불림), 禿山(독산, 민둥산), 禿翁(독옹, 대머리 노인)
● 駙(곁말 부) : 駙馬〔부마, 駙馬都尉(부마도위)의 略稱, 임금의 사위가 오르는 관직인데 공주의 남편을 이렇게 불렀다)〕
● 盟(맹세할 맹) : 盟誓〔맹서, 誓約(서약)〕, 盟邦(맹방), 聯盟(연맹), 同盟(동맹), 城下之盟(성 밑에서의 굴욕적(屈辱的)인 강화(講和)의 맹약(盟約), '맹세하다'를 한자로 "盟誓(맹서)하다'로 쓰기도 한다.

* 임진왜란 때 이순신(李舜臣)장군이 산과 바다를 두고 맹세한 그의 충성(忠誠)이 남긴 다음 시(詩)가 전한다.

盟山草木知(맹산초목지, 산을 두고 맹세하니 산천초목이 다 아는지고)
誓海魚龍動(서해어룡동, 바다를 두고 맹세하니 고기와 용들이 움직이는지라)

● 召(부를 소) : 召命〔소명, 하늘(왕)의 명〕, 召集(소집), 應召(응소)
  * 召喚(소환)은 관청이나 법원에서 언제 어디로 나오도록 하는 명령으로 召喚狀(소환장) 등이 있고, 召還(소환)은 불러 돌아오도록 하는 명령으로 외교사절을 본국으로 불러들이는 것이다. 國民召還〔국민소환, 住民召還(주민소환), 리콜(Recall)〕

● 顯(나타날 현) : 顯彰(현창), 顯著(현저), 顯職(현직, 높은 벼슬),
  * 제사 때 지방이나 축문에 쓰는 顯考(妣)〔현고(비)〕는 제사 등의 의식 때 돌아가신 아버지(어머니)에 대한 높힘 말이며, 先考(妣)〔선고(비)〕도 돌아가신 부(모)를 높임 말임
● 與(줄 여) : 與信(여신, 受信은 ① 금융기관의 여신의 반댓말, ② 통신을 받음), 與件(여건), 與否(여부), 與奪〔여탈, 주고 뺏음, 生死與奪(생사여탈)〕
  * (더불어 여) : 與民樂(여민락), 富與貴(부여귀), 賞與金(상여금), 與黨〔여당↔野黨(야당)〕
  * 輿(수레 여) : 藍輿(남여, 가마), 喪輿(상여), 輿馬(여마, 수레와 말),
  * 輿(여럿(많을) 여) : 輿望(여망), 輿論(여론), 大東輿地圖(대동여지도, 대동(우리나라) 땅의 많은 것을 모두 그려 담은 지도).

공민왕(恭愍王)과 노국(魯國)공주

> 恭(공손 공)―恭遜(공손), 恭敬(공경), 過恭非禮(과공비례)
> 愍(슬퍼할 민)―愍然(민연), 憐愍(연민=憐憫)
> 魯(나라 이름 노, 성씨 노)―魯(노나라, 공자가 태어난 나라)
> 國(나라 국)―國體(국체), 國論(국론), 强國(강국), 保國(보국)

충숙왕의 2자로 태어난 공민왕도 어려서부터 원나라에 들어가 자랐기때문에 몽고의 풍속과 내부 사정을 잘 알고 있었다. 원나라 황족(皇族)인 위왕(魏王)의 딸 노국공주를 아내로 맞아 왕위에 올랐다. 공민왕은 대외적으로는 대륙에서 한족(漢族)인 명(明)이 일어나 원·명교체기(元明交遞期)였으므로 반원(反元)정책을 써 원의 연락기관인 정동행성을 폐지하고 친명(親明)정책을 추진하였으며 대내적으로는 친원파(親元派)와 권문세족(權門勢族)을 억압하고 신돈(辛頓)을 중용(重用)하여 개혁(改革)을 추진하였다.

공민왕과 금실(琴瑟)이 좋은 노국공주도 원나라 출신이면서도 진심으로 공민왕의 국정을 도와 남편의 사랑을 한몸에 받았다. 그러나 출산 과정에서 난산(難産) 끝에 세상을 떠나고 만다. 왕은 노국공주를 잊지 못하여 공주의 영정(影幀)을 손수 그려놓고 명복(冥福)을 빌었으며 공주의 장례와 영혼을 위한 장엄한 영전(靈殿) 건립에 국고(國庫)를 탕진(蕩盡)할 정도였다.

노국공주에 대한 다정(多情)이 병이 되어 후세 사람들은 이 왕을 공민(恭愍)이라 불렀다. 월탄(月灘) 박종화(朴鍾和)의 역사소설『다정불심』(多情佛心)과 많은 영화와 TV드라마에서 신돈을 기용한 공민왕의 개혁과 노국공주에 대한 과도한 집착(執着) 그리고 공민왕 자신의 성격 파탄(破綻)으로 이는 곧 고려왕조 파멸(破滅)과 직결되어 말기적 역사적 교훈을 우리에게 전해주고 있다.

활용(活用)

- 親(친할(어버이) 친) : 親舊(친구), 親戚〔친척, 親(친)은 親家(친가의, 戚(겨레 척)은 外家(외가)의 外戚인 친척을 말함〕, 親疏(친소), 族親(족친), 切親(절친), 四顧無親(사고무친, 사방을 돌아봐도 아는 친척이나 친지 한사람 없다)
  * 親자는 또 '몸소', '손수' 의 뜻이 있어 親筆(친필), 親書(친서), 親臨〔친림, 枉臨(왕림)〕, 親展(친전, 편지 등을 직접 펴봄, 펴보시기 바람)

개풍군에 있는 공민왕과 노국공주의 무덤

- 改(고칠 개) : 改良(개량), 改善(개선, 改造), 改閣(개각), 改嫁(개가)
  * 改正(개정)은 바르게 고침이요(憲法改正(헌법개정), 改定(개정)은 새로 고쳐 정하는 것으로 改定料金(개정요금), 改定列車時間表(개정열차시간표)
  * 改過遷善〔개과천선, 過而不改 是謂過矣(과이불개 시위과의, 허물이 있어도 고치지 않으면 이것이야말로 참 허물이다)〕

※ 놋다리밟기, 하회탈, 안동소주의 유래

1361년 11월 홍건적(紅巾賊)의 침입을 피해 공민왕이 노국공주와 함께 몽진(蒙塵, 임금의 피란)길에 올라 문경새재를 넘어 안동땅에 들어섰다. 풍산을 지나 겨울 송야천을 지나야 하는데 이때 어디선가 안동의 아녀자들이 줄지어 엎드려 인교(人橋)를 만들어 노국공주가 무난히 건널 수 있었다. 이 놋다리밟기는 지금 안동의 대표적인 민속놀이가 되었다.

1281년 고려 충렬왕이 여원연합군의 일본 출정으로 인해 피폐해진 민심을 위무하기 위해 남부지방 순행(巡幸, 임금이 지방을 돌아보는 행차) 중 안동에서 약 한달 동안 머물렀다(공민왕은 홍건적 때 70일 머물렀음). 이때 왕을 접대하기 위해 페르시아에서 원(元)을 통해 들어온 소주가 만들어졌는데 이것이 오늘날 증류식 안동소주의 뿌리다. 또 왕을 위한 연회가 베풀어졌는데 연지곤지 찍는 몽고풍의 하회탈과 별신굿의 연원이 이에서 유래한다.

안동의 대표적 민속놀이 놋다리밟기

- 革(가죽 혁) : 革命(혁명), 革新(혁신), 革罷(혁파), 革帶(혁대), 皮革(피혁),
  * 貫革〔관혁, 보통 '과녁'으로 불려진다. 곧 標的(표적)이다. 눈(目)을 표적으로 삼아 마치는(的中) 것이 目的(목적)이다. 병풍에 그린 공작새의 두 눈(目)을 마치는(的) 사람을 사위로 삼았다는 고사에서 유래〕

- 派(물갈래 파) : 派生(파생), 派爭(파쟁), 黨派〔당파, 親日派(친일파)〕
  * (보낼 파) : 派遣(파견), 派兵(파병), 派出婦(파출부)
- 辛(매울 신) : 辛味(신미), 辛酸(신산), 辛苦(신고, 千辛萬苦 끝에)
- 琴(거문고 금) : 彈琴臺(탄금대), 心琴(심금)을 울리다)
  琴瑟〔금실, 瑟(비파 슬자이지만 琴瑟은 거문고와 비파가 매우 하모니가 잘 되므로 부부간의 和樂을 琴瑟이 좋다고 하는 데 이때 琴瑟(금슬)은 오랜 동안 발음하기 편한 '금실'로 써왔기에 표준어를 전설모음화로 '금실'로 했다)〕.

- 影(비칠 영) : 影像(영상), 影響(영향), 撮影(촬영), 幻影(환영)
- 幀(그림족자 정) : 裝幀(장정, 책의 표지 등의 디자인)
- 冥(어두울 명) : 冥想(명상=瞑想, 瞑想錄, 瞑想的), 冥府殿(명부전)
  * 幽冥〔유명은 그윽한 어둠의 세계로 저승을 의미, 幽明(유명)은 어둠의 세계와 밝음의 세계로 이승과 저승을 말한다. 죽음을 幽明을 달리했다 등으로 쓰인다). 幽宅(유택, 무덤)

- 福(복 복) : 福祿(복록), 福德(복덕), 福利(복리), 幸福(행복),
- 靈(신령 령) : 靈魂(영혼, 魂靈), 靈感(영감), 靈前(영전)
- 庫(창고 고) : 庫間(곳간), 庫房(고방), 金庫(금고)

- 蕩(방탕 탕) : 蕩減(탕감), 蕩平(탕평, 蕩平策), 浩蕩(호탕)
- 盡(다할 진) : 盡力(진력), 盡忠報國(진충보국), 苦盡甘來(고진감래), 盡善盡美(진선진미, 더할수 없이 착하고 아름다움), 盡人事待天命(진인사대천명)
- 鐘(쇠북 종, 종 종) : 鐘閣(종각, 鐘樓), 鐘路(종로), 警鐘(경종)
  * 鍾(술잔 종)자는 金이 의미 요소로 쓰였고 重자는 童이 변화된 발음 요소로 鐘자와 혼동하여 써 왔다. 원래 飮酒千鍾〔음주천종, 천잔의 술(많은 술)을 마시다〕에서도 알 수 있다.
- 着(붙을 착) : 着陸(착륙, 軟着陸, soft-landing), 着想(착상), 接着〔접착, 接着劑(접착제)〕, 愛着(애착)
- 破(깨뜨릴 파) : 破局(파국), 破鏡(파경), 破産(파산), 看破(간파)

* 破釜沈舟(파부침주, 가마솥을 부수고 배를 가라앉히다), 2010년 월드컵대회에 임하는 蹴球(축구) 감독이, 경영이 어려울 때 기업회장이 자주 쓰는 말이다.
약 2200년 전 진시황(秦始皇)이 죽고 다시 중국의 전국(戰局)이 어지러울 때 당대의 영웅 초(楚)나라의 항우(項羽)가 전군(全軍)이 황하를 건너자 가마와 시루를 모두 부수고 배를 모두 가라앉히고 살아서 돌아가지 않겠다는 결의(決意)를 보이고 진군하여 진의 대군을 무찌르고 제후(諸侯)들을 복속(服屬)시킨다. 파부침주는 이 때의 말이다

- 綻(옷(실밥)터질 탄) : 綻露(탄로), 破綻(파탄)
- 魯(나라 이름 노) : 鄒魯〔추로, 맹자는 추(鄒)나라 사람이고 공자는 노(魯)나라 사람이라 孔孟(공맹)을 가르켜 부르는 말〕.
  * 鄒魯之鄕(추로지향)은 공맹의 고향지방으로 예절이 바르고 학문이 왕성한 곳을 일컫는 말이다.

위화도(威化島) 회군(回軍)

威(위엄 위)―威勢(위세), 威力(위력), 國威(국위), 權威(권위)
化(될 화)―化石(화석), 化學(화학), 文化(문화), 開化(개화)
島(섬 도)―島國根性(도국근성, 섬나라의 배타적인 단결적 근성)
回(돌 회)―回路(회로), 回顧(회고), 撤回(철회), 挽回(만회)
軍(군사 군)―軍權(군권), 軍糧米(군량미), 敵軍(적군↔我軍)

고려 말 공민왕이 무명(無名)의 승려(僧侶) 신돈(辛旽)을 중용(重用)하여 개혁을 통해 친원파(親元派)와 권문세족(權門勢族)을 억압하였다. 한편 중국에서는 명(明)나라가 세워지면서 친명(親明) 사대부(士大夫)세력이 등장하고 홍건적(紅巾賊)의 잦은 침입과 강화도까지 쳐들어온 왜구(倭寇)의 잦은 격퇴(擊退)과정에서 최영(崔瑩)장군과 이성계(李成桂) 등 무인세력이 권력을 잡는다.

이런 가운데 명은 옛 원나라의 쌍성총관부(雙城摠管府) 관할(管轄)하에 있었던 땅을 직속 영토로 한다며 철영위(鐵嶺衛)를 설치한다고 하였다. 이에 분개한 친원파 최영은 우왕 14년(1388) 요동정벌(遼東征伐)을 꾀하고 팔도도통사(八道都統使)가 되어 이성계(친명파)를 우군도통사, 조민수(曺敏修)를 좌군도통사로 하여 출정하였다.

이 때 이성계는 1) 적은 나라로 큰나라를 침은 불가(以小逆大), 2) 여름에 출병은 불가(夏月發兵), 3) 덥고 비가 와 활의 풀이 녹고 군인들이 역질의 우려가 있어 불가(時方暑雨 弩弓解膠 大軍疾疫), 4) 나라 전체가 거병하면 왜구가 그 허를 노릴 수 있어 불가(擧國遠征 倭乘其虛)하다며 사불가론(四不可論)으로 요동으로 침공하지 않고 위화도에서 회군한다.

이성계는 돌아와 개경을 장악하고서는 당시 나라와 백성을 외환(外患)으로부터 지켜내고 있었던 조정의 최고 실력자 최영(崔瑩)장군을 처단하고는 조정의 실권을 잡는다. 이처럼 위화도는 고려왕조를 멸망케 하고 조선왕조를 세우게 되는 계기를 만들었던 역사적인 섬이다.

※ 위화도(威化島)와 녹둔도(鹿屯島)

압록강(鴨綠江) 하구에 있었던 위화도와 두만강(豆滿江)하구에 있었던 녹둔도는 우리에게는 모두 역사적인 섬이다. 남북으로 갈라진 이후로는 지금 이들 섬이 어떻게 관리되고 있는지 자세히 모르고 있다. 압록강과 두만강에는 크고 작은 섬이 468개나 있었다. 그중 현재 북한이 280개, 중국이 187개, 러시아가 1개의 섬을 차지하고 있다고 한다.

지도상에 보이는 압록강 하구의 위화도(중앙일보 자료에서)

녹둔도는 조선 선조 20년(1587) 이순신장군이 43세 때 여진족(女眞族)의 침략에 대비해 이곳 백성들과 둔전(屯田)을 일구며 싸워서 지켰던 섬이다. 두만강의 퇴적(堆積)으로 러시아 땅에 붙어 있어서 1860년 청국과 러시아가 북경조약(北京條約)으로 러시아에 넘겨져 버렸다고 한다. 언젠가는 찾아와야 할 옛 우리 땅이다.

> 활용(活用)

- 無(없을 무) : 無關(무관), 無視(무시), 前無(전무후무), 虛無(허무)
- 侶(짝(동무) 려) : 伴侶者(반려자), 僧侶(승려)
- 重(무거울 중) : 重大(중대, 重且大), 重責(중책), 重厚(중후), 過重(과중), 輕重(경중), 所重(소중)
  * 重要(중요)는 매우 소중하고 필요한 것(重要文書, 重要財産)이고, 主要(주요)는 여럿 가운데 主된 것으로 가장 중요하고 대표적인 것이다(主要人物)
  * (거듭 중) : 重複(중복), 重言復言(중언부언하다. 이때 復자는 '다시 부' 자로 '제차 다시 말하다'의 뜻이다. 또 이 復자는 '회복 복' 자[回復(회복, 恢復)]로도 많이 쓰인다)

- 士(선비 사) : 士氣(사기), 士林(사림), 武士(무사, 戰士, 紳士, 演士)
 * 士大夫(사대부): 원래 사대부(士大夫)는 피지배계급인 서민(庶民)과 구별하여 귀족지배계층을 말한다. 황제와 제후인 왕족을 제외한 지배계층이다. 사(士)는 지배 계층의 일반 선비 양반을 말하고 대부(大夫)는 사의 상층 귀족을 공경대부(公卿大夫) 또는 경대부(卿大夫)라고 했으며 높은 벼슬아치나 문벌이 높은 양반 집안을 사대부라고 통칭하였다.

- 紅(붉을 홍) : 紅顔(홍안), 紅一點(홍일점), 朱紅(주홍)글씨
- 巾(수건 건) : 頭巾(두건), 儒巾(유건), 幅巾(복건)
- 賊(도적 적) : 賊(적)과 盜(도)는 구별되었다. 도적 가운데서도 賊은 무기[융(戎, 칼이나 창 등)를 들고 남의 재물(貝)을 빼앗는 것으로 賊徒(적도), 逆賊(역적), 山賊(산적, 海賊, 馬賊), 賊反荷杖(적반하장, 도적이 거꾸로 매를 들고 설치다), 盜는 몰래 남의 것을 빼앗는 것으로 盜用(도용), 盜掘(도굴), 盜癖(도벽), 盜聽(도청), 盜難(도난), 竊盜(절도) 등

- 擊(부딪칠 격) : 擊破(격파), 擊壤歌(격양가), 目擊(목격)
- 總(거느릴 총, 모두 총=總) : 摠管(총관=總管)
- 管(대롱 관) : 管掌(관장), 管理(관리), 管制(관제), 管絃樂(관현악), 保管(보관), 主管(주관)
- 府(고을 부) : 府使(부사), 府尹(부윤, 고을 원님), 府牧郡縣(부목군현, 조선조의 지방 행정 조직), 府夫人(부부인, 왕비의 모, 대군의 부인), 府院君[부원군, 왕비의 親父, 大院君(대원군, 왕의 살아 있는 親父)], 府君(부군, 돌아가신 父, 祖 등 조상의 존칭)

※ 최영(崔瑩)장군과 붉은 무덤(赤墳)
고려 충신 최영은 평소에도 "금덩어리 보기를 돌같이 하라(見金如石)"는 부친의 유훈(遺訓)에 따라 세속의 명리(名利)에 사로잡히지 않고 살았다. 그가 죽은 후 무덤에 풀이 나지 않아 적분(赤墳)이라 불렸으며 아직도 우리나라의 무속신앙(巫俗信仰))의 숭배(崇拜)의 대상이 되고 있다. 현재 최영장군의 무덤은 경기도 고양시 통일로 벽제의 북쪽에 있어 많은 사람들이 찾고 있다.

- 桂(계수나무 계) : 桂皮(계피), 桂冠詩人(계관시인, 月桂冠)
- 回(돌아올 회) : 回數(횟수, 一回), 回收(회수), 回顧錄(회고록), 回想(회상), 回轉(회전), 回信〔회신＝答信(답신)〕
- 赤(붉을 적) : 赤字〔적자↔黑字(흑자)〕, 赤信號〔적신호↔青信號(청신호)〕, 赤貧〔적빈, 極貧(극빈)〕, 赤手空拳(적수공권, 아무것도 없이 맨주먹으로), 赤旗〔적기, 붉은 기(공산당과 관련하여), 赤軍(적군)〕, 赤十字〔적십자, 이념과 적대관계를 떠나 구휼정신의 표지이며, 綠十字(녹십자, 재해 안전 등의 예방 표지이다)〕

통일로변에 있는 최영장군의 붉은 무덤

* 한자에 赤, 朱, 紅 모두 붉음을 뜻한다. 赤자는 밑에 불 火 자가 있어 불이 타오르는 검붉은 색이다. 적혈(赤血), 핏덩어리 갓난아이를 적자(赤子). 紅자는 중국인들이 좋아하는 붉은 비단의 빨간색이다. 그래서 실사 변에 썼다. 좋은 일에는 꼭 붉은색 장식이 있다. 붉은 깃발도 홍기(紅旗, 한국과 일본에서는 적기(赤旗)라 한다)다. 국기도 오성홍기(五星紅旗)라 한다. 적십자(赤十字)도 그들은 홍십자(紅十字)다. 朱자는 붉은 안료를 주사(朱砂)를 말한다. 인주(印朱)등이다.

- 鐵(쇠 철) : 鐵橋(철교), 鐵面皮(철면피), 鐵製(철제), 鋼鐵(강철), 鐵器時代(철기시대), 鐵則(철칙), 古鐵(고철), 製鐵所(제철소)
- 嶺(고개(재) 령) : 嶺南(영남), 嶺東〔영동, 大關嶺(대관령)의 동쪽, 서쪽은 嶺西(영서)〕, 泰山峻嶺(태산준령), 秋風嶺(추풍령)

* 鳥嶺(조령, 문경 새재)과 영남(嶺南)
조령은 옛부터 한강유역과 낙동강유역을 잇는 고개로 높고 험하여 새도 날아서 넘기 힘든 고개였다고 한다. 조선조 5백년 동안 영남의 선비들이

과거보러 꼭 넘어야 했던 고개이고 임진왜란 때에는 일본군이 이 새재를 넘어 충주에서 신립장군을 격퇴하고 서울로 쳐들어간 길이었다.
문경 새재(조령) 이남을 영남(嶺南)이라 하였다. 백두대간에 조령, 죽령, 추풍령이 나란히 있어 영남과 호서 기호지방을 통하는 관문(關門) 역할을 하였다. 특히 과거보러 가는 선비들은 주로 조령을 이용하고 추풍령은 피했다. 추풍낙엽처럼 되어서는 안된다고 믿었기 때문이다.

* 竹嶺(죽령)

충청도 단양과 경상도 순흥을 연결하는 오르막 30리 내리막 30리 60리 길의 고갯마루다. 이죽령은 대나무가 많아서가 아니고 『동국여지승람』에 신라 장군 죽죽(竹竹)이 이길을 열고 순사하여 죽죽사(竹竹祠)라는 사당이 있었다고 하였으며, 『삼국사기』의 기록에는 신라 8대왕 아달라이사금(阿達羅尼師今) 때 죽령을 열었다는 기록이 있다.

* 湖南(호남)

일제시대에 없어진 익산의 미륵산 일대로부터 내려오는 물길을 막아서 이루어진 당시 호수의 둘레가 80리, 뚝의 길이가 1.3km나 되었던 황등제(黃登堤) 남쪽을 가리켜 호남, 서쪽을 호서(湖西)라 하였다고 한다. 또는 금강(錦江)의 옛이름 호강(湖江)에서 유래하였다고도 한다. 영동(嶺東)과 영서(嶺西)는 물론 대관령(大關嶺) 동쪽 서쪽의 강원도 땅을 이르는 말이다. 조선시대 실학자 유형원(柳馨遠)은 황등제, 벽골제, 눌제를 잘 정비해놓으면 나라에 흉년(凶年)이 없을 것이라고 할만큼 큰 호수였다. 벽골제는 김제에 있고, 눌제는 정읍에 있다. 중국의 호남, 호북은 동정호(洞庭湖)를 기준으로 하였다.

- 敏(재빠를 민) : 敏感(민감), 過敏(과민), 敏捷(민첩), 明敏(명민)
- 修(닦을 수) : 修身(수신), 修學(수학), 監修(감수), 補修(보수)

선죽교(善竹橋)

- 善(착할 선)—善惡(선악), 善導(선도), 改善(개선), 僞善(위선)
- 竹(대 죽)—竹簡(죽간), 竹馬故友(죽마고우), 爆竹(폭죽)놀이, 破竹之勢(파죽지세)
- 橋(다리 교)—橋梁(교량), 橋頭堡(교두보), 架橋〔가교, 陸橋(육교)

정몽주(鄭夢周)는 고려 말의 정치가요 성리학자(性理學者)로 우리나라 주자학(朱子學) 발전에 큰 계기를 마련하였다. 호(號)는 포은(圃隱)으로 예문관 대제학으로 고려의 마지막 임금 공양왕(恭讓王) 4년 사냥터에서 낙상(落傷)한 이성계를 문병(問病)하고 돌아오다 선죽교(善竹橋) 다리 위에서 이성계의 5자 이방원(李芳遠)과 그의 사주를 받은 조영규에 의해 철퇴를 맞아 선죽교 돌다리를 피로 물들이고 고려왕조의 마지막 충신(忠臣)은 죽는다.

이에 앞서 이방원은 정몽주의 속마음을 알기 위해 다음과 같은 "여차역하여 여피역하여"(如此亦何如 如彼亦何如)로 시작되어 후세에 「하여가」(何如歌)로 회자(膾炙)되고 있는 만수산(萬壽山) 노래 시조(時調) 한 수를 읊으며 정몽주를 끝까지 회유(懷柔)해 본다.

　　이런들 어떠하며 저런들 어떠하리
　　만수산 드렁칡이 얽혀진들 어떠하리
　　우리도 이같이 얽어져 백년까지 누리리

이에 정몽주는 아래의 유명한 "차신사료사료 일백번갱사료"(此身死了死了 一百番更死了)의 「단심가」(丹心歌)로 변치 않는 고려왕조에 대한 충절로 화답(和答)한다.

　　이몸이 주고 죽어 일백 번 다시 죽어
　　백골이 진토되어 넋이라도 있고 없고
　　님향한 일편단심이야 가실 줄이 있으랴

선죽교

이 시조들은 조선왕조 영조 때 김천택(金天澤)이 엮은 우리나라 최초의 시조집(時調集)『청구영언』(靑丘永言)에 기록되어 전한다. 고려의 마지막 충신이 남기고 간 이 단심가는 오늘날까지도 즐겨 읊어지고 있다. 개성 선죽교는 개성관광 때 꼭 찾아보게 되는 역사적 명소다

활용(活用)

- 夢(꿈 몽) : 夢想(몽상), 夢遊病(몽유병), 非夢似夢(비몽사몽)간에, 一場春夢(일장춘몽), 夢幻(몽환, 꿈과 환상), 胎夢(태몽), 吉夢(길몽), 惡夢(악몽)
  * 夢寐(몽매)는 자다가 꿈을 꾸는 것을 말하고(夢寐間), 蒙昧(몽매)는 어리석고 사리에 밝지 못함을 뜻함 (無知蒙昧)
- 讓(사양 양) : 讓步(양보), 讓渡稅(양도세), 讓位(양위, 임금 자리를 내놓음), 移讓(이양), 謙讓(겸양)
- 落(떨어질 락) : 落水(낙수), 落穗〔낙수(穗(이삭 수), 떨어진 벼이삭〕, 落心(낙심), 淪落(윤락), 脫落(탈락), 落成式(낙성식), 落款(낙관)
  * (마을 락) : 村落(촌락), 部落(부락), 聚落(취락), 屯落(둔락, 둔전 마을)
  * 落葉歸根(낙엽귀근, 나뭇잎은 떨어져 뿌리로 되돌아간다는 뜻), 歸巢本能(귀소본능, 날짐승도 본능적으로 해가 저물면 자기 둥지로 찾아든다는 뜻), 首丘初心(수구초심, 여우도 죽을 때는 자기 고향 언덕을 향해 머리를 두고 초심으로 돌아간다는 말),이 있다. 또 비슷한 뜻의 말로 錦衣還鄕(금의환향, 성공하여 비단옷을 입고 고향으로 돌아가다) 등

- 傷(다칠 상) : 傷心(상심), 傷害(상해), 傷痕(상흔), 死傷者(사상자), 食傷(식상), 銃傷(총상), 火傷, 重傷謀略(중상모략)

- 病(병 병) : 病苦(병고), 病席(병석), 稱病(칭병), 看病(간병사)
- 芳(꽃다울 방) : 芳名錄(방명록), 芳香(방향), 綠陰芳草(녹음방초)
- 調(고르 조) : 調整(조정), 調理(조리), 格調(격조), 同調(동조)
- 如(같을 여) : 如意(여의), 如實(여실), 缺如(결여)
- 此(이 차) : 此後(차후), 此際(차제), 彼此間(피차간)
- 何(어찌 하) : 何等(하등), 何時(하시), 何人(하인), 幾何(기하)
- 膾(회 회) : 肉膾(육회, 소고기 등의 회), 魚膾(어회, 생선 회)
- 炙(고기고을 자) : 膾炙(회자)
  * (고기고을 적) : 散炙(산적), 魚炙(어적))
- 答(대답 답) : 答禮(답례), 答辯(답변), 應答(응답), 解答(해답)
- 了(마칠 료) : 修了(수료), 完了(완료), 終了(종료), 魅了(매료)
- 番(차례 번) : 番號(번호), 番地(번지), 當番(당번), 順番(순번)
- 更(다시 갱) : 更生(갱생, 다시 살아남), 更新(갱신, 계약기간 연장),
  * (고칠 경) : 更迭(경질), 變更(변경), 甲午更張(갑오경장), 更衣室
  (경의실, 옷을 바꾸어 (고쳐) 입는 곳으로 '갱의실'로 잘못 쓰이고 있다),
  * (밤시각 경) : 三更〔삼경, 하루밤 시각을 5更(경)으로 나눈 3번째로 밤 11시~새벽 1시 사이, 初更(저녁 7시~9시), 二更(밤 9시~ 11시), 四更(새벽 1시~3시), 五更(새벽 3시~5시)등), 1更(경)은 5點(점)으로 나누어졌다.

- 塵(티끌 진) : 風塵(풍진, 바람과 티끌로 속세를 말함, 풍진 세상), 紅塵(홍진), 和光同塵(화광동진, 부드러운 빛으로 속세(먼지)와 늘 같이 한다는 뜻이다)
- 魂(넋 혼) : 魂靈(혼령), 忠魂(충혼), 鬪魂(투혼), 魂魄〔혼백, 사람이 죽으면 魂은 하늘나라로 빨리 날아가고, 그 육신인 魄은 땅으로 흩어져 자연으로 돌아간다고 한다. 魂飛魄散(혼비백산)이다. 사람이 갑짜기 죽으면 몹씨 놀라 어찌할 바를 모른다는 뜻으로 쓰이고 있다〕,

두문불출(杜門不出)

> 杜(막을 두)―杜絶(두절), 杜鵑(두견)새, 杜詩(두보의 시)
> 門(문 문)―門戶(문호), 門閥(문벌), 名門(명문), 閉門(폐문)
> 不(아니 불)―不知不識(부지불식)간에, 不可思議(불가사의)
> 出(날 출)―出馬(출마), 出戰(출전), 産出(산출), 算出(산출)

두문부출은 집에 대문을 막아 걸어 잠그고 바깥 출입을 하지 아니한다는 뜻이다. 향리(鄕里)나 강호(江湖)에 은거(隱居)하면서 관직(官職)의 출사(出仕) 길로 나아가 사회적 활동을 하지 아니함을 뜻한다.

원 뜻은 두문동(杜門洞) 칠십이현(七十二賢)에서 온 말로 여말선초(麗末鮮初)에 고려조에 충성했던 지조(志操)있는 선비들이 쿠데타에 의한 역성혁명(易姓革命)으로 개국한 이성계의 조선왕조(朝鮮王朝)에 협조하기를 거부하고 두문동으로 들어가 은둔(隱遁)한 72인에서 온 말이다. 두문동은 개경 서북쪽 만수산의 골짜기 이름으로 이들은 만수산으로 들어가 울타리를 치고 문에 두문동이라 명명하고 은거하였으나 후에 이성계에 의해 살해되었다.

두문동 72현 중에는 황희(黃喜)도 있었는데 여러 사람들이 "이 땅과 백성을 위해서 자네는 두문동을 나가 출사(出仕)하라"고 해서 황희는 지난 고려를 뒤로 하고 미래의 조선을 선택하여 조선조에 출사하여 6판서 3정승을 역임한 유일한 사람으로 18년간을 87세까지 영의정(領議政)으로 있으면서 세종조의 치세는 물론 500년 조선왕조를 반석(盤石) 위에 올려놓는 데 큰 업적을 남겼다. 황희는 세자인 양령대군을 지지하면서 3자인 세종으로의 왕위계승을 반대했지만 세종은 그를 포용해 나라의 큰 동량재(棟樑材)로 썼다.

황희가 칠순(七旬)이 되었을 때 세종이 궤장(机杖, 등받이 의자와 지팡이)을 내리면서 "……진실로 나라의 큰 주춧돌이며 과인의 고굉(股肱, 자신의 다리와 팔같은 신하)이로다"고 하였으며, 신하들간에 의견이 엇갈리면

"황희의 말대로 하라"고 하였다.

두문동 72현처럼 고려가 망할 때는 많은 충신들이 충절(忠節)을 지켜 망국(亡國)을 지조로 지키며 울분(鬱憤)으로 달랬지만 조선왕조가 일제(日帝)에 의해 합병(合倂) 강점(强占)당할 때에 백성들은 그들의 만행(蠻行)과 폐정(弊政)에도 불구하고 헐벗으면서도 의병(義兵)을 일으켜 독립운동으로 국권을 찾으려고 했지만 조정의 권력자들과 나라의 지도자들은 친일 앞잡이로 일본 귀족이 되어 일본 천황으로부터 76명이 작위(爵位)를 받고 부귀를 누린다.

맑은 날 북한산 백운대(白雲臺)에서도 보이는 고려의 멸망을 지켜 본 개경의 송악산(松嶽山),

활용(活用)

● 里(마을 리) : 里數(이수, 360步가 1里), 里程標(이정표), 洞里(동리)
● 湖(호수 호) : 湖畔〔호반, 湖岸(호안), 湖邊(호변)〕, 江湖(강호)
● 職(맡을 직) : 職責(직책, 職分), 就職(취직, 退職), 敎職(교직)
● 仕(벼슬 사) : 仕路(사로, 벼슬길=仕途), 出仕(출사, 벼슬길로 나가다)
  * (섬길 사) : 奉仕〔봉사, 사회에 봉사하다. 奉祀(봉사는 제사를 받들다, 奉祭祀(봉제사) 같은 뜻이다〕
● 賢(어질 현) : 賢明(현명), 明賢(명현), 聖賢(성현), 賢母良妻(현모양처), 愚問賢答(우문현답)
● 姓(성씨 성) : 姓名(성명), 百姓(백성), 稀姓(희성). 同姓同本(동성동본), 姓銜〔성함, 名銜(명함)〕, 本姓〔본성, 改姓(개성, 성을 고침)〕

※ 姓氏(성씨)의 유래

인류문화사적으로 원시사회는 모계사회(母系社會)로 일처다부제(一妻多夫制)로 자식들은 모두 어머니 성(姓, 女+生)을 따랐다. 같은 姓으로 혈족(血族)을 이루며 살았다. 그러나 점차 사회가 발전하면서 남자의 노동력의 역할이 커지면서 일부다처제(一夫多妻制)가 되고 남자를 중심으로 하는 부계사회(父系社會) 즉 씨족사회(氏族社會)가 이루어졌다.

성(姓)은 모계사회의, 씨(氏)는 부계사회 혈통의 결과이다. 그 뒤 성과 씨를 구별없이 사용하여 한 일족, 한 일가를 뜻하였다. 우리나라는 삼국시대 고구려의 고(高)씨, 신라의 박(朴) 석(昔) 금(金) 등 왕족과 귀족에서부터 성씨가 보이고 일반 국민은 성이 없었다. 고려시대를 거쳐 조선시대 임진왜란을 겪고 사회가 혼란해지자 족보(族譜)가 없으면 천민으로 취급당하여 많은 성씨가 등장한다.

1990년대 후반 국세조사(國勢調査)에서 현존하는 우리나라 성씨는 모두 258성이다. 지금은 조금 늘어 300성씨에 가깝다.

이름은 성이 생긴 후에 원래 같은 성에서 또 많은 성씨 가운데 자기의 정체성을 확실히 하기 위하여 명(名)이 불려졌다. 즉 밤(夕)에 자신의 정체를 밝히기 위하여 입(口)으로 불렀던 것에 유래한다. 지도층에서는 인명과 관명이 등장하나 평민층에서는 개똥이, 바우, 돌이, 큰둥이, 작은둥이, 막둥이, 삭불이, 이뿐이, 끝순이 등으로 불렀다. 그러나 우리나라에서는 이름이 먼저 붙여지고 나중에 성이 기록되었던 것 같다. 일제치하에서 창씨개명(創氏改名, 성과 이름을 일본식으로 바꿈)이라는 쓰라린 역사도 있다.

- 操(잡을 조) : 操縱(조종), 操業(조업), 操身(조신), 操心性(조심성), 體操(체조), 操作(조작은 기계나 기구를 방식에 따라 잡아 작동시키는 것이고 造作은 나쁜 목적으로 일을 꾸밈, 사건의 造作, 造作劇 등)
  * (지조 조) : 志操(지조), 貞操(정조)
- 隱(숨을 은) : 隱蔽(은폐), 隱密(은밀), 隱忍自重(은인자중)
  * 고려 말 三隱(삼은)은 冶隱(야은) 吉再(길재), 牧隱(목은) 李穡(이색), 圃隱(포은) 鄭夢周(정몽주)를 말한다.
- 遁(피할 둔) : 遁村(둔촌), 遁甲(둔갑, 여우의 遁甲術)
- 黃(누를 황) : 黃土(황토), 黃金(황금), 朱黃(주황), 綠黃色(녹황색)

- 議(의논 의) : 議會(의회, 會議), 議決(의결), 討議(토의)
- 盤(소반 반) : 盤上(반상, 바둑, 장기판에서 '반상의 형세'), 小盤[소반, 錚盤(쟁반)], 終盤(종반)에 접어들다.
- 鬱(답답할 울) : 鬱火(울화), 鬱寂(울적), 鬱蒼(울창), 憂鬱(우울), 沈鬱(침울)
- 憤(분할 분) : 憤慨(분개), 憤怒(분노), 憤痛(분통), 憤敗(분패), 悲憤(비분), 激憤(격분), 痛憤(통분)
- 帝(임금 제) : 帝國主義(제국주의), 帝王(제왕), 皇帝(황제)
- 占(점칠 점) : 占卜(점복), 占術家(점술가),
 * (차지할 점) : 占領(점령, 占領軍), 占有(점유, 占有權), 買占賣惜(매점매석), 先占[선점, 無主物(무주물)의 선점)]
 * 强占(강 점)은 강제로 점령한다는 뜻이고 日帝(일제)에 의한 강점 등
 * 點(점 점자)가 들어가는 强點(강점)은 다른 사람보다 강한 점의 뜻이고 즉, 弱點(약점)의 반대말이다. 点(점)자는 點자의 약자이다.

- 弊(폐단 폐) : 弊端(폐단), 弊害(폐해), 弊風[폐풍, 弊習(폐습)], 病弊(병폐), 作弊(작폐). 또 이 弊자는 자기를 낮추는 겸칭(謙稱)으로 써서 폐사(弊社, 자기 회사), 자기가 사는 곳을 낮추어 폐가(弊家, 弊屋) 폐거(弊居)라고 한다. 廢家(폐가)는 버려진 집 혹은 대가 끊긴 집)
 * 幣(돈 폐) : 幣物(폐물), 幣帛(폐백), 貨幣(화폐), 納幣(납폐), 紅幣[홍폐, 人民幣(인민폐), 중국 위안화를 말한다. 이에 반해 달러화는 중국에서 綠幣(녹폐)라 한다]
 * 蔽(가릴 폐) : 隱蔽(은폐), 遮蔽[차폐, 遮蔽物(차폐물)], 蔽一言[폐일언해서, 一言以蔽之(일언이폐지)하고, 이러니 저러니 할 것 없이 한마디로 말해서],
 * 敝(해질 폐) : 敝衣[폐의, 敝衣破冠(폐의파관)], 敝笠(폐립=破笠)

Ⅳ. 조선왕조(朝鮮王朝)시대
- 태조에서 서세동점시기 이전까지 -

– 조선왕조는 오늘의 우리들에게 많은 역사적 사건과 교훈을 생생하게 전하고 있어 이를 Ⅰ·Ⅱ부로 나누어 태조에서 서세동점(西勢東漸)의 개화(開化)시대까지를 편의상 '조선왕조시대'로, 그후 구한말(舊韓末)을 거쳐 한일합방과 36년간의 일제 식민통치기간을 벗어나 대한민국 정부수립까지를 '구한말시대(舊韓末時代)와 그 이후'로 구분하여 정리하였다 –

　조선왕조는 고려말 원명교체기(元明交遞期)에 친명파인 이성계(李成桂)에 의해 정도전(鄭道傳), 조준(趙浚) 등 신진 사대부(士大夫)세력을 중심으로 왕씨(王氏)의 고려를 역성혁명(易姓革命)으로 멸망시키고 1392년 창건(創建)된 유교국가로 훌륭한 기록유산과 문화유산과 함께 많은 역사의 교훈을 남긴다.

　태조 3년(1394). 도읍을 개경에서 한양으로 옮긴다. 3대 태종(太宗), 4대 세종(世宗)의 치세(治世)로 9대 성종임금 때까지 국가기반이 잘 다져졌으나. 중종반정과 인조반정등 두 반정(反正)과 임진왜란(壬辰倭亂)과 병자호란(丙子胡亂)의 양란(兩亂)을 거치는 동안 나라의 기강은 문란해지고 국가경제는 파탄에 이른다. 그 뒤 계속되는 당쟁(黨爭)에 의하여 국정(國政)은 혼란을 거듭하고 민생은 더욱 피폐(疲弊)해졌다.

　영조(英祖), 정조(正祖)시대에 와서 문화를 꽃피우고 탕평책(蕩平策)으로 나라를 개혁(改革)해보려 하였으나 개혁 군주 정조의 갑작스런 죽음으로 왕조를 개혁해보려는 정조의 꿈은 사라지고 조선왕조는 세도정치(勢道政治)와 개화(開化)를 외면한 채 쇄국(鎖國)의 길을 걸으며 국가로서의 자주권(自主權)을 상실하고 점차 국력은 쇠잔(衰殘)해져 구한말(舊韓末)의 비운(悲運)을 맞는다.

이성계의 역성혁명(易姓革命)

易(바꿀 역, 쉬울 이)―貿易(무역), 易學(역학), 平易(평이)
姓(성씨 성)―姓名(성명), 姓銜(성함, 성과 이름자), 百姓(백성)
革(가죽 혁, 고칠 혁)―革帶(혁대), 革罷(혁파), 改革(개혁)
命(목숨 명)―命運(명운), 命脈(명맥), 嚴命(엄명), 亡命(망명)

역성혁명은 성(姓)을 바꾸어(易) 새로운 왕조(王朝)의 개창(開創)을 뜻한다. 한 왕성(王姓)에 의한 왕조국가의 세습(世襲)과 존속(存續)이 천명(天命)에 의하여 혁신(革新)된다는 것이다. 최영장군과 정몽주를 차례로 제거한 이성계는 군권(軍權)과 사전(私田) 개혁으로 경제권(經濟權)까지 장악하고 고려의 마지막 임금 공양왕의 양위(讓位)를 강요하여 정도전(鄭道傳), 조준(趙浚) 등 신진 사대부(士大夫)세력의 추대(推戴)를 받아 왕위에 오른다(공양왕 4년, 1392). 이로서 이씨(李氏)왕조의 역성혁명은 완성된다. 국호(國號)를 조선(朝鮮)이라 하고 태조 3년(1394)에 도읍(都邑)을 개성에서 한양(漢陽)으로 천도(遷都)한다.

역성혁명은 원래 『맹자』(孟子)「양혜왕 하」(梁惠王下)편에서 민심을 잃어버린 제왕은 정권의 정당성을 부여받지 못한다는 사실을 분명히 밝혀 왕

※ 국호(國號) 조선(朝鮮)

1392년 7월 조선왕조가 건국한 뒤 제일 먼저 해야 할 일 중의 하나가 국호의 결정이다. 한상질(韓尙質)은 예문관학사로서 주문사(奏聞使)를 자청하여 명나라로 가서 국호를 '조선'이라 결정받고 이듬해 2월에 돌아왔다. 이성계의 아버지 이자춘 때부터 여진족과의 싸움에서 명성을 떨치며 터전을 닦은 이성계의 고향인 '화령'(和寧, 和州와 寧興지방)과 단군·기자·위만조선을 상징하는 '조선' 2개를 명황제에게 품신(稟申)한 결과 명나라는 기자조선을 생각하고 '조선'을, 우리는 단군조선의 전통을 생각하고 '조선'이라 결정되었다.

단군은 동방조선의 첫 천명을 받은 군주(受命君主)이기 때문이다. 세조의 1등 공신 한명회(韓命澮)는 국호를 정한 이 한상질의 손자로 음서(蔭敍, 과거에 의하지 않고 공신의 자제를 관리로 특채)로 관직에 나아갔다.

위를 그 자손에게 세습(世襲)하지 못하고 다른 성(姓)을 가진 유덕자(有德者)에게 선양(禪讓)하여야 되며. "백성이 귀하고 사직이 다음이며 임금은 가볍다"고 하였다.

임금이 학정(虐政)으로 천명을 어기면 천명을 바꾸는 혁명으로 천명의 집행자(CEO)에 불과했던 군주를 내쳐 왕도정치의 실현을 주장하였다. 인(仁)을 해치는 자를 적(賊)이라 하고 의(義)를 해치는 자를 잔(殘)이라 하여 이런 잔적(殘賊)은 이미 왕이 아니라 일개 필부(匹夫)에 지나지 않는다.

개경 수창궁에서 등극한 조선왕조의 태조 이성계의 어진(경기전소장)

주(周) 무공(武公)이 주왕(紂王)을 친 것을 두고 주(紂)는 상왕조(商王朝)의 최후의 왕으로 무도하고 포악하여 하왕조(夏王朝)의 최후의 임금 걸(桀)과 함께 포악한 군주의 상징으로 걸주(桀紂)라 불러 요순(堯舜)과 대비하였다.

※ 요순(堯舜)과 걸주(桀紂)

요(堯)임금과 순(舜)임금은 중국 고대의 성군(聖君)으로 삼황오제(三皇五帝)의 한 사람이다. 덕(德)으로 백성을 교화시킨 덕치주의로 유교의 이상적인 성군이며 유교적 이상사회를 요순시대(堯舜時代)라고 『사기』(史記)와 『서경』(書經)에 전한다. 요임금은 제위를 그의 아들에게 물려주지 않고 천명사상(天命思想)에 따라 순임금에게 물려준다. 순임금도 제위를 아들이 아닌 치수(治水)를 잘해낸 우(禹)임금에게 물려주어 왕위 선양(禪讓)의 모델을 일찍 보였다. 우임금이 세운 나라가 하(夏)나라다.

한편 걸(桀)은 하(夏)왕조의 최후의 왕으로 포악한 군주로 황음을 일삼다 은(殷, 상(商)나라]왕조를 세운 탕(湯)임금에게 멸망한다. 또 상나라의 최후의 주(紂)왕도 주색에 빠져 주(周)나라 무왕(武王)에 의해 목이 베어진다. 포악한 군주의 상징을 걸주(桀紂)라 하여 요순(堯舜)과 비교된다.

활용(活用)

- 孟(맏 맹) : 孟春(맹춘, 초봄, 孟夏, 孟秋, 孟冬), 孔孟之道(공맹지도)
  * 사나울 맹(猛)과 구별. 猛獸(맹수, 사자등), 猛禽類(맹금류, 독수리 등)
- 襲(엄습할 습) : 襲擊(습격), 踏襲(답습), 空襲(공습), 掩襲(엄습)
- 續(이을 속) : 續行(속행), 續編(속편), 續出(속출), 續絃(속현, 아내가 죽고 새로 장가 듬), 繼續的〔계속적↔斷續的(단속적)〕,
- 惠(은혜 혜) : 惠澤(혜택), 恩惠(은혜), 惠民局(혜민국, 조선시대 백성들의 질병을 치료하던 곳, 惠民署, 구한말(舊韓末)의 제중원(濟衆院)〕
  * 惠存(혜존)은 책이나 작품을 보내며 잘 보시고 보존해 주십사의 뜻.
  * 惠鑑(혜감)은 책이나 작품을 보내며 부족하드라도 잘 봐주십사의 뜻.

- 下(아래 하) : 下落(하락), 下賜(하사), 下弦〔하현, 음력 23일,24일의 달로 보름달과 그믐달의 중간, 上弦(상현, 음력 7일, 8일의 달로 초승달과 보름달의 중간)〕, 下問〔하문, 不恥下問(불치하문, 아랫 사람에 물어도 부끄러운 일이 아님)〕, 貴下(귀하), 膝下(슬하)
- 禪(참선 선, 고요할 선) : 禪房(선방), 禪僧(선승), 坐禪(좌선), 參禪(참선), 禪師(선사), 禪定(선정, 선정에 들다), 茶禪一體(다선일체)
  * (자리 전할 선) : 禪位〔선위, 양위(讓位)〕
  * 禪讓(선양)
  성군 요(堯)임금은 아들이 있었음에도 왕위를 순(舜)임금에게 넘기고 순도 아들을 물리치고 치수(治水)에 능한 우(禹)임금에게 제위를 물려준 것을 禪讓이라 한다. 그후 자기 아들에게만 왕위를 물려주는 것을 세습(世襲)이라 하였다. 여기서 습(襲)자는 시신에 입히는 옷 수의(壽衣)를 말한다. 뒤에 계승(繼承)한다는 뜻으로 변한다. 권력 이양의 또 다른 방식은 제3자가 왕위를 빼앗는 찬탈(簒奪, 수양대군의 찬탈)이다. 21세기 북한의 권력 세습을 보고 있다

- 替(바꿀 체) : 交替〔교체=交遞(교통과 체신)〕, 替費地(체비지)

- 虐(사나울 학) : 虐待(학대), 虐政(학정), 虐殺(학살), 殘虐〔잔학, 殘酷(잔혹)〕, 暴虐(포학)
- 匹(짝 필) : 匹夫匹婦(필부필부, 평범한 지아비와 지어미), 配匹(배필) 匹敵(필적, 어깨를 견줌),
 * (마소를 세는 단위 필) : 匹馬(필마, 한 필의 말), 單騎匹馬(단기필마)
- 夏(여름 하): 夏期〔하기, 夏節(하절)〕, 夏服(하복), 初夏〔초하, 孟夏(맹하, 초여름)〕, 盛夏(성하,무더운 한여름)
- 商(장사 상) : 商標(상표), 商術(상술), 行商(행상), 通商(통상), 巨商〔거상 ↔ 小商(소상) 人〕, 褓負商(보부상, 봇짐 장수와 등짐 장수)

* 상인(商人)과 창고(倉庫)
기원 전 중국 하(夏)나라 시대에 황하 하류 지역에 상족(商族)이 살고 있었다. 이들은 매우 근면하고 영리하였으며 장사속이 밝았다. 한 때 그들의 세력이 점차 커져 상(商)나라를 새우기도 했으나 후에 은(殷)나라로 바뀌어 우리에게는 하·은·주(夏殷周)의 은나라로 더 잘 알려져 있다. 백이(伯夷) 숙제(叔齊)도 이 은나라 사람들이다. 은의 마지막 왕 주왕(紂王)은 애첩(愛妾) 달기(妲己)에 빠져 주(周)나라 무왕(武王)에 의해 망한다.
나라가 망한 후 다시 장사로 돌아가 상족들은 중국전역을 전전하며 가축과 물건을 사고 팔고하면서 장사로 생계를 유지하였다. 그 뒤로 물건을 팔고 사고하는 사람을 상인(商人)이라 하였으며 그들의 업을 상업(商業), 그들이 팔고사고 하는 물건을 상품(商品), 그들의 무리를 상단(商團)이라 하였다. 지금도 한 곳에 앉아서 장사하는 사람을 좌고(坐賈(장사할 고 자), 한 곳에 책방을 열어 파는 사람을 서고(書賈)라 하며. 보부상(褓負商)과 같이 여기저기 다니며 장사하는 사람을 행상(行商)이라고 한다.
중국 북위(北魏, 386~534)때 창씨(倉氏)와 고씨(庫氏)가 대대로 나라의 곳간(庫間)을 맡아 보았는데 이들이 하던 일이 창고업(倉庫業)이고 오늘날 우리가 쓰고 있는 창고라는 말은 이 창씨와 고씨 곳간에서 유래되었다.

정도전(鄭道傳)

> 鄭(나라이름 정)—鄭(정)나라, 鄭重(정중)
> 道(길 도)—道理(도리), 道場(도장, 불교에서 수도장은 '도량')
> 傳(전할 전)—傳說(전설), 口傳(구전), 遺傳(유전), 訛傳(와전)

정도전은 고려 말 조선조 초의 유학자요 정치가이며 호(號)를 삼봉(三峰)이라 하였다. 이성계의 위화도(威化島) 회군(回軍) 이후 조선개국의 정지(整地) 작업을 완료하고 이성계를 추대(推戴)하여 조선왕조를 세운 개국 일등공신이다.

그는 『조선경국전』(朝鮮經國典)과 『경제문감』(經濟文鑑) 등을 지어 치국(治國)의 대요(大要)와 모든 관제(官制) 등 제도와 문물을 제정, 정비하여 조선왕조 오백년의 기틀을 세운 사람이다. 여기서 경제(經濟)라 함은 단순히 Economy를 의미하는 것이 아니고 경국제민(經國濟民), 즉 국가경영(國家經營)의 큰 의미가 담겨 있다. 특히 재상(宰相)은 왕권(王權)에 아첨(阿諂)하거나 유약(柔弱)해서는 아니된다며 신권(臣權)의 중요성을 강조하였다. 그는 『조선경국전』에서 "백성은 국가의 근본이요, 군주의 하늘이다" 하였다.

그는 신권정치(臣權政治)를 중요시하며 이를 펴기 위해 태조의 계비(繼妃) 강비(康妃)의 소생 방석(芳碩)을 왕세자로 밀자 제일차 왕자의 난 때 이방원에 의해 죽는다. 그의 모든 사상(思想)과 저술(著述)이 그의 문집 『삼봉집』에 전한다.

정도전의 『조선경국전』을 7대 세조가 왕위를 찬탈한 후 보완하여 정치의 근본이 되는 법전의 편찬에 착수하여 완성

조선왕조의 기본법전인 『경국대전』(經國大典)

하니『경국대전』이다. 이는 조선 왕조 500년의 통치규범(統治規範)의 근간이 되는 법전(法典)으로 그 뒤 여말(麗末)에서 조선조 세조(世祖)와 성종(成宗)조까지의 모든 법령(法令) 조례(條例)를 다 총망라하였다.

세종에 의한 우리나라 문자인 한글의 창제, 우리나라의 천문(天文) 역법(曆法)의 제정 사용, 그리고 이 법전의 완성으로 중국법의 영향에서 벗어나 우리나라대로의 법질서를 유지하게 되는데 큰 의의가 있다.

활용(活用)

● 經(글 경) : 經書(경서), 經典〔경전, 聖經(성경), 佛經(불경)〕
　* (지날(겪다) 경) : 經度(경도), 經綸(경륜), 經歷(경력), 經由(경유),
　　月經(월경), 經路(경로), 또 다스리다(manage)의 뜻으로 經營(경영)
　* 徑(곧을 경, 지름길 경)자와 구별, 直徑(직경, 半徑), 捷徑(첩경) 등

※ 四書三經(사서삼경)
유교의 기본 경전(經典)인『논어』(論語)『대학』(大學)『맹자』(孟子)『중용』(中庸)을 사서라 하며『시경』(詩經)『서경』(書經)『역경』(易經, 周易)을 삼경이라 하였다. 사서삼경을 칠서라고도 하였다. 삼경에『예기』(禮記),『춘추』(春秋)를 넣어 오경이라고 하였다. 고려 말부터 조선조 500년의 장구한 세월 동안 선비들은 어려서부터 그 내용을 꼭 읽고 닦아야 할 덕목으로 많은 역사(歷史)와 지혜(智慧)를 담고 있는 필독서(必讀書)이다. 과거(科擧)를 치르려면 사서삼경을 모두 꿰어차도록 읽어야 했다. 어떤 시골 선비는 과거의(科擧衣)라고 하여 사서삼경을 깨알같이 적어서 과장(科場)에 입고 들어가 의심을 받기도 하였다고 한다. 얇은 죽간(竹簡)에 모두 적어 지니고 다니며 익혔다.

다른 한편 군자와 선비의 도리를 지나치게 가르치고 강조하여 사람들로 하여금 유교적 관습에 너무나 얽매여 많은 사고와 활동의 제약을 가져오기도 하였다. 그래서 혹자(或者)는 공자가 죽어야 나라가 산다고까지 하며 유교의 폐단을 지적하였다.

※ 경연(經筵)과 서연(書筵)

임금이 학문을 닦고 시정(施政)의 경륜(經綸)을 쌓기 위해 신하들 중에서 학식과 덕망이 높은 사람을 불러 경서(經書)와 사서(史書) 등을 강론(講論)하던 자리. 이를 관장(管掌)하던 곳이 경연청이다. 세종 2년(1420)에 창설, 당대에 이름난 학자들로 하여금 임금에게 치국(治國)의 올바른 도리를 강론하게 하였다. 아침, 점심, 저녁으로 조강(朝講), 주강(晝講), 석강(夕講)을, 그리고 밤에 야대(夜對)도 하였다. 왕조시대에 군주에 대한 교육제도이다.

세종은 수라(水刺)를 들 때에도 양 옆에 책을 펼쳐두었다고 하며 스스로 항상 손에 책을 놓지 않았으며(手不釋卷) 신하들에게 책을 읽어 학문을 두텁게 하기 위하여 독서 휴가 제도인 사가독서(賜暇讀書)제도를 실시한 임금이었으며, 성종은 신하들이 여름철 한더위에 강독하는 글이 너무 많으니 성체가 상하실까 염려를 하였으며, 정조는 임금의 허물과 시정의 잘잘못 그리고 백성들의 고락까지 다 말하게 하였다고 한다.

또 세자가 사부와 빈객같은 스승에게 나아가 학문을 익히는 자리를 서연(書筵)이라 하였다. 세자의 엄격한 교육 기관이었다. 선조가 임진왜란을 당하여 시문이나 붓글씨나 즐겨 쓰면서 나라의 경영과 국방에 소홀히 한 것은 적통(嫡統)이 아니라서 세자로서의 엄격한 교육과정을 거치지 않아 국가경영의 기본을 몰랐기 때문이라고도 한다. 깊이 있는 학문과 경륜을 쌓지 않고 기회를 잡아 통치자가 된 사람은 예나 지금이나 나라를 위태(危殆)롭게 한다.

지금의 동호대교는 동호와 독서당인 동호당에서 유래한 이름이다

※ 사가독서(賜暇讀書)제도와 동호당(東湖堂)
우리나라 청소년들이 일본이나 영국, 미국 등 다른 나라 학생들에 비해 독서량이 크게 뒤떨어지고 있다. 여가(餘暇)의 선용(善用)이나 다른 기능을 익히는 것도 중요하지만 청소년들은 책을 많이 읽어야 인성(人性)의 함양(涵養)과 사고력(思考力)을 깊게 할 수 있다.

외국에서는 'National Year of Reading'을 정해 국가적으로 청소년들에게 책읽기를 권장하고 있다. 지식산업(知識産業)과 국가의 장래가 청소년들의 독서량(讀書量)에 달려 있기 때문이다.

세종시대의 사가독서 제도는 임금이 신하에게 1년 정도 쉬게 하여 책을 많이 읽어 학문(學問)에 정진(精進)할 수 있도록 휴가를 주었던 것이다. 나라의 인재들만이 받았던 특별한 유급(有給) 휴가였다. 예나 지금이나 벼슬살이를 하다 보면 깊은 독서를 할 시간이 없다. 호학(好學)하던 현군(賢君)이였던 세종은 유능한 신하들이 독서에 전념할 수 있도록 이러한 제도를 마련했다. 사가독서는 조선의 매우 독특한 인재관리와 국가경영관리제도였다고 생각된다. 1년간 휴가를 받아 책을 읽던 장소는 어디인가. 사가독서의 혜택을 받은 인재들이 책을 읽던 건물을 호당(湖堂)이라고 했다.

지금의 옥수동 근처의 한강 주변을 동호(東湖)라고 하였고, 용산 근처를 남호(南湖)라고 불렀다. 마포 근처는 서호(西湖)였다. 동호에 있었던 독서당이 동호당(東湖堂)이고, 남호에 있던 독서당이 남호당(南湖堂)이다. 1424년 최초로 집현전(集賢殿) 학사 중 젊고 유능한 인재를 뽑아 학문에 전념토록 하였다. 박팽년, 성삼문, 신숙주 등을 비롯한 훌륭한 인재들이 모두 사가독서를 받아 호당에서 같이 책을 읽었던 인물들이다. 이율곡은 34세 때에 『동호문답(東湖問答)』이라는 저술을 남겼다. 동호독서당이 있었던 옥수동 고개를 넘어가는 옛길을 우리는 지금도 '독서당(讀書堂) 고개' 또는 '독서당 길'이라고 한다. 그 앞의 한강다리는 동호대교(東湖大橋)이다. 우리 문화에서 독서는 매우 뿌리 깊은 전통이요 자랑이었다. 이러한 훌륭한 문화적 전통이 오늘의 우리 세대에 와서 위기를 맞고 있다.

- 營(경영할 영) : 營利(영리), 營造物(영조물), 營門(영문＝軍門, 軍營, 兵營, 營內), 陣營(진영, 自由陣營, 共産陣營)
- 柔(부드러울 유) : 柔道(유도), 柔順(유순), 柔軟(유연), 優柔不斷(우유부단), 溫柔(온유), 懷柔(회유), 柔能制剛(유능제강, 부드러운 것이

능히 강한 것을 제압하다), 柔弱勝强剛〔유약승강강, 부드러움(柔弱)이 강한 것(强剛)을 이김〕]
- 弱(약할 약) : 弱體(약체, 弱者, 弱點), 弱冠(약관), 弱小國(약소국), 强弱(강약), 弱肉强食(약육강식)
- 著(지을 저) : 著作〔저작, 著作權(copy-right,ⓒ로 표시)〕, 著述(저술), 共著(공저), 力著(역저), 飜譯著作物(번역저작물), 編著(편저, 편집저작자)

 * (나타날 저) : 著名人士(저명인사), 顯著(현저)
 * 箸(젓가락(수저) 저)자와 혼동하기 쉬우나 箸자는 대 죽(竹)밑에 썼음 젓가락 문화는 한,중,일 삼국의 문화로 중국인들은 대나무로 썼고 일본은 쉽게 찢어지는 나무 와리바시를 썼고 우리는 쇠젓가락을 썼다. 한국인만이 둥근 쇠젓가락으로 머리카락을 집는 섬세함이 길러졌다.

- 治(다스릴 치) : 治療(치료, 治癒), 難治(난치, 完治), 治産(치산, 禁治産), 以熱治熱(이열치열), 治山治水(치산치수)
- 規(법규 규) : 規範(규범), 規律(규율, 規則), 規格(규격), 規模(규모) 條規〔조규=條約(조약)〕
- 範(한계 범) : 範圍(범위), 範疇(범주)

 * (법 범) : 示範(시범), 模範(모범), 洪範九疇(홍범구주)
- 令(하여금 령) : 令狀(영장), 命令(명령), 訓令(훈령), 令夫人〔영부인, 상대를 높여 그 부인을 일컫는 말, 令息(영식, 상대를 높여 그 아들을), 令愛(영애=令孃, 상대를 높여 그 딸을 일컫는 말)〕
- 例(법식 례) : 例事(예사, 例文), 例外(예외), 條例(조례), 慣例(관례) 事例(사례), 前例(전례)
- 末(끝 말) : 末路(말로), 末席(말석), 末尾(말미), 末端(말단), 終末(종말), 始末(시말, 始末書), 微官末職(미관말직)

 * (가루말) : 粉末(분말, 粉末機)

경복궁(景福宮)

> 景(클 경,빛 경)―景致(경치), 景觀(경관), 風景(풍경), 背景(배경)
> 福(복 복)―福券(복권), 福祉(복지), 幸福(행복), 洪福(홍복)
> 宮〔집(궁궐) 궁〕―宮城(궁성), 離宮(이궁), 行宮(행궁), 尙宮(상궁)

새 왕조를 창업(創業)한 태조(太祖) 이성계는 한양으로 천도(遷都)를 한 뒤 가장 먼저 서둘러 궁궐을 새로 짓는다. 태조는 이 일을 왕사(王師)였던 무학대사(無學大師)와 삼봉 정도전, 후일 태종이 된 이방원(李芳遠)에게 맡겼다. 무학은 인왕산(仁王山)을 주산으로 하여 장자로 하여금 왕통(王統)이 천년사직으로 이어지길 바랐고, 정도전은 계비(繼妃) 신덕왕후 강씨 소생 방석(芳碩)을 세자로 삼아 신권정치를 밀고 있었기 때문에 북악(北嶽)을 주산으로 하여 왕조의 정궁(正宮)을 건립하자고 하였다. 이때 이방원(태조의 5자)은 삼봉의 의견을 존중하였다. 인왕산(338m)보다 북악이 4m 더 높은 342m이며 왕은 남면(南面)하여 정사를 보아야 한다는 주장이 이겼다. 이와 같이 태조의 원대한 계획 하에 태조 3년(1394)에 시작하여 태조 7년(1398)에 세워진 조선왕조의 정궁이 오늘의 경복궁이다.

그 뒤 선조 25년(1592) 임진왜란 때 전소(全燒)되었다가 270년이 지난 고종 2년(1865) 대원군에 의해 중건(重建)되었다가 일제에 의하여 근정전(勤政殿)의 정문인 흥례문(興禮門) 터에 총독부(總督府)청사를 짓고 궁궐 정문인 광화문(光化門)을 헐어내었다. 1997년 총독부 건물을 철거하고 2001년에 와서야 흥례문과 회랑(回廊)을 복원하고 이어 광화문을 원위치에 복원하였다. 경복궁의 이름은 정도전이 새 왕조에 하늘의 큰 복(景福)이 내리기를 기원하여 『시경』(詩經)에서 따와 헌상(獻上)한 것이다.

※ 근정전(勤政殿)

1395년 태조 4년 조선왕조의 정궁인 경복궁과 종묘(宗廟)와 사직단(社稷壇) 그리고 서울 성곽(城郭)이 완성되자 궁궐의 모든 전각(殿閣)과 문

위) 경복궁의 정전인 근정전
아래) 경복궁의 경회루

루(門樓)의 이름을 짓게 했다. 정도전은 국가 의식(國家儀式)을 거행(擧行)하고 외국의 사신을 접견하는 왕실의 가장 권위(權威)있고 상징적(象徵的) 공간(空間)을 근정전이라 이름지었다.

그 뜻을 설명하기를 "아침에는 정무를 들어 보고(聽政), 낮에는 사람을 만나 보고(訪問), 저녁에는 이에 대해 마땅한 영을 다듬어 정리하고(修令), 밤에는 몸을 편안히 하여야 하는데(安身), 이는 임금이 백성을 위해 정사를 살피는 부지런함이다"고 하였다.

그러나 과연 조선왕조 500년 동안 근정(勤政)의 교훈(敎訓)을 올바르게 실천한 임금이 몇 명이나 되었을까? 지금도 국정의 책임을 맡은 자들은 새겨들어야 할 말이다.

※ 편전(便殿) 등 궁궐 공간의 배치

왕이 정무를 살피는 곳인 근정전. 인정전(仁政殿), 사정전(思政殿), 천추전(千秋殿) 등을 편전(便殿)이라 하였고 이들 공간을 치조(治朝)공간이라 하였으며, 왕의 정침(正寢)은 강녕전(康寧殿), 왕비의 침전은 교태전(交泰殿), 대비가 거처하는 곳을 자경전(慈慶殿) 등이 위치한 공간은 연조(燕朝)공간이다. 그 뒤로 경회루(慶會樓)와 연못, 향원정(香遠亭)과 녹원[綠園, 창덕궁의 경우 비원(秘苑)] 등의 휴식(休息)공간으로 구성되어 있다.

※ 정궁(正宮), 이궁(離宮), 행궁(行宮), 빈전(殯殿)

임금이 정궁 밖에서 머무는 이궁(離宮)도 있어야 하고, 사냥이나 도성 바깥으로 거동을 하다 머무는 행궁(行宮)도 있어야 했다. 창덕궁(昌德宮)

은 이궁에 해당되며 수원 화성(華城) 내에 있는 궁은 행궁이었다. 최근 복원한 병자호란 때 남한산성의 행궁, 북한산성 안에도 행궁지(行宮址)가 남아 있다. 왕이 죽지 않고 왕위를 선위(禪位)했을 때 선왕이 머무는 궁을 덕수궁(德壽宮) 또는 수강궁(壽康宮)이라 했다. 왕권 강화와 통치력의 과시를 위해 임금이 국도의 왕궁 밖에 지방의 요충지(要衝地)나 경승지(景勝地)에 이궁이나 행궁에 해당하는 별궁(別宮)을 짓기도 했다.

더욱 특이한 것은 현대에서는 생각할 수 없는 죽은 임금이나 왕비가 머무르는 공간인 빈전(殯殿)을 두었다는 점이다. 생과 사를 자연의 한 부분으로 같이 본 것이다. 망자(亡者)는 이승에서 보면 세상을 떠난 사람이지만 저승에서 보면 새로 오는 손님이기 때문에 죽을 알(歹)자 변에 손 빈(賓)자를 써서 빈전이라 하였다. 경복궁 내 태원전(泰元殿)이 바로 빈전이다. 우리는 흔히 사람이 죽으면 사망(死亡)하였다고 하는데 옛날에는 사(死)와 망(亡)을 구분하였다. 사자(死者)는 육신의 목숨이 끊어진 후부터 장례 치르기 전까지를 말하는 것으로 장례 전까지는 완전히 죽은 것으로 간주하지 않았으며 장례를 치른 후부터 망자(亡者)라 하였다. 장(葬)자는 시신을 산 속에 위 아래를 풀로 덮은 모양이다.

외국 관광객에게 이를 설명하면 매우 흥미롭게 생각하면서 한국 문화의 깊이에 감동한다.

※ 공신(功臣)

외적이 침입했을 때 목숨을 걸고 싸워 나라와 백성을 지킨 사람들을 공신으로 책봉(冊封)하여 그들의 노고(勞苦)에 보답하는 것은 국가의 의무이다. 예나 지금이나 나라 안의 일로 정권창출에 기여하거나 반정이나 왕위 찬탈 등에 기여한 사람들을 공신으로 책봉하여 그들이 온갖 특권을 누린다. 또한 이들이 온갖 특권(特權)과 부정(不正)과 사회악(社會惡)의 원인이 되어 멸망(滅亡)의 길을 걷기도 한다.

고려조에서도 왕건을 받든 개국공신을 비롯해 정중부(鄭仲夫)의 난 때 이의방(李義方), 이고(李高) 등에게 명종이 벽상공신(壁上功臣)의 칭호를 내린다. 크고 작은 정변(政變)이 있을 때마다 공신들이 있었다. 벽상공신이란 왕건이 후삼국을 통일하고 신흥사(新興寺)를 중수(重修)하여 공신당(功臣堂)을 지어 그 벽 위[壁上]에 공신들의 초상(肖像)을 그려넣은 데서 유래한다

  조선조에 있었던 주요 공신으로는 정도전(鄭道傳), 조준(趙浚), 배극렴(裵克廉), 남은(南誾), 심효생(沈孝生) 등의 이성계 개국공신(開國功臣), 이방원의 제1차, 제2차 왕자의 난을 도운 수많은 공신들, 수양대군(首陽大君)의 왕위 찬탈을 도운 정난공신(靖亂功臣)은 김종서(金宗瑞), 황보인(皇甫仁) 등의 세종임금의 명신(名臣)들을 제거하였고, 또 세조 즉위에 공을 세운 좌익공신(佐翼功臣)은 사육신을 죽음으로 몰아넣었고, 중종반정에 공을 세운 정국공신(靖國功臣)은 삭훈(削勳)논쟁으로 개혁가 조광조(趙光祖)의 죽음과 기묘사화(己卯士禍)를 일으켰고, 인조반정의 정사공신(靖社功臣)은 반정은 명분이었으며 본질은 정적의 제거에 있었으며 결국 정치의 빈 자리는 혼란을 가져오고 논공행상(論功行賞)에 불만이 큰 이괄(李适)의 난이 일어나고 친명반청(親明反淸)정책으로 인조반정은 청의 침략을 불러들여 치욕의 병자호란을 겪게된다.

  또한 개혁과 명분으로 이들에게 돌아간 공신전(功臣田)은 국고(國庫)와 백성들의 피폐(疲弊)만 더하였다. 또 공신들에게는 살아서는 공신 군호(君號)를 내렸다. 수양대군을 도와 단종을 폐위시킨 상당군(上唐君) 한명회(韓命澮), 중종반정 때 연산군을 몰아낸 평성군(平城君) 박원종(朴元宗) 등이다. 또 공신들이 죽어서는 나라에서 시호(諡號)를 내렸다. 이래서 서로 공신이 되려고 혈안(血眼)이 되었다.

※ 품계(品階)

  품계(品階)는 경복궁의 근정전이나 창덕궁의 인정전(仁政殿) 넓은 뜰에는 지금도 품계석이 남아 있다. 정일품은 보국숭록대부(輔國崇祿大夫), 종일품은 숭록대부(崇祿大夫) 숭정대부(崇政大夫), 정이품은 정헌대부(正憲大夫) 자헌대부(資憲大夫), 종이품은 가정대부(嘉靖大夫) 가

선대부(嘉善大夫), 정삼품은 통정대부(通政大夫) 통훈대부(通訓大夫), 종삼품은 중직대부(中直大夫) 중훈대부(中訓大夫)라고 하였으며 통정대부 이상을 당상관(堂上官)이라 하였으며 통훈대부 이하를 당하관(堂下官)이라 하였다.

창덕궁의 인정전 앞에 문반과 무반이 품계에 따라 정일품에서 종구품까지 두 줄로 늘어서 있는 품계석

『경국대전』(經國大典)에는 관리들의 인사 법도를 적어 놓고 있는데 3품 당상관이 되어야 계단 위에서, 당하관은 계단 아래서 인사하도록 하였다. 이조참판, 참의, 좌랑 등은 직품(職品)이다.

활용(活用)

- 都(도읍 도) : 都城(도성), 都賣(도매), 古都(고도), 省都(성도)
- 師(스승 사) : 師弟(사제), 敎師(교사), 師表(사표, 학문과 인격이 세상의 모범이 되는 일과 그러한 사람)

  * 反面敎師(반면교사)
  나쁜 면, 나쁜 본보기를 따르거나 되풀이해서는 안된다는 교훈이다. 이와 같은 뜻으로 他山之石(타산지석)이 있다. 이는 다른 사람의 산(他山)에서 나는 하찮은 돌도 자기 옥을 가는데 쓰인다는 말로 남의 별 볼일 없는 하찮은 언행이 자기에게 큰 도움이 되었을 때 쓰는데 他山之石可以攻玉(타산지석가이공옥)에서 나온 말이다.

  * (군사 사) : 師團(사단, 군사 집단),

  * 出師表(출사표)
  장수가 전쟁에 나아가며 출전의 뜻을 왕에게 올리는 글로 제갈량(諸葛亮)의 유명한 출사표가 전한다. 『삼국지』에 그의 진정을 담은 정열적인 고금(古今)의 명문으로 제갈량이 군사를 거느리고 위(魏)나라를 처러갈 때 유비의 대를 이은 그의 아들 유선(劉禪)에게 올린 글이다.

이 출사표(出師表)라는 말이 본래 뜻과는 다르게 우리말에 선거에 출마하는 사람등이 '출사표를 던지다' 는 말을 많이 쓰고 있다. 옛날 신하가 임금에게 올리는 글은 '표(表)'이고 임금이 내리는 글은 '조(詔)'나 '칙(勅)'이다. 즉 조서(詔書)와 칙어(勅語) 등이다.

- 繼(이을 계) : 繼續(계속), 繼承(계승, 承繼), 繼走(계주), 繼母(계모, 繼父). 後繼者(후계자)
- 碩(클 석) : 碩學(석학), 碩博士(석박사), 碩座敎授(석좌교수)
- 面(얼굴 면) : 面識(면식, 面識犯, 一面識도 없다), 面接(면접), 面目(면목), 眞面目(진면목), 鐵面皮(철면피), 假面〔가면, 假面劇(가면극)
- 全(온전 전) : 全體(전체, 全體主義), 全滅(전멸), 全無(전무), 全盛期(전성기), 完全(완전), 保全(보전)
- 燒(불태울 소) : 燒酒(소주), 燒滅(소멸), 燒却(소각), 燒盡(소진)
- 勤(부지런할 근) : 勤勉(근면), 勤儉(근검), 勤勞(근로자), 出勤〔출근↔退勤(퇴근), 通勤(통근)〕, 夜勤(야근), 特勤手當(특근수당)〕
- 日(날 일) : 日程(일정), 日常(일상), 日照權(일조권), 隔日(격일), 記念日(기념일)
- 督(살펴볼 독) : 督戰(독전), 督勵(독려), 督促(독촉), 監督(감독), 督察(독찰), 提督(제독, 해군의 장성, admiral)
- 揭(들 게) : 揭揚(게양), 揭載(게재), 揭示板(게시판)
- 獻(바칠 헌) : 獻金(헌금), 獻納(헌납), 獻身的(헌신적), 獻酌〔헌작, 제사 등에서 보통 3번 잔을 올리는데 제일 먼저 잔을 올리는 初獻(초헌), 두 번째 亞獻(아헌), 마지막 셋째 終獻(종헌) 이다), 貢獻(공헌), 奉獻(봉헌), 獻詩(헌시)를 朗讀(낭독)하다

※ 조(祖)·종(宗)의 묘호(廟號)

묘호는 황제나 임금이 죽으면 종묘(宗廟)에 모시고 제사를 지냈는데 그때 위패(位牌)에다 묘호를 적었다. 왕이 죽은 뒤에 그 공덕을 칭송하여 붙이는 칭호로 조(祖)·종(宗)이 있다. 조(祖)는 개국군주에게만 붙였으

나 국란을 극복하여 큰 공을 세운 임금에게도 쓰여졌다. 종(宗)은 정통으로 왕위가 승계된 임금에게 붙였다. 군(君)으로 강등된 임금도 있다. 노산군(魯山君), 연산군(燕山君), 광해군(光海君)이다, 노산군은 단종(端宗)으로 복위된다.

※ 폐하(陛下) · 전하(殿下)의 호칭(呼稱)

임금의 호칭으로 폐하와 전하가 있다. 황제(皇帝)를 폐하(陛下)라 하였다. 폐하라는 말은 '섬돌 아래'라는 말로 원래는 왕이나 제후의 존칭이었으나 진시황 이후로는 오직 황제의 존칭으로만 써 왔다. 궁궐에서 격이 높은 전각들은 모두 높은 축대[築臺, 이를 월대(月臺)라 한다] 위에 있어 돌계단으로 오르내리도록 되어 있다. 따라서 폐하라고 함은 원래 황제의 면전에서 황제를 지칭함이 아니고 섬돌 아래서 황제의 근위병이나 시종을 부른다는 뜻이다.

우리 나라에서는 고구려에서는 황제를 폐하라고 불렀으나 조선왕조에서는 중국의 제후국의 위치에서 왕을 폐하라고 칭하지 못하고 중국의 제후와 같이 전하(殿下)라고 부르고 중국의 년호(年號)를 썼다. 현대에서는 폐하건 전하건 무슨 큰 상관할 바가 아니라고 보이지만 당대 사람들에겐 나라의 운명과 지위가 걸린 큰 문제였다. 조선 말 고종황제가 외세에 의해 대한제국(大韓帝國)을 선포하고 황제라 칭하고 폐하라 부르고 년호도 광무(光武)라 하였고 순종은 융희(隆熙)라 하였다.

폐하(陛下)는 황제는 궁궐 섬돌(陛) 밑에서 호칭하였고, 전하(殿下)는 왕이나 제후를 궁궐 전각 아래 와서 호칭하였고, 저하(邸下)는 집 저[邸, 관저(官邸), 사저(私邸)]자를 써 왕세자를 높혀 부르던 말이고, 각하(閣下)는 보통 높은 사람을 전각 밑에서 호칭한데서 유래하였다. 우리나라도 민주화 이전에는 대통령을 각하라고 불렀다. 귀하(貴下)는 상대(개인)를 높혀 부른 말이고 귀중(貴中)은 상대 단체를 높혀서 편지 등에 쓴다.

광화문(光化門)

> 光(빛 광)―光陰(광음, 時間, 歲月), 光學(광학)기계, 脚光(각광)
> 化(화할 화)―化石(화석), 化身(화신), 風化(풍화), 敎化(교화)
> 門(문 문)―門外漢(문외한), 門前乞食(문전걸식), 回轉門(회전문)

광화문은 조선왕조의 정궁인 경복궁의 정문(正門)이자 남문(南門)이다. 태조 4년(1395) 경복궁과 함께 창건되었다. 궁궐의 동서남북으로 사방에 각기 대문을 내었는데 남쪽에 광화문, 동쪽에 건춘문(建春門), 서쪽에 영추문(迎秋門), 지금 청와대(靑瓦臺) 앞의 북문을 신무문(神武門)이라 하였다.

광화문은 낮은 단 위에 문을 세운 창덕궁이나 창경궁의 정문과는 달리 중층(中層)으로 된 문루(門樓)를 받치는 돌로 높은 석축(石築) 기단(基壇)을 쌓고 세 개의 무지개 모양의 홍예문(虹霓門, 무지개 모양의 통로문)으로 이루어져 있으며, 중앙의 홍예로는 왕이, 좌우의 홍예로는 왕자와 신하들이 출입하도록 하였다.

이 광화문은 경복궁과 같이 선조 25년(1592) 임진왜란 때 전소(全燒)되었다가 고종 2년(1865) 대원군에 의하여 복원(復元)되었다. 1910년 한일합방으로 1911년부터 일제의 민족 문화 말살(抹殺) 정책으로 경복궁의 여러 전각(殿閣)이 헐려나가고 1927년에 조선총독부(朝鮮總督府)가 완공되면서 건춘문 북쪽(지금의 민속박물관 정문)으로 옮겨졌으나 그나마 6·25때 석축만 남고 불타고 말았다. 일제의 총독부 건물은 남산에 있었던 일본신사(神社)를 정면으로 바라보고 설계되었다.

2006년부터 새로 원형대로 복원 공사를 해 지금의 웅장한 본래 모습대로 완공하였다. '광화(光化)'는 원래 서경(書經)에 나오는 '光被四表 化及萬方(광피사표 화급만방)'에서 따온 말로 경복궁이 온 백성의 염원을 담았다면 광화문은 임금의 밝은 덕(德)이 사방의 백성에게 고루 퍼지고 만방에 미치도록 한다는 화답(和答)의 의미를 담고 있다.

광화문 앞에는 경복궁을 지키는 수문장(守門將)으로 옳고 그름을 분간하는 상상의 동물 해태(獬豸, '해치'라고도 함)상을 세워, 정의를 수호하고 불의를 물리치는 사자(使者)로서의 임무를 다하고 있다. 한편 풍수지리학적으로 경복궁의 정면에 있는 서울의 조산(朝山)인 관악산(冠岳山)이 화산(火山)이기 때문에 해태상을 두어 궁궐의 화마(火魔)를 진압하기 위해서였다고 한다.

중건한 원형대로 다시 복원한 광화문. 현판은 당시 경복궁 영건도감(營建都監, 국가적 중요한 건축공사 총책임자) 임태영이 쓴 글씨다

조선왕조의 궁궐 정문에는 모두 '될 화(化)' 자를 넣었는데 경복궁이 광화문, 창덕궁(昌德宮)이 돈화문(敦化門), 창경궁(昌慶宮)이 홍화문(弘化門), 경희궁(慶熙宮)이 흥화문(興化門), 덕수궁(德壽宮)에 인화문(仁化門)이다. 수강궁이였던 덕수궁의 정문은 그 뒤 대안문(大安門)이 되었다가 대한문(大漢門)으로 고쳤다.

활용(活用)

- 基(터 기) : 基本(기본), 基金(기금), 基地(기지), 國基(국기, 나라의 기본, 국가가 흔들려서는 안된다),
  * 基礎(기초)는 일이나 사물의 기본 토대를, 起草(기초)는 문장(선언문)이나 의안, 법안 등의 草案(초안)을 잡는 것을 말한다.
- 壇(단 단) : 壇上(단상), 祭壇(제단), 花壇(화단, 꽃계단. 畵壇(화단, 미술계)), 講壇(강단), 文壇(문단)에 등단하다.
- 虹(무지개 홍, 무지개처럼 생긴 줄무늬 모기 홍자가 원자이다) : 虹橋(홍교, 무지개다리), 虹彩(홍채, 눈동자 주변의 근육 섬유),
- 霓(무지개 예＝蜺) : 虹霓門〔홍예문, 사찰 입구에 흐르는 냇물 위의 무지개다리를 놓아 속계(俗界)와 선계(禪界)를 구분, 상징화하였다〕

- 迎(맞이할 영) : 迎接(영접), 迎賓館(영빈관), 迎入(영입), 迎合(영합), 歡迎(환영), 送舊迎新(송구영신)
- 瓦(기와 와) : 瓦家(와가), 瓦解(와해, 기와가 무너질 때 와르르 무너짐으로), 蓋瓦(개와, 기와로 지붕을 덮어 이음),
- 臺(돈대 대) : 臺石(대석), 臺帳(대장, 토대가 되는 기본 장부), 築臺(축대), 月臺(월대, 대궐 전각 앞의 조금 높게 쌓은 섬돌), 燭臺(촉대, 촛대) 盞臺(잔대, 술잔 받침대)
- 築(쌓을 축) : 築城(축성), 築港(축항), 增築(증축), 改築(개축)
- 抹(지울 말, 가루 말) : 抹消(말소), 抹殺(말살), 抹茶(말차),
- 得(얻을 득) : 得失(득실), 得點(득점), 得意(득의), 得名(득명), 得票(득표), 旣得權(기득권),
  * 拾得(습득)은 분실 등의 물품을 주워서 얻는 것으로 拾得物(습득물), 習得(습득)은 배워서 터득하는 것으로 학문이나 기술의 習得이고, 體得(체득)은 몸소 체험을 통해 알게 되는 것이다.

- 復(회복할 복) : 復古(복고, 復古風(복고풍)), 反復(반복), 收復(수복), 往復(왕복), 回復(회복)
  * (다시 부) : 復活(부활), 復興(부흥)
- 閣(누각 각) : 閣下(각하), 樓閣(누각), 碑閣(비각),
  * (내각 각) : 閣僚(각료), 內閣(내각), 組閣(조각), 閣議(각의)
- 補(기울(옷을 깁다) 보) : 補强(보강), 補職(보직), 補償(보상), 候補(후보),

  * 裨補(비보, 裨는 보텔 비자), 풍수에서 부족한 것을 보완한다는 뜻이다. 예로 동대문을 북악의 좌청룡인 낙산의 산세가 인왕산에 비해 약하다고 하여 興仁門(홍인문)에다 갈 之자 한자를 보태어 興仁之門(홍인지문)이라 한 것이나 바닷가 어촌에 강한 해풍을 막기 위해 해변이나 강변과 마을 사이를 나무를 심어 숲으로 막는 것을 裨補林(비보림)이라 하고, 將帥(장수)를 보좌하는 밑에 사람을 裨將(비장, 배비장전)이라 하였다.

● 守(지킬 수) : 守舊(수구), 保守(보수), 守勢〔수세↔攻勢(공세)〕, 守護(수호), 固守(고수), 死守(사수), 守城〔수성, 성을 지킴. 守成(수성)은 선대에서 이루어 놓은 것을 지키다〕.

* 創業守成(창업수성)
創業은 나라를 새로 세우거나 새로운 사업을 시작한다는 말이며, 守成은 선왕이나 선대의 이룬 업적이나 사업을 이어 지킴의 뜻인데 창업과 수성 모두 다 어렵지만 창업이수성난(創業易守成難)으로 일을 시작하기는 쉽지만 이를 잘 지켜나가기는 더 어렵다는 의미가 담겨 있다. 『唐書』(당서)「貞觀政要」(정관정요)에 나오는 당태종이 한 말이다)
* (벼슬이름 수) : 太守(태수), 郡守(군수). 守令(수령)

● 昌(창성할 창) : 昌盛(창성), 隆昌(융창), 繁昌(번창).
● 敦(돈독할) : 敦篤(돈독), 敦厚(돈후).
● 慶(경사 경) : 慶事〔경사, 慶弔事(경조사)〕, 慶賀(경하), 慶祝(경축) 國慶日(국경일), 賀慶(하경).

* 慶會樓(경회루)
경복궁 서북쪽 方池(방지, 사각형의 못) 위에 건립한 우리나라 최대의 누각건물로 조선왕조 때 왕이 참석하는 공식 宴會(연회)를 배풀던 곳이다. 임진왜란 때 불타고 없었던 것을 고종 때 다시 복원하였다.

※ 인정(人定)과 파루(罷漏)
조선시대 종로 네거리에 종루(鐘樓)를 세워 놓고 밤 10시(二更, 밤 9~11시)에 종을 쳐 통행을 금지하였는데 이를 인정(또는 인경)이라고도 하였으며 새벽 4시(五更, 3~5시)에 해제하였는데 이를 파루라 하였다.
오경(五更)은 하루의 밤 시간을 다섯 등분(五更) 하여 초경(初更)은 하오 7시부터 9시까지, 이경(二更)은 밤 9시부터 11시까지, 삼경(三更)은 한밤중으로 11시부터 그 이튿날 새 1시까지, 사경(四更)은 상오 1시부터 3시까지, 오경(五更)은 새벽 3시부터 5시까지다.

종묘(宗廟)와 사직(社稷)

宗(마루 종)―宗家(종가), 宗敎(종교), 改宗(개종), 禪宗(선종)
廟(사당 묘)―廟堂(묘당, 廟號(묘호)), 文廟(문묘,공자를 모신 사당), 家廟(가묘, 사대부와 일반 백성들 가정의 사당)
社(토지신 사, 모일 사)―社稷壇(사직단), 社屋(사옥), 結社(결사)
稷(곡식신 직, 기장 직)―稷神(직신, 오곡의 신)

종묘와 사직은 곧 나라를 일컫는 말로 쓰일 만치 중요시하였다. 그래서 종묘사직[줄여서 종사(宗社)라고도 했다]이 위태롭다는 말이 역사에 자주 등장한다.

종묘는 왕조시대 왕과 왕후 등 왕실의 열성조(列聖朝)의 신위(神位)를 모신 왕실의 사당(祠堂)으로 제례를 봉행했던 의식공간이다. 조선왕조는 600여년 전 개성에서 한양으로 도읍을 정한(定都) 후 경북궁에 이어 바로 종묘를 사직단과 함께 건립하였다. 종묘는 정전(正殿)과 영녕전(永寧殿)으로 구성되어 있는데 1995년 유네스코 세계문화유산으로 등재(登載)되어 있다.

사직은 단을 쌓고 국토의 신(神)인 사(社)와 오곡의 신인 직(稷)의 신위를 모신 곳으로 사직을 곧 나라와 민생의 근본으로 여겼다. 종묘는 정궁인 경복궁의 왼쪽에 사직은 오른쪽에 새웠음으로 좌묘우사(左廟右社)를 원칙으로 하였다. 사람이 죽으면 육신(肉身)은 땅으로 돌아가지만 영혼(靈魂)을 모실 집이 필요하였는데 이를 위패(位牌) 또는 신주(神主)라 하여 사당(祠堂)으로 모셨다. 죽은 조상신은 생전과 같이 후손의 길흉화복(吉凶禍福)을 챙겨준다고 믿고 제사(祭祀)를 모시고 섬겼다.

유네스코 세계무형유산인 종묘제례의 장면

일제는 조선왕조의 전통과 맥을 끊기 위해 신성시되던 종묘의 뒤를 끊어 도로를 내고 창경궁과 사직단을 공원으로 만들어 창경원, 사직공원이란 이름이 아직도 지워지지 않고 있다.

서울 종로 4가에 위치한 종묘 정전

※ 위패(位牌)와 신주(神主)

위패는 신주의 이름을 적은 나무패를 말한다. 신주는 죽은 이의 위패를 일컫는다. 보통 밤나무로 만들었다. 신위(神位)는 죽은 사람의 영혼 즉, 신(神)이 의지할 자리(位)를 뜻한다. 빙의(憑依)는 신주나 위패에 사자의 영

서울 종로구 사직동의 사직단

혼이 기대어 의지하는 것을 말한다. 옛날 우리 선조들은 조상의 위패와 신주를 매우 소중히 하였으므로 "신주 모시 듯한다"라는 말이 생겼다.

지방(紙榜)은 일반 평민들이 제사 때에 한지에 조상의 본관(本貫)과 성(姓), 관직(官職)이 있을 때에는 관직을 적어 위패나 신주를 대신하였다. 위패를 모신 조그마한 집을 사당(祠堂) 또는 사우(祠宇)라 하였다.

활용(活用)

● 列(벌일 렬): 列强(열강), 列擧(열거), 序列(서열), 整列(정렬)
  * 行列〔행렬, 일반적으로 행과 열을 의미할 때는 행렬로, 혈족간의 대수(代數)나 촌수(寸數)를 말할 때는 '항렬'로 읽는다〕,
  * 烈(매울 렬): 烈士(열사), 烈女(열녀), 先烈(선열), 義烈(의열), 壯烈(장렬), 熱烈(열렬=烈烈), 熾烈(치열) 등과 구별
● 祠(사당 사): 祠宇(사우), 祠堂(사당, 신주나 위패를 모셔놓는 집), 祠廟(사묘). 祀〔제사 사, 祭祀(제사), 墓祀(묘사)〕등과 구별

● 肉(고기 육) : 肉體(육체), 肉聲(육성, 肉筆), 弱肉强食(약육강식).
 * 牛肉〔우육, 豚肉(돈육), 肉食(육식)〕할 때의 肉類(육류)의 肉(육)은 네 발 달린 짐승의 고기로 영어단어 meat이다.
 * 魚(고기 어)는 생선으로 영어의 fish이다. 魚物(어물), 魚類(어류), 魚雷(어뢰), 乾魚物(건어물), 養魚場(양어장), 稚魚(치어)
 * 漁(고기잡을 어)자와 구별, 漁父(어부), 漁船(어선), 漁業(어업), 漁網(어망), 漁港(어항), 漁獲高(어획고), 出漁(출어)

● 牌(호패 패) : 牌札(패찰, 자기 소속을 알리는 명찰), 牌木(패목, 팻말나무), 號牌(호패, 조선시대 16세 이상의 남자가 지녔던 패로 성명과 생년의 干支가 적혔 있음), 名牌(명패), 記念牌(기념패), 賞牌(상패)
● 禍(재앙 화) : 禍根(화근), 筆禍(필화), 士禍(사화), 殃禍(앙화, 재앙에서 오는 화)
 * 轉禍爲福(전화위복)
화가 복이 되고 복이 또 화가 될 수 있다는 말이다. 吉凶禍福(길흉화복)은 인간으로서는 예측할 수 없다. 禍福無門(화복무문, 화와 복은 운명적이 아니고 문이 없어 행동의 선악에 따라 수시로 찾아 오므로 복에는 늘 화가 숨어 있어 새옹지마(塞翁之馬)의 이야기가 잘 말해주고 있다.
또 禍不單行(화불단행, Misfortunes never come single)으로 불운(不運)의 연속, 불행한 화는 업친데 겹친다고 늘 겹쳐 오므로 복과 화에 대해 너무 기뻐하지도 말고 너무 슬퍼하지도 말고 늘 조신(操身, 몸가짐을 조심)하고 신중(愼重)할 것을 가르쳐 주고 있다.

 * 塞翁之馬(새옹지마)
 옛날 변방(邊方) 요새(要塞)의 한 노인(翁)의 말이 오랑캐 땅으로 달아나 말을 잃고 슬픔에 젖어 있었는데 어느날 이 말이 오랑캐의 준마(駿馬) 한 마리를 같이 데리고 와서 좋아하였다. 그러나 그만 아들이 이 말을 타다가 떨어져 절름발이가 되어 걱정을 하고 있었는데 1년이 못되어 전쟁이 일어나 모든 이웃 자제들이 전쟁터로 끌려나갔으나 징병을 피할 수 있어

무사했다는 얘기로 『회남자』(淮南子)에 전한다.

● 紙(종이 지) : 紙幣(지폐), 新聞紙(신문지, 紙上, 紙面), 製紙(제지), 廢紙(폐지), 休紙(휴지), 紙筆墨(지필묵)
● 本(근본 본) : 本是(본시), 本末(본말, 本末顚倒, 本心(본심), 根本(근본), 國本(국본), 原本〔원본, 寫本〕對照(대조)〕
● 貫(꿸 관) : 貫鄕(관향), 貫通(관통), 貫徹(관철), 貫祿〔관록, 몸에 밴 위엄이나 무게, 오랜 정치가로서의 관록, 官祿(관리에 주는 녹봉)〕, 一貫〔일관, 初志一貫(초지일관)〕
● 職(맡을 직) : 職分(직분), 職責(직책), 公職(공직), 奉職(봉직), 就職(취직), 休職(휴직), 小職(소직), 微官末職(미관말직), 現職(현직, 현재의 직업 또는 직책), 顯職(현직, 微官末職의 반대되는 들어나는 높고 중요한 高官의 자리)

※ 유네스코 세계문화유산(世界文化遺産, World Heritage)
1972년 체결된 "세계 문화 및 자연유산보호협약"에 따라 UNESCO가 인류공동을 위해 보호해야 할 현저한 보편적 가치가 있다고 인정한 유산을 말한다. 인류문명과 자연사에 있어서 중요한 자산을 전 인류가 공동으로 보존하자는 취지다. 문화유산, 자연유산, 자연과 문화의 복합유산 등 3가지로 나뉜다. 현재 세계 187개국이 가입되어 있다.
우리나라 세계유산은 석굴암과 불국사, 종묘, 해인사경판전, 창덕궁, 수원화성, 경주역사유적지구, 고창·화순·강화고인돌유적, 조선왕릉, 안동하회마을·경주 양동마을, 북한의 고구려고분군 등이다.
세계기록유산(Memory of the World)으로 훈민정음 해례본, 조선왕조실록, 승정원일기, 직지심체요절, 조선왕조의궤, 고려대장경판, 동의보감 등이다. 또 인간의 창조적 재능의 걸작으로 뛰어난 가치를 지닌 세계무형문화유산으로 종묘제례, 판소리, 강릉단오제, 강강술래, 남사당놀이, 영산재, 처용무, 대목장(大木匠), 매사냥, 가곡(歌曲) 등이 등재되어 있다.

한양 도성(都城)과 숭례문(崇禮門)

崇(높을 숭)—崇仰(숭앙), 崇高(숭고), 崇德(숭덕), 崇尙(숭상)
禮(예절 례)—禮儀凡節(예의범절), 缺禮(결례), 失禮(실례)
門(문 문)—門前成市(문전성시), 專門(전문), 入門(입문)

숭례문은 이성계가 한양으로 천도하고 경복궁과 종묘 사직을 세우고 난 뒤 축성한 한양 도성 성곽의 남쪽 정문으로 문루(門樓)의 이름은 숭례문이다. 그러나 남대문(南大門)으로 더 잘 알려져 있다.

현존하는 성문으로서는 규모가 우리 나라에서 가장 크고 웅장한 조선 전기의 건축물을 대표한다. 지금의 건물은 15세기 중엽 세종 때 고쳐 지은 것이다. 2008년 음력 정초의 화재로 완전 소실(燒失)되었다. 임진왜란(壬辰倭亂) 병자호란(丙子胡亂)을 이겨내고 6·25전쟁을 지켜보았던 숭례문이 불타자 전국민이 애도(哀悼)하였다.

옛 건물이나 문루에는 반드시 이름을 붙였는데 이를 편액(扁額)이라 하였다. 우리 선조들은 건물의 성격과 위치 등에 따라 그 의미와 상징하는 적합한 이름을 달았다. 한양도성의 사대문과 그 한가운데 종각의 이름은 유교의 오상(五常)과 동서남북과 중앙을 가르치는 오방(五方)에서 인(仁, 東쪽)·의(義, 西쪽)·예(禮, 南쪽)·지(智, 北쪽)·신(信, 中央)을 따왔다. 동대문(東大門)은 흥인문(興仁門), 서대문(西大門)은 돈의문(敦義門), 남대문은 숭례문, 북쪽은 홍지문(弘智門)이라 하고 중앙에 보신각(普信閣)을 세웠다. 이는 동서남북 온 도성이 인의예지신(仁義禮智信)이 충만하도록 했다.

※ 성곽(城廓)
임금이 사는 궁(宮)을 중심으로 3리(里)에 성(城)이 있고, 7리에 곽(廓)이 있어 성곽 안인 10리를 경(京)이라 했다. 곽 밖 100리를 교〔郊=성밖 교자로 근교(近郊), 원교(遠郊), 교외(郊外) 등〕, 교에서 100리를 전(甸), 경에서 200리를 기(畿)라 했다. 경기도 의 경기(京畿), 옛 서울을 경성(京城)이라는 말의 유래다.

이 중에서도 동대문과 남대문의 편액이 우리들의 관심을 끄는데 동대문은 흥인문에 갈 之자 한 자를 더 넣어 네 자로 흥인지문(興仁之門)이라 하였는데 이는 풍수지리적으로 경복궁의 동쪽 낙산(駱山)의 지세가 서쪽 인왕산(仁王山)보다 약한 것을 비보(裨補)하기 위해 한 자를 더 넣었다. 숭례문의 편액은 다른 편액이 모두 가로인데 반하여 세로로 걸렸다. 오행(五行)으로 보면 남쪽이 불(火)이 됨으로 경복궁을 마주보는 관악산의 화기(火氣)를 누르기 위하여 밑에서 위로 불타오르는 형상을 하기 위하였으며 당대의 명필 양령대군(讓寧大君)의 글씨다. 보신각은 현판(懸板)은 이승만(李承晩)대통령의 글씨다. 사대

불타기 전의 남대문의 모습과 편액 숭례문

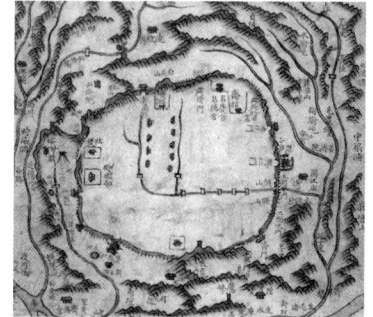
도성도, 가운데 원 안에 4대문, 4소문이 있다

문과 함께 사소문(四小門)이 있었다. 북소문인 자하문(紫霞門)만이 유일하게 원형대로 남아 있다. 창의문(彰義門)이 원 이름이다.

※ 4대문(四大門)과 4소문(四小門)

서울도성이 쌓여진 후 4대문과 4소문이 태조~세종년간에 축조되었으니 동대문〔홍인지문(興仁之門)〕, 서대문〔돈의문(敦義門)〕, 남대문〔숭례문(崇禮門)〕, 북대문〔홍지문(弘智門), 또는 숙정문(肅靖門)을 치기도 한다〕이다.

4소문은 동소문〔혜화문(惠化門)〕, 서소문〔소의문(昭義門)〕, 남소문〔광희문(光熙門)〕, 북소문〔창의문(彰義門, 자하문(紫霞門)이라고도 한다)〕이다.

조선왕조(朝鮮王朝)시대 219

활용(活用)

- 扁(넓적할 편) : 扁平足(편평족), 扁桃腺(편도선),
  * (현판 편) : 扁額(편액, 현판 액(額)자)
  * (거루(작은 배, 小舟) 편) : 扁舟〔편주=片舟, 一葉片舟(일엽편주)〕,
  * 片(조각 편) : 片道(편도), 片 肉(편육), 片鱗(편린), 斷片(단편), 破片(파편) 등으로 片 자가 부수로 된 글자는 나무나 종이 조각과 연관있다.
  - 牒(문서 첩) : 請牒狀(청첩장), 通牒(최후의 통첩), 移牒(소관을 이첩), 職牒(직첩, 새로운 직첩), 승려에게 度牒(도첩, 증명서)을 주다,
  - 版(조각 판, 널 판) : 版圖(판도), 版型(판형), 版畫(판화), 版權(판권), 原版(원판), 出版(출판),
  - 板(판자 판) : 板橋(판교, 널판자 나무다리), 板刻(판각), 看板(간판)
  - 牌(호패 패, 패 패) : 號牌(호패, 16세 이상의 남자가 차던 패), 門牌(문패), 骨牌(골패), 賞牌(상패), 位牌(위패)

- 額(이마 액) : 額面(액면가), 額數(액수), 金額(금액), 差額(차액)
  * (현판 액) : 額字(액자), 橫額〔횡액, 가로로 된 글씨나 그림을 가로로 거는 액자다. 또 불의에 의외로 닥친 액운을 橫厄(횡액)이라 한다〕
- 普(넓을 보) : 普通(보통), 普及(보급), 普遍的(보편적)
- 駱(낙타 낙) : 駱駝(낙타), 駱山(낙산)
- 失(잃을 실) : 失敗(실패), 失明(실명), 失意(실의), 失手(실수, 失策) 失火(실화), 喪失(상실), 得失(득실), 千慮一失〔천려일실, 많은(천가지) 생각을 하다 보면 한 가지는 잃거나 실수가 있게 마련, 千慮一得은 그 반대로 많은 생각을 하다보면 한 가지는 얻게 된다는 말〕
- 常(떳떳할 상) : 常識(상식), 常任(상임, 常務), 常住(상주), 日常的(일상적), 恒常(항상), 無常(무상), 諸行無常(제행무상)
- 懸(매달 현) : 懸賞金(현상금), 懸案(현안), 懸崖(현애, 낭떠러지), 懸垂〔현수, 懸垂幕(현수막), 懸垂橋(현수교)〕, 懸板(현판)
- 彰(밝을 창) : 彰義(창의 彰義軍), 顯彰(현창)

왕자의 난(亂)과 함흥차사(咸興差使)

咸(다 함)―咸池(함지, 해지는 서해 바다↔扶桑(부상, 해돋는 동해)
興(일 흥)―興趣(흥취, 興味), 興行(흥행), 感興(감흥), 新興(신흥)
差(어긋날 차)―差異(차이), 差度(차도), 誤差(오차), 落差(낙차)
使(부릴 사, 사신 사)―使役(사역), 使命(사명), 使臣(사신, 密使)

한 번 가면 돌아올 줄 모르는 사신(使臣)이나 사람을 함흥차사라 한다. 태조 이성계가 조선을 창업(創業)하는데 개국 일등공신 딱 한 사람을 꼽으라고 하면 그는 바로 삼봉(三峯) 정도전(鄭道傳)이다.

그러나 정도전 못지않게 창업에 큰 공이 있는 이성계의 5자 이방원(李芳遠)은 세자(世子) 책봉(冊封) 때 당시 권신(權臣) 정도전이 태조와 계비 신덕왕후 강씨 편에 서서 자신에게 와야 할 세자 자리가 강비의 아들 방석(芳碩)에게 가자 불만(不滿)이 컸다. 그래서 제1차 왕자의 난이 일어나 정도전과 방석 일당(一黨)이 제거되고 왕의 자리는 제2자인 정종에게 돌아가고 정종의 재위 1년 만에 방원의 형 방간(芳幹)이 제2차 왕자의 난을 일으키다 귀양가게 되고 이방원이 세제(世弟)가 되어 왕위에 오르니 바로 태종(太宗)이다.

이 왕자의 난은 당(唐)의 고조 9년에 태종 이세민(李世民)이 장안 북문인 현무문에서 태자인 친형 이건성(李建成)과 동생 원길을 죽이고 왕위에 오른 '현무문(玄武門)의 변(變)'과 똑 같았다. 이로 인해 당 고조 이연(李淵)은 양위하게 된다.

왕자의 난을 두 번이나 보게 된 이성계는 고향 함흥으로 가고 만다. 태종 이방원은 부왕의 노여움을 씻기 위해 여러 차례 함흥으로 사신(使臣)을 보내나 이성계의 활에 번번히 모두 죽

태조의 계비 신덕왕후가 죽자 태조는 경복궁에서 바라보이는 서대문구 정동 1번지에 능침을 정했으나 왕자의 난으로 동소문 밖 현 정릉으로 이장하였다

조선왕조(朝鮮王朝)시대 221

었다. 그래서 한 번 가면 돌아올 줄 모르는 사람(사절)을 일컬어 함흥차사라 하였다. 지금까지도 널리 인구(人口, 사람의 입)에 회자(膾炙)되고 있다.

그 뒤 태조는 판중추부사 박순(朴淳)의 지혜(智慧)와 찬성(贊成) 성석린(成石麟)의 노력과 무학대사의 설득(說得)으로 의정부를 지나 살곶이 다리를 거쳐 한양으로 돌아온다. 그러나 태종은 조선왕조의 왕권을 반석 위에 올려놓고 세자인 양령대군을 제치고 세째 왕자 세종에게 왕위를 물려주어 조선왕조 500년을 반석(盤石)위에 올려 놓고 세종대의 치세(治世)를 연다.

활용(活用)

- 世(인간 세) : 世間(세간), 世代〔세대, 世代交替(세대교체)〕, 世帶〔세대, 世帶主(세대주)〕, 世襲(세습), 出世〔출세, 出世街道(출세가도를 달리다)〕, 隔世〔격세, 隔世之感(격세지감)〕
- 子(아들 자) : 子息(자식), 父子之間(부자지간), 種子〔종자, 이때 子는 열매 즉, 씨를 뜻함, 五味子(오미자), 枸杞子(구기자), 利子(이자), 精子(정자) 등
  * 열매와 씨를 뜻하는 다른 한자는 仁(인) 자로 杏仁(행인, 살구 씨), 桃仁(도인, 복숭아 씨) 등과 實(실) 자로 梅實(매실, 매화나무 열매), 松實(송실, 소나무 열매), 竹實(죽실, 대나무 열매) 등이 있다.

- 冊(책 책) : 冊曆(책력, 달력), 冊張(책장), 冊床(책상), 冊卷(책권, 서책의 권질), 書冊(서책)
  * (세울 책) : 冊立(책립), 冊封(책봉)
- 黨(무리 당) : 黨爭(당쟁), 黨派(당파), 黨權(당권), 派黨(파당), 政黨(정당), 徒黨(도당), 不汗黨(불한당, 땀도 흘리지 않고 남의 재물을 취하는 무리들)

- 滿(찰 만) : 滿員(만원), 滿發(만발), 滿船(만선), 滿醉(만취), 豊滿(풍만), 飽滿感(포만감), 得意滿面(득의만면)
- 弟(아우 제) : 弟子(제자), 弟妹(제매, 아우와 누이동생), 弟嫂(제수, 아우의 처, 兄嫂), 師弟之間(사제지간), 難兄難弟(난형난제)
- 幹(줄기 간) : 幹部(간부), 幹事(간사), 基幹(기간), 語幹(어간)
- 淳(순박할 순=醇) : 淳朴(순박,=醇朴), 淳化(순화,=醇化)
- 麟(기린 린) : 麟角〔인각, 기린의 뿔, 옛날 동양에서는 기린이 動物園에 있는 키 큰 동물이 아니고 천자나 임금을 상징하는 봉황(鳳凰), 용(龍), 시비곡직과 선악을 구분하는 해태(해치라고도 함) 등과 함께 모두 상상의 동물이다.
* 麟角寺(인각사, 고려 때 승(僧) 일연(一然)이 주지로 있으면서『삼국유사』를 집필한 경북 군위의 화산(華山)에 있는 절. 이 화산이 상상의 동물 기린의 뿔같이 생겼다 하여 절 이름을 인각사라 하였다.
- 跛(절룸발이 파) : 跛行(파행, 절뚝거리며 걸음, 일의 진행이나 균형이 제대로 잡히지 않은 모습 , 국회가 파행 상태)
- 蹉〔자빠질 차, 跌(넘어질 질)〕: 蹉跌(차질, 발을 헛디뎌 넘어져 하든 일이 틀어진 상태, 계획에 차질을 빚다)
  破綻(파탄, 깨투릴 파(破)자와 (실밥)이 터질 탄(綻)자)도 비슷한 말이나 일이 잘 되지 못하고 깨지고 터진 상태로 돌이킬 수 없는 지경을 말한다. 가정이 타탄났다. 회사가 파탄지경이다. 등

세종대왕(世宗大王)과 훈민정음(訓民正音)

訓(가르칠 훈)―訓戒(훈계), 訓放(훈방), 家訓(가훈), 遺訓(유훈)
民(백성 민)―民生(민생), 民權(민권), 難民(난민), 罹災民(이재민)
正(바를 정)―正道(정도), 正統(정통), 平正(평정), 不正(부정)
音(소리 음)―音樂(음악), 音響(음향), 和音(화음), 爆音(폭음)

　태종의 뒤를 이어 즉위(卽位)한 세종대왕은 궁중에 설치한 학문연구기관인 집현전(集賢殿)의 인력과 기구를 확대하여 세종조의 치세(治世)와 문화의 황금기(黃金期)를 연다. 이 집현전은 성삼문, 박팽년, 신숙주, 정인지 등 뛰어난 인재들을 배출하였다.

　세종은 백성이 억울한 일을 당해도 글을 몰라 호소하지도 못하는 것을 보고 한자의 난해성(難解性)을 해결하고 우리의 고유문자를 만들어 "불쌍한 백성들의 억울함과 불편함을 덜어주기 위해" 훈민정음을 창제(創製) 반포(頒布)한다고 『훈민정음해례본』에 나타나 있다(세종 28년 9월, 1446).

　세종은 「용비어천가」(龍飛御天歌)를 지어 나라의 뿌리를 튼튼히 하고 『동국정운』(東國正韻)과 『고려사』(高麗史)을 펴내 민족의식(民族意識)을, 애민사상(愛民思想)에서 『농사직설』(農事直說), 『의방류취』(醫方類聚) 등 많은 서적을 편찬 간행하여 세종조의 치세(治世)와 문화의 황금기(黃金期)를 열었으며 민족의 문화적 긍지(矜持)를 높였다.

　또 과학적 무지로 일식(日蝕)이 일어났다고 서운관(書雲觀, 관상감(觀

※ 국어(國語)
　"국지어음(國之語音)이 이호어중국(異乎於中國)하야" 하고 훈민정음의 서문(序文)에서 밝힌 국지어음은 옛부터 내려오는 나랏말, 즉 국어(國語)이다.
　국어라는 말의 원 뜻은 국사(國史) 즉 역사(歷史)를 말한다. 옛날 공자가 『춘추(春秋)』를 짓자 좌구명(左丘明)은 『좌전(左傳), 일명 春秋左氏傳)』을 지어 보충하였다. 그래도 미진하여 당시 周, 魯, 齊, 秦, 楚, 吳, 越 등 나라(國)의 제왕과 신하들 간의 말(語)을 위주로 달리 쉽게 쓴 역사가 『국어(國語)』책이다.

象監)]의 관리가 곤장을 맞아야 했던 때에, 또 사대사상으로 중국의 천문관측에만 의존했던 시절, 측우기(測雨器), 해시계[仰釜日晷(앙부일구)], 물시계[自擊漏(자격루)]등 우리의 천문관측기(天文觀測器)를 발명하여 역법(曆法)을 개혁하여 당시 경도의 차이로 잘 맞지도 않는 중국의 천문역법을 그대로 따라 쓰던 것을 버리고 우리나라의 하늘(기후)에 맞는 우리의 역법을 만들어 쓰도록 하였다. 그리하여 우리 백성들이 농사짓기가 편하고 절후에 맞도록 하였다.

당시로서는 사대주의자들의 반대를 뿌리치고 중국 천자가 쓰는 역법을 벗어나는 과히 주체적 혁명적 사고였다.

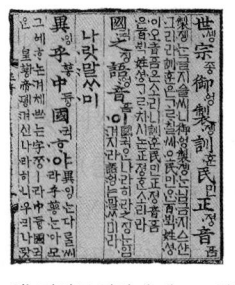

위) 광화문 광장에 새로 조성한 세종대왕 조각상
아래) 훈민정음 해례본

김종서(金宗瑞)로 하여금 북쪽의 야인(野人) 여진족 땅을 토벌(討伐)하고 육진(六鎭, * 鎭은 군사요충지를 겸한 행정소재지)을 개척하여 국경선이 오늘날의 압록강 두만강유역으로 확대하였다. 다른 한편으로는 이종무(李從茂)를 시켜 왜구의 소굴(巢窟)인 대마도(對馬島)를 정벌하여 대마도를 복속(服屬)시켰으며『세종실록』에는

※ 용비어천가(龍飛御天歌)

이성계는 오랜 전통을 가진 명문 출신이 아니고 고려 말에 새로 등장한 신진세력이었다. 따라서 세종은 조선왕조 건국의 위업과 조상의 덕을 찬양하는「용비어천가」를 정인지 등으로 하여금 한글로 짓도록 하였다. 이는 국문시가로서 우리 문학사상 중요한 가치를 지니고 있다. 그 첫머리에 한자말이 하나도 없이 순수한 우리 토박이 말로서 뿌리 깊은 나무와 샘이 깊은 물에 비유하였다.

불휘 기픈 남ᄀᆞᆫ 바라매 아니 뮐쎄 곶 됴코 여름 하나니
새미 기픈 므른 가마래 아니 그칠쎄 내히 이러 바라래 가나니

"대마도는 경상도에 예속했으니 조선의 목마지(牧馬地)로 본시 아국지지(本是我國之地)"라는 기록이 있다.

※ 야인(野人), 조선족(朝鮮族), 고려인(高麗人) 등

고려와 조선조에서는 여진족(女眞族)을 야인(野人)이라고 하였다. 또 조선조 말엽에 북간도(北間島)나 서간도(西間島)로 삶을 찾아 간 사람을 유민(流民)이라 하였고, 백제가 멸망한 후 일본으로 건너간 백제 유민을 일본에서는 도래인(渡來人)이라 불렀다. 우리나라의 첫 이민(移民)은 1903년 하와이 농장으로 간 사람들이다.

조선족은 중국 동북 삼성에 살고 있는 중국 국적을 가진 조선 민족을 말하며, 고려인은 연해주(沿海州)로 간 조선인들과 1937년 중앙아시아로 강제이주된 재(在) 러시아 동포를 자신들이 고려사람이라 불러서 고려인이라고 한다. 교포(僑胞)는 외국에 살고 있는 우리 민족 동포(同胞)를 말한다. 화교(華僑)는 해외에 거주하는 중국인을 말한다.

활용(活用)

- 卽(곧 즉) : 卽刻(즉각, 卽時), 卽死(즉사), 卽興的(즉흥적), 卽決(즉결), 卽效(즉효). 이 곧 '즉' 자를 '직' 으로 '직각' 또는 '직사' 로 잘못 쓰거나 읽어서는 아니된다.
  * (나아갈 즉) : 卽位(즉위, 위로 나아감)
- 位(자리 위) : 位置(위치), 位階(위계), 王位(왕위), 神位(신위)
- 集(모을 집) : 集會(집회), 集散(집산), 結集(결집), 文集(문집)
- 布(베 포) : 布木(포목), 布袋〔포대, 베로 만든 자루=包袋(포대, 베 이외 재료(가죽·종이 등으로 만든 자루)〕, 毛布(모포)
  * (펼 포) : 布陣(포진), 布告(포고), 公布(공포), 流布(유포)
  * (베풀 보) : 布施(보시)
- 韻(운 운) : 韻文(운문), 韻律(운율), 韻致(운치), 音韻(음운)
- 意(뜻 의) : 意思(의사), 意慾(의욕), 眞意(진의), 故意(고의, 惡意)

* 大意(대의)는 대강의 전체 뜻이고 大義(대의)는 마땅한 큰 뜻이다.
● 識(알 식) : 識見(식견), 知識(지식), 常識(상식), 無識(무식, 有識)
 * 〔표시(적을) 지〕: 標識〔표지, 道路標識板(도로표지판)〕,
 * 책 등의 序文(서문)이나 跋文(발문)에 '아무개 識'(아무개 적음)이라고 함. 또 그림이나 글씨 등의 끝에 호(號)와 이름을 쓰고 도장을 찍는 것을 낙관(落款)이나 관지(款識)라고 한다. 관(款)자는 도장 새길 관자임

● 農(농사 농) : 農耕(농경), 農樂(농악), 農閑期(농한기), 小作農(소작농), 酪農(낙농), 歸農(귀농)
● 醫(의원 의) : 醫學(의학), 醫師(의사), 醫術(의술), 漢醫〔한의, 洋醫(양의)〕, 御醫(어의), 名醫(명의)
● 類(무리 류) : 類例(유례), 類型(유형), 種類(종류), 分類(분류)
● 聚(모일 취) : 聚落(취락), 類聚유취, 같은 류를 갈래로 모아 정리함)
● 測(잴 측) : 測量(측량), 憶測(억측), 推測(추측), 罔測(망측, 怪常罔測(괴상망측), 駭怪罔測(해괴망측)하다]. 凶測(흉측)한 사고.
 이 測(측)자를 '칙' 으로 '망칙하다' 등으로 잘못 쓰는 경우가 많다.
 * 側(곁 측) : 側近(측근), 兩側(양측), 側面(측면)
 * 則(법 칙) : 法則(법칙), 準則(준칙), 規則(규칙)
● 仰(우러를 앙) : 仰望(앙망), 仰請(앙청), 推仰(추앙), 崇仰(숭앙)
● 漏(샐 루) : 漏落(누락), 漏泄(누설=漏洩), 漏電(누전, 漏水)
● 曆(책력 력) : 曆法(역법), 曆數(역수), 西曆〔서력, 陰曆(음력)〕
 * 歷(지낼 력) : 歷史(역사), 歷任(역임), 歷代(역대), 歷戰(역전), 經歷(경력), 履歷書(이력서), 略歷(약력)
 * 또 분명하다의 뜻으로 歷歷(역력)하다. 歷然(역연)하다 등
● 算(셈할 산) : 算出(산출), 檢算(검산), 勝算(승산), 精算(정산)
● 巢(보금자리 소) : 巢窟(소굴), 巢穴(소혈), 歸巢本能(귀소본능)
● 討(토론할 토) : 討議(토의), 討論(토론), 檢討(검토)
 * (칠 토) : 討伐(토벌), 討索(토색, 貪官汚吏의 토색질), 討捕〔토포, 토벌하여 잡음, 討捕使, 捕盜廳(포도청)〕

사육신(死六臣)의 충절(忠節)

四(넉 사)―四君子(사군자), 四季節(사계절), 四方(사방)
六(여섯 륙)―六感(육감), 六面體(육면체), 六月(유월)
臣(신하 신)―臣權(신권), 君臣(군신), 忠臣(충신, 奸臣, 逆臣)
忠(충성 충)―忠義(충의), 忠直(충직), 忠實(충실), 不忠(불충)
節(마디 절)―節度(절도), 節約(절약), 季節(계절), 貞節(정절)

사육신은 세종대왕의 장자인 문종(文宗)임금이 왕위에 오른지 2년만에 승하(昇遐)하자 손자인 6대 임금 단종이 12세에 즉위하였다. 왕실에는 수양대군, 안평대군 등 영특(英特)한 숙부(叔父)들이 많았는데 그 중 첫째 숙부 수양(首陽)이 세종의 고명(顧命)을 받은 김종서(金宗瑞) 등 대신들을 죽이고 왕위를 찬탈(簒奪)하였는데 이에 의분(義憤)을 느껴 단종복위(端宗復位)를 꾀하다 동료의 밀고(密告)로 사전에 발각되어 처형된 성삼문(成三問), 박팽년(朴彭年), 하위지(河緯地), 이개(李塏), 유응부(兪應孚), 유성원(柳誠源) 등 충신을 말한다.

이들은 주로 집현전 학사들로서 세종의 총애를 받던 불사이군(不事二君)의 충절(忠節)을 보인 만세의 충신이요 학자들이었다.

육신사(六臣祠), 사육신의 위패를 모신 사당으로 경북 달성군 하빈면 묘리에 있다. 이곳으로 숨어 정착한 박팽년의 유일한 혈손(血孫)인 박일산의 후예들이 사육신의 사당을 지키며 제사를 지낸다

세조의 패륜적(悖倫的) 왕위 찬탈에 반대하고 벼슬을 거부하고 절개를 지키거나 일생을 폐인으로 산 사람들이 많았는데 그 중에서도 김시습(金時習), 원호(元昊), 이맹전(李孟專), 조여(趙旅), 성담수(成聃壽), 남효온〔南孝溫, 또는 권절(權節)〕을 생육신(生六臣)이라 말한다.

특히 매월당(梅月堂) 김시습은 5세 신동(神童)으로 세종의 총애를 받았던 인물로 세상과 시대를 등졌지만 당시 시대의 중심 인물이었으며 우리나라 최초의 판타지 한문소설 『금오신화』(金鰲新話)를 비롯 많은 일화(逸話)를 남겼다

활용(活用)

- 顧(돌아볼 고) : 顧問(고문), 顧客(고객, 고객을 誘致), 回顧(회고, 回顧錄), 四顧無親(사고무친)
- 英(꽃부리 영) : 英才(영재), 英斷(영단), 英雄豪傑(영웅호걸),
- 特(특별할 특) : 特權(특권), 特技(특기), 特徵(특징), 獨特(독특), 奇特(기특)
- 叔(아재비 숙) : 叔父(숙부), 叔姪(숙질), 叔行(숙항), 堂叔〔당숙(5촌 숙부)〕
- 父(아비 부) : 親父(친부), 義父(의부), 父傳子傳(부전자전), 父系〔부계↔母系(모계)〕, 代父(대부)
- 簒(빼앗을 찬) : 簒奪(찬탈, 왕위를 빼앗음)
- 奪(빼앗을 탈) : 奪取(탈취), 奪還(탈환), 劫奪(겁탈), 掠奪(약탈), 爭奪(쟁탈), 換骨奪胎(환골탈태)
- 密(빽빽할 밀) : 密度(밀도), 密林(밀림), 細密(세밀), 精密(정밀)

※ 매월당(梅月堂) 김시습(金時習)

『논어』 학이(學而)편 첫 줄이 "학이시습지(學而時習之)면 불역열호야(不亦說乎也)"(학문을 배우고 그것을 때때로 익히면 이 아니 기쁜가!)다. 학습(學習)이라는 말이 여기서 나왔다. 습(習)자는 어린새(白)가 날개짓(羽)을 부단히 연습하면 하늘을 날 수 있다는 뜻이다. 김시습은 이름자를 여기서 따왔다.
오세(五歲)에 세종임금의 어전에 나아가 운자를 받아 세종대왕의 성덕을 시로 지을 줄 아는 신동(神童)으로 세종이 칭찬(稱讚)과 함께 비단 50필을 상으로 내리면서 네 힘으로 가져갈 수 있을 만큼 가져가라고 하니 끝자락을 모두 메어 한쪽 끝을 손에 잡고 끌면서 50필을 다 가져나갔다고 한다.

緻密(치밀), 緊密(긴밀)히
 * (은밀할 밀) : 密約(밀약), 密談(밀담), 機密(기밀)
 * 密語(밀어)는 密談(밀담)으로 비밀스런 말이고 蜜語〔밀어, 蜜(밀) 자는 꿀 밀자임)〕는 남녀간의 속삭이는 다정스런 말이다

- 告(고할 고) : 告發(고발), 告訴(고소), 告別(고별), 告白(고백), 通告(통고), 警告(경고)
- 彭(많을 팽) : 彭湃(팽배, 물이 넘치는 모양)
- 緯(씨줄 위) : 緯度〔위도, 지구의 동서로 뻗은 좌표로 적도를 0도로 하여 북으로 90도 남으로 90도, 北緯 38도↔經度(경도, 날줄로 그리니치 자오선을 기준으로 남북으로 뻗은 것으로 東經 180도, 西經 180도)〕, 經緯(경위, 원래 피륙의 날줄과 씨줄인데 일의 경과를 뜻한다. 사건의 경위를 알아보다)

- 應(응할 응) : 應急(응급), 應募(응모), 順應(순응), 感應(감응)
- 誠(정성 성) : 誠實(성실), 誠意(성의), 精誠(정성), 至誠(지성)
- 源(근원 원) : 源流(원류), 源泉(원천), 根源(근원), 資源(자원)
- 習(익힐 습) : 어린 새(白)가 날개짓(羽)을 부단히 하여 하늘을 난다는 뜻이다. 習慣(습관, 風習), 習作(습작), 學習(학습), 講習所(강습소), 習得〔습득, 익혀서 얻(알)다, 拾得(습득)은 紛失(분실)의 반대말〕
- 孟(맏 맹) : 孟夏(맹하, 初夏), 孟春(初春), 孟秋(初秋), 孟冬(初冬) 孟母斷機(맹모단기), 孟母三遷之教(맹모삼천지교), 孔孟(공맹)
 * (맹랑할 맹) : 孟浪〔맹랑, 虛無孟浪(허무맹랑)〕,
- 旅(나그네 려) : 旅路(여로), 旅券(여권), 旅毒(여독, 路毒), 旅程(여정), 旅客(여객)
 * (군부대 려) : 군대의 부대 단위로 旅團〔여단, 聯隊(연대)의 위이고 師團(사단)의 아래 부대〕

사림파(士林派)와 훈구파(勳舊派)

士(선비 사)—士大夫(사대부), 紳士(신사), 志士(지사), 士官(사관)
林(수풀 림)—林産(임산), 林野(임야), 造林(조림), 森林(삼림)
勳(공 훈)—勳章(훈장), 勳功(훈공), 殊勳(수훈), 武勳(무훈)
舊(옛 구)—舊態(구태), 舊面(구면), 親舊(친구), 新舊(신구)
派(보낼 파, 물갈래 파)—派遣(파견), 派出(파출), 派閥(파벌), 分派(분파)

  조선조 창업 이후 근 100년 동안 비교적 평화와 정치적 안정이 이어져 고려말 대학자들의 제자들이 벼슬에 올라 신진세력을 형성하니 이들이 사림의 정통적 기상을 받은 사림파(士林派)다. 중심 인물은 단종의 양위(讓位)와 변사(變死)를 슬퍼하여 세조의 불의(不義)를 풍자(諷刺)하여 조의제문(弔義帝文)을 지은 김종직(金宗直)이나 여말 포은(圃隱) 정몽주, 야은(冶隱) 길재(吉再)의 제자다. 성종의 신임이 두터워 김일손(金馹孫), 김굉필(金宏弼), 정여창(鄭汝昌), 유호인(兪好仁) 등 당당한 학자들을 등용하여 주로 삼사(三司)에서 활동하고 있었다.

  세월이 흐름에 따라 이들 영남의 학자들은 세조의 공신(功臣), 훈신(勳臣), 어용학자들로 관작(官爵)이 높고 조정에 굳은 기반을 가진 귀족 관료 조직인 기성세력 훈구파와 대립이 불가피하였다. 정인지(鄭麟趾), 최항(崔恒), 신숙주(申叔舟), 서거정(徐居正), 강희맹(姜希孟), 이극돈(李克墩) 등으로 이들을 소인배(小人輩)로까지 무시하기에 이르렀다.

  이들 사림과 훈구, 신(新)·구(舊)세력은 배제(排除)와 반목(反目)이 심해져 훗날 사화(士禍)와 당쟁(黨爭)의 원인이 되며 훈구세력들에 의해

※ 조의제문(弔義帝文)
  의제(義帝)는 항우(項羽)에게 죽은 초(楚)나라 회왕(懷王)이다. 단종임금이 노산군(魯山君)으로 폐위되어 영월로 유배를 가 죽게된다. 단종을 초나라 의제에 비유(比喩)하여 지은 조문(弔文)이다

사액(賜額)서원인 영주 소수서원(紹修書院)

사액서원인 을사사화 때 낙향한 하서(河西)김인후(金麟厚)를 배향한 필암서원(筆巖書院)

김종직에서 조광조에 이르기까지 개혁정치와 왕도정치를 펴보려는 사림파들이 아깝게 희생(犧牲)된다.

고려 말 정몽주는 격살(擊殺)당하였고, 그의 제자인 김종직은 부관참시(剖棺斬屍)를 당하였고, 또 그의 제자인 김일손, 김굉필은 유배 중에 사사(賜死)당하였고, 조광조도 유배 중에 사사당하며 모두 뜻을 제대로 펴보지 못하고 희생되고 만다. 연산군 때 김일손의 사초(史草)로 인해 사림들이 화를 입는 사화가 일어난다. 또 사림파들이 대거 중앙에 등장함에 따라 제한된 관의 요직을 서로 차지하려고 투쟁이 벌어지는데 이것이 또 당파싸움의 시초가 되었다.

사림들은 이같이 사화와 당쟁 속에서도 향촌(鄕村)에 확고한 기반을 가지고 있어 제자들의 교육과 함께 선현(先賢)의 봉사(奉祀, 제사를 받드는 일)를 위해 서원을 세운다. 서원이 지방의 교육과 학문을 크게 빛내기도 하였다. 안유(安裕)를 봉사하는 백운동서원(白雲洞書院 뒤에 紹修書院)이 시초였다. 서원으로 인한 피폐(疲弊)도 날로 커지자 대원군은 전국 417개 서원 중 47개만을 남기고 모두 훼철(毁撤)하였다.

※ 상소(上疏)와 언로(言路)

조선시대 왕명을 출납하던 곳이 승정원(承政院)이다. 국왕의 비서였던 조선의 승지(承旨)들은 임금의 명령이 잘못되었거나 그르다고 판단되면 임금의 뜻을 거스려 이를 간쟁(諫諍)했는데 이를 복역(覆逆)이라 했다. 그

릇된 명령에 복역을 하는 것이 진정으로 임금과 나라를 위하는 길이요 충성이라고 생각했다.

조선시대 언론(言論)의 자유, 표현(表現)의 자유를 언로라고 하였다. 글자 그대로 직역하면 말의 길인데 언관(言官)들의 말이 막히게 되면 나라의 정사가 바로 시행되지 않고 임금의 독재(獨裁)나 세도가의 전횡(專橫)으로 나라가 어지럽게 되고 백성들의 삶이 어렵게 된다. 그래서 올곧은 신하들이 목숨을 내놓고 왕의 전횡을 막고 나라 정치의 시비곡직(是非曲直)을 따졌으며 선비들도 목숨을 내어놓고 국정(國政)전반에 걸쳐 언제든지 상소(上疏)를 올렸다.

조선시대 대표적 언론기관은 시정(時政)을 논하고 백관(百官)을 규찰(糾察)하고 풍속교정(風俗矯正)을 맡은 감찰기관(監察機關)인 사헌부(司憲府)와 왕명(王命)에 대한 간쟁(諫諍)과 논박(論駁)을 임무로 하는 사간원(司諫院)이었다. 기능은 달랐지만 실제 업무가 밀접한 관련이 있었으므로 사헌부 관원은 대관(臺官), 사간원의 관원은 간관(諫官)이라 불렀으며 이들 양사(兩司)의 관원들을 대간(臺諫) 또는 언관(言官)으로 불렀다. 여기에 또 홍문관〔弘文館, 궁중의 서적을 관리하던 곳으로 옥당(玉堂)이라고 하였다〕 등으로 하여금 대간의 업무를 보완하였다. 대간들의 간언을 왕이 듣지 않을 경우 마지막으로 홍문관까지 가세하여 권력을 견제하고 비리를 감시하였다. 그래서 이 세 곳을 언론 삼사(三司)라 하였다.

 활용(活用)

● 變(변할 변) : 變化(변화), 變貌(변모), 變故(변고), 事變(사변), 異變(이변), 不變〔불변, 萬古不變(만고불변)〕
● 諷(풍자할 풍) : 諷刺〔풍자〕, 諷刺劇(풍자극)〕, 諷諭(풍유)
● 刺(찌를 자) : 刺戟(자극), 刺繡(자수), 刺傷(자상)
  * (수라 라) : 水刺〔수라, 왕에게 올리는 밥의 높임말, 水刺間(수라간)〕
  * 剌(어그러질 랄)자와 구분, 潑剌(발랄하다)

- 弔(조상할 조) : 弔問(조문, 弔問客, 弔問錄), 弔旗(조기)
  * 弔慰(조위)는 故人을 弔喪하고 그 유족을 慰問하는 것이고(弔慰金), 弔意(조의)는 죽은 이를 애도하는 마음으로 '삼가 弔意를 表하다' 등.
- 冶(닦을 야) : 冶金(야금), 冶匠(야장, 대장쟁이), 冶鐵(야철), 陶冶〔도야, 人格陶冶(인격도야)〕
- 再(거듭 재) : 再建(재건), 再考(재고), 再現(재현), 再審(재심)
- 孫(손자 손) : 孫婦〔손부, 손자며느리, 孫壻(손서, 손녀의 남편)〕, 宗孫(종손), 親孫(친손), 外孫(외손)
- 宏(클 굉) : 宏壯(굉장), 宏闊(굉활), 宏大(굉대)
- 弼(도울 필) : 輔弼(보필)
- 汝(너 여) : 汝我之間(여아지간, 너와 나 사이), 汝等(여등, 너희들)
- 恒(항상 항) : 恒産(항산), 恒心(항심), 恒茶飯事(항다반사, 줄여서 茶飯事로도 쓰임, 항상 있는 차와 밥같은 일로 예사로운 일)
- 舟(배 주) : 舟橋(주교=船橋, 배다리), 一葉扁舟(일엽편주), 漁舟〔어주, 고기잡이 배, 漁舟子(어주자, 고기잡이 배의 어부 또는 사공, 舟子(뱃사공)〕

* 吳越同舟(오월동주)

중국 춘추전국시대 서로 앙숙(怏宿,앙심을 품고 서로 미워하는 사이)인 오나라와 월나라 사람이 같은 배를 타다의 뜻으로 같은 배를 타고 가다가 풍랑을 만나면 서로 단결하고 협조해야 한다. '동반자(同伴者)시대', '적(敵)과의 동침(同寢)', '어제의 적은 오늘의 동지' 등 비슷한 말도 많다. 냉혹한 국제정치에는 공동의 적도 없고 진정한 우방도 없으며 오직 동반자 관계(Partnership) 만이 있을 뿐이다. 또 최근에는 필요시 '전략적(戰略的) 동반자 관계'라는 말이 쓰인다.

- 希(바랄 희) : 希望(희망), 希求(희구), 希願(희원)
- 克(이길 극=剋) : 克服(극복), 克己(극기), 超克(초극), 相剋(상극→相生(상생)〕

- 墩(돈대 돈) : 墩臺(돈대, 평지를 돌이나 흙으로 쌓아 올린 곳)
- 輩(무리 배) : 輩出(배출), 同年輩〔동년배, 先輩(선배), 後輩(후배)〕, 小人輩(소인배), 不良輩(불량배), 謀利輩(모리배)
- 排(밀칠 배) : 排球(배구), 排斥(배척), 排他(배타), 排氣(배기, 排水)
- 目(눈 목) : 目的(목적), 目標(목표), 耳目(이목), 品目(품목)
- 諫(간할 간) : 諫臣(간신, 奸臣, 忠臣), 諫官(간관),
- 糾(살필 규) : 糾明(규명), 糾彈(규탄), 紛糾(분규)
- 矯(바로잡을 교) : 矯導(교도, 矯導所), 矯正〔교정, 齒列(치열)을 교정하다. 矯風(교풍, 풍속이나 폐단을 바로 잡다〕
- 駁(얼룩말 박) : 論駁〔논박, 甲論乙駁(갑론을박)〕, 攻駁(공박)
- 裁(마를 재) : 裁判(재판), 裁斷(재단), 裁量(재량), 決裁(결재), 制裁(제재), 裁縫(재봉), 裁量(재량), 洋裁(양재)

 * 栽(심을 재)자와 구별, 栽培(재배), 盆栽(분재), 植栽(식재)
- 橫〔가로(東西) 횡↔縱(새로(南北) 종)〕: 橫斷(횡단), 縱橫(종횡), 또 橫자는 가로 놓인 빗장의 뜻으로 橫說竪說(횡설수설), 橫行(횡행), 橫財(횡재), 橫領(횡령), 橫暴(횡포)
- 玉(구슬 옥) : 玉石(옥석), 玉體(옥체), 珠玉(주옥), 白玉(백옥),

 * 玉碎(옥쇄)는 온몸이 다 부서지도록 충성을 다하거나 싸우다 죽음을 뜻한다. 같은 뜻의 粉骨碎身(분골쇄신, 뼈가 가루가 되도록 온몸이 부서지도록 힘쓰다)이 있다.
 옥쇄(玉碎)와 비슷한 말인 옥새(玉璽)는 전혀 다른 뜻의 말이다.

 * 玉璽〔옥새)의 새(璽)자는 천자의 도장 새자로 진시황 이후 천자의 職印(직인)인 도장만 玉으로 파 玉璽라 하였다. 이 옥새는 바로 國權(국권)을 상징한다.

조선조 태조 이성계의 어보(고궁박물관 소장)

※ 국새(國璽), 옥새(玉璽)와 어보(御寶)

한 나라의 국권(國權)의 상징이요 표상인 인장(印章)을 국새라 하여 외교문서와 중요한 국가 기록문서에 날인 사용한다. 왕조시대에는 이를 옥새, 어보 또는 대보(大寶)라 하였다. 진시황 이후 천자만 옥(玉)으로 파 옥새라 하였고 나머지는 모두 동(銅)으로 만들어 인(印)이라 하였다.

진나라가 망하고 이 옥새를 찾이하기 위해 항우와 유방의 5년간 초한전(楚漢戰)이 벌어져 진시황의 옥새가 유방의 손으로 들어가 한(漢)나라가 개국한다.

그 후 새(璽)자의 발음이 사(死)자와 비슷해 뒤에 보(寶)로 바꾸어 썼다고 한다. 임금이 바뀌거나 반정(反正)과 왕위 찬탈(簒奪)이 있을 때 마다 이 어보 쟁탈(爭奪)을 둘러싼 애기들이 많이 전한다. 수양대군이 단종의 왕위를 빼앗을 때 승지(承旨) 성삼문(成三問)이 어보를 붙들고 통곡하는 장면이나, 철종이 죽고 고종이 등극(登極)할 때 어보를 지켰던 조대비(趙大妃)의 모습 등이다.

폭군(暴君) 연산군과 중종 반정(反正)

暴〔사나울 폭(포)〕—暴風(폭풍), 暴惡(포악), 亂暴(난폭), 橫暴(횡포)
君(임금 군)—四君子(사군자, 梅蘭菊竹), 君師父一體(군사부일체)
反(돌이킬 반)—反對(반대), 反旗(반기), 反證(반증), 謀反(모반)
正(바를 정)—正鵠(정곡), 正確(정확), 改正(개정), 公正(공정)

성종의 뒤를 이어 10대 왕으로 등극한 연산군(燕山君)은 부왕(父王)의 인산(因山, 왕의 장례)에 즈음하여 모후(母后)인 폐비(廢妃) 윤씨가 폐출(廢黜), 사사(賜死)되었음을 알고 연산군은 국정을 돌보기보다 날로 생모의 폐출, 사사된 사건의 진상을 밝히려 애쓰는 과정에서 향락(享樂)과 방탕(放蕩) 그리고 황음무도(荒淫無道)함이 도를 지나친다.

연산군 4년(1498)에는 조의제문을 사초(史草)에 올린 것을 빌미로 하여 부왕의 신임을 받고 사사건건 간섭하는 사림파의 문인 학자들을 죽이고 귀양보내는 무오사화(戊午士禍), 간신배들에 의해 생모의 사사사건을 들추어서 이에 연루(連累)된 훈구·사림의 잔존세력을 또 죽이고 귀양보냈다. 연산군 10년(1504) 갑자사화(甲子士禍)다.

경회루와 성균관을 유희장으로 만들고 전국에 채홍사(採紅使)를 보내 흥청(興淸)들을 뽑아 연회(宴會)와 방종(放縱)을 일삼는 실정(失政)이 계속되자 백성을 구하고 종묘사직을 위하여 성종의 2자 진성대군을 옹립(擁立)하니 곧 중종반정이다. 신하(臣下)들의 반정(反正)에 의하여 왕위를 물러난 첫번째 임금이다. 연산군은 강화도 교동으로 쫓겨가 죽는다.

서울 외곽(방학동)에 쓸쓸한 연산군 묘역

※ 사화(史禍), 사관(史官)의 사필(史筆)

무오사화가 김일손이 사관(史官)으로 있을 때 조의제문을 사초(史草)에 올린 사필로 인해 많은 선비들이 화를 입어서 사화(士禍)라고도 한다.

왕조시대에 어전에서 역사를 기록하던 관원을 사관이라 한다. 남곤·심정에 의해 조광조 일파가 억울한 화를 당한 기묘사화 때 사관 채세영(蔡世英)이 어명에 따라 전지(傳旨)를 적을 때 조광조 등의 죄상(罪狀)의 부당함을 간(諫)하며 함부로 적을 수 없다고 버티자 승지 성운(成雲)이 채세영의 붓을 빼앗아 적으려 하자 "이 붓은 역사를 적는 사필(史筆)이요, 아무나 함부로 뺏을 수 있는 것이 아니오" 하며 큰소리로 항언(抗言)하니 좌우가 숙연하였다. 또 사도세자가 뒤주에 갇히던 날 한림(翰林) 임덕제(林德齊)가 엎드려 일어나지 않자 주위에서 끌어내려 하자 "이 손은 사필을 잡는 사관의 손이다. 잘려질지언정 끌려갈 수는 없다"하여 사필의 중요성을 역사에 전하였다.

사관의 힘은 역사에서 정승과 권신을 능가했다.『춘추좌씨전』에 동호라는 사관이 직필로 역사를 기록했다 하여 이를 동호지필(董弧之筆)이라고도 한다.

> 활용(活用)

- 燕(제비 연) : 燕雀(연작, 제비와 참새), 燕尾服(연미복), 燕京(연경, 중국 베이징(北京)의 옛 명칭)
- 因(인할 인) : 因果(인과), 因習(인습), 敗因(패인). 要因(요인)
- 果(실과 과) : 果樹園(과수원), 果汁(과즙), 結果(결과). 善果〔선과↔惡果(악과)〕
  * (용감할 과) : 果敢(과감), 果斷性(과단성), 果然(과연)
- 母(어미 모) : 母情(모정), 母體(모체), 生母〔생모, 養母(양모)〕

※ 반정(反正)
학정(虐政)이나 실정(失政)으로 신하들에 의하여 왕위(王位)가 교체(交替)되는 역사적 사건을 반정이라 한다. 광해군(光海君) 때 폐모(廢母)를 빌미로 숭명반청(崇明反淸)의 인조반정(仁祖反正)이 일어난다.

* 毋(말 무)자와 구별, 毋論〔무론=無論, 물론 말할(논할) 것 없이〕
● 后(왕후 후) : 太后(태후), 皇后(황후)
● 廢(폐할 폐) : 廢人(폐인), 廢墟(폐허), 全廢(전폐), 荒廢(황폐)
● 黜(내칠 출) : 黜黨(출당), 黜陟(출척), 黜妻(출처), 斥黜(척출)
● 賜(내려줄 사) : 賜姓(사성, 왕이 성을 내려줌), 賜額〔사액, 임금이 서원 등에 친필로 현판을 써 내려줌, 賜額書院(사액서원)〕, 下賜(하사품)
 * 賜藥(사약)은 왕이 죄지은 신하에게 먹고 죽으라고 내리는 독약이고, 死藥(사약)은 먹으면 죽는 독약이다.

● 放(놓을 방) : 放學(방학), 放心(방심), 開放(개방), 追放(추방), 放火〔방화, 불을 지름, 放火犯(방화범)〕, 防火(방화, 화재를 방지하고 끔)〕
● 荒(거칠 황) : 荒野(황야), 荒蕪地(황무지), 荒廢(황폐), 荒唐(황당)
● 淫(음란할 음) : 淫蕩(음탕), 淫書(음서), 淫慾〔음욕, 淫心(음심)〕, 姦淫(간음), 賣淫(매음)
● 甲(갑옷 갑) : 甲子(갑자), 甲富(갑부), 同甲(동갑), 還甲(환갑)
● 戊(천간 무) : 戊戌(무술), 戊寅(무인) 등
● 午(낮 오) : 午睡(오수), 正午(정오), 上午(상오), 下午(하오, 午後)
● 連(이을 련) : 連結(연결), 連帶(연대), 連鎖(연쇄), 連載(연재소설)
● 累(포갤 루) : 累積(누적), 累進(누진), 累卵(누란), 連累(연루)
● 採(캘 채) : 採光(채광), 採用(채용), 採算(채산)은 경영상 수지나 손익을 따짐, 採算性(채산성)
● 淸(맑을 청) : 淸淨(청정), 淸廉(청렴), 淸貧〔청빈↔淸富(청부)〕, 淸濁(청탁), 淸白吏〔청백리↔貪官汚吏(탐관오리)〕,
 * 興淸(흥청, 연산군 때 채홍사들이 임금의 연회를 위해 뽑은 젊은 미녀들을 흥청이라 하였다. 잔치가 '흥청거린다'는 이에서 유래)
● 宴(잔치 연) : 宴會(연회), 壽宴(수연=壽筵), 饗宴(향연)
● 縱(늘어질 종) : 放縱(방종), 操縱(조종),
 * (세로 종) : 縱隊〔종대, 일렬 종대로↔橫隊(횡대)〕, 縱橫(종횡무진으로 누비다), 縱斷(종단, 사막을 종단하다)

의적(義賊) 임꺽정(林巨正)

> 林(수풀 림)―林業(임업), 林野(임야), 林産物(임산물), 密林(밀림)
> 巨(클 거)―巨人(거인), 巨物(거물), 巨星(거성, 巨匠), 巨富(거부)
> 正(바를 정)―正大(정대), 正義(정의), 正當(정당), 矯正(교정)

　반정에 의해 등극한 중종(中宗)은 유학자(儒學者)의 의견을 존중하고 사림의 소장학자(少壯學者) 조광조(趙光祖)를 신임하여 처음에는 왕도정치와 개혁정치를 편다.

　무오사화와 갑자사화 이후, 조광조는 중종 반정공신(反正功臣)들의 잘못된 공훈〔僞勳〕삭감 등 개혁을 추진하다가 훈구파에 의한 죽임을 당하는 기묘사화(己卯士禍, 중종 14년, 1519)가 일어난다. 대윤〔大尹, 윤임(尹任, 인종의 외숙)〕· 소윤〔小尹, 윤원형(尹元衡, 명종의 외숙)〕간의 외척(外戚) 싸움에서 대윤파를 제거하는 을사사화(乙巳士禍, 명종 원년, 1545)가 계속 이어지는 위정배(爲政輩)들의 싸움으로 나라는 혼란으로 백성은 생활고에 허덕이고 있었다.

　임꺽정은 조선왕조에서 여인천하(女人天下)시대로 중종의 계비 문정왕

※ 사약(賜藥)

　조선조의 형법전(刑法典)의 근간이었던 대명률(大明律)에 오형(五刑)은 태형〔笞刑, 죽편(竹鞭)으로 볼기를 치는 것〕, 장형〔杖刑, 곤장(棍杖)으로 때리는 것〕, 도형(徒刑, 징역형), 유형(流刑, 귀양형), 사형(死刑)을 오형이라 하였다. 특히 사형은 사람을 죽이거나(殺人) 그것을 도모한 자(謀殺人)는 참형(목을 베는 斬刑, 또는 斬首刑), 살인을 도운 자는 교형(목을 졸라 죽이는 絞刑, 絞首刑)에 처하였다. 대역죄(大逆罪)의 경우에 좀 억울하거나 나라에 공이 있는 자는 사약(賜藥)을 내려서 은사(恩賜)의 뜻을 담아 사사(賜死)하였는데 이는 시신(屍身)이라도 온전하게 보전해준다는 전시관념(全屍觀念)의 뜻이 담겨있었다. 다른 예로 내시(內侍)의 절단된 성기는 방부처리하여 잘 보관하였다가 죽을 때 복원하였다. 시신이라도 옳게 보전하라는 전시관념이다. 부관참시(剖棺斬屍)는 그 반대이다.

후(文定王后, 윤원형의 누이)가 판을 치던 명종 때에 양주 고을 백정(白丁)의 아들로 태어나, 문정왕후와 당대의 권세가(權勢家)인 그의 동생 윤원형과 외척 일당들에게 가는 봉물(封物)짐을 황해도 구월산과 경기도 양주 청석골에서 털어 불쌍한 백성들에게 나누어 주었다. 백성들은 그를 의적(義賊)이라 불렀으나 조정에서는 밝은 대낮에도 화적질을 한다고 명화적(明火賊) 불한당(不汗黨)이라 하였다.

전남 화순군 능주의 조광조의 적려유허비(謫廬遺墟碑), 우암 송시열의 글씨다

당시 나라는 탐관오리들의 가렴주구(苛斂誅求)와 왜구들의 노략(擄掠)질로 붕괴 직전의 나라꼴과 비참한 백성들의 생활상과 사회상은 지리산 산천재(山天齋)에서 제자들을 교육하던 남명(南冥) 조식(曺植)의 상소(上疏)와 홍명희의 역사소설『林巨正』(임꺽정)에 잘 나타나 있다.

인종·명종시대의 부정 부패와 사회 혼란은 회재(晦齋) 이언적(李彦迪), 퇴계(退溪) 이황(李滉), 화담(花潭) 서경덕(徐敬德), 남명 조식, 하서(河西) 김인후(金麟厚), 율곡(栗谷) 이이(李珥), 고봉(高峰) 기대승(奇大升) 등 훌륭한 유학자들이 배출되었으나 낙향하거나 은둔하거나 또 축출되거나 죽임을 당하거나 하였다. 이때 국정과 사회의 혼란과 난맥상이 다음 선조 임금 때 임진왜란(壬辰倭亂)을 불러온다.

※ 주초위왕(走肖爲王)

조광조 등 신진 사림 세력의 개혁은 훈구파의 반발을 불러 일으킨다. 훈구파들은 조광조를 제거하기 위해 궁궐 내 나뭇잎에 走肖爲王〔走肖, 즉 조광조가 왕이 된다(爲王)〕란 글씨에 꿀을 발라 벌레들이 파먹게 하여 이를 역모로 몰아 기묘사화를 일으켜 조광조를 비롯 김구(金絿), 김식(金湜) 등을 모두 몰아낸다.

이 사화는 남곤(南袞)과 심정(沈貞)에 의해 주도되었다. 전남 화순 능주로 유배되어 조광조는 1개월 만에 사약을 받는다. 조광조란 역사적 인물이 유배와서 37세의 젊은 나이로 사약(賜藥)을 받고 비참하게 죽은 그 현장에는 靜庵趙光祖謫廬遺墟碑만 남아 있다.

적려(謫廬)란 귀양 또는 유배가서 적소(謫所, 유배지)에 살던 여막(廬幕)을 말한다. 지금도 남이 잘되는 것을 보지 못하고 속이 비좁은 사람을 '곤쟁이' 같다고 하는데 이 때 남곤과 심정을 빗대어 곤쟁이(곤정이) 같은 사람이라고 하였다고 한다.

※ 퇴계(退溪) 이황(李滉)과 율곡(栗谷) 이이(李珥)

퇴계와 율곡은 조선왕조를 대표하는 유림(儒林)으로 유학(儒學)의 쌍벽(雙壁)을 이룬 사람이다. 물론 율곡은 중간에 금강산에 입산(入山), 불교를 공부한 적도 있다.

퇴계는 안동 출신으로 중종 인종 명종 년간의 성리학자(性理學者)이다. 퇴계의 문인(門人)으로 영남(嶺南) 학풍(學風)을 이뤘는데 유성룡(柳成龍), 김성일(金誠一) 등이다. 도산서원(陶山書院) 등 많은 서원에 제향(祭享)되고 있다.

율곡은 사임당(師任堂)의 아들로 강릉 오죽헌(烏竹軒)에서 자랐다. 그는 성리학뿐 아니라 불교, 노장사상(老莊思想) 등도 깊이 이해하여 김장생(金長生), 송시열(宋時烈)로 이어지는 기호학파(畿湖學派)의 연원(淵源)을 열었다. 그는 임진난이 일어나기 전 선조 임금에게 양병론(養兵論)을 주청(奏請)한다. 지금 우리가 쓰고 있는 화폐(貨幣)의 천원권(券)에 퇴계 이황, 오천원권에 율곡 이이, 최근 발권(發券)된 오만원권에 율곡의 어머니 사임당의 영정(影幀)이 들어 있다. 모두 학자들이다. 모택동 초상이 들어 있는 인민폐를 보며 중국 학자들이 부러워 하고 있다.

강릉 오죽헌(烏竹軒), 烏竹은 자흑색(紫黑色)을 띈 대나무이다

※ 신사임당(申師任堂)

신사임당의 초상화가 들어간 우리나라 최고액권 지폐

율곡(栗谷) 이이(李珥)는 그의 어머니 신사임당에 대하여 일대기 『선비행장』(先妣行狀)을 남겼다. 사임당(師任堂)은 그의 어머니의 당호(堂號)이다. 사임당은 그녀가 지향하고자 했던 최고 여성상인 주문왕의 어머니인 태임(太任)을 스승으로 본받아 배운다는 뜻으로 당호를 지었다.

현모양처(賢母良妻)의 온화한 천품(天稟)과 예술적 자질(資質)도 모두 태임의 덕을 배우고 본뜬데서 이루어진 것이라고 하였다. 율곡과 같은 대성인이 낳은 것은 태임을 본받은 사임당의 태교(胎敎)에 있었으며 또한 그를 대학자요 정치가로 길러내었다. 그녀의 예술적 재능은 7세에 안견(安堅)의 그림을 사숙(私淑)하였으며 대표작 초충도(草蟲圖)는 국립중앙박물관에 소장되어 있다.

그녀의 더 큰 업적은 타고난 위대한 자질을 당시 엄격했던 조선왕조가 요구하는 유교적 여성상의 굴레를 뛰어넘어 한 인간으로서 예술인으로서 스스로 개척(開拓)해낸 데 있다.

활용(活 用)

● 僞(거짓 위) : 僞善(위선), 僞計(위계), 眞僞(진위), 虛僞(허위)
● 任(맡길 임) : 任務(임무), 任意(임의), 責任(책임), 委任(위임)
● 衡(저울대 형) : 衡平(형평, 平衡), 均衡(균형), 銓衡(전형), 度量衡(도량형)
● 戚(겨레 척) : 戚黨(척당), 戚臣(척신), 親戚(친척), 外戚(외척)
● 爲(할 위) : 行爲(행위), 當爲性(당위성), 營爲(영위)
  * (위할 위) : 爲人(위인), 爲主(위주), 爲國(위국), 爲民(위민),
● 丁(천간 정) : 丁丑(정축), 丁字閣(정자각)

* (장정 정) : 壯丁(장정), 園丁〔원정, 庭園師(정원사)〕
● 定(정할 정) : 定款(정관), 定說(정설), 定評(정평), 規定(규정), 約定(약정)
● 苛(가혹할 가, 매울가) : 苛酷(가혹), 苛政(가정), 苛責(가책)
● 斂(거둘 렴) : 斂葬(염장, 시신을 거둬 장사함), 收斂(수렴), 추렴(出斂,모임 등에 내는 돈이나 물건, 이 때 出(출)자는 '추' 로 읽는다)
● 誅(벨 주) : 誅戮(주륙), 誅殺(주살), 誅罰(주벌), 誅求(주구)
● 求(구할 구) : 求人(구인, 求職), 求道(구도), 求愛(구애), 求婚(구혼), 祈求(기구), 渴求(갈구), 追求(추구), 請求書(청구서)
● 汗(땀 한) : 汗蒸(한증), 汗血(한혈, 땀과 피), 汗衫(한삼, 여자의 속적삼 또는 덧댄 소매)
  * 汗牛充棟(한우충동, 실어 날라야 할 책짐이 많아 소가 땀을 흘리고 책을 마루에 쌓으니 용마루까지 가득 찬다는 뜻), 또 같은 뜻으로
  * 韋編三絶(위편삼절, 韋자는 부드러운 가죽 위자이고 編자는 엮을 편자로 竹簡(죽간, 옛날 대나무로 엮은 책)을 공자가 노년에 주역을 즐겨 읽어 죽간을 엮은 가죽끈이 3번이나 끊어졌다는 고사로 열심히 책을 읽는다는 뜻이다.

● 擄(노략질할 로) : 擄掠(노략=虜掠)
  * 虜(사로잡을 로, 포로 로), 捕虜(포로), 破虜湖〔파로호, 6·25때 중공군을 무찌르고 많은 포로를 잡은 湖(호)〕
  * 虜獲(노획)은 적(사람)을 사로잡는 것이고, 鹵獲(노획)은 싸움터에서 적의 병기나 군용품(물품)을 빼앗아 얻는 것임, 노획물(鹵獲物)
● 掠(노략질할 략) : 掠奪(약탈), 掠取(약취, 노략질하여 취함)
● 晦(그믐 회) : 晦日(회일, 그믐날), 韜光養晦〔도광양회, 빛을 감추고 어둠을 살리다. 六韜三略(육도삼략, 중국 병서인 육도와 삼략)〕
● 溪(시내 계) : 溪谷(계곡), 淸溪川(청계천), 碧溪水(벽계수)
● 潭〔연못 담=沼(연못 소)〕: 淸潭(청담)
● 植(심을 식) : 植栽(식재), 植民地(식민지), 移植(이식), 誤植

- 河(물 하) : 河川(하천), 河床(하상, 강바닥), 山河(산하), 渡河〔도하, 渡江(도강), 渡河作戰(도하작전)〕
- 厚(두터울 후) : 厚德(후덕), 厚待(후대), 厚謝(후사), 厚生(후생), 厚顔無恥(후안무치), 重厚(중후), 濃厚(농후)
- 栗(밤 률) : 黃栗(황률), 生栗(생률), 棗栗梨柿(조율이시, 제사에 쓰는 필수 4가지 제수용 과실로 대추, 밤, 배, 감)
- 谷(골 곡) : 峽谷(협곡), 進退維谷(진퇴유곡=進退兩亂)
- 奇(기이할 기) : 奇拔(기발), 奇妙(기묘), 奇想天外(기상천외), 奇蹟(기적), 奇襲(기습), 奇緣(기연), 新奇(신기), 好奇心(호기심),
  * (홀수 기) : 奇數〔기수, 홀수, 1, 3, 5〕↔偶數(우수, 짝수, 2, 4, 6)〕
- 升(되 승) : 斗升(두승, 말과 되), 十升〔십승, 열 되 즉 한 말(一斗)〕
- 入(들 입) : 入試(입시), 入門(입문), 入養(입양), 介入(개입), 進入(진입)
- 陶(질그릇 도) : 陶磁器(도자기), 陶冶(도야), 陶窯〔도요, 도자기를 굽는 가마, 陶窯址(도요지, 가마터)〕, 彩陶〔채도, 彩紋(채문, 채색문양) 도자기〕,
- 壯(씩씩할 장) : 壯士(장사), 壯年(장년), 壯途(장도), 强壯(강장), 老壯〔노장파↔少壯派(소장파)〕
  * (웅장할 장) : 壯大(장대), 雄壯(웅장), 宏壯(굉장)
  * 莊(장중할 장) : 莊嚴(장엄), 莊重(장중)
  또 이 莊(장)자는 별장의 뜻으로 莊園(장원), 山莊(산장), 別莊(별장)
- 淵(못 연) : 淵源(연원), 深淵(심연)
- 奏(아뢸 주) : 奏請(주청), 奏達(주달), 上奏(상주), 奏效(주효), 奏樂(주악), 前奏曲(전주곡), 演奏(연주, 獨奏, 合奏, 協奏)
- 券(문서 권) : 證券(증권), 債券(채권), 株券(주권)
  * 卷(책 권)자와 구별, 卷頭言(권두언, 머리말=序言), 卷帙(권질) 卷煙(권연=궐련, 종이로 말아 만든 담배), 席卷(석권, 시장을 석권)
- 淑(맑을 숙) : 淑女(숙녀), 淑德(숙덕), 貞淑(정숙)
  * (사모할 숙) : 私淑(사숙)

당파 싸움과 임진왜란(壬辰倭亂)

壬(천간 임)—임술(壬戌), 임자(壬子), 임방(壬方, 북쪽)
辰(별 진(신))—辰時(진시), 日月星辰(일월성신, 해와 달과 별들)
倭(왜국 왜)—倭人(왜인), 倭敵(왜적), 倭政(왜정), 倭寇(왜구)
亂(어지러울 란)—亂離(난리), 亂舞(난무), 亂雜(난잡), 患亂(환란)

　사대사화(四大士禍)를 겪으면서 조정은 동인과 서인 등으로 지배계급은 분열되고 당파(黨派)싸움과 정쟁(政爭)만 일삼고 농촌사회는 붕괴되어 왜침(倭侵)에 아무런 대비도 하지 않고 있었다. 임금은 무능하여 선조 25년(1592) 4월 12일, 일본을 통일한 도요토미 히데요시(豊臣秀吉)가 일본 내의 다이묘[大名, 일본의 지방 영주국 번(藩)의 통치자]들의 불만(不滿)과 전의(戰意)의 분출구를 찾기 위하여 15만 8천 명의 왜군이 대마도를 출발, 4월 13일 부산포에 다달았으나 속수무책이었다.

　왜군의 선봉장인 고니시 유끼나가(小西行長)는 부산성에서, 오히려 큰 소리로 외치기를

　"일본은 일찌기 원(元)나라가 규슈(九州)를 침략했던 지난날의 원한을 씻으려 대륙을 치려고 하니 우리에게 길을 빌려주시오(征明假道)"하고 요구하였다(고려 때 1274년, 1281년, 2차례에 걸친 여원연합군의 일본을 침략한 바 있으나 태풍(颱風)으로 실패한 바 있음).

　부산첨사(僉使) 정발(鄭撥)은 "무슨 길을 비키라고? 어림없는 수작 말라"고 일축(一蹴)하고는 부산성을 굳게 치키면서 급히 조정에 장계(狀啓)로 왜군의 침입을 알리고 항전(抗戰)하다 4월 14일 전사한다. 부산성을 함락(陷落)시킨 왜군은 14일 낮 동래성으로 가서 성문 아래서 "전칙 전(戰則戰) 부전칙(不戰則) 가아도(假我道)"라"(싸울테면 싸우고 싸

전국시대 일본을 천하 통일한 도요토미 히데요시(豊臣秀吉)

우지 않으려거든 우리에게 길을 빌려다오)라는 글자를 커다랗게 내걸었다.

이에 동래부사 송상현(宋象賢)은 "사이(死易)나 가도난(假道難)이다"(죽기는 쉬우나 길을 빌려주다니 어림 없다)라는 글을 성문 위에 내달고 왜병들과 싸우다 장렬(壯烈)히 전사한다. 7년간(1592~1598)의 전쟁은 백성을 죽음과 고난의 도탄(塗炭) 속으로 몰아넣었으며 임금은 의주로 몽진(蒙塵)을 하고 불국사와 경복궁은 불타고 금수강산은 초토화(焦土化)된다. 나라는 중국 명(明)나라와 왜(倭)가 들어와 전쟁을 하면서도 조선을 반

"사이(死易)나 가도난(假道難)"이라고 한 송상현부사가 순절한 동래성, 「동래부 순절도」가 육사박물관에 전한다

분(半分)하여 분할(分割) 점령(占領)하려는 화의(和議)을 벌이고 있었으며 이순신 장군과 의병들이 있어 겨우 나라를 구했다. 다시는 일본인들이나 중국인들이 우리를 넘보며 흉계를 꾸미는 일이 없도록 유비무환(有備無患)의 부국강병(富國强兵)으로 나라 지키는 국가안보에 힘써야 할 것이다.

※ 호국불교(護國佛敎)의 전통(傳統)

임진왜란이 일어나자 서산대사(西山大師) 휴정(休靜)은 전국의 불제자들에게 의승병(義僧兵)궐기를 위한 격문(檄文)을 띄운다. 국란(國亂)을 당해 산사(山寺)의 승려들도 떨쳐 일어나 법복(法服)을 벗고 군복으로 갈아입고 염주를 버리고 창과 칼을 잡아 나라를 위해 목숨을 바치는 호국불교를 제창(提唱)하였다.

불교의 호국정신은 그때부터 비롯되어 그의 제자 사명당(四溟堂) 유정(惟政)은 임란이 끝난 후 일본으로 건너가 교토에서 쇼군(將軍) 도쿠가와 이에야스를 만나 그와의 담판에서 기지(機智)와 책략(策略)으로 전란 중에 일본으로 끌려간 피로인(被虜人) 1,390명을 데리고 함께 귀국한다. 그

후부터 260년간 에도막부와 12회에 걸친 조선통신사가 일본에 건너가 일본에 유학의 전파를 비롯하여 문화사절의 역할을 다하게 된다.

활용(活用)

- 假(빌릴 가) : 假拂(가불), 假借(가차),
  * 狐假虎威(호가호위, 여우가 호랑이의 위세를 빌려 호기를 부리는 말로 권세에 빌붙어 위세를 부린다는 뜻으로 戰國策(전국책)에 나오는 말)
  * (거짓 가) : 假髮(가발), 假飾(가식), 假想(가상), 假面(가면)
  * (임시 가) : 假稱(가칭), 假設(가설), 假契約(가계약), 假建物(가건물), 假家〔가가, 임시로 지은 집(옛 종로거리의 장사하던 가건물)으로 '가게' 의 본딧말〕
- 秀(빼어날 수) : 秀才(수재), 秀作(수작), 秀麗(수려), 俊秀(준수)
- 蹴(찰 축) : 蹴球(축구), 一蹴(일축해버리다)
- 狀(형상 상) : 形狀(형상), 狀況(상황), 狀態(상태)
  * (문서 장) : 賞狀(상장), 告訴狀(고소장), 狀啓(장계, 임금에 올리는 문서)
- 啓(열 계) : 啓蒙(계몽), 啓示(계시), 啓導(계도), 天啓(천계, 하늘의 계시), 啓發(계발)은 타고난 재능이나 소질을 일깨워 열어주는 것이고, 開發(개발)은 새롭게 개척하여 발전시킴이다. 國土開發(국토개발).
  * (아뢸 계) : 狀啓(장계, 왕에게 아뢰는 문서), 謹啓(근계, 삼가 아룀), 拜啓(배계, 절하며 아룀)
- 陷(빠질 함) : 陷沒(함몰), 陷穽(함정), 謀陷(모함), 缺陷(결함)
- 繡(수놓을 수) : 繡藝(수예), 繡本(수본), 刺繡(자수)
- 焦(그을 초) : 焦眉(초미, 焦眉之急), 焦燥(초조, 焦心), 焦點(초점) 勞心焦思〔노심초사, 애가 끓고 속(마음)을 태운다는 뜻, 臥薪嘗膽(와신상담)의 越王(월왕) 句踐(구천)이 捲土重來(권토중래)를 노리면서 하루하루 속이 타들어갈 때 노심초사의 심정이 그 어원이다〕
- 分(나눌 분) : 分擔(분담), 分水嶺(분수령), 處分(처분), 成分(성분),

分數(분수, 어떤 수치를 나눈다는 뜻, 1/3), 分岐點(분기점)
* (분수 분, 분별할 분) : 名分(명분), 分數(분수, 자기 분수를 알라), 本分(본분), 過分(과분), 職分(직분), 分別(분별), 分明(분명)

※ 名分(명분)과 分數(분수)
옛날 우리 선조들은 명분(名分)과 명예(名譽), 의리(義理)를 목숨보다 더 소중하게 여겼다. 여기서 명분은 이름에 걸맞는 분수로 요지음처럼 명분만 쓰면 뭐든지 하는 구실이나 핑계가 아니다. 의리는 세상을 살아가는 바른 도리를 말하는데 요지음 조폭집단이나 깡패사회의 논리가 아니다. 분수는 2500년 전 공자가 한 말에 君君 臣臣 父父 子子(임금은 임금다워야 하고 신하는 신하다워야 하고 아버지는 아버지다워야 하고 자식은 자식다워야 한다)이라고 각자의 도리(道理)와 분수(分數)를 강조하였다.

* "이 경(黥)을 칠 놈" 할 때의 경형(黥刑)과 주홍(朱紅)글씨
옛날 선비들은 체면(體面)과 명예(名譽)를 목숨보다 중시하여 명분이 없이는 함부로 나서지 않았다. 옛 형벌에 오형(五刑)이 있었는데 그 중에서 가장 가벼운 형이 사람의 체면에 흠집을 내는 명예를 훼손(毁損)하는 형인 묵형(墨刑)으로 경형((黥刑)이 있었다. 이마에 먹으로 자자(刺字, 글자를 새겨 넣는 오늘의 文身과 같다)하는 것으로 경형을 받은 사람은 "얼굴에 먹칠을 했다"며 평생 얼굴을 들고 나다닐 수 없었다. 우리가 종종 말하는 "이 경(黥)을 칠 놈" 할 때의 그 말이다.
물론 부모로부터 물려받은 머리카락도 소중히 여겨 머리를 깎아버리는 곤형(髠刑, 오늘날까지도 죄수들에게 시행되고 있다), 발뒷꿈치를 잘라 평생 절룩거리면서 파행(跛行)을 하도록 한 월형(刖刑), 또 남자의 경우 가장 불명예스러운 거세(去勢)를 하는 궁형(宮刑)도 있었다. 물론 목을 베는 참형(斬刑)이 가장 무거운 형벌이다. 거열형(車裂刑, 수레에 사지를 찢기는 형), 능지처참(陵遲處斬, 언덕을 천천히 오르내리듯 한잠한점 살을 베며 고통 속에 처참히 죽이는 형), 부관참시(剖棺斬屍, 사자의 관을 부수어 시신을 다시 참하는 형)의 형도 있었다.

근대판 경형((黥刑)은 1850년 나다니엘 호손(Nathaniel Hawthorne)의 명작 『주홍글씨』(The Scarlet Letter)에 나온다. 청교도의 식민지 보스턴에서 있었던 간음한 여자로 수치와 모멸을 주인공인 헤스터 프린은 평생 가슴에 'A'(Adultery)라는 주홍 글씨를 달고 다녔다.
간음한 여자의 상징 주홍글씨 'A'(Adultery)라는 글자!
'간음한 여자 헤스터 프린'의 그녀는 교구 목사 딤즈일과의 참된 사랑의 결실과 그 자식에 대한 본능적 애착으로 "저 아이의 아버지 이름을 대시오?"에 끝내 실형을 받으면서도 또 그녀를 향해 저주를 퍼부었던 청교도 사회에 맞서 힘겹게 살아갔다.

- 割(벨 할) : 割當(할당), 割賦(할부), 割腹(할복자살), 분할(分割)
- 患(근심 환) : 患難(환난), 患部(환부), 病患(병환), 憂患(우환)
  ※ 有備無患(유비무환)
  『左傳』(좌전)에 나오는 다음과 같은 유명한 名句(명구)이다.
  "居安思危(거안사위) 思則有備(사칙유비) 有備無患(유비무환)"
  살기가 편안할 때 위험이 딱칠 것을 생각하고 그렇게 생각하면 위험에 대비가 있어야 하고 미리 위험에 대비를 하면 근심과 화를 면할 수 있다. 개인이나 국가나 항상 유비무환의 자세로 살아가야 할 것이다.
  見危授命(견위수명)도 같은 뜻을 담고 있다. 나라의 위급함을 보고 목숨을 내어 놓아야 한다. 안중근의사의 유묵〔遺墨, 見利思義 見危授命(견리사의 견위수명, 이로움이 보이면 먼저 옳은지를 생각하고…)〕에 나온다.
- 炭(숯 탄) : 炭鑛(탄광), 炭素(탄소), 石炭〔석탄, 煉炭(연탄)〕
  * 氷炭不相容(빙탄불상용)
  얼음과 숯은 서로 용납할 수 없다는 뜻으로 조정에서 충신과 간신과의 관계는 서로 잘 용납되지 않은 운명적인 관계로 초나라 충신이요 시인인 굴원(屈原)은 간신배들의 모함(謀陷)과 참소(讒訴)로 먹라수에 빠져 자살한데서 나온 말이다. 단오(端午)는 그의 넋을 기리기 위해 비롯되었다 한다. 그의 작품은 서정적(抒情的)이면서도 울분(鬱憤)에 차 있다. 유명한 작품 「이소」(離騷)가 있다.

성웅(聖雄) 이순신(李舜臣)장군

- 聖(성인 성)—聖職(성직), 聖地(성지), 聖恩(성은), 詩聖(시성)
- 雄(수컷 웅)—雄壯(웅장), 雄志(웅지), 群雄(군웅), 雌雄(자웅, 암수)
- 李(오얏 리)—李花(이화, 오얏꽃), 桃李(도리, 복숭아와 오얏)
- 舜(순임금 순)—堯舜(요순, 요임금과 순임금, 중국의 옛 성군)
- 臣(신하 신)—臣僚(신료), 臣民(신민), 文臣(문신), 賢臣(현신)

임진왜란 때 나라와 백성을 구한 민족의 불멸(不滅)의 성웅은 이순신 장군이다. 백의종군(白衣從軍)은 흰옷을 입고 전쟁터로 나간다는 뜻이다. 조선시대 무관은 계급과 직책에 따라 각종 색깔과 다양한 문양(紋樣)을 넣은 전립(戰笠, 전투용 모자)을 쓰고 전복(戰服, 전투용 복장)을 입었다. 흰옷(白衣)은 어떤 직급(職級)이나 보상(報償)에 연연하지 않고 사심과 욕심을 버리고 일에 뛰어든 경우를 두고도 말한다. 이순신장군의 임진왜란 때 오직 백성과 나라를 위해서 보여준 모습에서 백의종군의 참뜻을 알고 있다.

이순신은 두 차례 백의종군을 했다. 첫 번째는 1587년 함경도 끝자락 녹둔도(鹿屯島) 둔전관 시절 여진족(女眞族)의 기습을 막지 못한데 책임을 지고서였다. 그러나 그 이듬해 여진족 정벌에 공을 세워 사면(赦免)됐다. 두 번째는 10년 뒤 임진왜란 때 화의파(和議派)인 왜장(倭將) 고니시 유키나가(小西行長)가 가토 기요마사(加藤淸正)를 견제하고 이순신을 교란하고저 부산에 가토 기요마사군의 상륙일을 알려주고 이를 공격하는 것이 좋겠다고 조선 조정에 허위정보를 넘긴다. 이에 부산으로 출병하여 가토군을 무찌르라는 조정의 명을 어긴다. 전략적(戰略的)으로 판단할 때 이는 왜(倭)의 간계(奸計)이므로 불가하다고 생각되어 어명(御命)을 어긴다.

임금의 명(命)이라도 죽기를 각오하고 나

박정희대통령 때 성역으로 조성 건립한 이순신장군을 모신 사당, 아산 현충사(顯忠祠)

라를 위해 과감하게 어길 수 있는 사람이 몇이나 되었는가! 현지 적의 사정과 현장 판단을 무시하고 내린 임금의 잘못된 명을 도저히 따를 수 없어 파직(罷職)을 당하고 또 백의종군하게 된다. 만약 그 때 이순신이 어명을 따랐다면 조선 수군은 전멸했을 것이다. 모함으로 죽음 직전까지 이르렀다가 풀려나 백의종군 중 어머니 상(喪)을 당한 충무공의『난중일기』(亂中日記) 대목은 애절(哀切)하고 비통(悲痛)하다. 그의 후임자인 원균(元均)은 대패하여 전사하고 남은 배 12척(隻)을 가지고 다시 이순신이 수군통제사가 된다.

이순신 장군이 정유재란시 1597년 전남 해남 앞바다 울둘목 명량대첩(鳴梁大捷)에서 남은 배 12척으로 원균이 잃었던 제해권(制海權)을 되찾는다. 이때 이순신이 올린 역사에 남는 장계(狀啓) "尙有十二隻 出死力拒戰 則猶可爲也(신에게는 아직 12척의 배가 남아 있으니 죽을 힘을 다하여 싸운다면 가히 해볼만 합니다)"를 올리면서 적은 수의 배로 죽을 각오로 일자진(一字陣)법을 폈다.

충무공(忠武公) 이순신은 일본군 장수들이 다투어 기름진 호남땅에 자기 영지를 확보코자 노리고 있어, 곡창지대 호남을 수륙(水陸) 양면으로 전략상 중요성을 강조하면서 남긴 유명한 구절이 있다. "약무호남(若無湖南, 만약 호남땅이 왜군에 짓밟히면) 시무조선(是無朝鮮, 이제 조선은 없어지고 만다)"이라고. 그래서 진주성 싸움이 치열(熾烈)했었고 일본인들이 호남으로 처들어가는 것을 막기 위하여 해상 제해권을 완전히 장악하지 않으면 안되었다. 민족의 성웅 이순신 장군은 필사즉생(必死卽生)의 정신으로 나라와 백성을 살리려고 먼저 자기를 죽였다.

그는 우수영(右水營) 앞바다에서 적을 맞아 싸움에 앞서 전 장졸들에게 "必死卽生 必生卽死(죽고자 하면 반드시 살고 살고자 애쓰면 도리어 죽는

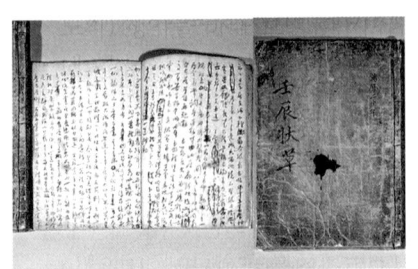

현충사에 보관된 충무공의 진중일기(陣中日記)인 난중일기(국보 제76호)

다)"라는 후세에 명언(名言)을 남긴다.

무술(戊戌, 1598)년 10월 "전방급(戰方急, 전쟁이 바야흐로 급하니) 물언아사(勿言我死, 내가 죽었다고 말하지 말라)' 라고 말하며 노량해전의 선상에서 나라와 백성을 구하고 민족의 성웅(聖雄)은 돌아가신다. 죽어서도 불멸(不滅)로 우리 민족에게 영원히 살아 있다.

두만강 하구의 이순신장군이 피와 땀이 베어 일궜던 둔전(屯田)의 땅 녹둔도(鹿屯島)는 지금 러시아대륙에 붙어 러시아 땅이 되었다고 한다. 언젠가는 찾아와야 할 것이다.

※ 학익진(鶴翼陣), 배수진(背水陣), 장사진(長蛇陣), 어린진(魚鱗陣)

충무공이 임진왜란 때 주로 사용했던 진법(陣法)이 꼭 학(鶴)이 날개를 펴는 듯한 학익진법이며 이 진법이 일본과 서구에 소개되면서 정(丁)자 진법, T자 진법으로 설명되었다.

이 외에도 장사진(長蛇陣, 뱀과 같이 길게 늘어서 머리나 꼬리 부분 어디서나 공격 가능한 진법), 어린진(魚鱗陣, 고기 비늘고처럼 가운데를 중

※ 이순신과 도고 헤이하치로(東鄕平八郎)제독

1905년 대한해협에서 벌어진 러 · 일해전에서 도고 제독(提督)이 세계 최강의 러시아의 발틱함대를 물리치고 전쟁을 일본의 승리로 이끈다. 많은 사람들이 그를 칭송(稱頌)하여 라 파르카해전을 승리로 이끈 영국의 넬슨제독이나. 임진왜란 때의 조선의 이순신(李舜臣)과 같은 명장이라 했다. 도고 제독은 "나를 넬슨제독과 비교하는 것은 가(可)하나 이순신장군과 견주는 것은 감당할 수 없는 일이다" 라고 하면서, "영국의 넬슨은 군신(軍神)이라고 부를 만한 인물이 못된다. 세계해전 사상 군신으로 존경을 받을 수 있는 인물이 있다면 그는 이순신이다"고 하였다.

그는 전쟁에 나아갈 때 마다 이순신의 사당에 나아가 승리할 수 있도록 이끌어 달라고 기도를 올렸다고 한다.

이 내용은 현대 일본의 최고 작가 시바 료타로(司馬遼太郎)의 일본 역사소설 『저언덕 위의 구름』(坂の上の雲)에 나오는 대목이다. 이 책을 통해 이순신장군의 위대함이 일본, 미국, 영국 등 전세계에 알려진다.

광화문거리의 이순신장군 동상

도고 헤이히찌로 제독

심으로 쭉 둘러서는 진법), 배수진[背水陣, 한신(韓信)이 한고조(漢高祖) 유방(劉邦)을 도와 강물을 등진 채 진을 치도록 하여 스스로 퇴로(退路)를 포기하는 진법. 병법에서는 산을 등지고 물은 앞에 두라고 했다. 그 반대로 진을 친 까닭은 죽을 각오로 싸우는 것을 말한다.

활용(活用)

● 衣(옷 의) : 衣裳(의상, 저고리와 치마), 衣食住(의식주), 脫衣室(탈의실)
● 從(따를 종) : 從事(종사), 從屬(종속), 從心(종심, 나이 일흔을 이르는 말), 侍從(시종), 追從(추종), 服從(복종), 相從(상종)
● 笠(삿갓 립) : 笠飾(입식), 笠帽(입모), 方笠(방립), 초립(草笠)동이
● 服(옷 복) : 服飾(복식), 服裝(복장), 衣服(의복), 制服(제복), 學生服(학생복), 喪服(상복)
* (복종할 복) : 服從(복종), 服屬(복속), 服務(복무), 服役(복역), 降服〔항복＝降伏(항복)〕
● 報(갚을 보) : 報勳(보훈), 報國(보국), 報復(보복), 報恩(보은, 結草報恩)
* (알릴 보) : 報道(보도), 新報〔신보, 新聞(신문), 日報(일보), 週報(주보)〕, 速報(속보), 續報(속보), 朗報(낭보), 悲報(비보)

* 결초보은(結草報恩)
　춘추시대 진(晋)나라 위무자(魏武子)는 병이 들자 아들 위과(魏顆)를 불러 "내가 죽으면 너의 서모를 개가시켜라"고 후처의 순장(殉葬)을 면(免)케 해주려고 유언한다. 병세가 악화돼 정신이 혼미(昏迷)해지자 "후

처를 같이 묻어달라"고 유언을 번복하고 죽었다. 아들 위과는 서모를 개가
토록하여 순사(殉死)의 위기에서 구했다.

그 뒤 위과는 진(秦)나라와의 전쟁에 나가 적장(敵將) 두회(杜回)에 쫓
겨 사로잡힐 위기(危機)에서 적장 두회의 말이 그만 풀에 걸려 굴러떨어
졌다. 누군가 풀을 묶어 놓았던 것(結草)이다. 덕택에 위과는 사지에서 벗
어났다. 그날 밤 한 노인이 꿈에 나타나 "나는 자네 서모의 아비의 망령(亡
靈)일세. 나의 딸을 구해준 은혜(恩惠)의 조그마한 보답(報答)으로(報
恩) 풀을 엮어 자네를 구했네" 하였다. 『春秋左氏傳』에 전한다.

음수사원(飮水思源)이란 말도 물을 마실 때에는 그 원천을 생각하듯 항
상 고마움을 잊어서는 안된다.

● 償(갚을 상) : 償還(상환), 無償(무상), 辨償(변상), 代償(대상)
 * 賠償(배상, 부당, 불법적으로 입힌 손해를 물어줌, 그 물어주는 돈은 賠
   償金)
 * 補償(보상, 국가 또는 공공단체가 합법적으로 끼친 손해에 대해 물어
   줌, 土地나 建物의 補償, 그 물어주는 돈은 補償金)

● 級(등급 급) : 級數(급수), 級友(급우), 進級(진급), 階級(계급)
● 屯(진칠 둔) : 屯兵(둔병), 屯營(둔영), 駐屯(주둔)
● 赦(용서할 사) : 赦免權〔사면권은 대통령의 권한으로 一般赦免(일반
  사면)과 特別赦免(특별사면, 特赦)이 있다〕, 恩赦(은사)
● 免(면할 면) : 免罪符(면죄부), 免脫(면탈), 免稅(면세), 免職(면직),
  免賤〔면천, 천민의 신세를 면해 常民이 됨〕, 放免(방면), 罷免(파면)
● 悲(슬플 비) : 悲觀(비관), 悲壯(비장), 慈悲(자비), 喜悲(희비)
● 痛(아플 통) : 痛憤(통분, 憤痛), 痛恨(통한), 陣痛〔산모의 진통=産痛
  (산통)〕, 鎭痛〔통증을 가라앉힘, 鎭痛劑(진통제, 통증을 멎게 하는 약제,
  모르핀, 안티피린 등)〕, 齒痛(치통), 腰痛(요통), 頭痛(두통)

유성룡(柳成龍)의 『징비록』(懲毖錄)

懲(혼날 징)—懲戒(징계), 懲罰(징벌), 懲役(징역), 膺懲(응징)
毖(삼갈 비)—懲毖(징비)
錄(적을 록)—錄音(녹음, 錄畵), 錄取(녹취), 記錄(기록, 目錄)

　율곡 이이는 임진왜란 때 미리 십만 양병론(養兵論)을 주장했으며 이 때 나라의 모습을 보고 "나라가 나라가 아니며(其國非其國) 썩어무너짐이 날로 심해가는 큰 집채(腐朽日甚之大廈)같다" 하였다.

　『징비록』은 임진왜란 때 영의정(領議政)을 지낸 서애(西厓) 유성룡(柳成龍, 1542~1607)이 7년간의 임진왜란의 원인과 전황(戰況) 등을 기록으로 남겨 다시는 이땅에 이런 참혹(慘酷)한 전란(戰亂)이 없도록 경계한 책이다.

　이 책은 전란이 끝난 후 저자가 벼슬에서 물러나 저술한 것으로 『시경』 (詩經)의 「소비편」(小毖篇)에 나오는 豫其懲而毖後患에서 따온 징전비후(懲前毖後) 즉, "지난 일을 징계하여 뒷날의 환란을 미리 경계하고 삼가하자"는 구절에서 따와 책 제목을 붙였다.

　당시 명과 일본 간의 협상(協商) 시 일본은 조선땅 남쪽 4도(道)를 내놓으라며 명과 일본이 조선반도를 서로 분할하는 조선할지(朝鮮割地)를 주장하며 7년이나 버티며 조선 점령(占領)을 꽤하였으며, 명은 번리지전(藩籬之戰)이라고 하여 조선을 왜(倭)로부터 중국의 요동반도와 만주땅을 보호하는 울타리 정도로 생각하고 구원병(救援兵)을 보낸다. 두 나라 군대의 갖은 행패(行悖)로 나라 꼴이 말이 아니었다.

　그러나 유성룡이 있어 선조가 압록강을 건너 요동으로 피난길을 막을 수 있었으며 만약 선조가 중국 땅으로 넘어갔으면 전쟁은 달라졌으며 조선의 운명을 누구도 장담할 수 었었다. 국제정세를 보는 통찰력(洞察力)과 전란(戰亂)을 현명하게 이끌고 간 리더쉽으로 이순신과 권율장군 등과 의병의 힘을 모으고 군량(軍糧)을 아껴 대며 나라살림을 추스려 조선의 분할 기도

(企圖)와 7년간의 전란을 견디며 이겨냈던 것이다.

그러나 불과 100년이 못가 나라는 병자호란(丙子胡亂)으로 오랑캐의 말발굽 아래 다시 전국토가 숙대밭이 되고 만다.

이 중국의 번리지전 개념은 1950년 6·25전쟁 때 1949년에 중국을 어렵게 통일한 모택동(毛澤東)이 무리하게 참전한 것도 미국의 태평양 세력이 중국대륙 국경선까지 접근해서는 안된다는 생각에서다. 그의 아들 모안영은 한국전에서 전사한다.

역대 우리 선조들이 얼마나 못났으면 조선반도의 분할기도론은 그 뒤 구한말에도 러시아와 일본 사이에 평양과 원산을 긋는 선, 39도선 등으로 계속된다. 불과 6, 70년 전 일제로부터의 해방 전야에 38선으로, 6·25 동족상잔 후의 휴전선(休戰線) 등으로 우리 민족이 단합할 줄 모르고 항상 주변강대국의 침략에 시달려 왔다. 지금도 500년 전이나 100년 전이나 다를 바 하나도 없다. 우리 젊은 세대들은 좌파다 우파다, 영남이다 호남이다, 남이다 북이다 하며 다투지 말고 힘을 모으고 합치지 않으면 안된다. 다음 세대 우리 자손들이 또 외세의 침략에 시달려 고통을 받게 된다. 나라가 망한 후에도 이념(理念) 논쟁(論爭)을 벌일 것인가! 이는 역사(歷史)의 교훈(敎訓)이다.

위), 징비록 원본.
아래), 영어로 번역, 소개된 징비록(The Book of Correction)

활용(活用)

● 甚(심할 심) : 甚深(심심), 甚至於(심지어), 極甚(극심=劇甚)
● 廈〔큰집 하=厦(하)〕 : 廈屋(하옥), 大廈(대하, 중국의 호텔)
● 柳(버들 류) : 柳器〔유기, 버들가지로 만든 고리짝, 이 유기를 만드는 유기장(柳器匠)을 고리백정이라고 천시하였다. 놋그릇도 유기(鍮器)라 하

며 만드는 장인을 유기장(鍮器匠)이라 함], 細柳(세류, 가는 버들가지)
 * 柳는 가지가 늘어지는 버들로 잎이 더 큰 버들인 楊(버들 양)과 구별
- 原(근원 원) : 原理(원리), 原典(원전), 原告[원고↔被告(피고)], 起原(기원=起源), 病原(병원, 병의 원인)
  * [(넓은 들판)언덕 원] : 高原(고원), 草原(초원), 雪原(설원)
  * 源(물근원 원) : 源流(원류), 源泉(원천), 水源(수원), 資源(자원)
- 況(하물며 황) : 況且(황차), 實況(실황), 近況(근황)
- 慘(슬플 참) : 慘狀(참상), 慘敗(참패), 悲慘(비참), 悽慘(처참)
- 酷(독할 혹) : 酷寒(혹한↔酷暑), 酷毒(혹독), 酷評(혹평), 苛酷(가혹), 冷酷(냉혹)
- 豫(미리 예) : 豫想(예상), 豫防(예방), 豫備(예비), 豫感(예감), 豫言者(예언자), 猶豫(유예, 刑의 執行猶豫)
- 協(합할 협) : 協同[협동, 協同心(협동심)], 協奏曲(협주곡), 妥協(타협), 不協和(불협화)
- 藩(울타리 번) : 藩國(번국, 제후국, 울타리 역할을 하는 나라), 藩籬(번리, 울타리), 圍籬安置(위리안치, 중죄인에 대한 유배형의 하나로 배소의 사방을 가시나무울타리로 쳐 외부와의 접촉을 금함)
- 籬(울타리 리) : 籬菊(이국, 울밑에 핀 국화), 籬牆(이장, 담장)
- 救[구할 구(위험에 빠지는 것을 구해낸다는 뜻)] : 救國(구국, 위험에 빠진 나라를), 救急(구급), 救援(구원), 救護(구호)
  * 求[구할 구(탐이 나거나 찾아서 구한다)] : 求道(구도, 길을 찾음), 求愛(구애), 渴求(갈구)
  * 究(궁구할 구) : 究明(구명), 講究(강구, 探究), 學究的(학구적)
- 援(도울 원) : 援助(원조), 援用(원용), 聲援(성원), 支援(지원)
- 悖(거스릴 패) : 悖倫(패륜, 윤리도덕을 거스리다, 悖倫兒), 悖逆無道(패역무도, 왕조의 질서를 무너뜨리다), 行悖(행패를 부리다), 悖惡(패악질을 하다),
- 察(살필 찰) : 察色(찰색), 察知(찰지), 診察(진찰), 考察(고찰), 偵察(정찰), 警察(경찰. 백성들 주변의 안위를 경계하며 살피다)

병자호란과 삼전도비(三田渡碑)

> 三(석 삼)—三角(삼각), 三更(삼경, 밤 11~1시), 三伏(삼복)
> 田(밭 전)—田園(전원), 田作(전작), 油田(유전), 耕田(경전)
> 渡(건널 도)—渡江(도강), 渡美(도미), 讓渡(양도), 不渡(부도)
> 碑(비석 비)—碑文(비문), 碑閣(비각), 墓碑(묘비), 記念碑(기념비)

17세기 초 임진왜란 등으로 명(明)나라의 쇠퇴(衰退)를 틈타 여진족의 누루하치가 후금(後金, 나중에 淸나라)을 세우고 명나라를 치면서 조선을 위협하였다. 이때 명이 조선에 원병(援兵)을 요청해왔다. 당시 광해군(光海君)은 명·청간의 세력판도와 국제정세의 변화를 꿰뚫어보면서 임진왜란 시 명의 지원도 있어서 강홍립(姜弘立)을 도원수로 하여 원병을 보내되 정세를 잘 살피라는 밀지(密旨)를 주어 보내 나라의 안정을 지킬 수 있었다. 이처럼 광해군은 대외적으로는 명·청 사이에서 외교적 중립을 잘 지켜 큰 문제가 없었으나 안으로는 당시 당파간 정치적 조정의 실패, 대내적으로는 영창대군의 살해와 모후인 인목대비의 유폐(幽閉) 등으로 인한 도덕적 흠결(欠缺)이 유교 국가에서 큰 원인되어 인조반정이 일어난다.

그러나 인조는 명분만을 앞세워 반청(反淸)·친명(親明)정책으로 인조 5년(1627) 정묘호란(丁卯胡亂)이 일어나 형제의 맹약(盟約)을 맺고 청나라군은 철수(撤收)한다. 인조의 반청·친명정책이 계속되자 청태종은 10만 대군으로 다시 침입한다. 인조는 남한산성(南漢山城)에서 47일간 항전하다 청태종 누루하치 앞에서 신하(臣下)의 예(禮)로 서울의 도성과 남한산성을 이어주던 송파나루터 삼전도에 수항단(受降壇)을 만들고 청태종에게 성하지맹(城

남한산성 수어장대(守御將臺), 강화도가 함락되자 인조는 산성 서문 아래 삼전도로 내려가 청태종에게 항복한다

송파나루터에 세워진 청태종의 공적을 기린다는 삼전도비

下之盟)으로 삼배구고두(三拜九叩頭, 3번 머리를 땅에 조아리고 1번 절하는 식으로 9번 조아리고 3번 절함)를 하고 궁궐로 돌아올 수 있었다.

서울 송파구 석촌동에 1639년에 건립한 높이 5.7m · 폭 1.4m의 거대한 비석인 삼전도비(三田渡碑)가 서 있다. 병자호란 때 이 비는 청태종의 전승(戰勝) 공적(功績)을 기리기 위해 세워진 삼전도청태종전승공적비였으나 치욕(恥辱)때문에 땅속에 묻어버렸다. 1983년 수난과 치욕의 역사를 그대로 보여주는 교육의 현장이 되도록 소공원을 조성하여 당시의 모습을 그대로 보존하였다.

병자호란 때 화친(和親)의 조건으로 개국 이래 처음으로 세자가 청(淸)의 심양(瀋陽)에 인질(人質, 볼모)로 끌려간다. 인질로 간 소현(昭顯)세자는 명의 멸망으로 청이 북경으로 수도를 옮기자 천문학자인 예수회 선교사 아담 샬(Adam Schall)을 만나 중국의 성리학(性理學) 외의 새로운 서양(西洋)의 문물과 사상 그리고 세계의 실상을 알게 된다. 세자는 많은 서적과 새로운 천문기기들을 가지고 돌아온다.

소현세자는 더 이상 성리학적(性理學的) 세계관(世界觀)에 얽메여서는 나라를 이끌어갈 수 없다는 사실을 절감하고 개화와 개방을 결심하게 된다. 이는 곧 친명반청(親明反淸)을 내걸었던 인조반정에 대한 부정이어서 기득권세력인 반정세력과 세자와의 충돌(衝突)이 불가피해진다. 34세의 건장한 개화된 문물을 온몸으로 접하고 온 청년 소현세자는 병석에 누운 지 3일 만에 전신이 검은 빛으로 얼굴에 선혈(鮮血)이 흘러나온 채로 죽고 만다. 독살설(毒殺說)이다.

만약 즉위하여 반정세력을 물리치고 새로운 세계적 사조(思潮)에 부응(副應)하여 현실적인 개혁(改革)과 개방(開放)정책을 폈다면 우리나라의 역사는 달라졌을 것이다. 그러나 인조와 그 반정세력은 목전의 정권에만 눈이 멀어 개혁과 개방을 거부하고 아무런 준비도 없이 다음 임금 효종(봉림대군)으로 하여금 무모(無謀)한 북벌(北伐)을 부추긴다.

모름지기 위정자들은 남한산성에서 송파의 삼전도까지 인조가 머리를 조아려 항복(降伏)한 치욕의 길을 따라

소현세자가 색목인(色目人) 선교사 아담 샬을 만나 서양문물과 천주교 사상을 접할 수 있었던 북경의 남천주성당

역사의 교훈(敎訓)을 되살려보아야 할 것이다. 독일의 육군사관학교 사관생도(生徒)들의 식당건물 벽에는 보불전쟁을 비롯하여 독일민족의 치욕의 역사현장을 기록화(記錄畵)로 그려 젊은 사관 생도들에게 독일의 역사를 설명해주고 있다. 우리도 자랑스런 빛나는 역사의 현장과 함께 치욕의 역사현장을 더욱 잘 보존하여 후손들에게 전해주어 역사의 교훈으로 삼아야 할 것이다.

인질(人質)은 나라 상호간(相互間)의 맹약(盟約)이 잘 지켜지지 않으므로 이를 확실히 담보(擔保)할 수 있는 최선의 방법이 왕세자나 왕자를 데려가는 것이었다. 이등박문(伊藤博文)이 영왕(英王)을 일본과 친하다는 의미로 親자를 붙여 영친왕(英親王)이라 이름하고 일본으로 데려간 것도 같은 맥락이다. 고려 24대 원종 때부터 원나라가 고려의 충성을 담보하기 위하여 고려의 왕자를 공민왕 때까지 인질[禿魯花]로 데려갔다.

활용(活用)

- 約(묶을 약) : 約婚(약혼↔破婚), 約條(약조, 約定), 要約(요약), 誓約(서약), 集約(집약), 縮約(축약)
- 撒(거둘 철) : 撤去(철거), 撤市(철시), 撤廢(철폐), 撤回(철회)
  * 撒(뿌릴 살)자와 구별, 撒布(살포), 撒水〔살수, 撒水車(살수차, 물뿌

리는 차)〕

- 降(항복 항) : 降伏(항복), 降將(항장, 항복한 장수), 投降(투항)
  * (내릴 강) : 降雪(강설), 降雨量(강우량), 昇降機(승강기, elevater), 下降(하강)
- 拜(절 배) : 拜啓〔배계, 절하며 아룀, 謹啓(근계, 삼가 아룀, 메모나 편지 등의 첫머리에 적는 말)〕, 拜謁(배알), 再拜(재배, 一拜, 三拜)
- 叩(두드릴(찧을) 고) : 叩頭(고두, 머리를 땅바닥에 조아리다, 찧다)
- 恥(욕될 치) : 恥部(치부), 廉恥〔염치, 破廉恥(파렴치)〕, 國恥日(국치일,1910년 경술(庚戌)년 8월 29일로 일본에 나라를 빼앗긴 날)
  * 不恥下問(불치하문, 모르는 것을 아랫 사람에게 물어도 부끄러운 일이 아니다)
- 辱(욕될 욕) : 辱說(욕설), 困辱(곤욕), 屈辱(굴욕), 侮辱(모욕)
- 昭(밝을 소) : 昭詳(소상), 昭格署(소격서)
- 鮮(신선할 선) : 鮮明(선명), 鮮度(선도), 新鮮(신선)
- 血(피 혈) : 血液(혈액), 血族(혈족, 血肉), 血痕(혈흔), 血壓(혈압), 血書(혈서), 血盟(혈맹), 吸血鬼(흡혈귀), 鮮血〔선혈〕이 낭자(狼藉, 마구 흩어지고 어지럽다)〕, 流血(유혈), 採血(채혈), 止血(지혈)
- 毒(독 독) : 毒草(독초), 毒感(독감), 毒舌(독설), 毒藥(독약), 消毒(소독), 中毒(중독), 除毒(제독), 解毒(해독, 독을 풀다), 害毒(해독, 해로운 독)
- 藥(약 약) : 藥局(약국, 藥房), 藥師(약사), 藥酒(약주), 藥效(약효), 漢藥(한약), 製藥(제약), 投藥(투약), 良藥〔양약, 良藥苦於口(양약고어구, 좋은 약은 입에 쓰다)〕

* 食藥同原(식약동원)
조선시대 왕실(王室)에서는 『동의보감』에도 잘 나타나 있듯이 약으로 병을 다스리는 것보다 음식을 통해 병을 다스리고 몸을 보양하는 식약동원의 원리로 식치(食治, 음식으로 치료)를 매우 중요시했다. 『승정원일기』(承政院日記)와 『조선왕조실록』(朝鮮王朝實錄)에는 임금의 보양식으

로 타락죽(駝酪粥)과 붕어찜, 인삼을 달인 약차(藥茶)가 자주 기록되어 있다.

계절에 따라 과일과 채소 등 음식을 골고루 먹고 좋은 물을 적당히 마시는 섭생(攝生)이 예나 지금이나 인간에게는 가장 중요하다. 우리는 일상생활에서 취할 수 있는 음식물에서 우리 몸에 필요한 영양과 비타민 등을 취해야지 무슨 보약이나 약품을 통해서 얻는 방법은 좋지 않다. 왜냐하면 모든 약(藥)은 동시에 독(毒)이 될 수 있기 때문이다. 최근 발달한 의화학(醫化學)에서 이를 잘 설명해 주고 있다.

스위스의 유명한 의학자 파라셀수스는 "독성(毒性)이 없는 약물(藥物)은 존재하지 않는다"며 아무리 몸에 좋은 약이라도 부적절하게 사용하여 용량을 초과하거나 잘못 복용하면 몸에 해로운 경우가 많다. 독도 약이 될 수 있다. 독사의 독으로 혈액응고제를 만드는 것이나 옛날 고질병(痼疾病)을 비상(砒霜) 등 극약의 처방(處方)으로 고친 예(例)들이 바로 그것이다.

● 殺(죽일 살) : 殺氣(살기), 殺生〔살생, 殺生簿(살생부, 죽여야 될 사람 리스트)〕, 殺風景(살풍경), 自殺(자살, 他殺), 絞殺(교살), 抹殺(말살), 虐殺(학살)
  * (덜 쇄) : 相殺(상쇄, 서로 지움), 殺到(쇄도, 세차게 몰려듬)
● 潮(조수 조) : 潮流(조류, 시대 조류), 潮力(조력발전소), 逆潮(역조), 風潮(풍조), 滿潮〔만조(밀물)↔干潮(간조(썰물))〕
  * 干潟地(간석지)는 바닷물이 드나드는 바닷가 개펄이고 干拓地(간척지)는 이 개펄을 제방을 만들어 개척한 땅

● 敎(가르칠 교) : 敎育(교육), 敎鞭(교편), 敎化(교화), 宗敎〔종교, 敎派(교파)〕, 說敎(설교), 宣敎(선교), 胎敎(태교)
● 訓(가르칠 훈) : 訓戒(훈계), 訓練(훈련), 校訓(교훈, 家訓, 社訓)
● 副(버금 부) : 副官(부관), 副賞(부상), 副本(부본), 副次的(부차적), 副業(부업), 副收入(부수입), 正副(정부)

- 互(서로 호) : 互選(호선), 互生(호생), 互相間〔호상간, 相互間(상호간)〕, 互讓(호양, 서로 양보하다), 互角之勢(호각지세)
- 擔(멜 담, 짐 담) : 擔當(담당), 擔稅(담세능력), 負擔(부담), 加擔(가담), 專擔(전담)은 혼자나 특정부서에서 담당하는 것이고, 全擔(전담)어떤 일이나 경비를 전부 담당하는 것이다.
- 藤(등나무 등) : 葛藤(갈등, 칡(葛)과 등나무(藤)는 덩굴이 많아 서로 잘 얽힘)
- 博(넓을 박) : 博學多識(박학다식), 博愛(박애), 該博(해박), 博士(박사), 博覽會(박람회, Exposition, 줄여서 Expo), 博物〔박물, 여러가지 물건, 博物館(박물관), 方物(방물)은 각 지방 특산물을 말한다〕

* (도박 박) : 賭博〔도박, 영화 미시시피의 賭博師(도박사). 賭博犯(도박범)〕

* 薄(엷을 박) : 薄土(박토), 薄命(박명, 美人薄命), 薄福(박복), 薄氷〔박빙의 승부=間髮(간발)의 차〕, 薄待(박대), 輕薄(경박), 淺薄(천박, 지식이나 생각 등이 얕음), 刻薄(각박)

* 簿(장부 부)자와 구별, 簿記(부기), 帳簿(장부), 名簿(명부), 原簿(원부), 置簿〔치부, 금전이나 물품의 출납을 적어 놓음, 置簿冊(치부책)〕, 殺生簿(살생부)

실사구시(實事求是) 사상

實(참 실, 열매 실)―實名制(실명제), 現實(현실), 結實(결실)
事(일 사, 섬길 사)―事理(사리), 情事(정사), 事親(사친, 事大)
求(구할 구)―求職(구직), 求愛(구애), 欲求(욕구), 請求(청구)
是(옳을 시, 이 시)―是正(시정), 是日(시일, 이 날), 或是(혹시)

"참된 사실이나 실제의 일로서 옳은 것을 구하다"는 뜻으로 『한서』(漢書)에 나오는 말로 학문이나 정사의 처리하는 자세에 새로운 기풍을 불러일으킨 운동이다. 이 실사구시운동은 청조(淸朝)의 고증학파(考證學派)가 공론(空論)만 일삼는 양명학(陽明學)에 대한 반동으로 내세운 표어다.

조선 중기 임진·병자 양란(兩亂) 이후 사회경제질서가 파괴되고 공리공담(空理空談)적인 주자학의 지도이념이 사회를 바로잡지 못하자 청나라를 통해 천주교(天主敎)와 서양문물(西洋文物)의 영향을 받아 실제 생활에 도움이 되는 경세치용(經世致用)의 실용(實用)정신을 학문의 요체(要諦)로 하는 학풍(學風)이 생겨난다.

천주교 지식과 서구(西歐) 문물을 소개한 실학 발전의 선구자 이수광(李睟光)은 『지봉유설』(芝峯類說)을, 농촌사회의 현실을 중요시하여 전제개혁을 주장한 유형원(柳馨遠)은 『반계수록』(磻溪隨錄)을, 이들에 이어 실학을 하나의 학문으로 이룩한 이익(李瀷)은 그의 『성호사설』(星湖僿說)에서 사회 각 부분의 개혁안을 제시한다.

서양의 자연과학적 지식과 천주교 사상을 비판적(批判的)으로 흡수(吸收)하여 개혁론을 펴는 등 실학파들에 의해 실사구시(實事求是)론과 이용후생(利用厚生)에 관한 연구(研究)가 활발히 이루어져 영조와 정조시대에 다산(茶山) 정약용(丁若鏞)에 의해 전성기(全盛期)를 이룬다. 그는 『경세유표』(經世遺表), 『목민심서』(牧民心書), 『흠흠신서』(欽欽新書)에서 나라 정치의 개혁, 지방행정의 쇄신, 형정(刑政)에까지 사회개혁을 주장한다.

박지원(朴趾源)이 청나라 사신을 따라 열하까지 다녀온 기록 『열하일기』(熱河日記)

이러한 시기에 중국에 들어와 있던 천주교 선교사들을 통해 서양문물이 전래되는데 천주교를 천주학(天主學) 또는 서학(西學)이라 하였다. 1930년대에 정인보(鄭寅普)·최남선(崔南善) 등에 의하여 조선 중기와 후기의 이러한 학문적 추세(趨勢)와 경향(傾向)을 실학(實學)이라 하였다.

모택동이 문화혁명 시절 반대파를 몰아낼 때도 이 실사구시를 무기로 이용하였다. 시대에 따라서 실용(實用)과 이념(理念)은 항상 대립하였다.

활용(活用)

- 空(빌 공) : 空間(공간), 空想(공상), 架空〔가공의 이야기, 架空妄想(가공망상)〕, 時空(시공), 蒼空(창공), 色卽是空(색즉시공)
- 厚(두터울 후) : 厚德(후덕), 厚謝(후사), 厚顔無恥(후안무치), 厚待(후대), 濃厚(농후), 重厚(중후)
- 批(칠 비) : 批判(비판), 批評(비평), 批准〔비준, 권한있는 자나 기관이 조약이나 결정사항 등을 최종적으로 재가나 승인하는 일, 國王의 批准(을사조약의 경우), 國會의 條約 批准 등〕
- 吸(들어마실 흡) : 吸煙(흡연), 吸血〔흡혈, 吸血鬼(흡혈귀)〕, 吸水(흡수, 吸收), 呼吸(호흡)
- 刑(형벌 형) : 刑場(형장), 刑房(형방), 刑期(형기), 處刑(처형), 減刑(감형), 罰金刑(벌금형), 體刑(체형)
- 盛(성할 성) : 盛大(성대), 盛裝(성장), 盛況(성황), 極盛(극성), 旺盛(왕성), 興亡盛衰(흥망성쇠)
- 傾(기울 경) : 傾聽(경청, careful listening), 傾注(경주), 傾斜(경사)
  * 傾國之色〔경국지색, 나라를 기울게(망하게) 하는 미색〕과 傾城之色(경성지색, 전쟁터에서 성을 기울게 하여 패하게 하는 미색)

한무제(漢武帝) 때 아름다운 누이를 둔 이연년(李延年)이란 가인(歌人)이 부른 경성경국(傾城傾國)에 관한 아래 노래 구절로 역사상 나라를 망하게 한 은(殷)나라의 달기(妲己), 오(吳)나라의 서시(西施), 당(唐)나라의 양귀비(楊貴妃) 등 미인들이 많았다. 물론 한무제도 말년에 이연년의 누이 이부인을 총애하고 사랑에 빠졌지만 이부인이 일찍 죽어 나라를 기울게 하지는 않았다.

北方有佳人(북방유가인, 북방에 한 아름다운 여인이 있어)
絶世而獨立(절세이독립, 세상에 다시 없이 오직 홀로이네)
一顧傾人城(일고경인성, 한 번 돌아보며 던지는 눈짓에 성이 기울고)
再顧傾人國(재고경인국, 두 번 돌아보며 던지는 눈짓에 나라가 기운다)

- 硏(갈 연) : 硏磨(연마), 硏修(연수), 硏鑽(연찬)
- 兩(두 량) : 兩家(양가), 兩親(양친), 一擧兩得(일거양득)
 * (돈 냥, 옛 돈의 단위) : 一兩(한 냥), 十兩(열 냥)

※ 북학(北學)
영·정시대 청나라의 발달한 문물을 받아 들여 상공업 발전과 사회번영을 가져오기 위하여 연경(燕京)을 다녀온 박지원(朴趾源), 박제가(朴齊家), 홍대용(洪大容) 등의 학문적 주장을 말한다. 박지원은 『열하일기』(熱河日記)』에서 청의 문물을 본따 풍속·경제·사회 개혁안을, 『허생전』(許生傳), 『양반전』(兩班傳), 『호질문』(虎叱文)을 통해 잘못된 양반사회를 풍자(諷刺)하고 중인사회에로의 변화를 모색한다. 놀고먹는 양반사회에서 열심히 노력하며 국가의 부에 기여하는 중인사회를 칭찬하는 내용들의 문학작품이 많다. 중인사회로 넘어가지 않으면 안된다는 것을 강조하는 실학운동이다. "똥구덩이에 빠진 양반이 살려고 내빼다가 앞에 호랑이가 나타났다. 호랑이 하는 말이 요사이 양반은 왜 이렇게 더러운 냄새가 나느냐고 힐책한다"(『호질문』에서).
박제가는 『북학의(北學議)』에서 중상주의를 주장한다. 또 홍대용(洪大容)은 지구회전설을 주장하여 지구가 자전(自轉)하여 일식, 월식이 생기는 자연현상에 불과한 것이지 다른 괴이한 일이 아니다고 주장하였다. 이들 북학파는 그 후 박규수(朴珪壽), 오경석(吳慶錫), 유대치(劉大致)등의 개화사상으로 이어진다

탕평책(蕩平策)과 정조(正祖)의 개혁(改革)

> 蕩(쓸어없앨 탕)—蕩盡(탕진), 蕩兒(탕아, 浩蕩), 掃蕩(소탕)
> 平(평평할 평)—平凡(평범,平坦), 泰平(태평, 太平), 衡平(형평)
> 策(꾀 책)—策略(책략), 策動(책동), 方策(방책), 失策(실책)

조선왕조 제21대 임금인 영조(英祖)는 친어머니가 궁중 무수리로 자신의 미천(微賤)한 출신에서 오는 콤플렉스를 극복하여 재위(在位) 52년 동안 백성을 잘 다스려보겠다는 정치적 소신(所信)을 가지고 있었다.

영조 6년에 청계천(淸溪川)을 준설(浚渫)하고 나서 막힘없이 시원하게 흐르는 물줄기를 보고 오랫동안 고심하며 생각해왔던 탕평책을 실시하였다고 한다. 그동안 왕권(王權)을 막고 있었던 당쟁을 해소하고 인재를 당파 간에 고루 등용하여 불편부당(不偏不黨)의 무당무편(無黨無偏)의 탕탕평평(蕩蕩平平)으로 왕도를 펴겠다는 정책이다. 그러나 오랜 당파(黨派) 싸움으로 인해 왕권의 권위(權威)를 지켜나가기 어려울 때가 많았다. 이러한 어려운 사태를 시정하기 위하여 노론(老論), 소론(少論), 남인(南人), 북인(北人) 사색(四色)을 고루 등용하기 위해 취해진 것이 탕평책이었다.

이러한 탕평책에도 불구하고 당쟁(黨爭)의 근본 원인을 제거(除去)할 수는 없었다. 노론과 소론, 왕권(王權)과 신권(臣權)의 충돌의 와중(渦中)에 당시 현재 권력이던 노론이 미래의 권력인 세자를 제거하려고 꾸민 정치적 음모(陰謀)에 의해 정신병자(精神病者) 또는 광인(狂人)으로 낙인(烙印) 찍어 세자에 대한 비행(非行)을 날로 보태어 상주(上奏)하여 왕과 세자 사이를 이간(離間)질하였다. 영조는 세자를 폐서인(廢庶人)하여 뒤주 속에 8일간 가두어 스물여덟의 나이에 굶어 죽게 되는 동서고금(東西古今)을 통해 찾아보기 힘든 궁중

잘 보존되어 남아 있는 수원 화성의 화홍문이 정조시대를 증언해주고 있다

참극(慘劇)이 벌어졌다. 권력이 얼마나 무섭고 모질었으면 세자의 장인 홍봉한(洪鳳漢)도 아내 홍씨(洪氏)마저 이를 외면했을까! 아들 세손(世孫, 후일 正祖)도 아버지의 죽음을 알려고 하면 안되었다.

정조의 규장각 건물과 현판

그후 영조는 이 일을 크게 후회(後悔)하고 사도(思悼, 세자를 생각하며 그를 애도한다)라는 시호(諡號)를 내렸다. 그래서 오늘날까지 사도세자라 부른다. 사도세자의 빈(嬪)이었던 혜경궁(惠慶宮) 홍씨는 후일 사도세자의 죽음을 『한중록』(恨中錄)으로 남겼다. 왕위를 이어받은 아들 정조는 수원 화성(華城)에 아버지 묘를 이장하여 융릉(隆陵)이라 하였다.

영조의 뒤를 이어 등극한 정조는 영조의 눈을 어둡게 했던 당쟁을 영원히 종식(終熄)시키고 개혁정치를 통한 새로운 국가 건설을 생각하였다.

정조는 아버지 사도세자의 융릉 참배의 능행길을 백성들과의 소통(疏通)의 시간과 공간으로 만들어 누구든지 왕에게 직접 억울함을 호소하도록 하였다. 심지어 멀리 흑산도의 주민이 닥나무(한지종이 만드는 원료의 나무) 세(稅)를 탕감해 달라고 호소하였다. 그는 개혁정치의 완성을 위해 수원에 성곽(城郭)을 건립하여 화성 천도(遷都)를 꿈꾸었으나 독살설(毒殺說)까지 꼬리를 물고 있는 그의 죽음으로 조선왕조 마지막 개혁의 꿈은 사라진다.

※ 사문난적(斯文亂賊)

『논어』의 「자한」(子罕)편에서 이 글[斯文]은 '유교 경전의 글을 지칭하는 말'로서 사문난적은 정통 유교의 입장에서 유교의 교리를 어지럽히고 유교사상에 어긋나는 행위나 사람을 비난하는 말인데 조선 중기 이후 양명학(陽明學), 실학(實學)의 연구 등을 사문난적으로 몰아 학문의 경직(硬直)과 침체(沈滯) 나아가서는 당쟁(黨爭)의 도구로 이용하여 학문 연구(研究)의 다양성(多樣性)을 저해(沮害)하였다.

개혁군주 정조와 그의 파트너 다산 정약용(丁若鏞)의 모든 개혁드라이브는 막을 내리고 다산은 유배(流配)의 길을 떠난다. 그러나 영조와 정조 시대의 탕평책과 개혁정치의 영향은 그뒤 정치, 경제, 사회, 문화 등 전반에 걸쳐 많은 변화와 함께 영향을 남긴다.
　만약 다산이 유배가지 않고 막상 조정에 있었으면 남기지 못할 불후(不朽)의 명저(名著)들을 그는 유배지에서 소중한 문화유산으로 남긴다. 우리가 즐겨찾으며 말하는 남도 일번지가 바로 다산의 유배길이다.

※ 정조(正祖)와 규장각(奎章閣)

　규장각은 조선의 22대 임금 정조가 즉위 초 그의 개혁정치(改革政治)를 위해 수많은 도서자료를 수집하고 학문을 연구하는 인재(人材)의 양성기구로서 규장각을 설립하고 규장각 검서관(檢書官)으로서 유득공(柳得恭), 이덕무(李德懋), 박제가(朴齊家) 등을 임명한다. 이들은 서얼(庶孼) 출신으로 당대 최고의 지식인이었지만 출사(出仕)의 길이 막혀 있었다. 이를 계기로 당파를 초월하고 신분제의 높은 벽을 무너뜨리면서 젊고 참신한 능력있는 인재들이 규장각으로 몰려들어 개혁정치의 산실이 되어 조선 후기의 정치와 학문과 사상계를 바꾸어 놓았다.
　규장각의 奎는 문운(文運)을 주관하는 별자리에서 따온 글자로 역대 제왕의 문적(文籍)을 말하며, 章은 역대 제왕들의 문장(文章)을 말한다. 奎章은 역대 제왕들의 훌륭한 문적과 문장을 말하며 규장각은 이와 같이 왕실 장서각(藏書閣)으로 자료관, 연구실, 도서관과 같은 것이다.

※『한중록』(恨中錄)
　사도세자의 빈 혜경궁 홍씨가 남편 사도세자가 부왕인 영조로부터 죽임을 당한 참변(慘變)을 주로 하여 당쟁 속에서 살아온 인생사를 순 한글의 유려(流麗)한 문장체로 묘사한 파란만장한 일대기(一代記)이다. 사료적(史料的) 가치가 높아『인현왕후전』(仁顯王后傳)과 함께 궁중문학의 쌍벽(雙璧)을 이룬다.『한중록』(閑中錄) 또는『한중만록』(閑中漫錄)이라고도 한다.

규장각 건물로는 창덕궁의 후원의 주합루(宙合樓)가 있다. 규장각에 있던 도서자료는 1911년 조선총독부 경성제국대학이 관리하고 있다가 창경궁 장서각에서 보관하고 있던 도서들을 모두 합쳐 서울대학교로 옮겨져 현재 서울대학교도서관 규장각에 보관되어 한국학 연구에 귀중한 자료로 활용하고 있다.

정조는 1782년 강화도에 장서각을 별도로 지어 역대 왕실의 중요 행사의 의전(儀典) 절차와 그 전범(典範)을 기록한 귀중한 궁중 의궤(儀軌)를 관리(管理)토록 했는데 이것이 바로 외규장각(外奎章閣)이다. 1866년 병인양요(丙寅洋擾) 때 프랑스군에 의하여 약탈당하고 나머지는 불태워졌다. 약탈(掠奪)당한 문화재(文化財)는 유네스코 협약에 따라 원 소속국으로 반환(返還)되어야 함이 마땅하다.

활용(活用)

- 賤(천할 천) : 賤出(천출), 賤待(천대), 賤視(천시), 賤妾(천첩), 貴賤(귀천), 貧賤(빈천), 卑賤(비천), 微賤(미천), 免賤(면천)
- 浚(깊을 준) : 浚急(준급, 물이 깊고 물쌀이 급함)
  * (땅팔 준) : 浚井(준정, 샘을 침), 浚渫(준설, 도랑의 물길을 파고 침)
- 除(덜 제) : 除外(제외), 除毒(제독), 除煩(제번), 除幕(제막, 除幕式), 除濕(제습), 排除(배제), 掃除(소제)
  * 除夕(제석), 除夜(제야)는 元日(원일)과 반대되는 말로 새해를 맞기 위해 모든 근심 걱정을 덜어버리는 저녁 또는 밤이라는 말로 묵은 한 해를 보내고 새해를 맞이하는 준비와 각오를 다지는 선조들의 뜻이 歲時風俗(세시풍속)에 담겨 있다.
  * 除授(제수, 임금이 벼슬을 내림, 이 때 除자는 바꿀 제로 원래 있던 관원을 바꾸어 벼슬을 준다는 말이다).
- 去(갈 거) : 去就(거취), 去來(거래), 死去(사거), 逝去(서거)
  * (없앨 거) : 去勢(거세), 去頭截尾(거두절미), 退去(퇴거)
- 渦(물소용돌이 와) : 渦中(와중), 渦形(와형), 渦狀(와상)

- 狂(미칠 광) : 狂人(광인), 狂犬病(광견병), 狂信(광신), 狂亂(광란), 狂氣(광기), 狂風(광풍), 發狂(발광), 熱狂(열광)
- 烙(지질 락) : 烙印(낙인), 烙畵(낙화, 대나무에 인두로 지진 그림), 烙竹〔낙죽, 烙竹圖(낙죽도)〕
- 謀(꾀할 모) : 謀略(모략), 謀反(모반=謀叛), 謀陷(모함), 謀事(모사, 일을 꾀함), 謀士(모사, 일을 꾀하는 사람), 參謀(참모), 圖謀(도모)

*陰謀(음모)
중국 초나라 회왕(楚懷王)에게 정수라는 애첩이 있었다. 어느 날 위나라가 아름다운 미녀를 회왕에게 보냈다. 정수는 질투가 나 꾀를 내어 "왕은 입을 막고 웃는 모습을 좋아한다"고 일러주었다. 이에 속은 위나라 여인이 늘 옷소매로 입을 가리고 웃고 있어 그 연유를 정수에게 물어본 즉, 정수는 위나라 여인은 "대왕의 입냄새가 싫답니다"하니 이말에 그만 위나라 여인의 코가 잘렸다. 한비자(韓非子)는 이를 구중궁궐 여인의 음모(陰謀)라 하여 오늘에 전한다.
사마천의 『사기』에는 진시황이 죽자 환관 조고(趙高)가 승상 이사(李斯)와 꾸며 변방에 있는 장자 부소(扶蘇)에게 왕위를 잇도록 하라는 진시황의 유언과는 달리 오히려 장자를 죽이고 어린 호해(胡亥)를 왕으로 옹립, 천하의 권력을 농락하는 것을 궁중 권력자의 최대의 음모라 하였다. 그 뒤부터 음모는 권력의 뒤에 숨은 악덕(惡德) 또는 패덕(悖德)이라 하였다.

- 今(이제 금) : 今時(금시, 今日, 今月, 今年), 今番(금번), 今上(금상, 현재 임금), 尙今(상금, 아직), 只今(지금, 至今)
- 間(사이 간) : 間諜〔간첩, =間人(간인), 間者(간자), 細作(세작), 諜者(첩자)〕, 間隔(간격), 間歇(간헐), 世間(세간), 巷間(항간)
- 庶(무리 서) : 庶務(서무), 庶民(서민), 庶出〔서출, 첩의 몸에서 남,↔嫡出(적출, 정실의 몸에서 남), 嫡庶(적서)의 차별〕
- 悔(뉘우칠 회) : 悔恨(회한), 悔改(회개), 後悔(후회), 懺悔(참회, 懺悔錄)

- 劇(연극 극) : 劇本(극본, 劇的), 劇作家(극작가), 造作劇(조작극), 戲劇(희극), 喜劇(희극, 悲劇, 喜悲劇)
- 悼(슬퍼할 도) : 追悼(추도), 哀悼(애도)
- 隆(클 륭) : 隆起(융기), 隆盛(융성), 隆崇(융숭한 대접), 興隆(흥륭)
- 終(마칠 종) : 終決(종결), 終末(종말), 終着驛(종착역), 終焉(종언) 臨終(임종), 始終一貫(시종일관), 有終(유종)의 美(미)
- 熄(불꺼질 식) : 熄滅(식멸), 終熄(종식)

※ 유배(流配)와 유폐(幽閉)

유배는 죄인이나 범법자를 도성에서 천리 이천리 삼천리 밖으로 배소(配所)를 정해 격리(隔離)시켰던 형벌이다. 또 때에 따라서는 정치인(政治人)이나 지식인(知識人)이 정변(政變)이나 세도정치(勢道政治)의 희생양으로, 또는 잠시 보호차원에서도 멀지 않는 곳에 유배를 시키기도 하였다. 대표적인 유배지로는 제주도, 강화 교동도, 삼수갑산(三水甲山), 영월(寧越), 울진(蔚珍), 강진(康津) 등을 꼽을 수 있다. 아계(鵝溪) 이산해(李山海), 우암(尤庵) 송시열(宋時烈), 추사(秋史) 김정희(金正喜), 원교(圓嶠) 이광사(李匡師), 다산(茶山) 정약용(丁若鏞) 등은 유배지에서의 고통의 공간과 시간을 문화창조의 시간과 공간으로, 형벌의 기간을 자기성찰(自己省察)의 기간으로 하여 후대에 큰 문화유산(文化遺産)을 남겼다.

유폐는 한때 왕이나 정권의 실세를 일정한 곳에 연금(軟禁)시켜 놓고 출입이나 외부와의 연락을 못하게 하였다. 후백제왕 견훤(甄萱)의 금산사(金山寺) 유폐는 후백제가 망한 결정적 이유로 장남인 신검(神劍)의 반란으로 부왕 견훤을 금산사에 유폐시키고 정권을 뒤엎었기 때문이다. 또 인조반정은 광해군(光海君)의 당시 당파간의 정치적 조정의 실패와 명·청간(明淸間)의 외교적 조정의 실패도 이유였지만 모후인 인목대비(仁穆大妃)의 서궁(西宮) 유폐로 인한 도덕적 흠결(欠缺)이 유교국가에서 반정의 큰 빌미가 되었다.

구한말 임오군란(壬午軍亂)의 실패로 흥선대원군은 운현궁(雲峴宮)에

조선왕조(朝鮮王朝)시대 273

유폐된다. 이때 그의 유일한 소일(消日)이 묵란(墨蘭)이다. 석파(石坡, 대원군의 호)의 난초 그림에는 좌절(挫折)과 울분(鬱憤)이 베어 있다.

국모 명성황후가 일인들에 의해 시해(弑害)된 후 1896년 러시아 공사는 고종을 건천궁에서 경복궁 후문 신무문을 통해 러시아공사관으로 데려간다. 외국공관이 이곳에 많이 있어 불안과 공포로부터 국왕의 신변이 안전하다는 이유도 있다. 이것이 아관파천(俄館播遷)이다. 일국의 국왕이 궁궐을 비우고 주재국(駐在國) 공사관으로 가서 1년을 자의반 타의반(自意半 他意半)의 유폐(幽閉) 생활을 하는 동안 많은 나라의 이권(利權)은 러시아를 비롯 외국인의 손으로 넘어갔다.

단원의 풍속화 씨름도, 씨름꾼이나 관객, 엿장수의 표정과 익살스러움이 당시 민속의 정서를 잘 보여준다

혜원이 남긴 풍속화 「월야밀회」(月夜密會)

※ 단원(檀園) 김홍도(金弘道)와 혜원(蕙園) 신윤복(申潤福)의 풍속화(風俗畫)

조선 후기 회화사(繪畫史)에서 겸재(謙齋) 정선(鄭敾)의 진경산수(眞景山水)와 더불어 크게 주목받은 것이 우리의 풍속화의 유행이다. 정선이 중국이 아닌 우리나라의 산수를 그렸듯이 단원(檀園)과 혜원(蕙園)은 우리 민족의 생활상(生活相)을 중국 유교의 형식적인 것이 아니라 있는 그대로 적나라(赤裸裸)하게 묘사(描寫)하여 전해주었다는 의미에서 미술사는 물론 민족사적으로도 매우 의미가 있다. 서양의 인본주의적인 르네상스의 의미도 이와 같다.

이러한 풍속화의 유행을 주도(主導)했던 대표적인 인물이 김홍도와 신윤복이다. 단원은 서당의 학동(學童)들과 씨름 등을 소재로 소탈하고 익살맞은 서민생활의 단면을, 신윤복은 한량(閑良)과 기녀(妓女)를 중심으로 한 남녀 간의 애로틱한 장면이나 무속적(巫俗的)인 것과 주막(酒幕)의 정경(情景)들을 그려 당시 인간의 진면목을 보여주고 있다.

이들 화가가 없었다면 조선 후기 사회의 정감 넘치는 우리의 민속생활상과 유교 사회가 간과(看過)해왔던 도덕의 족쇄를 풀고 인간 모습을 감추지 않고 생동감있게 변화하는 모습을 우리는 실제로 알 수 없었을 것이다.

※ 추사(秋史)와 세한도(歲寒圖)

김정희(金正喜)가 제주도에 위리안치(圍籬安置)되어 유배생활 때 아직 관직에 있던 제자 우선(藕船) 이상적(李尙迪)이 조정이나 남의 눈을 꺼리지 않고 멀리 청나라까지 가서 책을 구하여 제주도 유배지까지 찾아준데 감사하여 세한도를 보답(報答)으로 그려주었다.

그 제문(題文, 畵題)에 논어(論語)의 '세한연후(歲寒然後) 지송백지후조(知松柏之後凋)'(날씨가 추워진 후에야 송백이 다른 나무보다 늦게 시들음을 알 수 있다)를 써 권세와 이익을 쫓지 않는 의리(義理)와 지조(志操)와 절개(節槪)를 칭찬하고 있다. 엄동설한(嚴冬雪寒)에도 조락(凋

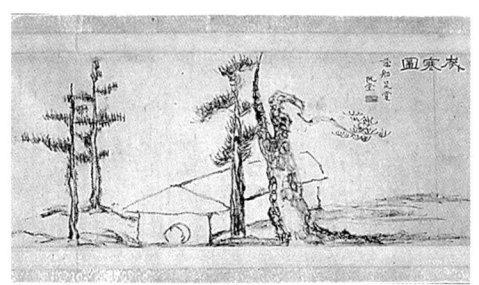

세한도(歲寒圖), 추사가 58세 때(1844) 사제(師弟)의 의리를 저버리지 않고 찾아온 제자 이상적의 인품을 겨울 소나무와 잣나무에 비유해 그렸다

落)하지 않은 송죽매(松竹梅)를 세한삼우(歲寒三友)라 하며 그런 그림을 세한도(歲寒圖) 또는 세한삼우도(歲寒三友圖)라 한다.

이 세한도는 일제 강점기 추사 연구의 최고 권위자였던 후지즈카(藤塚, 경성제대 철학과 교수)가 소장하고 있던 것을 서예가 손재형(孫在馨)이 돌려받아온 것이다. 세한도는 추사 자신과 당시를 잘 묘사(描寫)하고 있어 현재 국보 제180호로 지정되어 있다.

추사(秋史) 김정희(金正喜)는 대학자요 서예가로서 당시 중국의 대학자들과 교류할수 있었던 조선의 지성을 대표하였으며 서예의 대가로 오늘의

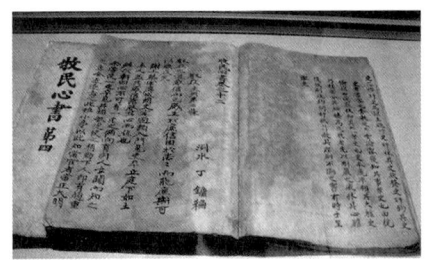
정약용(丁若鏞)의 목민심서(牧民心書)

추사체(秋史體)의 창시자이다. 또 금석문의 연구가로서 그때까지 무학대사비로 알려졌던 북한산 정상에 올라가 진흥왕순수비(眞興王巡狩碑)를 발견하여 그 비문을 판독(判讀), 세상에 알려 우리 역사를 새로 쓰게 한 인물이다.

※ 다산(茶山) 정약용(丁若鏞)의 『목민심서』(牧民心書)

목민(牧民)은 과거에 합격한 중앙 조정의 관(官)이 멀리 지방에 나아가 백성을 다스린다는 뜻이다. 목민관은 왕의 교지(敎旨)를 받은 수령(守令)을 말하는 것이고 심서(心書)란 목민관이 모름지기 지방 아전(衙前)과 서리(胥吏)들의 통폐(通弊)를 지적하여 이를 개혁시정하고 선정(善政)을 펼칠 요체(要諦)를 담은 마음의 지침서(指針書)라는 뜻이다. 정약용이 1801년 황사영(黃嗣永)의 백서(帛書)사건으로 강진에 유배되어 귀양이 풀리던 해에 완성된 책으로 48권 16책이다.

다산이 자신의 지방 수령(守令)과 암행어사(暗行御史), 여러 내직(內職)에서의 경험과 오랜 경학(經學)의 연구를 통하여 저술한 책으로 다산의 위민사상(爲民思想)이 절절히 맺혀 있는 명저이다. 20세기 베트남의 혁명지도자 호치민(胡志明)이 부패(腐敗)한 베트남 통치에 이념적 방향을 제시하기 위해 이책을 구하여 읽었다고 한다. 다산은 국가체제 전반을 비판하고 부국강병을 논한 『경세유표』(經世遺表)와 형정(刑政)의 요체를 적은 『흠흠신서』(欽欽新書)등 많은 저술을 남겼다.

V. 구한말(舊韓末)시대와 그 이후
- 서세동점 이후 대한민국 정부수립까지 -

   서구열강의 서세동점(西勢東漸)과 근대화의 물결 속에 정조의 승하(昇遐)로 나라의 개혁 작업은 중단되고 안동 김씨의 세도정치로 왕권이 몰락한다. 위정자들은 밀려오는 외세와 서구의 개화 물결을 자주적으로 대처하는 능력마져 상실하고 국력은 쇠퇴하여 개혁(改革), 개방(開放) 대신 쇄국(鎖國)정책을 고집한다.

   19세기 말 국토는 청·일전쟁의 전쟁터로 변하고 근대화와 개화의 물결 와중(渦中)에 휩쓸려 1895년 명성황후가 시해(弑害)당하고 고종은 아관파천(俄館播遷)을 한다. 러·일전쟁 후 1905년 을사조약으로 나라는 외교권과 자주권을 상실하고 1910년 한일합방으로 조선왕조의 마지막 왕 순종까지 27왕 519년의 조선왕조는 멸망하고 일제의 식민지로 전락한다.

   제2차 세계대전이 끝나면서 해방(解放)이 되었으나 이념적 혼란 속에 나라는 우파와 좌파로 갈라져 조국의 해방을 6·25라는 동족상잔의 비극을 치른다. 조선왕조 500년은 훌륭한 민족 문화와 전통과 함께 구한말시대는 스스로 나라를 지킬 자주력과 국력을 잃은 국민들이 겪어야 하는 고통(苦痛)을 역사적 교훈(敎訓)으로 남긴다.

   우리 대한민국 국민은 이 역사적 교훈을 딛고 전쟁의 폐허 위에서 온갖 고통과 싸워 이겨내면서 조국의 근대화(近代化), 산업화(産業化)와 민주화(民主化)과정을 거쳐 세계 10위권의 경제대국을 이룩하였다.

서세동점(西勢東漸)

西(서녘 서)—西歐(서구), 西曆(서력), 關西(관서), 南西(남서)
勢(기세 세)—勢力(세력), 勢道(세도), 運勢(운세), 家勢(가세)
東(동녘 동)—東方(동방), 東軒(동헌, 지방 관아의 집무실)
漸(번질 점)—漸次(점차), 漸進的(점진적), 漸入佳境(점입가경)

서세동점의 시기였던 19세기 중엽, 서양 문명이 급속도로 동양에 들어오기 시작했다. 우리나라에서는 동도서기(東道西器), 중국에서는 이를 중체서용(中體西用), 일본에서는 화혼양재〔和魂洋才, 일본(和)의 정신(魂)을 지키며 서양의 과학과 기술을 받아들이자는 주의〕라 하였다. 표현은 조금씩 달라도 담고 있는 뜻은 모두 정체성은 지키되 즉 동양의 유학적 정신 바탕을 지키면서 서양의 여러가지 실용적 과학 기술 문명은 받아들이자는 생각이다. 과학(科學, Science)과 백과사전(百科事典)할 때의 백과(百科)가 이때 생긴 말이다.

우리의 지도자는 쇄국(鎖國)을, 일본에서는 명치시대의 최고의 계몽사상가이며 선각자인 후쿠자와 유기치(福澤諭吉)는 1868년 탈아입구론(脫亞入歐論, 아시아를 벗어나 구라파의 선진문물을 받아들이자는 주장)을 부르짖으며 서양의 과학문명과 군사무기를 받아들여 일찍이 개화하였다. 후쿠자와 유기치는 오늘날 일본 만원권 지폐의 초상(肖像)인물이다.

앞으로 언젠가는 서양식 문화의 한계와 함께 우리나라를 비롯한 동양의 깊은 정신문화와 사상의 힘에 의해 동세(東勢)가 서점(西漸)할 날도 꼭 오고야 말 것이다.

※ 과학(科學), 백과사전(百科事典), 경제(經濟), 철학(哲學) 등

물이 높은 곳에서 낮은 곳으로 흐르듯이 학문이나 문화는 높은 곳에서 낮은 곳으로 흐르게 마련이다. 백제시대부터 우리가 학문과 기술 등 선진 문화를 일본에 전했던 것처럼 서양문화가 근대화시기에 중국과 일본을 거쳐

우리나라에 전래된 것도 또한 같다.

우리에 앞서 서구문물(西歐文物)을 도입하기 시작한 일본에선 각 번(藩, 영주국)마다 다투어 소위 화란의 난학(蘭學, 和蘭學問, The Sciences of Netherland)을 번역하여 도입에 힘을 쏟고 있었다. 당시로 난학이란 두말할 것도 없이 새로운 과학기술문명을 말한다. 즉, 수학(數學)·물리(物理)·화학(化學)·생물(生物)·의술(醫術)·천문(天文)·지리(地理)·지학(地學)·야금(冶金)·채광(採鑛)·전기(電氣)·기계(機械)·토목(土木)·건축(建築)·군사(軍事) 등 이루 헤아릴 수 없는 종류가 100가지에 이르는 신기술 학문 분야를 망라하는 것이었다.

1875년 인천 앞바다에 정박하고 살인, 방화, 약탈을 자행한 최신식 일본 군함 운요호, 우리 수군과 총격전이 벌어져. 이 사건의 배상과 수교를 요구하여 우리 역사상 최초로 강화도 조약이 체결된다

서양에서 들어온 백(百)가지나 되는 과목(科目)에 달하는 신기술, 즉 백과목의 학문(科學, Science)을 과학이라고 번역하였다. 또 Economy를 경제(經濟)라 번역한 것도 그렇다. 일본 사람들의 뛰어난 조어력(造語力)이다. 원래 경제는 우리나라 중국에서는 본시 국민들이 골고루 잘 살게하는 경세제민(經世濟民) 혹은 경국제민(經國濟民)의 준 말로 세상을 다스리고(經世) 백성을 구하는(濟民) 즉, 지금의 정치(政治)를 의미한다. 그래서 제갈량(諸葛亮)을 최고의 경제가(經濟家)로 꼽았던 것이다.

Culture도 적당한 말이 없자 문화라고 번역했는데 문화(文化)는 원래 문치교화(文治敎化)의 준말로 무단통치(武斷統治)에 대하는 말이다. 또 희랍에서 발달한 서양의 Philosopy를 일본에는 이에 해당되는 말이 없어 신조어로 희철학(希哲學)이라고 했다가 철학(哲學)이라고 번역하였다.

활용(活用)

- 器(그릇 기) : 器物(기물), 器官(신체기관), 名器(명기), 凶器(흉기)
- 急(급할 급) : 急進(급진), 急性(급성←慢性(만성)], 緩急(완급), 應急(응급)
- 速(빠를 속) : 速度(속도), 速斷(속단), 速成(속성), 迅速(신속), 加速(가속), 欲速不達(욕속부달, 속히 하려다 잘 이루지 못한다)
- 度(법도 도) : 度外視(도외시), 度數(도수), 限度(한도), 節度(절도)
  * (헤아릴 탁) : 忖度(촌탁), 度支部(탁지부, 지금의 재정기획부)

* 度量衡(도량형)은 길이를 재는 자(尺度), 양(量)을 재는 말, 무게를 재는 저울(衡)을 도량형이라 하였다. 옛날 제왕들은 통치수단의 방편으로 도량형의 통일을 위하여 일선 행정단위까지 통일된 도량형기구를 나누어 주어 사용케 했으나 전국적으로 도량형의 통일은 쉽지 않았다. 척도(尺度)와 양형(量形)이 집집마다 틀리고 저자마다 모두 다르다고 하였다. 도량형의 통일은 민심의 통일과 직결되기 때문이다.

중국에서도 춘추전국시대를 거치면서 문란해진 도량형을 진시황이 통일한 것도 같은 뜻이다. 서양에서도 콜럼버스가 대서양을 횡단, 신대륙 인도에 닿으려니 생각하였지만 프랑스지도의 유럽과 아시아의 거리를 로마식 척도법에 따라 5280피트인 1마일을 4000피트로 착각하여 아메리카 해안에 배를 대고는 인도에 도착했다고 착각, 신대륙 원주민을 인디안으로 불렀던 것이 오늘까지 이어진다.

- 才(재주 재) : 才幹(재간), 才氣(재기), 才人(재인), 才媛(재원), 秀才(수재), 俊才(준재)
- 鎖(쇠사슬 쇄) : 封鎖(봉쇄), 閉鎖(폐쇄), 足鎖(족쇄)
- 脫(벗을 탈) : 脫衣(탈의), 脫線(탈선), 疎脫(소탈), 脫漏(탈루), 虛脫(허탈), 解脫(해탈), 逋脫[세금의 포탈, 脫稅(탈세)]

안동 김씨의 세도정치(勢道政治)

勢(기세 세) ― 勢力(세력), 威勢(위세), 形勢(형세), 實勢(실세)
道(길 도) ― 道學(도학), 道人(도인), 儒道(유도), 柔道(유도)
政(정사 정) ― 政客(정객), 政商輩(정상배), 參政權(참정권)
治(다스릴 치) ― 治療(치료), 治外法權(치외법권), 統治(통치)

　세도정치란 정치적 권세(權勢)를 마구 휘두르던 조선시대 정조가 죽고 난 후 세도가문(勢道家門)에 의하여 좌우되던 정치를 말한다. 정조의 아들 순조(純祖)가 어린 나이(11세)로 즉위한 후 천주교 탄압(彈壓), 황사영(黃嗣永)의 백서(帛書)사건, 홍경래(洪景來)의 난이 일어난다. 안동 김씨 김조순(金祖淳)의 딸이 순조비가 되어 정국의 혼란을 틈타 정권은 국구(國舅)인 김조순이 어린 왕을 모시면서 그의 아들 김좌근(金佐根)과 함께 외척(外戚) 안동 김씨에게로 넘어가 세도정치가 시작되었다.

　순조가 죽고 헌종(憲宗)이 8세의 어린 나이로 등극하자 순조비인 순원왕후 안동김씨가 수렴청정(垂簾聽政)하며 마음대로 정권을 농락(籠絡)한다. 잠시 헌종의 외가인 풍양 조씨 조인영(趙寅永)이 영의정이 되어 정권을 잡았다가 헌종이 후사없이 승하하자 당파 싸움과 안동 김씨의 세도로 이어오는 동안 똑똑한 왕손은 모두 역적(逆賊)으로 죽었다. 대를 이을 가까운 왕손이 없자 자신들의 세도정치가 위협(威脅)이 되지 않는 왕손 중 아무것도 모르는 나뭇꾼 강화도령을 옹립하니 곧 철종(哲宗)이다. 김문근(金汶根)의 딸로 철종비로 삼으니 정권은 김문근과 그의 조카들인 김병국, 김병기, 김병학의 손으로 넘어갔다.

　철종의 뒤를 흥선군(興宣君)의 2자 고종이 즉위할 때까지 60여년간 왕권이 아닌 세도가들에 의해 정치가 이루어져 삼정(三政)의 문란(紊亂) 등 정치가 피폐할 대로 피폐해졌으며 밖으로는 서세동점(西勢東漸)으로 국제정세가 요동치는 격

어느날 하루아침에 허수아비 임금이 된 강화도령 철종

변기(激變期)로 일본은 개화(開化)를 서둘러 서양문물을 과학(科學)이란 이름으로 다투어 받아들이고 있었으나 우리의 임금과 조정은 아무런 대비도 없이 세도와 정권싸움만 일삼고 있었다.

※ 수렴청정(垂簾聽政), 대리청정(代理廳政), 섭정(攝政)

　왕조시대에 임금을 대신하여 국정(國政)을 맡아서 처리하는 일, 또는 그 사람을 섭정(攝政)이라고 한다.

　보통 임금이 어려서 성년이 되기 전에 대비(大妃)나 대왕대비(大王大妃)에 의한 섭정을 수렴청정(垂簾聽政, 발을 드리우어 놓고 발 뒤에서 정사를 살핌)이라 하고, 왕이 질병이나 그 밖의 사정에 의하여 왕세자(王世子)에 의한 섭정을 대리청정(代理廳政)이라 하고, 경우에 따라서는 신하가 섭정을 할 경우도 있다. 고려 7대 임금 목종 때 임금이 어려 모후인 천추궁(千秋宮)의 천추태후(千秋太后)에 의한 섭정, 조선왕조 8대 임금 예종(睿宗)이 14세의 어린 나이로 왕위에 오르자 그의 모후인 세조(世祖)의 비(妃) 정희왕후(貞熹王后)가 조선왕조 최초로 수렴청정을 한다. 정희왕후는 예종이 1년 만에 죽자 그 다음 성종(成宗) 역시 13세의 나이로 즉위(卽位)하자 다시 7년간 수렴청정을 한다.

　명종 때 문정왕후(文定王后)에 의한 수렴청정, 23대 임금 헌종(憲宗)이 8세의 어린 나이로 즉위하자 순조(純祖) 비인 안동김씨 순원왕후에 의한 수렴청정, 고종 때 임금의 생부(生父)인 대원군(大院君, 왕위를 이을 적자손이 없어 왕족 중에 왕위를 계승했을 때 그 왕의 친부를 대원군이라 하였다)에 의한 섭정을 들 수 있다.

활용(活用)

● 彈 (탄환 탄) : 彈痕(탄흔, 탄 자국), 彈劾(탄핵), 爆彈(폭탄), 糾彈(규탄), 誘導彈(유도탄),
　* (튕길 탄) : 彈力(탄력), 彈性(탄성), 彈琴臺(탄금대)
● 帛 (비단 백) : 帛書(백서, 비단에 쓴 글), 布帛(포백, 무명과 비단), 幣

帛(폐백, 물건을 싸는 비단 천으로 예물을 뜻함, 혼례 때 폐백을 드리다)
- 舅(시아비 구, 장인 구) : 舅婦(구부, 시아비와 며느리), 姑婦(고부, 시어미와 며느리)], 國舅(국구, 왕비의 부친으로 왕의 장인)
- 根(뿌리 근) : 根源(근원), 根幹(근간, 뿌리와 줄기), 禍根(화근), 男根〔남근↔女根(여근)〕
- 佐〔도울 좌↔佑(도울 우), 사람이 좌우에서 돕기에〕: 補佐(보좌), 佐命〔좌명, 천명을 받은 임금을 도움, 佐命功臣(좌명공신, 태종 1년 제2의 왕자의 난 때의 공신)〕
- 憲(법 헌) : 憲章(헌장), 憲兵(헌병), 合憲〔합헌↔違憲(위헌)〕
- 垂(드리울 수) : 垂直〔수직↔수평(水平)〕, 懸垂幕(현수막), 懸垂橋(현수교), 率先垂範(솔선수범), 山上垂訓(산상수훈)
- 簾(발 렴) : 垂簾(수렴, 발을 드리우다), 珠簾(주렴, 구슬을 꿰어 만든 발)
- 聽(들을 청) : 聽聞(청문, 廳聞會), 聽衆(청중), 聽取(청취), 聽覺(청각), 傾聽(경청), 盜聽(도청)
- 籠(바구니 롱) : 籠球(농구), 籠城(농성), 鳥籠(조롱)
- 脅(겨드랑이 협=脇) : 脅迫(협박), 脅奪(협탈), 威脅(위협)
- 宣(베풀 선) : 宣撫工作(선무공작), 宣告(선고), 宣傳(선전, 광고나 홍보활동 등), 宣戰布告(선전포고, 전쟁을 선포하는 일)
- 激(격할 격) : 激怒(격노), 激情(격정), 感激(감격), 過激(과격)
- 紊(얽힐 문) : 紊亂(문란)
- 攝(끌어잡을 섭) : 攝理(섭리), 攝生(섭생), 攝取(섭취)
  * (겸할 섭) : 攝行〔섭행, 남(임금)의 일을 대신(겸)함〕, 攝政(섭정)
- 貞(곧을 정) : 貞淑(정숙), 貞順(정순), 貞操(정조, 貞節), 貞烈(정렬), 不貞(부정), 忠貞(충정)
- 成(이룰 성) : 成熟(성숙), 成功(성공), 成長(성장), 成就(성취), 完成(완성), 混成(혼성), 作成(작성)
- 定(정할 정) : 定着(정착), 定評(정평). 肯定〔긍정↔否定(부정)〕

대원군(大院君)과 민비(閔妃)

> 大(큰 대)―大衆(대중), 大勢(대세), 强大(강대), 擴大(확대)
> 院(집 원)―院內(원내), 院長(원장), 學院(학원), 醫院(의원)
> 君(임금 군)―君子〔군자, 四君子(사군자)〕, 夫君(부군)
> 閔(성 민, 민연할 민)―閔氏(민씨), 閔然(민연=憫然)
> 妃(왕비 비)―妃嬪(비빈), 王妃(왕비), 繼妃(계비), 大妃(대비)

안동김씨 세도정치가 60년 계속되면서 왕권은 쇠퇴(衰退)하고 관기(官紀)는 문란해질대로 문란해져 지방관리들이 재물을 긁어모으는 방법이 교묘해지면서 백성들의 폐해만 커져갔다. 국가정치의 기본인 전정(田政), 군정(軍政), 환곡(還穀)의 삼정(三政)이 문란해지고 농촌은 파탄되어 삼남지방 각처에서는 민란이 발생하였다. 또 서북지방에서는 순조 11년(1811) 안동 김씨 타도(打倒)를 외치면서 홍경래(洪景來)의 난(亂)이 일어나 성공하지는 못했지만 조선왕조에 대한 전면적인 부정과 새로운 정치체제를 부르짖음으로써 집권층에 큰 타격을 주었다.

다른 한편으로는 천주교의 서학(西學)과 서양세력이 날로 밀려들고 사회는 점점 혼란해지는 와중에 1860년 전후하여 최제우(崔濟愚)에 의해 민중종교로 동학(東學)이 일어나 민중 속에 뿌리를 내린다. 철종이 후계 없이 죽자 조대비(趙大妃)는 흥선군(興宣君) 이하응의 12세의 어린 둘째 아들을 왕위에 올리니 곧 고종이다. 잠시 조대비가 수렴청정하게 되고 흥선은 대원군(大院君, 살아 있는 왕의 아버지에게 내리는 군호)에 봉해지고 실권을 장악하게 된다.

그는 안으로 경복궁의 중건(重建)과 서원철폐(書院撤廢) 등 과감한 개혁정책을 펴면서 외척의 세도를 막기 위해 자신의 처족인 민씨를 왕비로 맞아들이나 후일 정적(政敵)이 되어 민씨정권에 의해 개국(開國)이 추진된다. 대원군은 밖으로는 왕권과 나라를 지키기 위해 천주교를 탄압하면서 청과의 교역 외는 일본은 물론 서양과 통상교섭을 금하고 쇄국(鎖國)정책을 편다. 서양 여러나라는 무력적인 위협을 가하면서 통상관계(通商關係)를 맺으려고 하였다. 1866년에는 천주교 탄압이 도화선(導火線)이 되어 강화도에서 프랑스 로스 제독(提督)의 프랑스 함대가 강화도를 점령하고 무기와 서적을 약탈해갔으나 이를 물리친 병인양요(丙寅洋擾), 1871년에는 역시 강화도를 침략해온 미국의 로저스가 이끄는 아시아함대를 물리쳤다. 곧 신미양요(辛未洋擾)다. 미국과 프랑스함대를 물리친 대원군은 종로와 각지에 다음과 같은 척화비(斥和碑)를 세웠다.

대원군의 척화비

洋夷侵犯　非戰則和　主和賣國　戒吾萬年子孫
양이침범　비전칙화　주화매국　계오만년자손

서양 오랑캐가 침범하였을 때 싸우지 않음은 곧 화친하는 것이요,
화친을 주장함은 나라를 파는 것이므로, 우리 자손 만대에 경계한다

이때 일본은 1854년 미국과 화친조약(和親條約)을 맺은 후 서양의 여러나라와 통상조약(通商條約)을 체결하고 도쿠가와막부(德川幕府)를 타도하고 메이지유신(明治維新)을 하여 서양의 신문명(新文明)을 적극적으로 받아들여 부국강병책(富國强兵策)을 써 날로 국력이 신장되어 갔다.

대원군에 대한 국민들의 불만이 커져가고 통상개화론(通商開化論)이 대두되면서 고종이 친정(親政)을 선포하여 대원군은 실각(失脚)된다.

1875년 일본 군함 운요호(雲揚號)가 인천 앞 바다에 나타났고 1876년 강화도 갑곶에 일본 군함들이 상륙, 병자수호조규〔丙子修好條規, 일명 강화도조약(江華島條約)〕를 체결하고 개항(開港)을 하게 되니 일본을 통하여 서양의 신문명을 받아드린다. 이러한 과정에서 대원군과 민비를 중심을 수구(守舊)와 개화(開化)세력이 얽혀 조정은 혼란이 계속된다.

구한말(舊韓末)시대와 그 이후　285

※ 강화도조약(江華島條約, 원명 丙子修好條規)

　1875년 일본은 해로(海路) 측량을 빙자하여 군함 운요호에서 함포(艦砲) 시위를 벌이자 이에 강화도 초지진(草芝鎭) 수비병들이 발포하였다. 이듬해 일본 사신 일행이 군함 2척, 운송선 3척에 400명의 병력을 거느리고 갑곶에 상륙하여 운요호 포격에 대한 힐문(詰問)과 동시에 수호통상을 강요해 일본의 강압과 무력적 시위 아래 조선과 일본 사이에 수호조약이 체결되었다.

　이 조약 1조에 조선의 자주국이 명시되는데 이는 조선을 자주국으로 해 놓고 청국으로부터 조선에 대한 종주권(宗主權)을 빼앗는데 목적이 있었으며 개항지(開港地)에서 조차지(租借地) 확보문제와 일본 영사의 치외법권(治外法權) 조항이 들어 있어 경제적 군사적 침략을 암시하고 있다. 이 불평등(不平等) 조약을 계기로 조선은 서양 여러나라와 통상을 시작하고 문호를 개방하게 된다.

활용(活用)

● 打(칠 타) : 打開(타개), 打算(타산), 打診(타진), 强打(강타)
● 倒(넘어질 도) : 倒産(도산), 倒壞(도괴), 壓倒(압도), 卒倒(졸도)
● 愚(어리석을 우) : 愚鈍(우둔), 愚弄(우롱), 愚昧(우매), 愚直(우직), 愚問賢答(우문현답, 어리석은 질문에 현명한 답변)

* 愚公移山(우공이산, 어리석은 자가 산을 옮긴다. 우직하게 끊임없이 노력하면 마침내 이루어 진다. 옛날 우공(愚公)이 자기집 앞 산을 옮기려고 대를 이어 오랫 동안 노력하여 결국 이루어낸데서 연유한 말)

● 係(맬 계) : 係員(계원), 關係(관계)
● 導(이끌 도) : 導入(도입), 導火線(도화선), 導水路(도수로), 先導(선도, 앞에서 이끔), 善導(선도, 올바로 이끔), 指導(지도), 引導(인도), 傳導(전도, 열이나 전기가 물체를 따라 옮김)

- 線(줄 선) : 線路(선로), 線上(선상), 電線(전선, 전기줄), 前線(전선, 앞 줄), 戰線(전선, 전쟁터에서 적과 대치하고 있는 줄), 海岸線(해안선) 水平線(수평선, 地平線), 脫線(탈선), 接線(접선)

* 直線(직선)과 曲線(곡선)
자연의 선은 모두 곡선이다. 해와 달 그리고 지구의 모습이 곡선이다. 산과 강의 모습도 곡선이다. 곡선은 여유 (餘裕)롭고 안정적(安定的)이며 운치(韻致)가 있다. 그에 반해 인간 문명의 발달로 인한 선 즉, 인간이 그은 선은 대부분 직선이다. 조급(躁急)하고 냉혹(冷酷)하다. 도시계획선, 도로선, 철도노선이 그렇다. 조금 두 르드라도 곡선의 여유와 묘미를 더 살려야 할 것이다.

아취형 전통건축양식의 온갖 풍상을 겪는 강화도 남문, 이 성문 중앙에서 강화도조약이 조인되고 한일간의 비극이 시작된다

- 擾(어지러울 요) : 擾亂(요란), 騷擾(소요)
- 斥(물리칠 척) : 斥和(척화), 排斥(배척), 衛正斥邪(위정척사, 옳은 것을 지키고 삿된 것을 물리침, 역사적으로 유교를 지키고 서학의 배척 등으로 쓰였음),
  * (염탐할 척) : 斥候兵(척후병, 적의 상황을 살피는 병사)
- 犯(범할 범) : 犯行(범행), 犯人(범인), 犯罪(범죄), 輕犯罪(경범죄), 戰犯(전범), 現行犯(현행범), 防犯(방범)
- 脚(다리 각) : 脚光(각광), 脚氣病(각기병), 脚線美(각선미), 健脚(건각), 行脚(행각), 馬脚〔마각, 본색(本色)을 드러내다〕
- 揚(오를 양) : 揚名(양명), 揚揚(양양, 득의양양), 宣揚(선양), 揭揚(게양, 국기 게양), 抑揚(억양), 止揚(지양)

※ 강화도(江華島)와 우리나라 역사

맑은 날 서울 도성 언덕에서 보면 한강 하구의 강물빛이 화려하게 비치는 섬, 그래서 붙여진 이름 강화도. 우리 민족 역사교육의 살아 있는 현장이다. 마니산 정상에는 우리 민족의 경천(敬天)사상이 이어오는 제천단(祭天壇)인 참성단(塹星壇)이 있고, 강화도 전역에 청동기 시대 북방식 고인돌이, 강화읍에는 몽고의 침략에 굴하지 않고 39년간 싸우던 고려의 행궁(行宮) 터(址)가, 팔만대장경을 만든 곳도 여기요, 세계에서 최초로 금속활자를 만든 곳도 이곳이다.

조선조 인조 임금 때 병자호란을 겪은 곳도 강화도요, 개회기 때 신미양요와 병인양요를 겪은 곳도 강화도이다. 강화도의 광성보(廣城堡)는 고려 때 몽고군의 침입을 막기 위해 강화도 해안가에 쌓은 방죽 석성이다. 1871년 당시 미군은 조선의 개항(開港)을 요구하며 초지진과 덕진진 광성보를 공격했다. 이 때 총지휘관인 어재연(漁在淵)과 병사들이 모두 전사하고 장수기인 '수자기'(帥字旗)를 빼앗겼다. 이 수자기는 미국 해군사관학교박물관에 보관되어 있다.

수자기(帥字旗), 신미양요 때 광성보에 걸렸던 어재연장군의 기로 미국 에나폴리스 해군사관학교박물관에 보관되어 있다.

1875년에는 당시 일본의 최신식 군함 운요호(雲揚號)가 쳐들어와 지금도 초지진의 늙은 소나무에는 당시 함포사격으로 포탄에 맞은 역사의 흔적(痕迹)이 그대로 남아 있다. 운요호는 강화도 앞바다에 정박(碇泊)하면서 방화와 약탈, 살인을 자행한다. 1876년 일본의 강압으로 맺어진 불평등 조약인 병자수호조약이 강화도 남문 성 위에서 체결된다. 이 조약으로 아무런 준비와 대책도 없이 개항을 하고 신문명(新文明)을 받아들여 열강(列强)의 침략을 받게 되는 동기가 되며 실질적으로 조선왕조 500년의 역사의 종언(終焉)을 고하는 역사의 섬이 되고 만다.

※ 일본의 메이지 유신(明治維新)과 정한론(征韓論)

1868년 일본 메이지(明治)천황 때 도꾸가와 막부(幕府)체제를 무너뜨리고 왕정복고(王政復古)를 이룩한 유신적(維新的) 정변(政變)을 말한다.

1853년 미국의 페리 제독이 일본의 개항을 요구, 1854년 미·일화친조약을, 1858년에는 영국, 화란, 러시아, 프랑스와 통상조약을 체결하고 메이지 정부는 일대 개혁을 단행하고 부국강병의 기치 아래 구미 근대국가를 모델로 자본주의의 육성과 군사력 강화에 의한 새 시대를 열었다. 이로 인해 일본의 근대적 통일국가가 이루어졌고 정치적으로 천황제의 입헌군주국으로 제국주의국가가 되어 근대화가 추진되었다.

청·일전쟁과 러·일 전쟁의 승리는 천황에 대한 국민의 숭앙(崇仰)을 절대화하였다. 일본은 메이지 유신으로 사이고 다까모리(西鄕隆盛), 사카모도 료오마(坂本龍馬), 후쿠자와 유기치(福澤諭吉), 이또오 히로부미(伊藤博文) 등 많은 인재가 배출된다.

일본의 정한론에 의하여 1895년 희생되는 명성황후의 을미시해 현장 기록화

이때 이미 일본은 소위 정한론(征韓論)이 일어나 조선을 치자고 주장하였다. 사이고 다까모리 같은 자는 우리나라를 얼마나 얕보고 깔보았으면 2~3개 대대면 충분히 칠 수 있다고 하였다.

동학란(東學亂)과 청·일전쟁(淸日戰爭)

> 東(동녘 동)—東洋(동양), 東奔西走(동분서주), 極東(극동)
> 學(배울 학)—學問(학문), 儒學(유학), 留學(해외유학)
> 亂(어지러울 란)—亂動(난동), 亂視(난시), 不亂(불란, 內亂)
> 淸(맑을 청)—淸貧(청빈), 淸濁(청탁), 淸廉(청렴), 肅淸(숙청)
> 日(날 일)—日課(일과), 日程(일정), 隔日(격일), 休日(휴일)
> 戰(싸움 전)—戰友(전우), 戰況(전황), 冷戰(냉전)↔熱戰(열전)
> 爭(다툴 쟁)—爭點(쟁점), 爭議(쟁의), 紛爭(분쟁), 競爭(경쟁)

경주의 잔반(殘班, 몰락한 양반) 출신 최제우(崔濟愚)는 서세동점(西勢東漸)에 따라 서양의 동양 잠식(蠶食), 천주교의 전래, 서학(西學)의 보급을 국가위기로 생각하고 양반사회의 모순 극복과 서학에 대한 민족적 신앙으로 인내천(人乃天, 사람이 곧 하늘이다)사상의 동학을 창도한다. 농민, 부녀자, 중인, 잔반세력에 크게 퍼져나갔다. 1863년 혹세무민(惑世誣民)의 죄로 처형된다.

그러나 동학은 농민과 민중에게 민족의식을 자각케 하여 고종 31년(1894) 전라북도 고부군수 조병갑의 악정(惡政)에 동학접주 전봉준(全琫準)이 농민과 동학교도를 이끌고 삼남지방을 중심으로 해서 전국에 걸쳐 보국안민(輔國安民)의 기치(旗幟)를 들고 난을 일으킨다. 정부진압군이 계속 패하자 정부의 요청으로 청나라는 조선에 군대를 보낸다. 조선에 파병할 때는 사전에 협의키로 한 일본과의 약속을 무시하고 조선은 청의 속국임을 명분으로 청은 조선에 군대를 파견(派遣)하였다.

이에 일본도 일본인을 보호한다는 명분으로 아산만과 인천에 군대를 파견하여 청에 대해 선전포고를 하고, 결국 국가 운명을 위태롭게 하는 청·일전쟁을 초래하였다. 이 전쟁은 일본의 승리로 조선은 사실상 일본군에 점령되었다. 당시 조정과 백성들은 청나라가 아편전쟁(阿片戰爭) 이후 몰락(沒落)하고 있었음에도 청은 대국임으로 이길 것으로 보고 청나라를 지원하였으니 이처럼 무지몽매(無知蒙昧)하니 나라의 주권과 독립을 지킬 수 있었겠는가.

1895년 4월 28일 시모노세키(下關)조약으로 청나라는 일본에 배상금 2억만 냥과 조선이 확실한 자주독립국임을 다시 분명히 하여 일본은 청으로부터 조선을 떼어놓고 조선 침략의 발걸음을 내딛는다. ,

동학농민운동지도자 전봉준이 들것에 의해 호송되고 있는 모습

※ 청·일(淸日)의 각축(角逐)과 갑신정변(甲申政變)

개항 이후 개화정책의 실시과정에서 수구(守舊)·개화파(開化派)와 청·일(淸日)의 갈등 대립은 1882년 일본에 의한 구식 군대의 차별대우로 임오군란(壬午軍亂)이 폭발된 바 있으나 청의 군사적 개입으로 청의 간섭이 강화되고 있었다.

임오군란으로 밀려난 일본은 세력만회의 기회를 엿보다 개화당을 조종한다. 1884년 12월 4일 우정국(郵政局) 낙성식(落成式)을 계기로 그동안 일본을 내왕하며 일본의 발전을 보아온 김옥균을 중심으로 박영효, 홍영식 등 개화당이 청(淸)에 의존하려는 척족(戚族) 중심의 세력을 물리치고 청으로부터 독립하여 일본의 지원을 기대하며 자주적인 혁신정부의 수립하기 위한 개화파(독립당) 정변을 일으킨다. 이른바 삼일천하(三日天下)로 회자(膾炙)되는 이 갑신정변의 주역은 시대의 풍운아(風雲兒) 김옥균(金玉均)이었다.

그러나 기대했던 일본의 지원은 여의치 않았고 청군의 반격으로 3일 만에 막을 내렸다. 김옥균은 일본으로 망명하여 1894년 중국 상해에서 홍종우가 쏜 총탄으로 43세에 피살됐다. 김옥균은 안동 김씨로 22세에 알성시(謁聖試)에 장원급제(壯元及第)한 뒤 두각(頭角)을 나타낸 비상한 인물이라고 유길준이 그의 비명(碑銘, 비석에 새긴 글)에 적어 놓았다.

> 활용(活用)

- 蠶(누에 잠) : 蠶業(잠업), 蠶室(잠실), 蠶桑(잠상), 養蠶(양잠)
- 惑(미혹할 혹) : 惑世(혹세), 誘惑(유혹), 不惑(불혹,40세)
- 誣(속일 무) : 誣告[무고, 없는 일을 꾸며 고소하다, 誣告罪(무고죄)]
- 遣(보낼 견) : 派遣(파견), 派遣隊(파견대), 遣唐使(견당사, 당에 보내는 사신)
- 幟(깃대 치) : 旗幟(기치, 군중(軍中)에서 쓰는 기)
- 眛(눈 어두울(目不明) 매, blind) : 蒙眛(몽매)
  * 昧(어두울(暗, 微明) 매, obscure, dark) : 愚昧(우매), 曖昧(애매)
- 銘(새길 명) : 銘心(명심), 銘旌(명정), 感銘(감명)
  * 座右銘(좌우명) : 후한시대 최원(崔瑗)은 자신의 앉은 자리(座) 오른쪽(右)에 인생의 지침이 될 좋은 글귀를 새겨 놓아(銘) 생활의 거울로 삼았다.
- 屈(굽을 굴) : 屈辱(굴욕), 屈伸[굴신, 굽힘과 폄, 能屈能伸(능굴능신, 굴욕을 참고이겨내는 것을 잘함)], 屈指(굴지), 屈曲(굴곡)
  * 掘(팔 굴) : 堀鑿[굴착, 堀鑿機(굴착기)]
  * 窟(동굴 굴) : 窟穴[굴혈은 굴을 말하고, 掘穴(굴혈, 굴을 파다의 뜻)]
- 恐(두려울 공) : 恐喝(공갈), 恐妻家(공처가), 恐水病(공수병), 恐慌(공황)
- 怖(두려워할 포) : 恐怖(공포 분위기)
- 混(섞을 혼) : 混同(혼동), 混成(혼성), 混雜(혼잡), 混線(혼선), 混濁(혼탁), 混飮(혼음), 混淫(혼음), 混血(혼혈), 混湯(혼탕)
- 乃(이어 내) : 乃至(내지),
- 蜂(벌 봉) : 蜂蜜(봉밀, 벌꿀), 蜂蝶(봉접), 蜂針(봉침), 蜂巢(봉소)
- 起(일어날 기) : 起伏(기복), 起工(기공, 竣工, 完工), 起承轉結(기승전결), 起爆劑(기폭제), 起算(기산), 再起(재기),
  * 發起(발기)는 앞장서 새로운 일을 시작하는 것으로 發起文(발기문)의 작성, 勃起(발기)는 힘이 불끈 솟으며 일어나는 것으로 남자의 성기가 발

기되다 또는 勃起不全(발기부전, 발기가 온전치 않음) 등이다

* 起死回生(기사회생)
 죽음에서 일어나 다시 살아난다는 뜻으로 춘추시대 臥薪嘗膽(와신상담)의 고사에서 吳(오)나라 재상 伍子胥(오자서)가 한 말이다. 오나라 왕 闔閭(합려)는 越(월)나라를 공격했으나 월왕 勾踐(구천)에게 독화살을 맞고 패하여 죽음에 이르러 아들 夫差(부차)에게 반드시 구천을 쳐 원수를 갚으라고 유언을 했다. 부차는 복수심을 잊지 않기 위해 장작섶에 누워(臥薪) 군사를 길러 때가 오기를 기다렸다. 이 소문을 들은 구천은 책사 范蠡(범려)가 말려도 듣지 않고 선제공격을 하다가 패하여 會稽山(회계산)으로 도망치다 부차에게 포로가 되어 오나라로 끌려간다. 구천은 君臣之盟(군신지맹)을 하여 모든 것을 다 바치고 살아 돌아온다.
 이 때 오자서는 구천이 起死回生(기사회생)해서 다시 처들어올 것이라고 하면서 자기가 죽거들랑 목을 월나라와의 국경에 걸어놓으면 내가 죽어서라도 구천이 다시 처들어오는 것을 똑똑히 보겠노라 하면서 부차에게 월나라를 멸망시켜 화근을 없애라고 주장하지만 받아들여지지 않는다. 구천은 매일 쓸개를 핥아 맛보며(嘗膽) 회계산의 치욕[會稽之恥(회계지치)]을 갚을 것을 다짐한다. 오나라가 방심하고 있는 틈을 타 20년 후 오나라를 다시 치고 부차를 사로잡아 옛일을 생각해 부차를 제후로 삼으려 하니 부차가 스스로 자진한다.

● 排(밀칠 배, 배척할 배) : 排球(배구), 排斥(배척), 排氣(배기, 排水), 排卵(배란, 排尿, 排便), 排泄作用(배설작용), 排佛崇儒(배불숭유), 排他的(배타적)
● 擊(부딪칠 격) : 擊沈(격침), 擊滅(격멸), 爆擊(폭격), 攻擊(공격), 一擊(일격), 電擊的(전격적)
● 擴(넓힐 확) : 擴大(확대), 擴充(확충), 擴散(확산)
● 響(울릴 향) : 響應[향응, 소리가 마주쳐 울림, 饗應(향응)은 융숭한 대접], 反響(반향), 交響樂(교향악), 音響(음향)

※ 아편전쟁(阿片戰爭, Opium war, 1840~1842)

　유럽의 서구문명(西歐文明)과 함께 서세(西勢)가 동점(東漸)하면서 1842년 아편전쟁이 일어난다. 영국은 산업혁명으로 생산된 많은 방직 제품을 중국에 수출했는데 중국으로부터 차(茶)와 도자기(陶磁器) 수입이 늘어 오히려 무역이 역조(逆調)가 되자 영국은 인도에서 아편을 생산, 중국에 수출하였다. 청나라에서 아편 수입을 금지하자 이를 둘러싸고 영국과 중국 간에 일어난 전쟁이다.

　이 전쟁에서 영국이 중국을 눌러 중화제국이 무너져 홍콩이 조차(租借)되고 배상금(賠償金)과 함께 홍콩(香港)이 영국령이 된다(1997년 중국에 반환). 이어서 프랑스, 미국과도 1858년의 천진조약, 1860년의 북경조약 등 불평등조약을 맺고 중국을 반식민지화한다. 이 때 조선은 천하막강지국(天下莫强之國)으로 알았던 대국 청이 양이(洋夷)들에게 패하여 굴복당하는 것을 보고 화(禍)를 당할지 모르겠다는 공포에서 쇄국(鎖國)을 고집하게 되는 중요한 빌미의 하나가 된다.

　일본은 이를 계기로 명치유신(明治維新)을 단행하고 서구 문물을 받아들여 근대화에 성공하는 우등생이 된다. 당시 우리나라는 영국이 이겼는지 중국이 졌는지도 앞으로 어떤 영향(影響)이 미칠지를 알지 못했다. 북경을 다녀온 연행사(燕行使)들이나 조정(朝廷)의 높은 관리들이나 국제정세의 변화에 대한 정확한 정보 해석(解釋) 능력이 없었기 때문이다.

※ 서학(西學)과 동학(東學)

　서학은 16세기 이후 중국과 조선에 전래된 서양의 학문과 사상 문물을 말한다. 천주교를 뜻해서 서교(西敎) 또는 천주학(天主學)이라고 했다. 임진왜란과 병자호란을 겪은 후 조선의 지도이념이던 주자학(朱子學)의 덕치주의 사상에 대한 사회적 경제적 혼란(混亂) 속에 서양문물의 유입은 조선사회에 큰 영향을 미쳤다.

　이런 서학의 반동(反動)으로 최제우(崔濟愚)의 인내천(人乃天)사상을 종지(宗旨)로 하여 외세(外勢)와 세도정치로 도탄(塗炭)에 빠진 민생을 제도(濟度)하기 위하여 동학이 일어났다. 동학은 1894년 갑오 동학농민(東學農民)의 봉기(蜂起)를 비롯하여 구한말 외세(外勢) 배격(排擊) 등 우리의 역사에 많은 영향을 끼쳤다. 3세 교주인 손병희(孫秉熙)에 의하여 동학을 천도교(天道敎)로 개칭하여 교세 확장(擴張)에 힘썼으며 3·1운동에도 큰 영향(影響)을 미친다.

친로파에 의한 아관파천(俄館播遷)

俄(잠시 아)―俄然(아연, 갑자기), 당시 러시아를 俄羅斯(아라사)
館(집 관)―館舍(관사), 博物館(박물관, 美術館), 旅館(여관)
播(뿌릴 파, 옮길 파)―播種(파종), 傳播(전파), 直播(직파)
遷(옮길 천)―遷都(천도), 改過遷善(개과천선), 變遷(변천)

1894년 일본의 간섭에 의해 민씨 세력을 몰아내고 대원군을 앞세워 구식 제도를 서양식 제도로 개혁한 갑오경장(甲午更張)이 이루어지고 노비(奴婢), 상민(常民), 양반(兩班)의 신분제도(身分制度)가 철폐된다. 한편 그동안 소외됐던 민비와 그 일족에 의해 배일친로(排日親露)정책이 추진되면서 1895년 일본공사에 의한 민비가 경복궁에서 시해(弑害)되는 을미사변(乙未事變)이 벌어지고, 을미사변으로 민심이 흉흉한 가운데 상투를 자르는 단발령(斷髮令)까지 내려져 전국에서 항일 의병(義兵)운동이 일어난다.

고종은 일본을 견제하고 신변보호도 도모할 겸 하여 친로파 세력의 권유를 받아 1896년 2월 11일(음력으로 1895년 을미년 12월 1일) 새벽 고종이 건천궁에서 경복궁 후문 신무문을 빠져나와 사직단(社稷壇)을 거쳐 러

※ **단발령(斷髮令)**

을미사변 이후 행해진 일본에 의해 강행된 개혁의 하나로 상투를 자르고 머리를 깎게 하였다. 양력으로 1896년 1월 1일(을미년 동짓달 열이레) 고종은 일본의 꼭두각시나 다름없는 김홍집내각의 압력을 이기지 못하고 모두 상투를 자르도록 조칙(詔勅)을 내린다. 태자와 함께 자신도 상투를 자른다.

당시 피폐해진 민심과 함께 전국 각지에서 의병운동이 일어나기 시작했으며, 일반 백성들은 효경(孝經)의 첫머리에 있는 "신체발부(身體髮膚)는 수제부모(受諸父母)로 불감훼상(不敢毀傷)이 효지시야(孝之始也)라"(신체와 머리털, 살갗 모두 부모로부터 받은 것인데 감히 훼상하지 않은 것이 효(孝)의 첫걸음이다)고 하였으며, "두가단(頭可斷)이나 발부단(髮不斷)이라"(목은 자를 수 있으나 부모로부터 물려받은 머리는 자를 수 없다)며 반대하였다.

시아공사관으로 가 그 다음해 2월 25일까지 고종과 세자가 정동(貞洞)에 있는 러시아 공사관에 유폐(幽閉)되어 거처한 사건이다. 조선의 국왕이 정궁(正宮)을 버리고 제 땅에 와 있는 외국 공관으로 피신을 한 것이다. 당시 친러파와 러시아 공사 웨베르(Waeber)가 협의하여 일으킨 일로 아관파천(俄館播遷)이다. 이 기간에 친러파 내각이 칩권하였으며 이 기간 동안 많은 나라의 이권(利權)은 러시아를 비롯 속속 외국의 손으로 넘어가는 어처구니 없는 일이 벌어진다. 세상은 친로파의 시대였다.

독립협회를 비롯 국민들의 국왕의 환궁(還宮) 요구와 나라의 이권의 양도 반대운동이 거국적으로 일어나고 있었다. 약 1년 후 내외의 여론과 압력으로 덕수궁으로 환궁하였다. 덕수궁은 주변에 미국, 영국, 러시아, 프랑스 등 외국공관이 많이 있어 안전을 도모할 수 있다고 생각하였다. 이때부터 나라의 정치는 더욱 외세(外勢)에 휘말리기 시작하였다.

활용(活用)

- 俄(잠시 아) : 俄然(아연, 갑자기)과 음이 같은 단어 啞然[아연, 놀라는 모양, 啞자는 벙어리아 자임, 聾啞(농아, 聾자는 귀머거리 농자임, 귀머거리는 벙어리이므로 聾啞로 씀), 盲啞맹아, 盲자는 눈멀맹 자임)]이 있다.
- 局(판 국) : 局面(국면), 局限(국한), 局外者(국외자), 時局(시국선언)
- 郵(역참 우) : 郵政(우정), 郵便(우편), 郵便(遞)局(우편(체)국), 郵送(우송),
- 奴(종 노) : 奴는 계집 여변이지만 남노(男奴, 남자 노비)를 말하고 婢가 계집종이다. 奴婢(노비). 奴隷(노예), 守錢奴(수전노), 賣國奴(매국노)
* 婢(계집종 비, 나중에 개화되면서 신분(身分)이 바뀌어 침모(針母), 식모(食

구 러시아 공사관, 사적(史蹟) 제253호로 지정되어 있다

母)로 불렸다가 지금은 민주화시대로 '가사도우미'로 불려진다), 婢妾
(비첩, 종으로 첩이 된 여자), 官婢(관비)
- 班(나눌 반, 양반 반) : 文班과 武班을 양반이라 함. 班常(반상, 양반
  과 상민), 班列(반열, 양반의 줄)
- 弑[(윗사람을)죽일 시] : 弑害(시해), 弑逆(시역, 왕을 죽인 반역)
- 斷(끊을 단) : 斷切(단절), 斷交(단교), 斷念(단념), 決斷(결단), 嚴斷
  (엄단), 中斷(중단), 處斷(처단)
- 髮(터럭 발) : 假髮(가발), 頭髮(두발), 斷髮(단발), 理髮(이발)
- 駐(머무를 주) : 駐車(주차), 駐屯(주둔), 駐在國(주재국), 進駐(진
  주하다)
- 敢(용감할 감) : 敢行(감행), 勇敢(용감), 敢鬪(감투)
  * (어찌 감) : 焉敢生心(언감생심, 어찌(감히) 생각할 수 있느냐)

※ 관부연락선(關釜連絡船)과 철도(鐵道)의 역사
1905년 부산(釜山)과 일본 시모노세키(下關)을 운항하는 선박(船舶)이키마루(壹岐丸)호가 출항했다. 1905년 서울 영등포역과 부산 초량역을 잇는 경부선(京釜線) 철도(鐵道)가 개통한 후 8개월 만이다. 러일전쟁 후 일본의 대륙진출을 위해 섬나라인 일본과 대륙의 조선을 잇는 교통망(交通網)의 구축(構築)이다.
1906년 서울과 신의주의 경의선(京義線)을 거쳐 압록강 철교를 지나 만주까지 연결되었다. 섬나라인 일본은 임진왜란 때부터 대륙진출의 야망(野望)을 항상 꿈꾸어 왔다. 식민지경영을 위해 제국의 엘리트 근대문명을 배우러 식민지국인 우리의 지식인과 청년들은 다투어 관부연락선을 타고 현해탄(玄海灘)을 건너갔다. 그때는 서울에서 부산으로 가는 선이 상행선으로 불렀다.
우리나라 최초의 철도는 1899년 서울 노량진역에서 인천 제물포를 잇는 경인선(京仁線)으로 지금도 노량진구에서 역사와 함께 하는 철도시발지(鐵道始發地)기념비가 세워져 있다. 우리나라 철도사(鐵道史)는 이처럼 일본 제국주의의 침탈사(侵奪史)로 시작되었다.

대한제국(大韓帝國)과 러·일전쟁(露日戰爭)

> 露(이슬 로)―露出(노출), 露宿(노숙), 甘露(감로, 甘露水)
> 日(날 일)―日直(일직), 日較差(일교차), 隔日(격일, 連日)
> 戰(싸움 전)―戰術(전술), 戰勝(전승), 參戰(참전), 休戰(휴전)
> 爭(다툴 쟁)―爭奪(쟁탈), 爭取(쟁취), 爭議(쟁의), 抗爭(항쟁)

고종이 러시아공사관에 파천한 지 375일 만인 1897년 2월 20일 고종은 국민들의 비난 속에 경운궁[慶運宮, 광해군이 이곳에서 즉위하면서 "나라의 운을 기린다"는 뜻으로 지었다. 덕수궁(德壽宮)은 고종이 양위하고 이곳에 남아 "장수를 기원한다"는 의미의 덕수궁으로 바뀌었다]으로 돌아온다.

고종은 국민들의 자주독립과 국운회복을 위한 여망에 따라 대한제국(大韓帝國)을 선포하고 스스로 황제(皇帝)라 칭하고 년호(年號)를 광무(光武)라 하였다. 고종은 경운궁을 새 제국의 심장부로 만들려고 궁궐 정문의 이름도 대안문(大安門)에서 "다시 크게(大) 한양(漢陽)을 번창하게 만든다"는 의미를 담아 지금의 대한문(大漢門)으로 고쳤다. 그러나 경운궁으로 돌아온 것은 일본을 경계하여 경운궁 주변의 러시아를 비롯 외국공사관의 보호와 견제에 의지하려 함이 컸다고 한다.

대한제국을 가운데 놓고 만주에 철도부설권 등 만주에 대한 지배력을

※ 원구단(圜丘壇)

고종왕은 1897년(고종 30)에 국호(國號)를 대한제국(大韓帝國)이라 선포하고 황제(皇帝)라 칭하였다. 덕수궁 건너편 지금의 조선 호텔 자리에 원구단을 짓고 중국에만 천자(天子)가 있는 것이 아니고 조선에도 천자가 있음을 하늘에 고했다. 년호(年號)를 광무(光武)라 하고 더 이상 청(淸)의 속국(屬國)이거나 제후국(諸侯國)이 아님을 대내외(對內外)에 알린 것이다.

圜자는 두를 환, 또는 둥글 원자인데 이 때는 둥글 원자이다. 중국 북경애 천단(天壇)이라는 곳에 중국황제가 제천의식을 행하던 원구단이 있다.

강화한 러시아와 일본이 날카로운 대립을 보이던 중 러시아의 진출을 달갑지 않게 여기던 일본은 영국과 동맹(同盟)을 맺고 1904년 여순(旅順)에 대한 기습공격을 단행하는 러·일전쟁이 벌어진다. 러·일전쟁은 여러 나라의 예상을 뒤엎고 일본의 승리로 끝나 일본은 동아시아의 강국으로 등장한다. 포오츠머스 강

원구단(圜丘壇)은 천자가 하늘에 제사지내던 제천단(祭天壇)으로 고종이 대한제국 황제로 즉위하여 광무 3년에 축조하였으나 일제시 헐려버리고 원구단의 부속건물 황궁우(皇穹宇)만 남아 있다(서울 중구 소공동).

화조약(講和條約)으로 한국은 일본의 지배하로 빠져든다. 자기 나라와 백성을 지키겠다는 자주국방(自主國防)의 힘을 상실한 당시의 국정(國政)을 가히 짐작할 수 있다.

이러한 가운데 1905년(乙巳年) 일본 정계의 원로(元老)인 이또오 히로부미(伊藤博文)가 와서 아무런 힘없는 황제와 대신을 위협하여 강압에 의해 한일간에 보호조약(保護條約)이 체결된다.

을사보호조약이란 명칭은 식민사관에 의한 일본측이 대한제국을 보호하기 위한 조약이란 뜻인데 아직도 계속 쓰고 있으니 안타깝다. 이는 일본의 강압에 의한 을사늑약(乙巳勒約)이다. 이 을사늑약에 따라 초대 통감(統監)이 된 이등박문의 통감부가 실질적으로 조선반도를 다스리고 임금은 아무런 실권이 없으니 조선왕조는 멸망한 것이나 다름없다.

※ 을사늑약〔乙巳勒約, 을사보호조약(乙巳保護條約)〕

섬나라 일본은 임진왜란 때에도 보인 바와 같이 항상 한반도를 육교(陸橋)로 하여 만주(滿洲)와 대륙(大陸)으로 진출하려는 야망(野望)을 가지고 있었다.

1894년 갈팡질팡하는 우리나라를 제물로 청·일전쟁을 일으켰으며 1904년 2월에는 일본과 러시아가 한반도와 만주의 이권을 놓고 러·일전

쟁이 일어났다. 이 두 전쟁을 일본은 승리로 이끈다. 패전 중국은 신해력명(辛亥革命)과 오사운동(五四運動)을 거쳐 청제국의 멸망을, 러시아제국은 짜르왕조의 멸망을 거쳐 볼세비키혁명으로 대한제국도 함께 멸망의 길을 걷게 된다.

청·일전쟁과 러·일전쟁은 일본의 승리로 한반도 쟁탈전은 일본의 독무대로 끝이 났다. 을사(乙巳, 1905년)년 11월 을사보호조약 또는 오조약(五條約) 체결을 위하여 일본은 이등박문을 서울에 보내 일본공사와 함께 일본군사를 거느리고 궁궐로 가서 황제와 대신들을 위협하여 조약안의 승인을 강요하였으나 듣지아니하자 한규설(韓圭卨) 참정대신(參政大臣, 首相)을 일헌병이 끌어내고 외부대신인(外部大臣印)을 강제로 가져와서 날인해버렸다.

체결 당시 경운궁(慶運宮, 지금의 德壽宮)은 대한문과 회의장 안팎이 완전무장한 일본군이 겹겹이 둘러쌓다. 시내 전역도 기병(騎兵), 포병(砲兵), 보병(步兵) 등 2만여 명을 배치하여 완전 장악하고 있었다.

을사조약의 내용은 첫째로 일본이 한국의 외국에 대한 관계 및 사무를 통리(統理) 지휘(指揮)하고, 둘째로 한국은 일본을 거치지 않고 국제조약이나 약속을 할 수 없으며, 세째는 일본이 한국의 외교에 관한 사항을 관리하기 위하여 한국황제 밑에 통감부(統監府)를 설치하고 통감(統監)을 두어 외교권(外交權)을 박탈하고 영친왕을 일본으로 데리고 간다.

물론 임오군란 뒤 청나라 원세개(袁世凱)도 조선의 주권을 무시하여 민폐의 자행은 말할 것도 없이 고종 임금의 친부인 대원군을 중국 천진땅으로 압송해 간다. 그는 또한 서울 한복판(현 롯데호텔 자

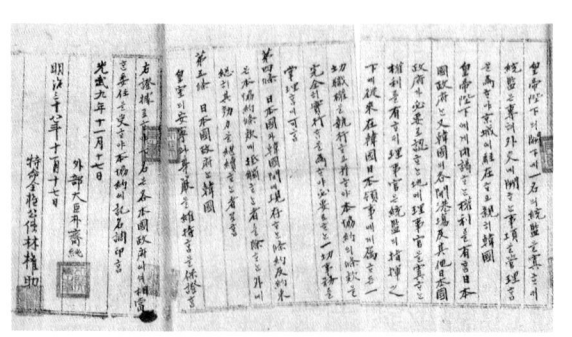

1905년 11월 17일 대한제국외부대신 박제순(朴齊純)과 일본전권공사 하야시 곤스케(林權助) 간에 체결된 전문 5조로 된 을사늑약

리)에 그들의 공사관을 설치하고 '모든 일을 다스리는 부(府)'인 '이사부'(理事府)라 하여 조선의 독립을 완전히 무시한 바 있었다.

이래서 독립국가로서의 지위를 박탈해버린 것이지만 실질

을사늑약을 체결하고서 이등박문과 매국노들이 역사의 죄인이 되는지도 모르고 사진을 남긴다

적으로 통감은 한국의 내정(內政) 일체를 관장하고 있었다. 이를 전후하여 울릉도의 속도(屬島)인 독도(獨島)를 일본 시네마현 소속으로 강제 편입한다. 1909년에는 우리 민족이 살고 있었던 간도(間島)를 만주침약을 위한 철도부설의 교환조건으로 청(淸)에 넘겨주었다. 즉, 청·일간의 간도협약(間島協約)이다.

을사늑약으로 외교권과 국정운영의 자결권을 빼앗긴 우리나라는 1910년의 경술국치(庚戌國恥)를 맞게되며 우리 민족에게 일제 36년간의 치욕의 역사와 오늘의 남북분단으로 민족의 비극이 이어저 왔다. 그 책임은 누구에게 있을까? 일본에만 있다고 치부(置簿, 마음 속에 새겨둠)하고 넘어갈 것인가. 임금과 지도자의 책임은 말할 것도 없이 우리 국민 모두의 책임이다.

1905년 11월 20일 황성신문(皇城新聞)은 사장 장지연(張志淵)이 을사늑약을 반대하는 명논설(名論說) '시일야방성대곡'(是日也放聲大哭, 이날 목놓아 통곡하노라)을 써 민족의 울분(鬱憤)과 기개(氣槪)를 나타내었다.

> 활용(活用)

- 慶(경사 경) : 慶祝(경축, 國慶日), 慶賀(경하), 慶弔事(경조사)
- 防(막을 방) : 防犯(방범), 防彈(방탄), 防腐劑(방부제), 防波堤(방파제), 防風林(방풍림), 防諜(방첩), 民防空(민방공), 堤防(제방)
- 護(보호할 호) : 護國(호국), 護身術(호신술), 護衛(호위), 守護(수

호), 看護(간호), 擁護(옹호), 救護(구호)
- 勒(굴레 륵, 재갈 륵) : 勒婚(늑혼, 강제로 하는 혼인), 勒奪(늑탈)
  * (미륵 륵) : 彌勒〔미륵, 미래불, 彌勒佛(미륵불)〕
- 陸(뭍 륙) : 陸地(육지), 陸路(육로), 陸橋(육교), 大陸(대륙), 上陸(상륙), 着陸〔착륙↔離陸(이륙), 軟着陸, soft-landing〕
- 橋(다리 교) : 橋梁(교량), 橋脚(교각), 橋頭堡(교두보), 鐵橋(철교),
- 締(맺을 체) : 締盟〔체맹, 締盟國(체맹국=同盟國(동맹국)〕
- 聲(소리 성) : 聲援(성원), 聲價(성가), 聲明書(성명서, 소리내어 밝히는 글), 肉聲(육성), 聲東擊西〔성동격서, 동쪽을 친다고 소문을 내고 실제로는 서쪽을 치는 用兵術(용병술)〕,
- 憤(분할 분) : 憤慨(분개), 憤怒(분노), 憤敗(분패), 激憤(격분),

※ 간도협약(間島協約)

간도란 지금은 중국땅인 압록강 두만강 이북의 우리 민족의 고토를 말한다. 간도의 유래는 본래 두만강 중간의 종성과 온성 사이에 있는 사이섬(間島)으로 매우 비옥하여 1860년 경부터 부근의 주민이 이를 개간하여 붙인 이름이다. 그후 두만강 건너 땅도 개간하여 모두 간도라 하고 두만강 이북을 동간도, 압록간 이북을 서간도, 그 위를 북간도라 하였다.

을사늑약으로 외교권(外交權)이 박탈(剝奪)당한 우리나라를 대신하여 1909년 일본은 만주철도 부설권(敷設權)과 만주지역 탄광 채굴권(採掘權) 등 이권을 넘겨받는 대가로 조선인들이 살고 있던 간도 영유권(領有權)을 청나라에 넘겨주었다.

이 땅은 1712년 조선과 청나라가 국경 확정을 위해 백두산정계비(定界碑)를 세웠으나 국경협상이 결렬된 지역이다. 그 때 우리 조상들은 청나라와의 협상에서 "내목이 잘릴지언정 한치의 땅도 내줄 수 없다"(此頭可斷國土不可縮)고 버티며 지켜왔던 곳이었다. 그동안 일인들이 정계비도 없에버리고 지금 남북으로 갈려 북한이 중국에 군사적으로 경제적으로 예속(隸屬)되어 있어 간도 협약이 체결된 지 100년의 세월이 지나고 있다. 언젠가는 우리들이 옛 간도땅을 되찾아 와야 할 것이다.

의병(義兵)의 봉기와 안중근(安重根)의사

義(옳을 의)—義憤(의분), 義俠(의협), 義齒(의치), 信義(신의)
兵(군사 병)—兵役(병역), 兵法(병법), 强兵(강병), 伏兵(복병)
安(편안 안)—安保(안보, 保安), 安樂死(안락사), 治安(치안)
重(무거울 중, 거듭할 중)—重量(중량), 輕重(경중), 重複(중복)
根(뿌리 근)—根據(근거), 根絶(근절), 禍根(화근), 着根(착근)

을사조약의 체결은 안으로는 온 국민의 맹렬한 분노와 반대에 부닥쳤다. 언론은 일본의 검열에 의해 통제되었으며 국민 여론은 더욱 끓어 올랐다. 상소문(上疏文)은 빗발쳤고 연일 시위(示威)와 철시(撤市)가 행해졌다. 시종무관(侍從武官) 민영환(閔泳煥)은 분함을 참을 길 없어 국민에 고하는 유서(遺書)를 남기고 자결(自決)하였다.

무력(武力)으로 일본에 대항하는 의병(義兵)이 전국 각처에서 봉기(蜂起)하였다. 대표적으로 허위(許蔿), 신돌석(申乭石), 유인석(柳麟錫) 등이다. 의병활동과 무력항쟁(武力抗爭)이 끊이지 않고 국민들의 배일(排日)감정은 날로 격해져 일본의 무단통치(武斷統治)는 점점 더 포악(暴惡)해져 갔다.

1907년 고종은 네덜란드 헤이그에서 열리는 만국평화회의(萬國平和會議)에 밀사(密使)로 이상설(李相卨), 이준(李儁), 이위종(李瑋鍾)에 신임장을 주어 억울한 사정을 호소케 하였다. 고종의 조인(調印)없는 조약의 무효를 주장하고 회의 참석을 요구하였으나 관철되지 않았다. 노회(老獪)한 이등박문은 이를 빌미로 고종과 내각을 협박하여 고종을 강제 퇴위(退位)시킨다. 순종을 황제로 즉위시키니 년호가 광무(光武)에서 융희(隆熙)로 바뀌었다. 내각총리대신 이완용(李完用)과 이등박문 사이에 새로운 협약(丁未七條約)이 체결되어 실질적으로 한일합병 상태의 일보 직전까지 이르렀다.

이로서 이등은 조선에서 자기 직분을 다하고 통감직에서 물러나 한일합

1909년 10월 26일, 하얼빈역에서 이등을 포살하는 장면과 단지한 안의사의 장인(掌印, 손바닥으로 찍은 도장), 새로 개관한 서울 남산의 안중근 의사 기념관 전시물 중에서

방(韓日合邦)을 생각하고 곧 있을 합병(合倂)에 대해 러시아에 설명하고 양해를 얻을 겸 만주 일대의 의병상황도 살필 겸 하여 만주 하얼빈역에 도착하자 의사 안중근의 총탄(銃彈)에 쓰러진다. 1909년 10월 26일 오전 9시 30분 경이다.

이등박문의 만주시찰길은 실로 하늘이 시킨 일로 스스로 묘혈(墓穴)을 파게한 것이며 안중근의 영웅적 거사(擧事)는 거족적(擧族的) 의분(義憤)의 표출(表出)로 전국민의 마음을 통쾌(痛快)히 하였다.

이에 앞서 구한말(舊韓末) 의병장(義兵將) 왕산(旺山) 허위(許蔿)는 1908년 마지막 재판정에서 일인 재판관이 "의병을 일으키게 한 자가(배후) 누구이냐?"고 묻자 "의병을 일으키게 한 자는 바로 이토 히로부미(伊藤博文)다"라고 말하며 서대문 형무소를 짓고 첫 사형수로서 의연히 순국한다. 이때 안중근은 "고관(高官)이란 제 몸만 알고 나라는 모르는 법이지만 허위 만은 그렇지 않았다. 왕산같은 충신이 두 사람만 더 있었으면" 하고 탄식한다. 그로부터 꼭 1년 뒤의 일이다.

안중근이 사형(死刑)을 선고받자 일본 검찰(檢察)이 항소(抗訴)를 사주(使嗾)하자 이는 일본국법을 인정하는 꼴이 되므로 단호히 거부하고 순국(殉國)한다. 일본은 죽어서까지 안중근의 유해(遺骸)가 안치된 묘역(墓域)은 조선인들의 독립운동의 새로운 성지(聖地)가 될 것이 두려워 그의 시신(屍身)을 아직도 못찾게 해두었다.

안중근이 돌아가자 중국의 손문(孫文)은 그의 만시(輓詩)에서 다음과 같이 적었다.

身在一邦 名萬國 (신재일방 명만국)
生不百歲 死千秋 (생불백세 사천추)

몸은 비록 한나라에 속했으나 그 이름은 만국에 떨치네
살아서 백세를 못사는 인생 죽어서 천추에 빛나는구나

※ 안중근의 유묵(遺墨)이 남겨준 역사의 교훈

안중근은 1909년 10월 이등박문을 포살(捕殺)하고 여순(旅順) 감옥(監獄)에 수감되어 일본 관동법원(關東法院)으로부터 1910년 2월 14일 사형(死刑)을 선고받고 1910년 3월 26일 사형이 집행되어 순국(殉國)한다.

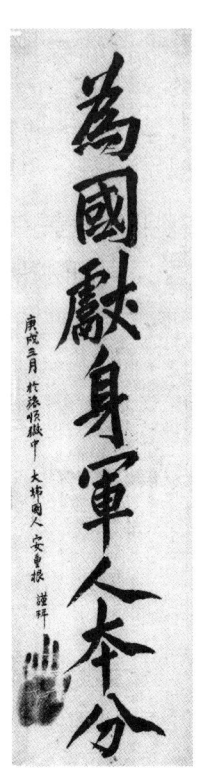

見利思義 見危授命
이 유묵은 안의사의 의거가 국가 정의를 위하여 목숨을 바친 자신의 마음을 밝히고 있다.

爲國獻身 軍人本分
이 작품은 독립군으로서 안의사의 정신을 잘 보여준다. 안의사는 일생 조국광복을 다짐하며 손가락을 잘라낸 (斷指) 왼손의 손바닥을 자신의 도장(掌印)으로 썼다.

모두 庚戌 三月 於旅順獄中 大韓國人 安重根 (경술년 3월 여순 감옥 속에서, 대한국인 안중근)이라고 썼다. 경술년은 한일합방으로 나라가 국권을 잃어버린 지금으로부터 100년 전 바로 그 해이다 그의 유묵은 현재 약 50여 점으로 확인되는데 국내 26점은 모두 국가문화재로 지정되었으며 나머지는 일인들이 소장하고 있는 것으로 전해지고 있다.

안의사의 유묵은 모두 사형언도를 받은 후 순국 때까지 작품으로 사형수로서 그 의연(毅然)하고 꿋꿋한 모습은 그 누구도 생각하기 힘든다. 처음 유묵의 주인이 모두 일본인 검찰(檢察), 경시(警視), 스님 등 일본인이다. 안의사의 전인격적(全人格的) 면모(面貌)에 흠모(欽慕)되어 다투어 글씨를 받아간 것이다. 그 내용도 동양평화와 일인들의 각성을 위한 사상과 교육의 정신을 담고 있다.

활용(活用)

- 疏(틀(소통할) 소) : 疏通(소통), 疏遠(소원), 疏外(소외), 親疏(친소)
  * (거칠 소) : 疏食(소사, 거친 음식의 뜻으로 食자는 밥과 음식을 말할 때는 '사'로 읽고 음식을 먹다를 의미할 때는 '식'으로 읽는다)
  * (상소 소) : 上疏文(상소문), 持斧上疏(지부상소, 죽기를 각오하고 도끼를 들고 상소를 올림)
  * 疎(소)자는 疏자와 같은 자임.
  * 蔬(소)자는 나물 소자로 채소(菜蔬), 소사(蔬食, 나물반찬 밥), 살림이 구차하거나, 임금이 편찮아 음식을 잘 들지 못할 때 신하들이 나물반찬뿐인 밥을 먹었다. 이는 『논어』(論語)의 「술이」(述而)편에 나오는 '반소사음수(飯蔬食飮水, 나물반찬의 밥을 먹고 물을 마시고)'에서 유래한 것이다.

- 泳(헤엄칠 영) : 水泳(수영), 蝶泳(접영), 背泳(배영)
- 煥(불꽃 환) : 煥爛(환란), 煥然(환연)
- 돌(돌 돌) : 순 우리말 한자로 이름자에 썼음(큰아들 泰돌, 둘째 二돌)
- 錫(주석 석) : 錫杖(석장, 스님이나 도사의 지팡이)

- 獪(교활할 회) : 老獪(노회), 獪猾(회활=狡猾)
- 倂(아우를 병=幷=竝=並 모두 같은 뜻의 글자이다) : 倂合(병합), 合倂(합병), 倂吞(병탄=竝吞), 竝立(병립), 竝行(병행), 竝發(병발=倂發), 竝設(병설=倂設)로 주로 쓰임
- 邦(나라 방) : 友邦(우방), 盟邦(맹방), 聯邦(연방), 萬邦(만방)
- 銃(총 총) : 銃劍(총검), 銃殺(총살), 銃口(총구), 拳銃(권총)

*"權力은 銃口로부터 나온다"고 모택동(毛澤東)이 한 말이다. 그는 진시황(秦始皇)에 이어 두 번째로 중국대륙을 천하통일한 위인이다. 그는 공자를 격하(格下)시키고, 분서갱유(焚書坑儒)를 한 진시황을 미화시켜 인민출판공사로 하여금 『시황제』(秦始皇)를 출판케 했다. 한때 노도(怒濤)와 같이 중국대륙을 휩쓸었던 모택동의 문화대혁명은 현대 중국과 중국문화를 크게 후퇴시켰다. 그는 진시황 때 지식인인 유생(儒生)들을 반혁명분자로 보았다.

- 穴(구멍 혈) : 穴居(혈거), 洞穴(동혈)
- 快(쾌할 쾌) : 快感(쾌감). 快適(쾌적), 快差(쾌차), 快癒(쾌유), 快晴(쾌청), 明快(명쾌), 爽快(상쾌), 快哉(쾌재)를 부르다
- 檢(검사할 검) : 檢察(검찰), 檢定(검정), 檢擧(검거), 檢索(검색), 巡檢(순검), 點檢(점검)
- 訴(하소연할 소) : 訴訟(소송), 訴願(소원), 告訴(고소), 呼訴(호소)
- 嗾(부추길 주) : 使嗾(사주)
- 殉(따라죽을 순) : 殉死(순사), 殉敎(순교, 殉敎者), 殉職(순직), 殉國先烈(순국선열), 殉葬(순장), 殉節(순절), 殉愛譜(순애보)
- 輓(수레끌 만) : 輓歌〔만가, 상여소리=挽歌(만가)〕

경술국치(國恥)와 일제 식민지(植民地)

國(나라 국)—國際(국제), 國威(국위), 弱小國(약소국)
恥(욕될 치)—恥辱(치욕), 恥部(치부), 廉恥(염치, 破廉恥)
植(심을 식)—植木(식목, 植樹), 植物(식물), 移植(이식, 誤植)
民(백성 민)—民權(민권), 民生(민생), 民弊(민폐), 貧民(빈민)
地(땅 지)—地平線(지평선), 地震(지진), 奧地(오지), 僻地(벽지)

 1910년 5월 일본은 육군대신 데라우찌 마사타께(寺內正毅)를 조선 통감으로 임명, 조선의 합병(合倂)을 추진하였다. 그는 먼저 「황성신문」(皇城新聞) 등 언론을 정간시키고 애국단체를 해산시키고 애국지사를 검거하였다. 한편 총리대신(總理大臣) 이완용(李完用)과 더불어 합병조약을 체결하였다. 조약의 서문에는 양국의 상호 행복을 증진하며 동양의 평화를 영구히 확보하기 위한 것이라고 선언하고서는 그해 8월 29일 순종으로 하여금 양국(讓國, 나라를 양여함)의 조서(詔書, 왕의 뜻을 적은 문서)를 내리게 하였다. 국력(國力)을 상실하고 자주권(自主權)을 잃은 나라는 매국노(賣國奴)들이 판을 쳤다. 국민 전체의 의사에 반하여 민족은 일본의 가혹(苛酷)한 식민통치하에 놓이게 되었다.
 일본은 먼저 한국을 식민지(植民地)로 하여 이를 발판으로 대륙을 침략하려 하였다. 한국에는 통감부(統監府) 대신에 총독부(總督府)를 설치하고 초대 총독에 데라우찌가 임명되어 일제(日帝)의 강압통치가 시작되었다. 총독부 부속 자문기관으로 중추원(中樞院)을 만들어 이완용 등 친일매국노들로 채웠다. 또 동양척식회사(東洋拓殖會社)를 설립하여 토지와 민족 자본(資本)을 수탈(收奪)하였다.
 일제의 식민지가 된 후 국내에서 독립운동이 어렵게 되자 간도(間島)와 연해주(沿海州)로 건너가 무력투쟁을 계속한 독립운동가들, 중국과의 밀접한 관계를 맺고 상해(上海)로 간 애국지사들, 미국을 무대로 국제적 외교활동을 전개한 독립운동가들이 있었다. 국내의 독립운동가들도 갖은 어려움 속에서도 해외 망명인사들과 연락하며 독립운동을 벌였다.

간도와 연해주에서의 독립군(獨立軍)의 무력투쟁(武力鬪爭)이나 망명지사(亡命志士)들의 외교활동이나 국내에서의 비밀결사(秘密結社)를 통한 활동이 점차 사회전체로 팽배해져 온갖 수난(受難)속에서도 반일(反日) 민족적 항일감정은 전국민들 사이에 퍼져나가고 있었다.

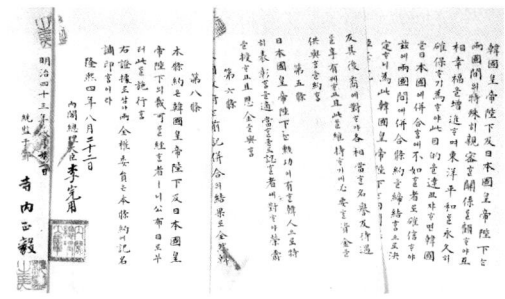

1910년 8월 22일 총리대신 이완용(李完用)과 데라우찌(寺內正毅)통감이 서명한 경술국치 합방문(독립기념관 자료에서)

※ 일제(日帝)의 민족문화(民族文化) 말살정책(抹殺政策)

일제는 1911년부터 일제의 우리 문화 말살 정책으로 경복궁의 여러 전각(殿閣)이 헐려나가고 경복궁의 근정전(勤政殿)을 막아서 1927년에 조선총독부 건물을 완공하였다. 총독부 건물은 남산에 있었던 일본신사를 정면으로 바라보고 설계되었다. 이는 우리 민족의 국권을 회복하고자 하는 독립정신과 민족정기(民族正氣)를 말살(抹殺)하고자 하는 비문화적 행위였다. 경복궁을 가린다고 우리 역사가 멈추거나 없어지는 것이 아니며 우리 민족의식이 단절되는 것도 아니다. 그뒤 총독부건물을 중앙박물관으로 하여 치욕의 역사현장을 보존하겠다는 당시의 대통령의 뜻은 매우 훌륭한 생각이었다고 생각되는데 1996년 역사바로세우기한다면서 총독부 건물은 철거되었다.

조선총독부 건물은 우리 민족의 역사가 살아 있는 한 결코 잊어서는 안될 굴욕의 역사 현장이다. 총독부 건물을 헐어낸다고 하여 일제 36년간의 아픈 역사가 지워지는 것은 아니었다.

또 창경궁 창덕궁과 연결되어 있는 종묘의 맥을 끊어 길을 내는가 하면 창경궁 앞에 서울대병원과 함께 시체안치실을 건립했으며 왕릉의 앞뒤의 길을 신작로를 낸다고 마구 끊어 일제에 의한 우리 문화재 훼손(毀損)은 수 없었다.

　일제에 의한 민족정신 파괴의 예는 헤아릴 수 없다. 북한산 백운대(白雲臺) 정수리에 쇠못을 박아 민족의 정기(精氣)를 뿌리뽑겠다는 일본인들의 생각이나 우리국민들이 정서나 애환이 서려 있는 곳의 앞뒤를 잘라 길을 내는 일 등은 허다하였다. 임시정부 초대국무령을 지낸 이상룡(李相龍)선생의 생가인 안동의 임청각(臨淸閣) 바로 앞으로 철도를 내기도 하였다.

　조선의 훌륭한 민족문화와 전통 풍속을 미신으로 몰아 없애버리는가 하면 이들을 조사한답시고 왕조실록과 왕실 의궤(儀軌), 대대로 내려오던 문중의 문집(文集)과 서찰 등 이루 헤아리릴 수 없는 민족문화재를 모두 빼앗아 일본으로 가져갔는가 하면 사찰의 석탑, 궁궐의 전각까지도 헐어 배로 싣고 일본으로 가져갔다. 언젠가는 우리가 모두 돌려받아야 할 것이다.

활용(活用)

- 毅(굳셀 의) : 毅然(의연, 의지가 강하고 의젓함),
- 完(완전 완) : 完成(완성), 完熟(완숙), 完遂(완수), 未完(미완)

  * 完璧(완벽)과 天衣無縫(천의무봉, no-seam)

  완벽은 흠잡을 때가 없는 완전 무결한 것, 천의무봉은 한 군데도 꿰맨 데나 이음질이 없는 옷으로 결점(缺點)이나 하자(瑕疵)가 없는 완벽한 상태를 말한다.

  完璧은 전국시대 조(趙)나라 왕이 화씨지벽(和氏之璧)이라는 천하제일의 구슬을 손에 넣게 되자 이웃 큰나라인 진(秦)나라 왕이 15개 성(城)과 구슬을 바꾸자고 했다. 구슬을 안주면 처들어올 것 같고 구슬을 주면 쉽게 성을 내줄 것 같지도 않아 진퇴양난이었다. 조나라 중신회의에서 인상여라는 자가 자신이 사신으로 진나라에 가서 "성을 주지 않으면 완전하게(完) 구슬(璧)을 가지고 돌아오겠다" 하고 구슬을 가지고 진나라로 갔다. 구슬을 받아든 진나라 왕은 크게 기뻐하며 성을 내주려 하지 않자 "실은 그 구슬에 보이지 않은 흠이 있는데 제가 알려드리겠다면서 구슬을 받아들고는 뒷걸음질로 기둥에 부딪쳐 서서는 "만약 성을 내주지 않고 구슬만 빼았으려면 이 구슬과 제 머리를 기둥에 부딪쳐 깨뜨리고 말겠다" 하니 구슬을 염려한 진나라 왕이 약속을 지키겠다고 하며 숙소에 물러나 있도록 했다.

그러나 인상여는 진왕이 약속을 지키지 않을 것을 알고 부하를 시켜 구슬을 조나라로 몰래 보냈다. 이에 진왕이 노하여 인상여를 죽이려 했으나 거짓말쟁이라는 나쁜 소문을 두려워 하여 그냥 돌려보냈다. 인상여의 용기와 지혜로 구슬은 완벽하게 돌아왔던 것이다. 이 고사를 모르고는 '完璧'(완벽)을 이해할 수 없다.

天衣無縫은 곽한(郭翰)이란 젊은이가 한여름밤 하늘에서 내려오는 아름다운 선녀의 꿈을 꾸었는데 선녀가 정말 자기집 마당에 내려오자 선녀를 보고 정말 선녀인지를 묻자 직녀(織女)인 그 선녀는 "제 옷을 보십시요. 이 옷은 천의(天衣)라고 하는데 옷에 꿰맨 흔적이나 이음새가 없지 않습니까" 하여 살펴보니 과연 이음매가 하나도 없었다. 천의무봉의 어원이다.

- 聞(들을 문) : 聞香(문향, 향내를 맡는 것을 들을 聞자로 적음), 聞一知十(문일지십, 하나를 들으면 열을 안다), 見聞(견문), 風聞(풍문), 艶聞(염문), 所聞(소문)
- 詔(고할 조) : 詔勅〔조칙, 왕의 칙령(勅令)을 고함=조명(詔命)〕
- 樞(밑둥 추) : 樞軸(추축), 樞機〔추기, 중요한 곳(기밀), 추기경(樞機卿)〕, 樞密(추밀, 중요한 비밀), 中樞神經(중추신경)
- 殖(번성할 식) : 殖産(식산), 生殖(생식), 繁殖(번식)
- 沿(따를 연) : 沿革(연혁), 沿邊(연변), 沿岸(연안), 沿道(연도)
- 苛(매울 가) : 苛斂誅求(가렴주구), 苛酷(가혹), 苛虐(가학)
- 獨(홀로 독) : 獨對(독대, 혼자 왕이나 대통령 등 집권자를 만나는 일), 獨裁(독재), 獨創的(독창적), 獨善(독선), 孤獨(고독), 獨守空房(독수공방, 여자 혼자 빈 방을 지키다)
- 鬪(싸움 투) : 鬪爭(투쟁), 鬪志(투지), 健鬪(건투), 死鬪(사투), 鬪鷄(투계, 싸움닭), 鬪犬(투견), 鬪牛(투우)

조선총독부건물. 조선왕조의 정궁인 경복궁의 여러 전각을 헐고 근정전 앞에 세웠다.:외신들도 일제는 36년 동안 혹독하고 조직적이며 강제동원의 식민통치(intense, regimented, forced-draft colonialism)를 했다고 보도했다

※ 조선총독부(朝鮮總督府)

　1910년 한일합방으로부터 1945년 해방될 때까지 36년간 한반도를 지배한 일본의 통치기관. 1905년 을사조약으로 통감부(統監府)를 설치한 일제는 합병으로 통감부를 총독부(總督府)로 바꾸고 경복궁을 헐고 4년간의 설계와 10년에 걸쳐 총독부 건물을 짓고 식민통치의 최고책임자로 총독을 두었다.

　동화정책(同化政策)을 기본으로 했으나 한국민의 봉기와 저항을 막기 위해 치안 책임자인 경무총장은 헌병사령관이 맡아 무단(武斷) 탄압을 하였다.

　1931년 만주사변 이후 일제는 한반도를 대륙진출의 전진기지로 하여 전시동원체제를 구축, 지원병제도를 실시하였으며 창씨개명(創氏改名), 내선일체화(內鮮一體化), 황국신민화(皇國臣民化)정책으로 한민족의 역사, 문화, 전통, 풍습, 언어 등의 말살정책을 시행하다 1945년 광복으로 총독부는 해체된다. 그 건물은 1995년 8월 15일 철거되고 건물의 상징이었던 꼭대기 돔(dome)부분은 독립기념관에 전시 보관되고 있다.

기미(己未)년 3·1독립선언(獨立宣言)

獨(홀로 독)—獨特(독특), 獨斷(독단), 獨善(독선), 單獨(단독)
立(설 립)—立國(입국), 立志(입지), 立證(입증), 確立(확립)
宣(베풀 선)—宣旨(선지, 왕의 명령), 宣敎(선교), 宣撫(선무)
言(말씀 언)—言爭(언쟁), 言行(언행), 豪言(호언), 斷言(단언)

우리 민족이 이렇게 일제의 침략과 강압하에서 치욕(恥辱)과 시련(試鍊)과 고통(苦痛) 속에서도 망명(亡命)활동이나 비밀결사에 의해 또는 교육활동이나 종교활동으로 추진되어오던 조국독립운동을 전국적인 규모로 표면화시킨 계기를 마련해준 것은 민족자결주의였다. 세계 제1차대전이 끝나고 팽창하여 가는 약소민족(弱小民族)의 민족운동에 호응하여 미국대통령 윌슨에 의하여 제창(提唱)되었다.

일제 식민통치하에서 신음(呻吟)하던 한국민족에게 민족자결의 원칙에 의하여 우리도 독립할 수 있다는 희망을 불러왔다. 국제적으로는 일본, 미주, 만주, 시베리아 등 각지에서 독립운동을 벌이고 국내에서는 천도교, 불교, 기독교 등 종교단체를 중심으로 33인 민족대표가 나서 독립선언서를 기초하고 고종의 인산(因山, 왕이나 왕비의 장례)일인 3월 3일을 이틀 앞두고 1919년(己未年) 3월 1일 서울 탑골공원을 비롯해 전국 각지에서 독립선언서를 낭독하고 독립만세를 부르고 시가행진(市街行進)을 벌였다.

한국 역사상 최대의 민족운동인 3·1독립운동이다. 이 맨주먹의 평화적 시위를 본 일본은 한편 겁을 먹으면서 이를 무력으로 탄압하였다. 이를 계기로 상해 임시정부가 수립되었으며 (1919년 4월), 국제회의에

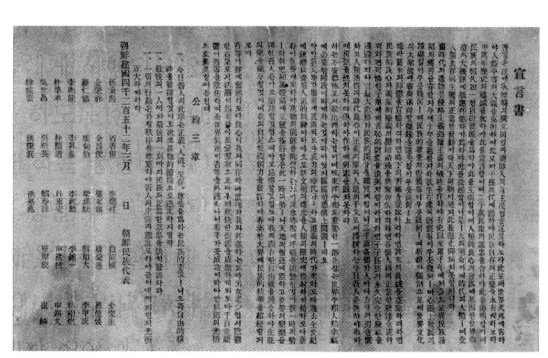

1919년 3월 1일 뿌려졌던 독립선언서(독립기념관 전시 자료에서)

남녀노소 할것없이 전민족이 들고 일어난 독립운동, 당시 광화문 네거리에서의 3·1만세운동 모습

한국대표를 보내 외교활동을 전개하고, 만주와 연해주지방에는 독립군(獨立軍)을 양성 투쟁하고, 임시정부기관지로 「독립신문」을 발행하여 여론을 형성, 국민의 독립사상 고취와 이를 국내외에 널리 알렸으며 조국이 해방될 때까지 조국독립운동은 끈질기게 추진되었다.

또 한국인들의 3·1정신을 보고서 큰 자극을 받아 중국의 지식인과 청년학생들이 곧바로 5·4항일민족운동을 일으켜 '잠자는 사자'를 깨워 중국근대사의 새로운 전기를 마련한다.

기미독립선언서(己未 獨立宣言書)는 그 첫 머리에

"오등(吾等)은 자(茲)에 아조선(我朝鮮)의 독립국(獨立國)임과 조선인(朝鮮人)의 자주민(自主民)임을 선언(宣言)하노라……"

로 시작하여 민족 자존(自存)과 정당한 권리와 인류(人類) 평등(平等)의 대의(大義)를 선언(宣言)한 내용과 평화적 인 시위운동을 벌일 것을 원칙으로 천명하였다. 선언서 끝에는 기미독립운동의 공약삼장(公約三章)과 각계 민족대표 33인의 서명하였다.

활용(活用)

- 辱(욕될 욕) : 辱說(욕설), 屈辱(굴욕), 困辱(곤욕)侮辱(모욕)
- 痛(아플 통) : 痛哭(통곡), 痛感(통감), 哀痛(애통), 沈痛(침통)
- 鍊(단련 련, refine) : 鍊金(연금), 鍛鍊(단련), 訓鍊(훈련, 敎鍊)
  * 練(익힐 련, practise, drill)자의 練習(연습), 熟練(숙련)과는 구별되

나 훈련, 수련, 연습 등에서는 鍊자와 練자를 같이 씀.
- 亡(망할 망, 잃을 망) : 亡國(망국), 亡身(망신), 亡失(망실), 亡靈〔망령, 亡者(죽은 자)의 영혼〕, 存亡(존망), 逃亡(도망)
  * 妄(망령될 망)은 妄靈(망령, 정신이 혼미한 것, 망령이 들다), 妄發(망발), 妄言(망언), 虛妄(허망), 荒妄(황망) 등
  * 忘(잊을 망)은 忘却(망각), 忘年(망년), 健忘症(건망증), 備忘錄(비망록)
  * 未亡人(미망인, 남편을 잃은 寡婦(과부)로 남편을 따라 아직 죽지 못하고 살아 있는 사람이라는 뜻)

- 育(기를 육) : 育成(육성), 育英(육영), 育種(육종), 養育(양육), 飼育(사육)
- 唱(부를 창) : 唱歌(창가), 唱劇(창극), 先唱(선창), 主唱(주창)
- 吟(읊을 음) : 吟味(음미), 吟風弄月(음풍농월),
  또 끙끙거릴 음(吟) 자의 뜻으로 呻吟(신음)이 있다.
- 街(거리 가) : 街路(가로, 街路樹), 市街地(시가지), 繁華街(변화가)
- 痛(아플 통) : 痛症(통증), 痛感(통감), 痛憤(통분), 痛歎(통탄), 痛恨(통한) 苦痛(고통), 哀痛(애통), 沈痛(침통), 齒痛(치통)
- 因(인할(원인) 인) : 因果〔인과, 因果應報(인과응보)〕, 因緣(인연) 因習(인습), 要因(요인), 勝因〔승인)↔敗因(패인)〕

8·15 해방과 대한민국 정부수립(政府樹立)

政(정사 정)—政略(정략), 政變(정변), 民政(민정), 內政(내정)
府(고을 부)—府使(부사), 府尹(부윤), 權府(권부), 幕府(막부).
樹(나무 수)—樹種(수종), 果樹園(과수원), 常綠樹(상록수)
立(설 립)—立身(입신), 立憲君主(입헌군주), 國公立(국공립)

조선에 이어 만주를 손아귀에 넣은 일본은 중국을 침략하여 1937년에 중·일전쟁(中日戰爭)을 일으키고 독일, 이태리와 동맹하여 1941년 미·영(美英)과 전쟁을 벌여 제2차 세계대전이 확대해나갔으나 1945년 8월 15일 일본은 무조건 연합군에 항복(降伏)하고 말았다. 일제 36년만에 맞이하는 조국 해방이었다. 거리마다 민족의 환희(歡喜)와 태극기의 물결로 가득 찼다.

3·1운동의 강렬한 인상은 대전 중 1943년 카이로선언, 1945년 포츠담선언에도 영향을 주었다. 이로서 한국의 독립(獨立)은 일본의 패망(敗亡)과 함께 이루어질 것으로 믿었다. 국내에서는 민족주의(民族主義)세력과 공산주의(共産主義)세력간에 사상의 혼란과 분열이 일어나고 있었으며 미·소양국군이 진주(進駐)하면서 북위(北緯) 38도선을 경계로 하여 남북으로 갈라져 점령하고 각기 군정(軍政)을 실시하였다.

구한말(舊韓末)의 풍운(風雲)을 그렇게 겪고 일제 36년간의 온갖 고초(苦楚)를 맛보았으면서도 해방된 조국을 이끌고 갈 소위 민족지도자라는 사람들은 지난날을 뒤

조국 분단의 38선, 8·15해방(解放) 후 미·소 양국군이 진주(進駐)해 우리나라 땅 38선에 영문과 러시아어가 쓰여진 팻말이 붙었다. 그 팻말 앞으로 북한 주민이 남으로 남으로 내려오고 있다.

돌아보고 정신차려 단합할 줄 모르고 분쟁(紛爭)과 분열(分裂)을 일삼다 조국은 다시 두 동강이 나고 말았다.

남한은 UN결의에 따라 UN한국위원단의 감시하에 민주주의(民主主義) 원칙에 따른 총선거(總選擧)를 실시하여 1948년 8월 15일 대한민국정부를 수립하였다. 북한은 1947년 소련의 지원을 받은 북조선인민위원회가 조직되었으며 소련은 UN활동을 거절하고 1948년 9월 조선민주주의인민공화국을 수립하였다.

1948년 8월 15일 당시 중앙청 건물(전 총독부 건물)에서의 감격스러운 대한민국 정부수립 선포식 장면

급기야 1950년 6월 25일 북한군은 소련의 사주(使嗾)로 한반도 적화(赤化)를 위하여 기습(奇襲) 남침을 감행하여 동족상잔(同族相殘)의 6·25전쟁을 치르고 지금도 휴전선(休戰線)을 가운데 두고 남북이 군사적으로 이념적으로 대치(對峙)하고 있다.

그동안 대한민국은 자유민주주의국가로 불과 60여년 만에 민주화(民主化)와 함께 눈부신 경제발전(經濟發展)을 이루어 세계 10위권(圈)의 경제대국으로 G20세계정상회의를 서울에서 개최하였다. 그러나 북한은 21세기에 세계 어느나라에서도 찾아볼 수 없는 개혁(改革) 개방(開放)을 외면한 폐쇄(閉鎖)된 사회로서 하루빨리 남북이 평화정착(平和定着)을 통해 힘을 합쳐 통일(統一)된 조국을 이루어나가야 할 것이다.

활용(活用)

● 伏(엎드릴 복) : 伏望(복망, 엎드려 바람), 伏中〔복중, 三伏(삼복) 중〕
  * (숨을 복) : 伏兵(복병), 伏線(복선), 伏魔殿(복마전)

- 歡(기쁠 환) : 歡迎(환영), 歡待(환대), 歡樂街(환락가), 歡呼(환호)
- 敗(패할 패) : 敗北〔패배, 승부(勝負)에서 상대에 지는 것이 패배다. 모든 경기에서 지면 전패(全敗), 완전히 패할 때는 완패(完敗), 참혹(慘酷)하게 패할 때는 참패(慘敗), 한 점도 얻지 못하면 영패(零敗), 애석한 패배는 석패(惜敗), 억울하게 패하면 분패(憤敗)다. 패배는 성공의 어머니이다. 패인(敗因)을 잘 알아야만 재기(再起)할 수 있다〕.

- 共(함께 공) : 共同(공동), 共感(공감), 共産〔공산, 共産主義(공산주의)〕, 容共(용공), 公共(공공)의 안녕질서
- 楚(초나라 초) : 楚漢戰(초한전), 四面楚歌(사면초가)
  * (쓰라릴 초) : 苦楚(고초),
  * (조촐할 초) : 淸楚(청초. 맑고 조촐(깨끗)하다
- 裂(찢을 렬) : 裂傷(열상, 찢긴 상처), 破裂(파열), 滅裂(멸렬)
- 選(뽑을 선) : 選定(선정), 選擇(선택), 豫選(예선), 入選(입선)
- 襲(엄습할 습) : 襲擊(습격), 襲爵(습작, 선대의 작위를 이어받음), 空襲(공습), 世襲(세습), 踏襲(답습), 逆襲(역습)
- 殘(해칠 잔) : 殘酷(잔혹), 殘忍(잔인), 相殘(상잔), 衰殘(쇠잔)
  * (남을 잔) : 殘金(잔금), 殘滓(잔재), 敗殘兵(패잔병)
- 休(쉴 휴) : 休息(휴식), 休憩室(휴게실), 公休(공휴), 連休(연휴)
- 峙(산우뚝할 치) : 對峙(대치)
- 鎖(쇠사슬 쇄) : 鎖國(쇄국), 鎖骨(쇄골), 封鎖(봉쇄), 閉鎖(폐쇄) 封鎖(봉쇄), 足鎖(족쇄)
- 着(붙을 착) : 着工(착공), 着陸(착륙), 着實(착실), 執着(집착), 接着〔접착, 接着劑(접착제)〕, 愛着(애착), 膠着〔교착, 어떤 일이 서로 달라붙어(꼬여) 변화나 진전이 없는 상태, 핵(核)문제의 교착〕, 定着(정착, 平和定着)

■ 『우리 역사와 문화로 배우는 실용 한자』를 엮고나서

    우리는 독창적 고유문자(固有文字)인 한글과 『조선왕조실록』과 『승정원일기』 등 빛나는 기록유산(記錄遺産)을 가지고 있는 민족이다. 지금까지의 역사를 통해 볼 때 일그러진 우리 역사의 단면(斷面)을 많이 볼 수 있었다. 그러나 지난 우리의 역사와 문화에서 우리 민족의 위대성을, 또 그 교훈에서 민족의 긍지와 자부심을 찾아 근면한 민족성의 바탕 위에 우리 나라의 정체성(正體性)을 바로 세워 새로운 민족사관(民族史觀)의 확립과 국격(國格)을 높여 위대한 조국을 후세에 물려주어야 할 것이다.

    가까이는 지난 100년 전 민족 주체성(主體性)과 자주 역량(自主力量)의 결여로 인해 일제 36년의 굴욕(屈辱)의 역사가 제2차 세계대전에서 연합군의 승리로 일본이 패망함에 따라 1945년 광복(光復)을 맞이한다. 그러나 우리는 북위 38도 이북은 소련공산군이 진주하고 그 이남은 미국군이 진주하여 미군정이 실시되다가 다행하게도 1948년 8월 15일 남한만이라도 유엔 감시하에 민주자유선거(民主自由選擧)에 따라 단독정부를 수립한다. 그 뒤 조국 근대화(近代化)와 산업화(産業化)와 민주화(民主化)의 과정을 거치면서 전국민의 피땀어린 노력으로 세계 10위권의 경제대국인 자랑할만한 위대한 조국(祖國)을 건설하였다.

    오늘의 대한민국은 5000년 역사상 가장 성공한 나라, 가장 잘 사는 나라이다. 세계 최강의 IT, 철강, 조선, 반도체산업 국가이다. 이처럼 나라의 민주역량과 경제적 발전의 뒷받침으로 우리 젊은이들은 전세계 방방곡곡에서 세계 경제대국들과 겨누며 수출과 무역 일선에서, 과학과 기술의 최첨단에서, 문화와 스포츠 등 모든 면에서 대한민국(大韓民國)의 자랑스러운 국민(國民)으로 활보하고 있다. 앞으로 우리는 지난날의 일그러진 우리들의 모습에서 벗어나 후손에게 자랑스럽게 물려줄 새로운 민족역사(民族歷史)를 써 나가야 할 것이다. 그것은 오늘 우리들의 몫이다.

우리 역사와 문화로 배우는 실용한자

2011년 3월 25일 초판 1쇄 인쇄
2011년 3월 31일 초판 1쇄 발행

엮은이 실용한자연구회
펴낸곳 華山文化
펴낸이 許丞爀

등록번호 2-1880호(1994년 12월 18일)
전화 02-736-7411~2
팩스 02-736-7413
주소 서울시 종로구 통인동 6, 효자상가 A #201호
e-mail hwasanbooks@naver.com

ISBN 978-89-93910-08-7

※ 잘못된 책은 바꾸어드립니다